Jakob Saß

GEWALT, GIER UND GNADE

Der KZ-Kommandant Adolf Haas und sein Weg nach Wewelsburg und Bergen-Belsen

Mit Vorworten von
Kirsten John-Stucke, Leiterin des Kreismuseums Wewelsburg, und
Thomas Rahe, wissenschaftlicher Leiter der Gedenkstätte Bergen-Belsen

„Es gibt die Ungeheuer, aber sie sind zu wenig, als dass sie wirklich gefährlich werden könnten. Wer gefährlicher ist, das sind die normalen Menschen."

Primo Levi (Überlebender des KZ Auschwitz)

„Gerechtigkeit ist nicht allein die Verhängung von Strafe, sondern auch die Verbreitung von Wahrheit."

Efraim Zuroff (Historiker, Direktor des Simon Wiesenthal Centers in Jerusalem)

Den Opfern von Adolf Haas gewidmet.

In Gedenken an Heinrich Schönker, verstorben im Januar 2019.

Für Victoria und meine Eltern.

Titelbild: Adolf Haas im Rang eines SS-Obersturmführers, ca. 1940–1941; Kreismuseum Wewelsburg (Fotoarchiv)

IMPRESSUM

Bibliografische Informationen der Deutschen Nationalbibliothek
Die Deutsche Nationalbibliothek verzeichnet diese Publikation in der Deutschen Nationalbibliografie; detaillierte bibliografische Daten sind im Internet über http://dnb.d-nb.de abrufbar.

ISBN: 978-3-86408-246-7 (Print) / 978-3-86408-251-1 (E-Book)

Korrektorat: Achim Klede

www.vergangenheitsverlag.de

Inhalt

Karte des Deutschen Reiches mit Lebensstationen von Adolf Haas

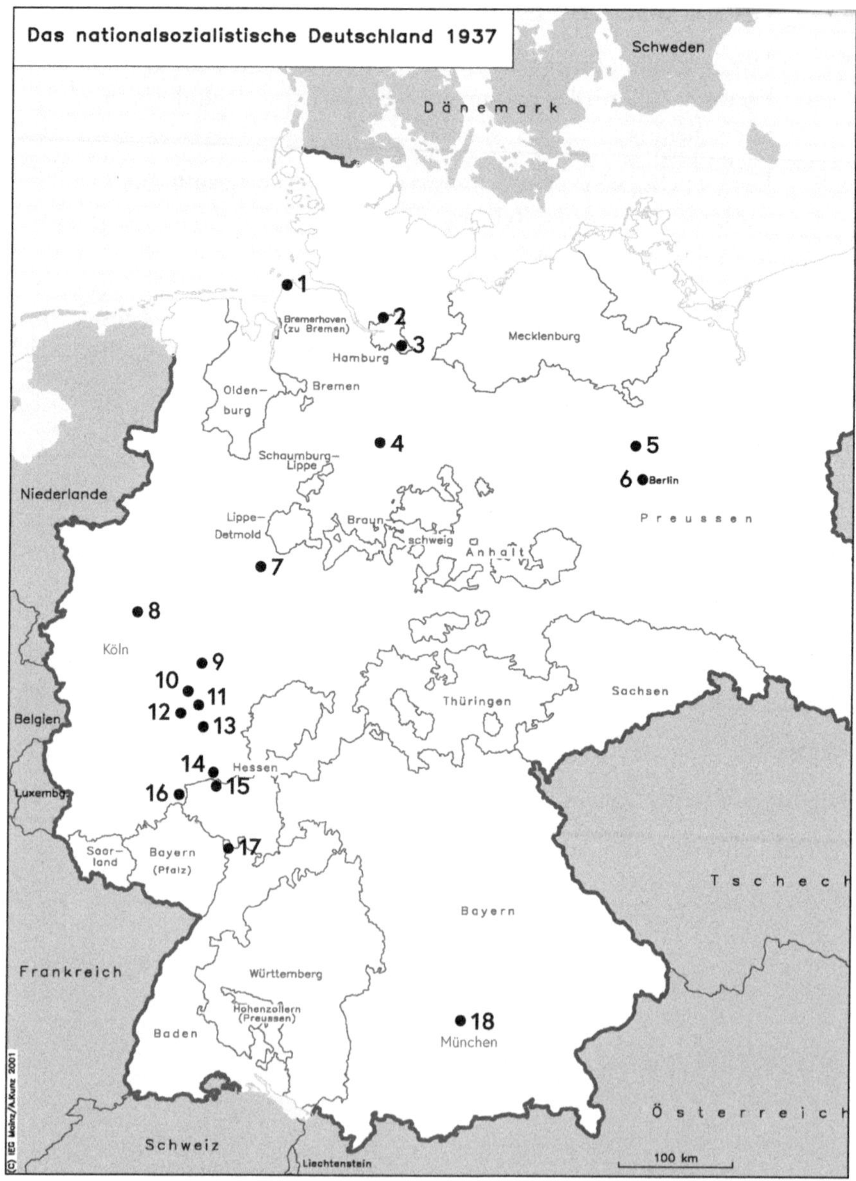

1 Cuxhaven – Ausbildung zum Matrosenartilleristen in der „Stammabteilung der Marineartillerie-Abteilung Kiautschou": ca. 10.1913–12.1.1914 (Kap. 1.1 und 1.2)

2 Hamburg-Langenhorn – Reservist beim SS-Panzergrenadier-Ersatz-Bataillon 18: ab ca. 16.3.1945 (Kap. 6.2)

3 Hamburg-Neuengamme – Gerichtsbeisitzer eines SS- und Polizeigerichtes im KZ Neuengamme: 14.4.1945 (Kap. 6.2)

4 Bergen-Belsen (bei Celle) – Kommandant von Bergen-Belsen: 7.5.1943–2.12.1944 (Kap. 5)

5 Oranienburg – Ausbildung zum Schutzhaftlagerführer im KZ Sachsenhausen: 1.3.1940–1.6.1940 (Kap. 3)

6 Berlin – Antrittskonferenz von Oswald Pohl mit 14 KZ-Kommandanten: 24.4.1942 (Kap. 4.3)

7 Niederhagen/Wewelsburg – Lagerführer und später Kommandant von Niederhagen/Wewelsburg: 17.6.1940–7.5.1943 (Kap. 4)

8 Wuppertal-Barmen – Arbeit als Konditor: ca. 1911–1913 (Kap. 1.1)

9 Siegen – Geburtsort: 14.11.1893 (Kap. 1.1)

10 Hachenburg – Kindheit und Schulzeit: ca. 1894–1908 (Kap. 1.1); Familiengründung, Tätigkeit als Bäcker und SS-Führer: 1920–1936, 1937–1940 (Kap. 1.4 und 2); Fronturlaub und Abschied von Familie: 15.3.1945 (Kap. 6.1)

11 Westerburg – Führer des III. Sturmbanns der 78. SS-Standarte: 1937 (Kap. 2.5)

12 Mogendorf – Beteiligung am Novemberpogrom: 10.11.1938 (Kap. 2.7)

13 Limburg (Lahn) – Führer des III. Sturmbanns der 78. SS-Standarte: 1935 (Kap. 2.4)

14 Wiesbaden – Ausbildung zum Konditor: ca. 1908–1911 (Kap. 1.1); SS-Führer des I. Sturmbannes der 78. SS-Standarte, auch kurzzeitiger Wohnsitz: 1936 (Kap. 2.4)

15 Mainz – Untersuchungshaft: 18.–27.7.1934 (Kap. 2.3)

16 Bad Kreuznach – Arbeit als Konditor: ca. 1911–1913 (Kap. 1.1)

17 Mannheim – Arbeit als Konditor: ca. 1911–1913 (Kap. 1.1)

18 München-Dachau – Lehrgang in der SS-Führerschule Dachau: 10.10.–10.11.1937 (Kap. 2.5)

Vorwort von Kirsten John-Stucke, Leiterin des Kreismuseums Wewelsburg

Mit der vorliegenden Biografie über Adolf Haas, den Lagerkommandanten des KZ Niederhagen/Wewelsburg und des KZ Bergen-Belsen, stellt Jakob Saß einen wichtigen Beitrag für die Forschungen zu nationalsozialistischen Konzentrationslagern und ihrer Führungsriege vor. Zu Adolf Haas, der in Sachsenhausen ausgebildet wurde, um dann zunächst in Wewelsburg und später in Bergen-Belsen KZ-Kommandant zu werden, gab es bisher keine eigenständige Studie, in der seine widersprüchliche Persönlichkeit untersucht worden ist, zu dünn und unübersichtlich erschien lange Zeit die Aktenlage. Es ist daher das Verdienst von Jakob Saß, die wenigen erhaltenen Dokumente zusammenzutragen, akribisch auszuwerten und zusammen mit den in den Gedenkstätten gesammelten Erinnerungsberichten der Überlebenden aus Wewelsburg und Bergen-Belsen sowie weiteren Zeitzeugenberichten zusammen zu bringen. Es gelingt ihm auf diese Weise, die Biografie von Adolf Haas aus unterschiedlichen Perspektiven heraus intensiv zu durchleuchten und zu bewerten.

Täterbiografien bilden mittlerweile in den meisten Gedenkstätten für NS-Opfer in Deutschland einen wichtigen Bestandteil der pädagogischen Vermittlungsarbeit. Biografische Zugänge, Werdegänge von SS-Männern, ihre Sozialisierungsprozesse und Ambitionen, helfen, das Selbstverständnis und den Aufbau dieser verbrecherischen Organisation zu verstehen und Einblicke in die ideologische Weltanschauung der Schutzstaffel (SS) zu geben, die sich selbst als Elite der „nordisch-arischen Rasse" verstand. Eine rassistische und menschenverachtende Ideologie, deren radikale Umsetzung und Konsequenz zur Ausgrenzung, Verfolgung und schließlich zur Ermordung von Millionen Menschen in Deutschland und Europa führte. Durch die biografischen Zugänge werden die Akteure und Akteurinnen greifbar und dadurch gesellschaftliche Ausgrenzungsmechanismen und Strukturen im NS-Verfolgungsapparat leichter verständlich.

Jakob Saß lässt die biografische Studie nicht mit dem ungelösten Verschwinden des ehemaligen Lagerkommandanten im April 1945 enden, sondern beschreibt sehr ausführlich auch die Bemühungen der Nachkriegsjustiz, Adolf Haas aufgrund seiner verbrecherischen Taten während seines Kommandos in den Konzentrationslagern – mehr als 3000 Häftlinge starben in dieser Zeit – anzuklagen. Gerade die Darstellung des gesellschaftlichen und juristischen Umgangs mit den Verbrechen des NS-Täters und die Recherchen im familiären Umfeld zeigen die aktuelle Relevanz des Themas bis heute. Die meisten der SS-Täter konnten sich nach dem Krieg einer strafrechtlichen Verfolgung entziehen. Doch stellt sich die Frage, wie denn die Gesellschaft und die Familien der SS-Täter mit den Verbrechen der SS-Täter umgegangen sind.

Jakob Saß' Studie über Adolf Haas' Leben und die juristische und familiäre Aufarbeitung bietet viele aktuelle Ansatzpunkte zum Nachdenken und zum Diskutieren. Ich wünsche dem Buch daher viele aufmerksame Leserinnen und Leser.

Kirsten John-Stucke
Kreismuseum Wewelsburg, Januar 2019

Vorwort von Thomas Rahe, wissenschaftlicher Leiter der Gedenkstätte Bergen-Belsen

Adolf Haas, der erste Kommandant des Konzentrationslagers Bergen-Belsen, ist bisher kaum Gegenstand der Historiografie geworden. Weder die Forschungsliteratur zur Geschichte der Konzentrationslager Niederhagen/Wewelsburg und Bergen-Belsen noch die einschlägigen Studien zu SS-Tätern gehen ausführlich auf seine Lebensgeschichte und insbesondere seine Bedeutung als KZ-Kommandant ein. Das mag auch darin begründet sein, dass seine SS-Karriere im Schatten seines Nachfolgers Josef Kramer steht, der seit 1933 im KZ-Dienst tätig war, 1944 als Kommandant von Auschwitz-Birkenau im Zentrum des Holocaust agiert hatte und 1945 im ersten KZ-Prozess auf deutschem Boden als prominentester Angeklagter in einem aufsehenerregenden Verfahren wegen seiner Massenverbrechen in Auschwitz und Bergen-Belsen zum Tode verurteilt und gehängt wurde.

Anders als Kramer hat Adolf Haas nie vor Gericht gestanden, sodass zu ihm und seinem Handeln in den Konzentrationslagern keine Prozessakten vorliegen. Auch hat er keine Diensttagebücher, Memoiren oder Reden hinterlassen. Wie in vielen ähnlichen Fällen waren und sind die Angehörigen nicht bereit, der Forschung Einblicke in die familiäre Überlieferung zu geben, wie Dokumente, Briefe und andere persönliche Aufzeichnungen, oder für Interviews zur Verfügung zu stehen.

Die Häftlingstagebücher aus den Konzentrationslagern wie auch die Erinnerungsberichte und Interviews der Überlebenden zeichnen ein widerspruchsvolles Bild von Adolf Haas, das nicht recht in die gängigen Schemata der NS-Täter passt. Haas war weder ein sadistischer Exzess-Täter noch ein kalter Schreibtischtäter. Er war ein SS-Karrierist aus der Provinz, aber er stand nicht am untersten Ende der Verbrechenshierarchie, sondern zählte als einer von insgesamt etwa 50 KZ-Kommandanten[1] durchaus zum inneren Zirkel der Macht. Seine in manchen Berichten beschriebene Behäbigkeit und Bequemlichkeit konnte schnell in brutale Unberechenbarkeit umschlagen. Wenn in einigen Erinnerungsberichten ehemaliger Häftlinge des KZ Bergen-Belsen konstatiert wird, Haas sei „kein Judenfresser“ gewesen, so sagt dies vielleicht mehr über die Erwartungen jüdischer Häftlinge gegenüber dem Kommandanten eines NS-Konzentrationslagers aus als über seine tatsächliche politisch-ideologische Prägung. Auch Haas war zutiefst überzeugt von der

Notwendigkeit und Berechtigung der rassistischen Verfolgungspraxis des Nationalsozialismus. Allein die enorme Todesrate unter den Häftlingen des KZ Niederhagen/Wewelsburg unter dem Kommando von Haas offenbart seine Fähigkeit und Bereitschaft, sich an dieser Verfolgungspraxis bis zum tödlichen Ende zu beteiligen. Seine gelegentlich auch im KZ Bergen-Belsen zur Schau getragene Jovialität unterschied ihn durchaus von manch anderen SS-Führern, aber sie sollte nicht als Ausdruck von Empathie missverstanden werden. In ihr offenbarte sich vielmehr eine selbstherrliche Willkür als Ausdruck absoluter Macht.

Es gehört zu den Vorzügen der biografischen Studie von Jakob Saß, dass er die Vielgestaltigkeit und auch Widersprüchlichkeit der Person und des Handelns von Adolf Haas nicht interpretatorisch einebnet. Er hat für die Darstellung des Agierens von Adolf Haas in den Konzentrationslagern vor allem die Erinnerungsberichte von Überlebenden in beeindruckender Weise ausgewertet. Jakob Saß bezieht durchaus auch andere Quellen wie etwa die SS-interne Überlieferung in seine biografische Untersuchung mit ein, um einen multiperspektivischen Blick auf das Leben von Adolf Haas werfen zu können. Seine dominierende Perspektive ist aber, soweit es um die Rolle von Haas in den Konzentrationslagern geht, die der Häftlinge bzw. Überlebenden und so macht er gewissermaßen aus einer Quellennot eine historiografische Tugend. Nicht zuletzt diese Betonung der Perspektive der Verfolgten auch im Kontext der Täterforschung macht seine Studie auch für die Bildungsarbeit in den Gedenkstätten ausgesprochen hilfreich.

Dr. Thomas Rahe
Gedenkstätte Bergen-Belsen, Dezember 2018

Prolog: Der Vergessene – Warum noch ein „Nazi-Buch"?

Das beliebte Online-Spiel ist makaber, die Regeln aber denkbar einfach: Jemand lädt ein Foto hoch und wer die Identität der Person darauf errät, darf das nächste Bilderrätsel stellen. Ein endloses Spiel, bei dem die Spieler aus aller Welt seit mehr als zehn Jahren nicht die Lust verlieren. Bei ihrem Quiz geht es ausschließlich um Männer, meist in Schwarz-Weiß und in Uniform. Und noch etwas haben alle gemeinsam. Jeder von ihnen war Teil derselben Organisation – der wohl verbrecherischsten der Geschichte.

Seit 1999 tauschen sich militärhistorisch Interessierte in der internationalen Online-Community „Axis History Forum" über die Geschichte der Achsenmächte (Axis Powers) im Zweiten Weltkrieg aus. Über Schlachten, Waffen, Einheiten, neue Archivfunde, vermisste Großväter, „Frauen im Dritten Reich" und Hunderte andere Themen. Wer mitdiskutieren will, muss sich an die Forumsregeln halten: Hakenkreuze sind als Profilbild nicht erlaubt, dafür aber Symbole wie der SS-Totenkopf. Der ist in Deutschland verboten, im „Axis History Forum" aber äußerst populär. Man toleriere außerdem keine Beleidigungen, keinen Rassismus und keine Posts, die den Holocaust leugnen oder den Nationalsozialismus, Faschismus oder eine andere totalitäre Diktatur glorifizieren. Eigentlich.

„Ich bin natürlich ein großer Experte für SS-Personal und für Foto-Identifikation", schrieb der Hobbyhistoriker Max Williams auf Englisch und ohne Bescheidenheit am 3. Juni 2007 in das Forum.[2] Er schlug ein makabres Spiel vor, bei dem die Männer der „Schutzstaffel" im Mittelpunkt standen, Adolf Hitlers größtem Machtinstrument für Terror und Mord im „Dritten Reich". Er nannte es „SS ID Quiz". Der „Rätselspaß" ist den Usern bis heute nicht vergangen, vor allem Max Williams nicht, der sein Quiz konkurrenzlos dominiert. Die Fotos auf den mittlerweile über 450 Forumsseiten zeigen meist hochrangige Offiziere aus der Waffen-SS, insbesondere von den Kampfverbänden – manchmal aber auch von den Wachmannschaften der Konzentrationslager. Schwierig wurde es, wenn die Männer keine SS-Uniform trugen.

Mit dem Bild eines jungen Mannes, Anfang 20, in einer Matrosenuniform taten sich die User im Juni 2017 besonders schwer (siehe Bild auf Seite 26). Nach zwei Tagen gab „J. Duncan" zwei Hinweise: „Er backte, was Hitler liebend gern aß" und „Ignoriert von Tom Segev". Da stieg sogar der selbst ernannte SS-Experte Max Williams nicht gleich dahinter: „Kuchen? Ein Lagerkommandant? Verdammt, selbst die Hinweise sind Rätsel! Komm schon, sei gnädig."[3] Gesucht war also ein Konditor, der in der SS bis zum Kommandanten eines Konzentrationslagers aufgestiegen war.

Der zweite Hinweis war etwas schwieriger zu entschlüsseln, musste man dafür das Buch des israelischen Historikers und Journalisten Tom Segev „Soldiers of Evil" (1987, dt. 1988: „Die Soldaten des Bösen") sehr aufmerksam gelesen haben – oder zumindest das Namensregister. Segev erzählt die Geschichte der Konzentrationslager mit den Geschichten der Männer, ohne die weder die Terrorherrschaft noch die Massenmorde möglich gewesen wären. Lange bevor sich in Deutschland eine eigene ernst zu nehmende Täterforschung etablierte, rekonstruierte Segev als junger Promotionsstudent mit bemerkenswerter Akribie, Geduld und Hartnäckigkeit in den 1970er-Jahren die Biografien von 36 KZ-Kommandanten mit Unterlagen des Berlin Document Centers (BDC), heute Bundesarchiv Berlin-Lichterfelde. „Die Personalakten liefern allerdings keine wohlfeile Antwort auf die Kardinalfrage der Geschichtsschreibung: ‚Wie konnte das alles passieren?'", schreibt Segev im Vorwort. „Viele dieser Akten sagen uns jedoch, wie gewisse Leute, Nazis, SS-Männer, sich einverstanden erklärten, den Terror zu ihrem Beruf zu machen und wie es ihnen möglich war, den Mord an Millionen von Menschen als Teil ihrer täglichen Routine zu erledigen".[4] Er, der Sohn eines Juden, der 1933 mit seiner Frau aus Deutschland fliehen musste, befragte nicht nur Tausende von Akten nach den Motiven der Täter, sondern auch drei noch lebende Kommandanten und Angehörige der bereits verstorbenen. Zehn von insgesamt etwa 50 Lagerkommandanten[5] kommen allerdings in Segevs Buch tatsächlich nicht vor, darunter der 2017 im „SS ID Quiz" gesuchte Konditor und frühere Matrose. Dabei hatte sich der junge Historiker damals auch dessen Personalakte angeschaut und sie in seiner Dissertation auf fünf Seiten zusammengefasst – die hatte „J. Duncan" offenbar aber nicht gelesen, als er seine beiden Hinweise postete.[6]

Erst nach drei Tagen löste der Slowake Machal alias „goofy" das knifflige Rätsel im „Axis History Forum". „Ich glaube, das ist Adolf Haas", schrieb er und bekam einen lachenden Smiley als Antwort.

Schon zehn Jahre zuvor hatten andere Forums-Mitglieder Material zum KZ-Kommandanten Adolf Haas zusammengetragen.[7] An seiner Biografie schien zunächst nichts besonders: Adolf Haas wurde am 14. November 1893 in Siegen geboren und wuchs in Hachenburg im Westerwald auf. Er machte die Ausbildung zum Konditor, ging in seiner Wehrdienstzeit zur Marine und geriet im Ersten Weltkrieg in Gefangenschaft. Nach seiner Rückkehr gründete er eine Familie und machte sich als Bäcker selbstständig. 1931 trat Haas in die NSDAP ein und 1932 oder 1933 – ganz sicher waren sich die User nicht – in die SS. Vor allem die Stationen seiner schnellen „Karriere" in Heinrich Himmlers „Schwarzen Orden" diskutierten sie ausgiebig, einschließlich der exakten Daten seiner Beförderungen: Bald war Adolf Haas seine Tätigkeit als SS-Führer wichtiger als seine Bäckerei. 1940 bewährte er sich als Zweiter Schutzhaftlagerführer im KZ Sachsenhausen und bekam kurz darauf das Kommando über sein erstes eigenes Lager in Niederhagen, am Fuß der Wewelsburg bei Paderborn. 1943 baute er sein zweites Konzentrationslager auf: Bergen-Belsen.

Warum sich Adolf Haas der NS-Bewegung angeschlossen hatte, wieso er sich für die SS entschieden hatte, an welchen Verbrechen er sich beteiligte, wie viele Menschen in seinen Lagern starben, was für ein Mensch er selbst war – all diese Fragen, die Tom Segev in seinem Buch gestellt hatte, spielten in der Diskussionsgruppe keine Rolle. Dort interessierte nicht der Mensch, sondern nur der „politische Soldat" Adolf Haas. Nur die harten „Fakten" zählten, von denen einige nicht stimmten: „Am 20. Dezember 1944 übernahm er die Führung des SS-Panzergrenadierbataillons 18. Haas gilt seit dem 1. Mai 1945 als vermißt."[8] Tatsächlich übernahm er nicht die „Führung" des Bataillons und wurde auch nicht seit dem 1. Mai vermisst, sondern offiziell bereits seit Mitte März 1945. In einem anderen Kommentar hieß es, Haas wäre nach dem Krieg „von den Russen zum Tode verurteilt und exekutiert" worden. Einen Beleg gab es nicht.[9]

Die User im „Axis History Forum" waren natürlich nicht die Ersten, die sich für Adolf Haas interessierten. Das Wesentlichste samt einigen fehlerhaften Informationen hatten sie damals wortwörtlich aus einem im Internet veröffentlichten Erneuerungskonzept des Kreismuseums Wewelsburg für die Ausstellung „Wewelsburg 1933-1945. Kult- und Terrorstätte der SS" kopiert – allerdings ohne den spannenden Abschnitt über Haas' schlechte Beurteilungen, seine Schwächen, Arroganz, Affären und verhängnisvolle, laienhafte Kunstliebe.

Mehrere Historikerinnen und Historiker haben sich seit den 1960er-Jahren immer wieder seiner Biografie gewidmet. Meist aber nur mit wenigen Seiten in ihren ansonsten sehr lesenswerten Büchern zur NS-Zeit im Westerwald, den Konzentrationslagern Wewelsburg und Bergen-Belsen oder allgemein zur Lager-SS.[10] Darin kamen sie zum Teil zu sehr unterschiedlichen Urteilen über seinen Charakter, seine Motive und Lagerführung: Karl Hüser schreibt in der ersten Monografie zum KZ Niederhagen/Wewelsburg, „Adolf Haas und seine Helfer“ hätten „neben der großen Zahl“ gezielter „Mordaktionen“ auch „einen erheblichen Teil der Häftlinge durch Hunger, Krankheiten und Arbeitsschinderei umkommen“ lassen.[11] Einige Häftlinge bevorzugte er aber offenbar: „Der Lagerkommandant Haas schätzte die handwerklichen und oftmals künstlerischen Fähigkeiten der Häftlinge und nutzte sie für seine eigenen Zwecke“, erläutert Kirsten John-Stucke, die heutige Leiterin des Kreismuseums Wewelsburg.[12] Eberhard Kolb, der Nestor der Bergen-Belsen-Forschung, sieht in ihm einen „ebenso primitiven wie zur Leitung eines ‚Austauschlagers‘ völlig unqualifizierten SS-Führer“.[13] Er war allerdings „weder ein ‚scharfer‘ Lagerkommandant noch ein ausgesprochener Judenhasser oder Sadist“, aber mitverantwortlich für das schreckliche „Inferno“ 1945, meint Alexandra-Eileen Wenck im neueren Standardwerk zum KZ Bergen-Belsen.[14] Die Überlebenden hätten ihn vielmehr als einen „behäbigen an der eigenen Bequemlichkeit mehr als an seiner Aufgabe interessierten SS-Führer“ charakterisiert, schreibt Karin Orth in ihrer Studie zur Konzentrationslager-SS.[15]

Doch wie konnte ein vermeintlich „primitiver“, „unqualifizierter“ und „bequemer“ Mann in der SS so weit aufsteigen, die sich unter Reichsführer-SS Heinrich Himmler als „Elite“ zelebrierte? Was half ihm dabei und wer?

Wenn Haas kein „Judenhasser“ und „Sadist“ gewesen sein sollte, was trieb ihn dann zur SS? Mit welcher Überzeugung beteiligte er sich an Verbrechen?

Wie vereinbarte er es mit seinem Gewissen, dass in seinen Lagern nachweislich mindestens 3026 Menschen umkamen?[16] Beschützte er dagegen tatsächlich Künstler und Handwerker, auch jüdische?

Dieses Buch fügt die verschiedenen, teils unvereinbar wirkenden biografischen Puzzle-Teile erstmals zusammen. Es kann allerdings nicht das Rätsel lösen, das nach 1945 nicht nur die Bewohner seiner Heimatstadt noch viele Jahre beschäftigte: das Verschwinden von Adolf Haas kurz vor Kriegsende. Während seine Frau ihn für tot erklären ließ, kursierten in Hachenburg mehrere Gerüchte. Die einen sagten, er sei untergetaucht und habe immer wieder heimlich seine Familie besucht.[17] Andere meinten, er lebe weit weg von zu Hause. „Es wurde gemunkelt, er sei in Spanien“, erinnerte sich der Hachenburger Gerhard Latsch, der als Kind mit Adolf Haas‘ Sohn befreundet gewesen war.[18] Über Spanien seien ja viele Nazis „mit päpstlichen Pässen nach Argentinien gekommen. Eine ganze Menge Nazis sind so geflüchtet, nicht die ganz Großen, aber die Mittelgroßen."

Dass sich der KZ-Kommandant Adolf Haas nach Lateinamerika abgesetzt haben könnte, war auch meine erste Spur: Sven Felix Kellerhoff, Leitender Redakteur für Geschichte bei der WELT, und ich folgten im Sommer 2013 einem Hinweis, dass sich Haas in Brasilien ein neues Leben aufgebaut haben sollte, sogar mit einer neuen Frau. Wie die Historikerinnen und Historiker zuvor arbeiteten auch wir uns zunächst durch die 150-seitige SS-Personalakte im Bundesarchiv Berlin-Lichterfelde, entdeckten damals aber ebenfalls keine Anhaltspunkte zu seinem Verschwinden. Die Spur endete in einer Sackgasse – so wie für alle, die nach dem verschollenen KZ-Kommandanten suchten: erst die Alliierten, dann die österreichischen und deutschen Behörden und in den 1990er-Jahren sogar einer seiner Enkel. Bis heute konnte keiner herausfinden, was mit Adolf Haas 1945 geschah. Auch ich nicht, trotz jahrelanger Recherchen.

Warum also noch ein Nazi-Buch? Diese Frage hörte ich oft. Literatur zum Nationalsozialismus ist seit 30 Jahren keine Mangelware mehr in den Buchläden. Die Bücher füllen ganze Bibliotheken. Warum braucht also der verschollene KZ-Kommandant Adolf Haas ein eigenes Buch? Zumal es nicht mit Enthüllungen zu einer spektakulären Flucht bei Kriegsende und einem geheimen Leben in Brasilien aufwarten kann.

Zum einen ist die erste Biografie von Adolf Haas ein Beitrag zur Täterforschung. Warum verüben Menschen Verbrechen, warum begehen sie Mord? Diese banale, aber höchst relevante und tagesaktuelle Frage beschäftigt nach wie vor ebenso Kriminologen wie Holocaust-Forscher. Die neuere Täterforschung innerhalb der Geschichtswissenschaft habe zwar, so der Historiker Frank Bajohr, „in den letzten zwanzig Jahren zu einer bis dahin unbekannten empirischen Rekonstruktion des Holocaust aus der Nahperspektive geführt und dabei frühere Grundannahmen" korrigiert – am Ende ist sie aber noch lange nicht.[19] Dass die „Vernichtungsmaschinerie" stets „einen bemerkenswerten Querschnitt der deutschen Bevölkerung" darstellte, bemerkte der Politikwissenschaftler Raul Hilberg bereits 1961 in seiner bahnbrechenden Grundlagenstudie „The Destruction of the European Jews" („Die Vernichtung der europäischen Juden").[20] Im Oktober 2017 wurde auf einer prominent besetzten internationalen Konferenz anlässlich Hilbergs 10. Todestages in Berlin dazu aufgerufen, sich im Sinne des Begründers der Holocaust-Forschung wieder mehr mit den kleinen Rädchen in der „Vernichtungsmaschinerie“, den „normalen“ Tätern, zu beschäftigen.[21] Nicht zuletzt hatten die beiden Historiker Daniel Goldhagen und Christopher Browning Anfang und Mitte der 1990er-Jahre mit ihren Studien eine hitzige öffentliche Diskussion angeregt, ob die NS-Täter ein besonders gewaltbereites, fanatisiertes Kollektiv oder eben doch „ganz gewöhnliche Deutsche“ bzw. „ganz normale Männer“ (ordinary men) waren – eine bis heute offene Frage.[22]

Der Bäcker Adolf Haas war ohne Zweifel ein ganz normaler Mann, aber auch einer der „normalen“ Täter – sowohl im Sinne seiner Sozialisation als auch seiner „Karriere“: Weder hatte er eine „kriminelle Neigung“ noch psychische Störungen. Weder war er besonders gebildet noch ein radikaler NS-Ideologe. Weder war er ein mächtiger noch ein berüchtigter SS-Funktionär. Er war schlichtweg Durchschnitt – so sahen es auch seine Vorgesetzten in den wenigen nicht beschönigten Beurteilungen.[23] Die Biografien der Kommandanten kleinerer bzw. hierarchisch niedrigerer Lager, zu denen Niederhagen/Wewelsburg und anfangs auch Bergen-Belsen zählten, wurden bisher kaum abseits der Übersichtsliteratur erforscht. Dagegen standen vor allem die bekannteren Kommandanten der großen Lager Dachau, Sachsenhausen und Buchenwald sowie der Vernichtungslager im Osten im Vordergrund, aber auch Männer wie Karl Otto Koch und Amon Göth, die durch ihren Sadismus bekannt geworden sind, Letzterer nicht zuletzt durch Steven Spielbergs Film „Schindlers Liste“.[24] Dass es allgemein nur zu einem Fünftel aller knapp 50 Kommandanten eigenständige Biografien gibt, liegt allerdings wohl weniger am Interesse als vielmehr an der dürftigen Quellenlage.

Die meisten Lagerkommandanten „hinterließen keine oder kaum subjektive Quellen, aus denen man auf ihre Handlungskonzepte oder auf ihre Motivation schließen könnte“, schreibt die Historikerin Karin Orth.[25] Viele waren „weder intellektuell in der Lage, noch sahen sie überhaupt jemals die Notwendigkeit, über ihre Beweggründe zu reflektieren oder ein Handlungskonzept aufzuschreiben“. Das gilt auch für Adolf Haas. Wie in den meisten anderen KZ sorgte die SS in Niederhagen/Wewelsburg und Bergen-Belsen bei Kriegsende außerdem dafür, dass die Akten der Lagerregistratur nicht in die Hände der Alliierten gelangten.[26] „Eine Biographie, die den Standards der Biographieforschung entspricht“, ließe sich „auf der Grundlage des überlieferten Quellenmaterials“ eigentlich nicht schreiben, resümiert Karin Orth für die Lager-SS.[27] „Ihre Handlungsmaximen ließen sich meist nur aus der Rückschau gewinnen". Genau das ist bei Adolf Haas erstaunlich ergiebig – trotz weniger subjektiver Quellen.

Einerseits ist seine SS-Personalakte ungewöhnlich umfangreich. Sie enthält zahlreiche auf Schreibmaschine getippte Beurteilungen und Beförderungsvorschläge seiner SS-Vorgesetzten, einige selbst verfasste Lebensläufe und Aufsätze sowie Korrespondenz und ein Gesprächsprotokoll anlässlich seiner Affären und eines Skandals in Bergen-Belsen, aber auch eine „SS-Ahnentafel", auf der er bis ins 18. Jahrhundert seine „arische" Abstammung nachweisen musste.[28] Die pedantisch organisierte NS-Bürokratie hielt und hält allerdings weit mehr zu Adolf Haas bereit – nur eben weit verstreut in der Archivlandschaft. Mit dem zum großen Teil erstmals ausgewerteten Aktenmaterial aus 16 Archiven in Deutschland, Luxemburg und Großbritannien lassen sich seine Biografie, sein Karriereweg und seine Verbrechen rekonstruieren. Die Erkenntnisse der NS-, Holocaust- und Täterforschung spielen dabei eine wichtige Rolle. Da das Buch sich nicht nur an ein Fach-, sondern ein allgemein historisch orientiertes Publikum richtet, finden die verschiedenen Konzepte und Literaturhinweise allerdings meist in den Endnoten ihren Platz.

Einen emotionalen Zugang ermöglichen dagegen die zahlreichen Zeitzeugenaussagen. Dass die verschiedenen Stimmen der Überlebenden gehört werden, ist mir ein wichtiges Anliegen. Sie zeugen stellvertretend vom Leid von Millionen, machen aber auch – trotz oder gerade wegen ihrer Widersprüche – aus dem abstrakten „Täter" Adolf Haas einen Menschen, dessen Motive nachvollziehbar werden. Ich folge hier dem Ansatz einer „integrierten Geschichte", in der „die Praktiken der Täter, die Einstellungen der umgebenden Gesellschaft und die Welt der Opfer" verknüpft werden, wie es der Historiker Saul Friedländer vorgeschlagen hat.[29]

Das Buch füllt keineswegs nur eine biografische Lücke in der Täterforschung. Haas' Weg von Sachsenhausen bis nach Bergen-Belsen zeichnet im wahrsten Sinn ein erschreckendes Bild von einem wichtigen Teil des Lageralltags, der bislang kaum zusammenhängend erforscht ist: KZ-Kunst. Wie Hunderte andere SS-Führer missbrauchte Adolf Haas die Fähigkeiten handwerklich oder künstlerisch begabter Häftlinge für seine privaten Wünsche. „Du bist mir zu schade zum Verrecken", sagte er zu einem Häftling in Wewelsburg. Was ließ sich Adolf Haas anfertigen? Inwieweit bevorzugte oder schützte er sogar seine Auftragskünstler? Wie kam es zu dem Bilderskandal in Bergen-Belsen, den einige Historikerinnen und Historiker für seine Versetzung an die Front Ende 1944 ausschlaggebend halten?

Andererseits endet die Geschichte von Adolf Haas nicht mit dem Ende des Zweiten Weltkrieges, obwohl er seitdem nicht mehr aufgetaucht ist – weder auf einem Soldatenfriedhof noch mit einer neuen Identität.[30] Heute ist der 1893 geborene Adolf Haas garantiert tot, egal ob er nun in den letzten Kriegstagen an der Front fiel, sich das Leben nahm oder ob er tatsächlich untertauchte. In der Nachkriegszeit war man sich allerdings nicht sicher trotz der amtlichen Todeserklärung von 1950, die das Todesdatum auf den 31. März 1945 festgelegt hatte. Tatsächlich belegen Akten der Staatsanwaltschaft Hamburg eindeutig, dass Adolf Haas mindestens noch am 14. April 1945 am Leben und höchstwahrscheinlich am Tod eines weiteren Menschen beteiligt gewesen war. In den folgenden Tagen bis zur Kapitulation gelang einigen aus seinem Umfeld die Flucht. Dass auch er es schaffte, hielten einige nach 1945 durchaus für möglich. Andere sahen keinen Grund, weiter nach dem verschollenen und schließlich für tot erklärten Kommandanten zu fahnden. Der Fall „Adolf Haas" gibt einen ernüchternden Einblick in die Praxis der NS-Strafverfolgung der Alliierten und der Bundesrepublik. Welche Maßnahmen wurden ergriffen, um ihn zu finden? Welche Chancen verpassten die Behörden absichtlich oder unabsichtlich? Und warum interessierten sich der berühmte Generalstaatsanwalt Fritz Bauer und seine Mitarbeiter für dessen Akte?

Nicht zuletzt stellt sich aktueller denn je die Frage, warum der Nationalsozialismus und insbesondere der SS-Eliten-Mythos bis heute eine ungebrochene Anziehungskraft auf Militärfanatiker wie im „Axis History Forum" und – schlimmer noch – auf Rechtsextreme weltweit haben. Zwischen ihnen zu trennen, ist oft nicht leicht: Wer Kriegsverbrecher wie Adolf Haas zum Teil eines „Rätselspaßes" macht, verharmlost die Verbrechen der Waffen-SS und verhöhnt die Opfer des Nationalsozialismus'. Am 15. Juni 2018 postete der User „J. Duncan" im „SS ID Quiz" erneut ein Foto von Adolf Haas, dieses Mal in SS-Uniform (siehe Bild auf Seite 134). „Das mag einfach sein, aber es ist das einzige Bild, das ich kenne, auf dem dieser Mann lächelt", kommentierte er.[31] Woher stammt also die Legende von der SS-Elite? Woher die von der tadellosen Waffen-SS? Inwieweit fördert die Verherrlichung von SS-Leitwerten – Kameradschaft, Härte, Männlichkeit – heute Macht- und Gewaltfantasien? Warum findet gerade in Deutschland die Behauptung von Alexander Gauland Beifall, „Hitler und die Nazis" seien „nur ein Vogelschiss in über 1000 Jahren erfolgreicher deutscher Geschichte" gewesen?[32] Für welche Zwecke werden solche revisionistischen Ansichten instrumentalisiert?

Welche Rollen spielen Sprache, Hass und Existenzängste bei der Diskriminierung von Minderheiten?

Biografien wie die von Adolf Haas können verstehen helfen, warum „ganz normale“ Menschen sich einer radikalen Bewegung anschließen und in der Vergangenheit sogar bereit waren, ihre Mitmenschen nicht nur zu diskriminieren, sondern auch auszurauben, zusammenzuschlagen, einzusperren, zu foltern und schließlich millionenfach zu ermorden.

Editorische Notiz: Die Zitate in diesem Buch wurden in der Regel in ihrem jeweiligen Wortlaut belassen, das heißt nicht verbessert oder der neuen Rechtschreibung angepasst. Wenn Zitate in seltenen Fällen zugunsten der Verständlichkeit verändert wurden, wurde es bei der Quellenangabe vermerkt. Viele Namen wurden aus Datenschutzgründen anonymisiert.

1. Der Bäcker und Soldat

Die ersten Lebensjahre ohne Parteibuch und SS-Uniform

1893–1932
Deutsches Reich, China, Japan

1.1 Der Geselle: Kindheit und Ausbildung, 1893–1913

Vom Hagenberg aus hatte man schon immer einen weiten Blick über die Höhen des Westerwaldes und des Siegerlandes bis hin ins Siebengebirge. Am Bergkegel vorbei führten seit dem Mittelalter die bedeutenden Handelswege Köln–Leipzig und Köln–Frankfurt. Grund genug für den Grafen Heinrich III. von Sayn, um das Jahr 1200 an dieser Stelle eine Burg zu errichten. Der Berg gab der „Hachenburg" ihren Namen und später der dazugehörigen Stadt. Auch um die Wende zum 20. Jahrhundert herum war die zum Barockschloss erweiterte Burg noch der höchste Punkt der „Löwenstadt".

Nicht weit entfernt, etwa 35 Kilometer nördlich von Hachenburg, liegt das westfälische Siegen. Hier bekamen die Eheleute Helene Haas (geb. Montanus) und Adolf Haas am 14. November 1893 einen Sohn. Sie nannten ihn Emil Gustav Ludwig Tillmann Hermann Adolf, riefen ihn aber nur Adolf.[33] Etwa anderthalb Jahre nach der Geburt ihres Sohnes zog die Familie nach Hachenburg. Der Vater verkaufte seine Siegener Zigarren- und Tabakhandlung und wurde in der neuen Heimat Inhaber des Hotelrestaurants „Westend", heute eine beliebte Pizzeria. Bekannt war das „Westend" vor allem wegen der alten „Westendhalle", in der zahlreiche kleinere und größere Feste gefeiert wurden.[34] Hierher lud der nationalpatriotische Adolf Haas senior auch seine Kameraden vom „Kriegerverein Hachenburg-Altstadt" ein. So auch am 14. November 1897 – genau am 4. Geburtstag seines Sohnes –, als der königliche Landrat im Namen von Kaiser Wilhelm II. dem Verein feierlich eine neue Fahnenschleife übergab. Von 1909 ist eine Ansichtskarte des Hotels überliefert, auf dem vermutlich die Familie, einschließlich des 15-jährigen Adolf Haas junior mit Schirmmütze, zu sehen ist.[35]

Ausschnitt einer 1909 versandten Ansichtskarte vom Hotelrestaurant „Westend" in Hachenburg, auf der vermutlich die Familie Haas und Hotelangestellte zu sehen sind.

Zum Zeitpunkt der Aufnahme hatte der junge Adolf Haas seine Schulbildung nach acht Jahren Volks- und Realschule bereits beendet. In den folgenden drei Jahren erlernte er in Wiesbaden das Handwerk des Konditors und arbeitete danach in Barmen, Bad Kreuznach und Mannheim. 1913 stand sein 20. Geburtstag an und damit der Militärdienst.[36] Im Oktober meldete er sich zur Kaiserlichen Marine in Cuxhaven, wohl in der Sehnsucht nach Abenteuern in der Ferne. Anregungen hatte er durch Bekanntschaften seiner Eltern mit Offizieren bekommen, die in Ostasien dienten. So lud Adolf Haas senior am 28. März 1914 in seinem Gasthaus beispielsweise zu einem Lichtbildvortrag über „China, Land und Leute“ ein.[37] Sein Sohn war zu diesem Zeitpunkt bereits am anderen Ende der Welt.

1.2 Der Verteidiger: Der kurze Erste Weltkrieg in Tsingtau (China), 1913–1914

Die Beute stand schon lange fest, man suchte nur noch nach einem Vorwand, um loszuschlagen: Ende des 19. Jahrhunderts versuchte das wirtschaftlich und militärisch aufstrebende neue Deutsche Reich den Rückstand beim kolonialen Wettlauf der europäischen Industriestaaten aufzuholen und errichtete seit 1884 mehrere „Schutzgebiete" in Afrika und in der Südsee. Von den wenigen Überseegebieten, die noch übrig waren, hatte derweil vor allem ein großes Land die Aufmerksamkeit von Kaiser Wilhelm II. und seinen Beratern erregt: China. Schon seit Jahren wollte man einen Hafen im „Reich der Mitte" bauen, um es zu „durchdringen", genauer gesagt, auszuplündern. Da kam der Mord an zwei deutschen Missionaren im November 1897 durch chinesische Banden gerade recht. Wilhelm II. ließ die chinesische Bucht von Kiautschou (Jiāozhōu) im Süden der Shandong-Halbinsel am Gelben Meer besetzen und erpresste von der Regierung Chinas einen Pachtvertrag für das „Schutzgebiet Kiautschou". Eine beispielhafte Demonstration skrupelloser „Kanonenbootdiplomatie". Die Hafenstadt Tsingtau (Qingdao) wurde zum bedeutenden Stützpunkt für das ostasiatische Kreuzergeschwader, zur Hauptstadt und zum florierenden, internationalen Wirtschaftszentrum der neuen „Musterkolonie", in die man rund 200 Millionen Mark investierte.[38] Die Verteidigung der Kolonie oblag einer „Schutztruppe", die bis 1914 auf 2600 Mann angewachsen war. Darunter auch ein Matrosenartillerist aus Hachenburg.

Adolf Haas hatte während seiner Ausbildung in der „Stammabteilung der Marineartillerie-Abteilung Kiautschou" in Cuxhaven von Oktober 1913 bis zum 12. Januar 1914 unter anderem gelernt, 15- und 30,5-Zentimeter-Artilleriegeschütze zu bedienen, Minen aufzuspüren und den Flaggendienst korrekt auszuführen.[39] Noch zwanzig Jahre später sagten seine Vorgesetzten bei der SS, seine Haltung sei durch und durch „soldatisch" gewesen, er hätte besonders die Kommandosprache und den Exerzierdienst beherrscht.[40] Mit dem Dampfer „Patricia" war Haas nach mehrwöchiger Fahrt über Singapur und Hongkong am 22. Februar 1914 in Tsingtau eingetroffen und wurde in den Iltis-Kasernen einquartiert.[41] Allzu verloren dürfte er sich nicht gefühlt haben. Immerhin glich das Straßenbild mit Villen, Kirchen und Häusern nach europäischem Baustil eher einer deutschen als chinesischen Kleinstadt und die einheimische Bevölkerung wohnte ohnehin in strikt getrennten Vierteln. Als

Am „4. Januar geht es nach China", schrieb Adolf Haas Mitte Dezember 1913 an einen Freund. Auf der Vorderseite der Postkarte posiert er mit seinen Kameraden aus der „Stammabteilung der Marineartillerie-Abteilung Kiautschou" in Cuxhaven (hintere Reihe, dritter von rechts).

Teil der deutschen Kolonialherrschaft erlebte Adolf Haas zum ersten Mal, wie systematisch Bevölkerungsgruppen diskriminiert und ausgebeutet wurden.[42] Ob und wie er sich daran beteiligte, wissen wir nicht.

Bereits kurz nach der Gründung der deutschen „Musterkolonie" in Kiautschou hatten Großbritannien, Russland und Japan ebenfalls „Siedlungsprojekte" in Nord-Ost-China gestartet und mit der Jahrhundertwende untereinander Bündnisse geschlossen.[43] Eine Eskalation des Interessenskonflikts in China und im ostasiatischen Raum schwebte seitdem jahrelang bedrohlich über der Region – bis zum Sommer 1914, als sich die Staaten Europas in die „Urkatastrophe des 20. Jahrhunderts" stürzten. „Doch nicht nur in Europa sollte ein wildes Ringen und Kämpfen stattfinden, nein auch zu uns in das ferne Ost-Asien sollten die Kampfarme schlagen", schrieb der junge Matrosenartillerist Adolf Haas rückblickend über den Beginn des Weltkrieges.[44]

Am 8. August 1914 schloss sich Japan der Entente an und erklärte dem Deutschen Reich später den Krieg. Doch das eigentliche Ziel war China. Japan begehrte die Kohlevorräte auf der Halbinsel Shandong – dazwischen stand die deutsche Kolonie mit der Garnisonsstadt und dem Stützpunkt Tsingtau im

Weg. So begannen japanische und britische Kriegsschiffe am 27. August gemeinsam, den Hafen zu blockieren. Seit den ersten Septembertagen landeten insgesamt etwa 58.000 japanische Soldaten an der chinesischen Küste.[45] Wenige Wochen, nachdem der Gastwirt Adolf Haas im Hachenburger „Westend" zu einem Lichtbildvortrag über „China, Land und Leute" eingeladen hatte, erreichte der Weltkrieg genau dort seinen Sohn. Obwohl Tsingtau kaum gegen einen Angriff von Land geschützt, bald vom Nachschub abgeschnitten war und ohnehin nur über knapp 5000 Soldaten verfügte, gaben die Befehlshaber den Stützpunkt nicht auf – immerhin hatte ihr Kaiser die Verteidigung seiner „Musterkolonie" zur obersten Priorität erklärt. In den Wochen nach der Mobilmachung schickte man den Matrosenartilleristen Adolf Haas junior von einer Artilleriestellung zur nächsten. „Gut ausgebildet u. vorbereitet können wir den Gegner mit Ruhe erwarten", schrieb Adolf Haas später in sein Tagebuch.[46]

Ende September 1914 schlossen japanische und britische Truppen den Belagerungsring und Tsingtau geriet unter ein Dauerbombardement von Land, Meer und aus der Luft.[47] Nach einem Monat war auch Adolf Haas mit den Nerven am Ende: „Wann und wie wird das Drama enden?", notierte er im Rückblick an den 3. November.[48] „Unser Werk ist ein Schutthaufen." Vor seinen Augen zerriss eine Granate seinen besten Freund. „Warum soll ich es verschweigen ich habe geweint wie ein kleines Kind. Ich habe die Stücke von ihm zusammen gefügt und habe ihn mit genommen." Sie hatten kaum noch genug Munition, um gegen das „gelbe Gesindel" zurückzuschießen, riskierten aber weiter ihr Leben für einen aussichtslosen Kampf.

Kriegsmüde wurde Adolf Haas erst drei Tage später im Schützengraben. Sie hatten sich seit zwei Wochen nicht waschen können, „gestern u. heute nichts zu essen bekommen u. ein paar Tage nicht geschlafen", notierte er. „Da ist man besser aufgehoben wenn man erschossen wird. mir ist es egal." Um zwei Uhr nachts erwischte es ihn, als japanische Soldaten die letzte Verteidigungslinie durchbrachen. „Ich wurde verwundet an der rechten Schultern durch Schrappnelschuß leicht." Wenige Stunden später, am Morgen des 7. November 1914, als die letzte Artilleriemunition verschossen war, zerstörten die Deutschen die Verteidigungsanlagen, versenkten die verbliebenen Schiffe im Hafen und hissten die weiße Fahne auf dem Signalberg, der letzten übrig gebliebenen Festung. „Wir haben geweind wie die Kinder aber was half es, es mußte so sein", schrieb Haas.

So verschwand Tsingtau, wie es die chinesische Historikerin Yixu Lü ausdrückte, „auf wenig ruhmreiche Art aus der Geschichte".[49] Nicht einmal zu einer „heldenhaften“ Seeschlacht sei es gekommen. Als der Krieg ausgebrochen war, hatte sich das Ostasiengeschwader auf einer Inspektionstour der Kolonien in den Karolinen und Marianen befunden. Nur der Kleine Kreuzer „SMS Emden“ hatte noch in Tsingtau vor Anker gelegen, war aber entkommen und erlangte mit seinen Raubzügen im Indischen Ozean internationale Berühmtheit, bis er am 9. November 1914 zu einem Wrack zusammengeschossen wurde. Am selben Tag verbreitete sich die Nachricht von der Kapitulation Tsingtaus durch das „Hachenburger Tageblatt“ in Adolf Haas‘ Heimatstadt: „Der Tag wird kommen, an dem die deutsche Kultur im fernen Osten von neuem den Platz einnehmen wird, der ihr gebührt, und die Helden von Tsingtau werden nicht vergeblich ihr Blut vergossen und ihr Leben geopfert haben.“[50] Die Hachenburger empfanden sicherlich Stolz, dass einer von ihnen zu den „Helden von Tsingtau“ gehörte, wie man sie schnell in Ansichtskarten und Romanen glorifizierte. Ein wichtiger Trost für Adolf Haas und die rund 5000 Soldaten und Zivilisten, die mit der Kapitulation von Tsingtau in japanische Kriegsgefangenschaft gerieten. Sie wurde für ihn eine bittere Erfahrung, prägte ihn aber auch kulturell für sein ganzes Leben.

1.3. Der Gefangene: Hunger, Langeweile und deutsche Kultur in Osaka, Tokushima und Bandō (Japan), 1914–1920

Die deutschen Kolonialträume waren ausgeträumt, nun folgte die harte Realität der Kriegsgefangenschaft. Gemäß ihrem eigenen Ehrenkodex hatten die Japaner erwartet, dass ihre deutschen Feinde eher den Tod suchen, als sich ergeben würden. Auf eine so große Zahl von Gefangenen waren sie nach der Kapitulation von Tsingtau daher nicht vorbereitet.[51] Sie gestatteten ihnen aber, ihre Toten mit allen Ehren zu beerdigen, gaben ihnen „Reis und Rindfleisch“ und „behandelten uns sonst einigermaßen gut“, schrieb Adolf Haas.[52] Per Schiff kamen er und 466 weitere Gefangene Ende November 1914 in ein notdürftig eingerichtetes Militärlager nahe der Hafenstadt Osaka.[53] „Das Leben dort war miserabel“, beschwerte sich der junge Marineartillerist, während es den feindlichen Gefangenen in Deutschland weit schlechter erging. „In den erdegestrichenen Bretterhütten war es sehr kalt u. auch das essen war nichts wert u. stets zu wenig. Japaner kochten. Es gab meistens Reis mit Zwiebeln u. ein Stück Fisch mit 3 Kartoffeln. Die Zeit vertrieben wir uns mit Flicken,

Kartenspielen u. Schreiben".[54] Um sich als neue Weltmacht zu profilieren, bemühte sich Japan, die internationalen Abkommen zur Kriegsgefangenschaft einzuhalten und die schlechten, provisorischen Verhältnisse der ersten Unterbringungen zu verbessern.[55] „Die Kost war bedeutent besser wie in Osaka", schrieb Haas über das Kriegsgefangenenlager in Tokushima, in das er Mitte Dezember wechselte. „Wir hatten also keinen schlechten Tausch gemacht. Auch Weihnachten verlebten wir hier ganz gemütlich."[56]

Zum Zeitvertreib begann Adolf Haas Tagebuch zu schreiben. Zumindest ein Heft mit 140 Seiten aus der Zeit 1915 bis 1916 ist als eines der wenigen selbst verfassten Dokumente erhalten geblieben. Leider liegt dieses wichtige Schriftstück heute nicht öffentlich zugänglich in einem Archiv, sondern befindet sich im Besitz von seinen Nachfahren. Eine Kopie gelangte glücklicherweise in die Hände von Hans-Joachim Schmidt, einem der besten Kenner der Geschichte von Tsingtau und der deutschen Kriegsgefangenen in Japan. Seit 2002 veröffentlicht er die Ergebnisse seiner bemerkenswerten selbst finanzierten Recherchen auf seiner Homepage „Die Verteidiger von Tsingtau und ihre Gefangenschaft in Japan (1914–1920)".[57] Adolf Haas gehört zu den prominenteren Personen in seiner umfangreichen Datenbank. In dem erhalten gebliebenen, kleinformatigen Tagebuchheft widmete er sich meist nur mit kurzen Einträgen dem Lagerleben. Es ging um Ausbruchsversuche, Gottesdienste, Kaisers Geburtstag und den Monatslohn, mit dem sich die Gefangenen das Nötigste kaufen konnten. „Nichts Besonderes, die Behandlung geht noch", notierte er knapp Anfang März 1915. Ausführlicher verarbeitete er seine Erinnerungen an die Kämpfe in Tsingtau. Er notierte alle Parolen von August 1914 bis zur Kapitulation, zählte die einzelnen Befestigungen auf, schrieb heroische Gedichte von anderen ab, versuchte sich aber auch an eigenen Reimen und Prosa – selbst die „Erinnerung einer freiw. Krankenschwester" scheint aus seiner Feder zu stammen.

Die verschiedenen Einträge zeigen, dass die Erfahrungen an der Front und in Gefangenschaft Adolf Haas keineswegs den späteren Weg zum Nationalsozialismus geebnet haben. Für ihn gilt, was der Historiker Thomas Weber für den Meldegänger Adolf Hitler und die meisten Frontsoldaten feststellte: „Die Mehrheit dieser Männer wurde durch den Krieg weder brutalisiert noch radikalisiert oder politisiert, sondern kehrte mit einem mehr oder weniger intakten, vor dem Weltkrieg erworbenen Weltbild in ihre Heimatstädte, Dörfer und Weiler zurück."[58] Adolf Haas äußerte sich in seinem Tagebuch nur zweimal rassistisch über die Japaner. Einmal beschreibt er, wie sie das „gelbe Gesindel" in Tsingtau mit MG-Feuer „weg geputzt" hätten. Und als die japanischen Bewacher in Tokushima ihren Gefangenen nautische Instrumente abnahmen, erregte er sich: „Die gelben Hunde aber wir werden uns schon rächen u. wenn wir ihnen die ganzen Palmen hier, mit Eßigsäure tränken müßten die Schufte."[59] Seine rebellischen Gedanken setzte er wohl nie in die Tat um. Dass der Erste Weltkrieg und die jahrelange Gefangenschaft nicht die maßgebliche „‚Urkatastrophe' in der Biografie des späteren SS-Schergen Adolf Haas" waren, meint auch Markus Müller. Der Lehrer für Deutsch und Geschichte aus Nister, ganz in der Nähe von Haas' Heimatstadt Hachenburg, hat sich als Erster intensiv mit dessen Tagebuch beschäftigt. Die beiden rassistischen Äußerungen müsse man, so Müller, „wohl noch im chauvinistischen Grundtenor des späteren Kaiserreiches lesen".[60] Seine Zeit als Soldat und Gefangener habe aber „sicherlich ihren Beitrag dazu geleistet, jede Form menschlicher Regung bei Bedarf zu unterdrücken".

Markus Müller recherchierte auch für die Zeit nach den letzten Tagebucheinträgen. Als das Lager Tokushima Anfang April 1917 aufgelöst wurde, gehörte Adolf Haas mit 205 Gefangenen zu den Ersten, die in das nahe gelegene neue Musterlager im kleinen Ort Bandō (heute Naruto) kamen. Dass Bandō zum bekanntesten damaligen Kriegsgefangenlager in Japan wurde, lag vor allem an seinem äußerst verständnisvollen Lagerkommandanten Matsue Toyohisa. Er entstammte einer alten Samurai-Familie und hatte großen Respekt vor dem deutschen Militär. Im Gegensatz zu einigen anderen japanischen und den meisten deutschen Lagern, geschweige denn von Adolf Haas' späteren Wirkungsstätten, waren in Bandō die Bedingungen äußerst human. Es gab keine Zwangsarbeit, keinen überflüssigen Drill, dafür Selbstverwaltung und viele Freiheiten für die knapp tausend Gefangenen. Unter Matsue Toyohisa ähnelte das Lager bald einer deutschen Kleinstadt mit einem bunten kulturellen Angebot: Es gab mehrere Lokale, eine Bibliothek, Lagerdruckerei, Bäckerei und Konditorei, zwei Teiche zum Baden sowie Sportplätze für Fußball, Schlagball, Tennis und Turnen, außerdem Pachtland für Gartenbau und Viehzucht, Werkstätten für Handwerk und Kunst, Vortragsabende und sogar ein Orchester sowie Theater-, Puppenspiel- und Gesangsgruppen. Der gelernte Konditor Adolf Haas arbeitete in den Jahren 1917/18 nicht etwa in der prestigeträchtigen Konditorei „GEBA", auf deren Backtradition sich noch heute japanische Bäckereien und Konditoreien wie „Doitsuken" („Deutsches

Haus") berufen.[61] Haas half dagegen in der Lagerbäckerei, ganz gewöhnliche Brötchen und Brote für die täglichen Rationen zu backen.[62]

Blumen auf dem Tisch, Fotos, Bilder und Zeitungsausschnitte an der Wand, Insassen mit Pfeife und Musikinstrument – so sieht kein gewöhnliches Kriegsgefangenlager aus. Das Foto stammt höchstwahrscheinlich aus dem japanischen Lager Bandō (ca. 1917–1921) und zeigt Adolf Haas (vorne rechts, sitzend in weißer Uniform) mit einem Brot und einem großen Schneidemesser.

Dem Adressbuch des Lagers von 1917/18 zufolge engagierte sich Haas offiziell in keiner der „vielen kulturellen oder sportlichen Einrichtungen des Gefangenenlagers", schreibt Markus Müller.[63] Es ist jedoch äußerst unwahrscheinlich, dass sich der Mittzwanziger über Jahre den kulturellen und sportlichen Angeboten komplett entzog: Immerhin hatte er in seinem Tagebuch eifrig eigene und fremde Lyrik gesammelt. In Osaka hatte er begeistert berichtet, dass „schöne Gedichte vorgetragen wurden" und dass es bald „Turngeriste" geben werde. „Es ist ja dies auch ein sehr schöner Sport."[64] Vor allem seine spätere laienhafte Kunstliebe spricht dafür, dass ihn das Lagerleben in Bandō nachhaltig prägte. Vom 8. bis 19. März 1918 konnten beispielsweise Gefangene und japanische Besucher in der „Ausstellung für Bildkunst und Handfertigkeit" 450 im Lager angefertigte Gegenstände wie Spielsachen, Holzarbeiten, Theaterkostüme, Kunstwerke und Lebensmittel bestaunen. Auch die groß angekündigte Aufführung von Beethovens Neunter Sinfonie am 1. Juni 1918 durch das Lagerorchester mit einem Chor aus 80 Männern ließen sich wohl die wenigsten Gefangenen entgehen.[65] Das Konzert ist der Höhepunkt des deutsch-japanischen TV-Dramas „Ode an die Freude" („Baruto no gakuen", 2006), das anschaulich die Geschichte des Lagers erzählt, wenn auch ein wenig romantisiert.[66] Eine wichtige Rolle spielt zufälligerweise ein junger Bäcker. Heute zählt die Neunte Sinfonie zu den beliebtesten Stücken in Japan. Seit 1982 wird sie jedes Jahr an verschiedenen Orten erneut aufgeführt, in Osaka sogar mit 10.000 japanischen Laiensängern.

Trotz der vielseitigen Ablenkung und Freiheiten litten die Gefangenen nicht selten unter Langeweile, dem Mangel an Privatsphäre sowie der jahrelangen Ungewissheit über den Kriegsverlauf und ihre Heimkehr. Am schlimmsten erlebten sie die „Stacheldrahtkrankheit" im letzten Jahr in Bandō. Die Nachricht von der Niederlage Deutschlands hatte sie Ende 1918 bitter überrascht. Mit dem Ersten Weltkrieg endete jedoch nicht sofort ihre Gefangenschaft. Das besiegte Deutschland konnte weder Schiffe schicken noch eine Rückreise finanzieren und Japan kooperierte erst nach der Unterzeichnung des Versailler Friedensvertrages im Juni 1919.[67] Mehrfach hatte Adolf Haas über die Jahre mit einem „Fräulein Gertrude Stahl" aus Hachenburg geschrieben. Im Juli 1919 kritzelte er auf einer Postkarte aus der Lagerdruckerei, die für Spenden für die „notleidenden Kameraden in Ost-Sibirien" warb: „Gertr. ich glaube, man ist hier in Gefangenschaft ein andrer Mensch geworden. man ist irre geworden an der Menschheit."[68] Auf ihre Frage, wann er nach Hause kommen werde, antwortete Haas: Wohl 1920, sollte dem nicht Matthias Erzberger im Wege stehen, der Chef der Waffenstillstandskommission, der als Befürworter des Versailler Vertrages von nationalen Rechten gehasst wurde und 1921 ermordet werden sollte.

Seinen 26. Geburtstag musste Adolf Haas am 14. November 1919 noch in Gefangenschaft feiern. Einen Monat später war er nach fünf Jahren endlich wieder ein freier Mensch. Rund ein Viertel der Bandōer entschied sich wegen der unsicheren Lage in der Heimat, nach Tsingtau oder China zurückzukehren, in Niederländisch-Indien meist als Polizist zu arbeiten oder in Japan zu bleiben. Dort trugen sie dazu bei, dass sich die deutsch-japanischen Beziehungen in den 1920er-Jahren schnell normalisierten.[69] Adolf Haas zog es nach

Hause. Die zweimonatige Reise mit dem Schiff „Hōfuku Maru", zusammengedrängt mit mehr als 940 Personen, wurde seine letzte Seefahrt. An seine Zeit als Matrose erinnerte nur noch ein tätowierter Anker auf der rechten Hand.[70]

1.4 Der Konjunkturritter: Hoffnungen und Krisen in den Weimarer Jahren, Hachenburg 1920–1932

Er war ausgezogen, um für sein Kaiserreich zu kämpfen. Zurück kehrte er in eine Republik. Dass es ihnen in der japanischen Kriegsgefangenschaft sehr gut ergangen war, bemerkten Adolf Haas und die anderen Heimkehrer sofort, als sie am 25. Februar 1920 in Wilhelmshaven ankamen, dort wo 1918 die Novemberrevolution mit einem Matrosenaufstand begonnen hatte. Eine jubelnde Menschenmenge begrüßte sie, aber auch viele unterernährte Kinder, die um Brot bettelten.[71] Der junge demokratische Staat kämpfte noch mit den Folgen des Weltkrieges und der Niederlage. Die Krisenjahre nach 1918 und die Inflation hatten auch Haas' Heimatstadt „mit voller Wucht getroffen", schreibt der Stadtchronist Stefan Grathoff.[72] „Wer nur über Bargeld verfügte, war arm dran, wer Waren und Gegenstände von Wert besaß, konnte mit ihnen Tauschhandel betreiben." Der heimgekehrte Adolf Haas hatte weder das eine noch das andere.

Den Kriegsgefangenen machte es die deutsche Gesellschaft nicht leicht, im neuen, wirtschaftlich geschwächten Deutschland ihren Platz zu finden. Rechtlich waren sie den Frontsoldaten bei Versorgungsansprüchen und Entschädigungen nicht gleichgestellt. Zudem mussten sie sich gegen zahlreiche Ressentiments wehren, keine „Drückeberger" und „Überläufer" zu sein.[73] In seinen späteren Lebensläufen erwähnte Adolf Haas zwar das 1925 verliehene „Frontkämpferabzeichen" (Ehrenkreuz für Frontkämpfer) und einen „Kolonialorden" (Kolonialabzeichen), aber nur knapp die Belagerung von Tsingtau und die Gefangenschaft in Japan.[74] Als einer der „Helden von Tsingtau" inszenierte er sich nie, obwohl er selten eine Gelegenheit ausließ, um sich in einem besseren Licht darzustellen.

„Nach meiner Entlassung am 26.2.1920 in W.hafen habe ich sämtliche Arbeiten angenommen die ich bekommen konnte, da mein Beruf darniederlag", schrieb der gelernte Konditor später.[75] Da seine Eltern mittlerweile über 70 waren, übernahm er ohne jegliche betriebswirtschaftliche Erfahrungen zunächst die Leitung der Gastwirtschaft „Westend".[76] Zu seinen Gästen zählte wahrscheinlich auch die fünf Jahre jüngere Lina Emma Müller, eine gebürtige Hachenburgerin. Am 11. März 1922 heiratete das Paar, zwei Jahre später bekamen sie ihr erstes Kind. Im selben Jahr starb sein Vater.[77] Entweder wegen der Wirtschaftskrise, eigener Misswirtschaft oder weil die Familie akut Geld benötigte, verkaufte Adolf Haas Mitte der 1920er-Jahre die Gastwirtschaft.[78] Als ihr erstgeborener Sohn im Mai 1926 starb, war Lina Haas zum zweiten Mal schwanger.

Haas' zweites Kind, eine Tochter, kam ein halbes Jahr später an Heiligabend 1926 zur Welt. Die vierköpfige Familie, einschließlich der verwitweten Mutter, versorgte er in den nächsten Jahren zunächst als Lederarbeiter.[79] Seit 1924 erholte sich die wirtschaftliche Lage in der Weimarer Republik, durch US-amerikanische Kredite, eine Währungsreform und vor allem durch das Wirken von Reichsaußenminister Gustav Stresemann. Wie die meisten Deutschen schenkte wahrscheinlich auch Adolf Haas der nationalsozialistischen Bewegung und Adolf Hitler noch wenig Aufmerksamkeit.[80] 1928 gewann die Nationalsozialistische Arbeiterpartei (NSDAP) bei den Reichstagswahlen gerade einmal 2,6 Prozent der Stimmen. Ermutigt durch die Konjunktur nahm Adolf Haas im April 1929 seinen Beruf wieder auf. In der Perlengasse 2 – die Familie selbst wohnte in der Nummer 60 – pachtete er im Keller des „historischen Rathauses" eine Backstube.[81] Wie schon in japanischer Kriegsgefangenschaft produzierte der gelernte Konditor jedoch keine Torten, sondern normale Backwaren. Der alte Backofen ist erhalten geblieben. Es ist ein ironischer Zufall, dass heute über der Backstube das Stadtarchiv Hachenburg seinen Sitz hat, das sich unter Jens Friedhoff so engagiert um die Aufarbeitung der Stadtgeschichte und dabei auch der NS-Vergangenheit bemüht. Adolf Haas' Traum von einer wirtschaftlich sicheren Tätigkeit als Bäcker währte jedoch nur wenige Monate.

Der alte Backofen im Keller der Perlengasse 2 in Hachenburg ist erhalten geblieben. Hier arbeitete Adolf Haas, bis er seine Bäckerei Mitte 1935 für eine hauptamtliche Tätigkeit bei der SS aufgab.

Seit dem Winter 1928/29 hatten sich wirtschaftliche und politische Probleme in der jungen Republik bereits abgezeichnet. Der New Yorker Börsencrash am 24. Oktober 1929 stürzte das kreditabhängige Deutschland vollends in eine Krise, von der vor allem die Parteien am linken und rechten Rand profitierten. Nach der Reichstagswahl am 14. September 1930 war Hitlers Partei mit 18,3 Prozent plötzlich die zweitstärkste hinter der SPD. Innerhalb kurzer Zeit verdoppelten sich die Mitgliedszahlen der NSDAP, Ende 1931 waren es über 800.000. Zu den „Braunen" gehörte seit dem 1. Dezember 1931 auch Adolf Haas, NSDAP-Mitgliedsnummer 760.610. Ihren Sitz hatte die Hachenburger Ortsgruppe im „Braunen Haus" am oberen Ende der Friedrichstraße, heute eine der schönsten Gassen der Stadt.[82]

Nach eigenen Aussagen hatte Adolf Haas „vor 1929 keiner politischen Partei angehört".[83] Einige seiner Hachenburger Nachbarn erzählten nach dem Krieg, dass er durchaus schon vor seinem Eintritt in die NSDAP politisch aktiv gewesen sei. Allerdings nicht auf der rechten, sondern auf der linken Seite: Er sei früher ein „fanatischer Kommunist" gewesen, bevor er etwa 1930 eine

„radikale Schwenkung zum Nationalsozialismus" vollzogen habe – also genau in dem Jahr des ersten großen Wahlerfolgs der NSDAP in den Reichstagswahlen.[84] Danach habe er „seine ehemaligen Gesinnungsgenossen in brutalster Weise bekämpft". Dieser Gesinnungswandel mag radikal erscheinen, war aber kein Einzelfall. Hitler selbst diente nach dem Ende des Ersten Weltkriegs, im Frühjahr 1919, als Soldat der sozialistischen Regierung der Münchener Räterepublik und wurde sogar in einen Soldatenrat gewählt. Nach der blutigen Niederschlagung der Räterepublik durch Reichswehr und Freikorps bemühte sich Hitler, alle Spuren seines sozialistischen Abenteuers zu beseitigen. Dafür trennte er sich nicht nur von linken Ideen, sondern bot sich auch der Reichswehr als V-Mann an und lieferte ehemalige Genossen ans Messer.[85] Auf die Farce seines „nationalen Sozialismus" fielen später schließlich auch Kommunisten rein.

Heinrich Schönker, der als Kind das „Aufenthaltslager Bergen-Belsen" überlebt und den Kommandanten kennengelernt hat, schrieb in einem Brief: „Wenn damals die Kommunisten an die Macht gelangt wären, hätte Haas versucht, als Kommunist Karriere zu machen. Er war ein Mann ohne Rückgrat."[86] Da Adolf Haas erst ein Jahr nach dem Wahlerfolg der NSDAP in die Partei eintrat, gehörte er wohl tatsächlich zu den vielen „Konjunkturrittern".[87] Ihn trieb weniger eine politische Überzeugung als vielmehr das Bedürfnis, auf der Gewinnerseite zu stehen. Nicht zuletzt signalisierten die Nationalsozialisten, dass sie die ehemaligen, lang diffamierten und vernachlässigten Kriegsgefangenen als Frontsoldaten anerkannten. 1933 lud Hitler sie als Teil des „Frontsoldatentums" zur „Mitarbeit am neuen Deutschland ein."[88] Der erfolglose Bäcker Adolf Haas wollte jedoch schon bald mehr sein als bloßer „Parteigenosse". Ihn trieb es zu einem Arm der Partei, der wortwörtlich lieber zum Schlag ausholte als debattierte.

Hitlers Partei stützte sich seit Beginn ihres Aufstiegs auf zwei paramilitärische Organisationen: zum einen auf die „Sturmabteilung", die SA. Die Schlägertruppe unterstand dem Reichswehr-Veteran Ernst Röhm, einem der ersten NSDAP-Mitglieder. Hitlers persönliche, loyale „Leib- und Prügelgarde" wurden 1925 die „Schutzstaffeln, die SS. Die kleine Truppe blieb zunächst der Obersten SA-Führung unterstellt und im Schatten der weitaus größeren SA-Verbände, meint der Historiker Bastian Hein. Das habe sich erst geändert, als große Teile der nordostdeutschen SA 1930 und 1931 gegen Hitler und die aus ihrer Sicht „verbonzte" Parteiführung aufmuckten. Hier konnte sich die

SS erstmals als treue „Garde des Führers“ profilieren – und mit ihr Heinrich Himmler, seit 1929 Reichsführer-SS. Himmler sorgte seit Ende 1930 dafür, dass sich die Zahlen der SS-Männer von 3000 bis Anfang 1931 mehr als verdoppelten. Dabei setzte er nicht auf offene Werbekampagnen wie seine Vorgänger, sondern auf Image-Pflege. Durch zahlreiche Reden und Artikel baute er das Bild einer Truppe auf, die nur die gehorsamsten, die körperlich und geistig besten, die „rassisch“ überlegensten, und aufgrund ihrer Gewaltbereitschaft „männlichsten“ Deutschen aufnehme – der Beginn des Eliten-Mythos der SS.[89]

Obwohl Adolf Haas selbst kaum dem Ideal von Himmlers erträumter „Elitetruppe“ entsprach, zog ihn wohl genau dieses Image an. Kameradschaft hätte er auch in der weitaus größeren SA finden können. Bei den Aufgaben in der SS gab es keine großen Unterschiede zur SA, weder in der „Kampfzeit“ noch danach in der Phase der Machteroberung: Man prügelte sich mit den Gegnern der Partei, half bei der politischen Arbeit und betrieb Wehrsport.[90] Auch eine bezahlte Stelle konnte die SS erst nach 1933 anbieten. Obwohl Adolf Haas in seinen Lebensläufen nie angab, warum er sich nicht für die bereits etablierte SA, sondern für die kleine SS entschieden hatte, lockte ihn wie Tausende andere sicherlich ihr elitärer Ruf.

Ab 1931 begann die SS auch in ländlichen Gebieten, nach dem Vorbild der SA komplexere Hierarchien aufzubauen: Die kleinste Einheit von mehreren Dutzend Mann war ein Sturm. Meist bildeten vier Stürme einen Sturmbann, je drei Sturmbanne eine Standarte, die wiederum in Abschnitte und Oberabschnitte zusammengefasst wurden. Der Westerwald zählte zum Gebiet des SS-Oberabschnitts „Rhein“ (später „Rhein-Westmark“), der seinen Sitz in Wiesbaden hatte. Noch vor der „Machtübernahme“ der Nationalsozialisten bewarb sich Adolf Haas am 1. April 1932 bei der Hachenburger SS. Nach einer Anordnung Himmlers mussten in der Regel alle Bewerber ab Januar 1932 eine Musterung bestehen, bei der ein SS-Arzt über 50 Kriterien bewertete, darunter Größe, Gewicht, Zustand der Muskulatur, Intelligenz, Temperament oder Geltungsbedürfnis. Die „Anwärter“ schafften sich danach eine Uniform an und begannen ihren Dienst auf Probe, bis der Bescheid kam.[91] Haas musste gerade einmal eine Woche warten: Ab dem 8. April 1932 war er offiziell ein SS-Mann mit der Nummer 28.943. Mit 38 Jahren zählte er nun im wahrsten Sinne zu den „Alten Kämpfern“ der Partei.[92]

Mit dem Bedürfnis, der „leistungsfähigsten und opferwilligsten Propagandaorganisation“ anzugehören, verpflichteten er und andere sich bewusst und bereitwillig, die Ziele ihres „Führers“ radikal und ohne Widerspruch zu unterstützen – bis in den Tod. „SS-Mann, Deine Ehre heißt Treue“, lautete ihr Eid. „Die so konzipierte ‚Sippengemeinschaft‘ machte die Schutzstaffel zur radikalsten rassistischen Tat- und Täterorganisation des Nationalsozialismus“, schreibt Bastian Hein.[93] Die SS übernahm nicht nur bei der „Verteidigung“ der nationalsozialistischen Bewegung gegen politische Gegner eine Schlüsselrolle, sondern vor allem bei den „volkszüchterischen“ Aufgaben der „Ausmerze“: bei der Verfolgung und Ermordung von Homosexuellen, „Erbkranken“, „Asozialen“, Zeugen Jehovas, von Sinti und Roma – oder beim Holocaust.

2. Der Aufsteiger

Karriere in der nationalsozialistischen Bewegung und Allgemeinen SS

1932–1940
Westerwald, Mainz, Wiesbaden

2.1 Der Abgeordnete: Kurze politische Karriere in der Hachenburger NSDAP, 1932–1933

Wo er sein Kreuz setzte, war klar. Im Frühjahr 1932, als Adolf Haas in die SS eintrat, durften die Deutschen zum letzten Mal in ihrer Geschichte direkt ihr Staatsoberhaupt wählen. Bereits bei dieser Reichspräsidentenwahl gaben in Hachenburg 42,8 Prozent, darunter sicher auch Haas, ihre Stimme dem NSDAP-Vorsitzenden Adolf Hitler. Das waren sechs Prozent mehr als im Reichsdurchschnitt. Durch die Unterstützung von SPD, Linksliberalen und der Zentrumspartei ging zwar der alte Generalfeldmarschall Paul von Hindenburg als Sieger hervor. Es deutete sich aber schon an, was Konrad Adenauer später über Hachenburg und den Westerwald bemerkte: „Die ganze Gegend war durch und durch nationalsozialistisch."[94] Die Wahlergebnisse der NSDAP in den frühen 1930er-Jahren zeigten, dass bald „über die Hälfte der wahlberechtigten Personen in Hachenburg entweder Sympathien für die neuen Machthaber hegte oder zumindest irgendwie ‚Hoffnungen' auf die Nationalsozialisten setzte, die damals schwierigen wirtschaftlichen und sozialen Verhältnisse zu ändern", schreibt der Stadtchronist Stefan Grathoff.[95]

Nach einigen gescheiterten Kabinetten infolge der Reichstagswahl im November 1932 ernannte Reichspräsident Hindenburg am 30. Januar 1933 Adolf Hitler zum Reichskanzler – der Beginn einer zwölfjährigen Diktatur, die Deutschland und die Welt für immer veränderte. Trotz seines legalen Wegs zur Macht, hatte Hitler immer offen über seine radikalen Pläne gesprochen und geschrieben: Den Marxismus und die Juden, die er zu einem „jüdisch-bolschewistischen" Feindbild verknüpft hatte, werde er „beseitigen",

1. Mai 1933: Hunderte Hachenburger heben am Tag der nationalen Arbeit auf einer Kundgebung der Nationalsozialisten auf dem Alten Markt den rechten Arm zum „Deutschen Gruß". Der national umgedeutete Feiertag ging im ganzen Reich mit der Zerschlagung der freien Gewerkschaften einher.

Deutschland wieder aufrüsten, die Schmach des Versailler Friedensvertrages revidieren und „mit dem Schwert" den vermeintlich nötigen „Lebensraum im Osten" erobern.[96] Wenige nahmen ihn ernst und viele – von konservativ bis links – unterschätzten ihn, seinen Rassenwahn, seine Machtgier und den sozialen Unmut, der Hitlers „Bewegung" trug. Innerhalb kürzester Zeit und ohne große Gegenwehr verhängten die Nationalsozialisten einen permanenten Ausnahmezustand, hoben die Grundrechte auf, schalteten ihre Gegner mit scheinlegalen Maßnahmen und Gewalt aus und übernahmen schrittweise die staatlichen Machtinstrumente. Und Adolf Haas half tatkräftig mit.

Eine Woche nach der folgenden Reichstagswahl am 5. März 1933 – der letzten, bei der noch mehr Parteien als die NSDAP auf dem Wahlzettel standen – gab es in Hachenburg Kommunalwahlen. Für die „Bürgerliste/Einheitsliste" unter der Führung der nationalsozialistischen Partei kandidierte zum ersten Mal auch der Bäcker Adolf Haas. Seine SS-Männer schickte er los, um Flugblätter in ausgewählte Briefkästen zu werfen: „An alle jüdischen Wähler! Es wird dringend geraten, den Kommunalwahlen am Sonntag fernzubleiben."[97]

Mit Erfolg: Kurz darauf stimmten am 12. März 54 Prozent der Hachenburger Wähler für die NSDAP.[98] Einen Tag später feierten SS, SA und die Vereinigung „Stahlhelm“ ihren Wahlsieg. Sie zogen zur Schule, hissten dort die Hakenkreuz- sowie die schwarz-weiß-rote Reichsflagge und verbrannten später die zwei alten schwarz-rot-goldenen Fahnen auf dem Marktplatz.[99] Ende März schickte die NSDAP-Ortsgruppe einen neuen Vertreter in die Stadtverordnetenversammlung – wahrscheinlich nicht, weil er besonders geeignet war, sondern weil es noch keine großen Alternativen gab. Engagement konnte man ihm aber nicht abstreiten.

Bereits an seinem ersten Tag als Stadtverordneter der NSDAP stellte Adolf Haas am 28. März 1933 gleich zwei Anträge. Der erste, ein „Dringlichkeitsantrag“, bei dem es formal nur um die Zahl der Vertreter des Bürgermeisters und der Schöffen ging, wurde vertagt. Nachdem er zum Mitglied der Rechnungsprüfungskommission und der Kommission für Elektrizitäts- und Wasserversorgung gewählt wurde, stellte er am Ende der Sitzung einen banalen, aber weitaus folgenschwereren zweiten Antrag: Er forderte, die „von einem hiesigen israelitischen Geschäftsinhaber beschaffte Hakenkreuzfahne nicht mehr auf dem Rathaus zu hissen“.[100] Bürgermeister Dr. Alexander Stollenwerk (Deutsche Zentrumspartei) und andere besonnene Stadtverordnete erklärten daraufhin, dass zwei Fahnen bei zwei Hachenburger Geschäftsinhabern beschafft worden waren, von denen keiner ihres Wissens Jude sei. Doch Vernunft half hier nicht. Auf Druck der NSDAP holte man die fragliche Fahne ein und übergab sie Anfang April der NSDAP-Ortsgruppe.[101] Dabei blieb es natürlich nicht.

Während der Sitzung am 15. Mai fragte der Stadtverordnete Haas dreist den Bürgermeister, wen er denn für den Kreisausschuss gewählt habe. Stollenwerk weigerte sich. Prompt folgte ein Misstrauensantrag gegen ihn. Der Bürgermeister genieße nicht das Vertrauen der NS-Einheitsliste und auch nicht das der Bevölkerung, was die Wahlen klar gezeigt hätten, erklärten die Nazis. Außerdem habe er einen unbedeutenden Besichtigungsgang dem Hissen der neuen Hakenkreuzfahne auf dem Rathaus vorgezogen. Am 30. Mai sollte über den Antrag abgestimmt werden. Nun warfen Haas und seine fünf Parteigenossen dem Bürgermeister auch noch vor, höchstpersönlich die zweifelhafte Hakenkreuzfahne bei einem jüdischen Geschäftsmann bestellt zu haben. Schließlich nahm die Versammlung den Misstrauensantrag an – mit sechs Ja-Stimmen und fünf Enthaltungen. Die unterlegenen fünf Zentrumspolitiker hatten nicht einmal den Mut aufgebracht, gegen die sechs Nationalsozialisten mit Nein zu stimmen.[102] So wie ihre 73 Kollegen im Reichstag am 24. März 1933 ohne Ausnahme für Hitlers „Ermächtigungsgesetz" und damit letztlich für die Selbstentmachtung des Reichstages stimmten, so wollten auch die Hachenburger Zentrums-Vertreter die neuen Herrschenden nicht verprellen. Umgehend trat nun NSDAP-Kreisleiter Karl Scheyer als kommissarischer Bürgermeister an die Stelle des im Stich gelassenen Alexander Stollenwerk.[103]

Damit nicht genug. Am Tag nach der Sitzung konnte man in der „Westerwälder Zeitung" lesen, was außerdem festgehalten wurde:

„Es wird einstimmig beschlossen, der Polizeiverwaltung den Antrag Adolf Haas, die Leipziger Strasse vom Kaiser-Friedrich-Denkmal bis zum Beamtenhaus in Adolf-Hitler-Strasse umzubenennen, zu unterbreiten. Ausserdem soll die Linde (Ecke Leipziger Strasse/Dehlinger Weg) die Bezeichnung Adolf-Hitler-Linde erhalten und durch eine Steinfassung verschönert werden. Ferner soll der bisherige Judenfriedhofsweg in Dehlinger Weg umgewandelt werden."[104]

Auch die historische Judengasse wurde umbenannt und hieß fortan Alte Poststraße. Haas und die NSDAP versuchten damit schon früh, alles aus dem Stadtbild zu tilgen, was an das traditionsreiche jüdische Leben in Hachenburg erinnerte. Am 8. Juni übermittelte Hitler „seinen verbindlichsten Dank".[105] Als der Bürgermeister ein Jahr später die Schilder für die neuen Straßennamen bestellte, war die „Adolf-Hitler-Straße" allerdings nicht dabei und wurde auch nie nachgeliefert.[106]

Doch nicht wegen seiner politischen Aktivität schreibt der Hachenburger Stadtchronist Stefan Grathoff über Haas, der „überzeugte Nazi-Scherge" sei „der wohl niederträchtigste Nationalsozialist in der Stadt" gewesen.[107] Mit der Umbenennung der Straßen und der Neubesetzung politischer Schlüsselpositionen scheint sich sein Engagement als Stadtverordneter erschöpft zu haben. Mit dem neuen kommissarischen Bürgermeister und dem NSDAP-Ortsgruppenleiter Wilhelm Dressel übernahmen nun schnell andere, für den politischen Bereich geeignetere Personen die Verantwortung für die Gleichschaltung und Bekämpfung von „Reichsfeinden".[108] Womöglich vermittelte Adolf Haas noch einige Male zwischen der Partei und dem Besitzer des „Westend", der ehemaligen Gastwirtschaft seines Vaters, wo sich die NSDAP des Öfteren zu Bier und Hassreden traf.[109] Davon abgesehen diente er der nationalsozialistischen Bewegung im Westerwald nun mehr und mehr mit dem, was ihm mehr lag als die Politik – mit körperlicher Gewalt.

2.2 Der „Draufgänger": Steile „Karriere" in der Allgemeinen SS, 1933–1934

Ende 1930 wussten die meisten Deutschen kaum etwas mit der „Schutzstaffel“ anzufangen. Spätestens seit Januar 1933 war sie „in aller Munde“ und von etwa 4000 auf 52.000 Mann angewachsen.[110] Dass sie nun auch professioneller wurde, verdankte sie der besseren finanziellen Lage nach der „Machtübernahme“. Als immer mehr hauptamtliche SS-Führer staatliche Funktionen im Bereich der „inneren Sicherheit“ übernahmen, unterschied man bei den SS-Unterorganisationen zwischen dem Sicherheitsdienst (SD), den Totenkopfverbänden, die die Wachmannschaften für die neuen Konzentrationslager stellten, sowie der Verfügungstruppe, einer kasernierten Sondereinheit, die Hitler flexibel einsetzen konnte. All die Männer, die nach wie vor in ihrer Freizeit dem „normalen“ SS-Dienst nachgingen, fasste man damals unter dem Begriff „Allgemeine SS“. Es war ein bunter, aber repräsentativer Querschnitt durch die Bevölkerung. Auch etwa 2300 Bäcker waren dabei.[111]

Adolf Haas musste zu den Ersten gehört haben, die sowohl die NSDAP in Hachenburg aufbauten, aber auch „aufgefordert“ wurden, die Allgemeine SS „im Ober- und Unterwesterwaldkreis aufzuziehen“, wie er in einem späteren Lebenslauf schrieb.[112] Sein rascher Aufstieg rührte demnach wohl vor allem vom günstigen Eintrittszeitpunkt her, das heißt, dass es zu der Zeit in seiner Region noch keine großen Alternativen in der Personalbesetzung gab.[113] Ähnliches Glück war auch in seiner späteren Karriere im Spiel. Tatsächlich hatte man ihn bereits am 15. November 1932, kaum sieben Monate nach seinem Eintritt, zum SS-Scharführer befördert, was in den Dienstgraden der Wehrmacht einem Unterfeldwebel entsprach. In den Monaten und Jahren nach der „Machtübernahme“ ging es ähnlich rasant weiter. Kurz nachdem er Ende März 1933 Stadtverordneter der NSDAP wurde, überwachte SS-Truppführer Adolf Haas am 1. April 1933 in Hachenburg gemeinsam mit der Parteiortsgruppe die Durchführung des reichsweiten „Aprilboykotts“. Mit Parolen wie „Deutsche! Wehrt Euch! Kauft nicht bei Juden!“ richtete sich die Aktion gegen jüdische Geschäfte, Banken, Arztpraxen und Kanzleien. Die wenigen jüdischen Bewohner Hachenburgs waren bis zu diesem Zeitpunkt nach der rechtlichen Gleichstellung in allen Bereichen des wirtschaftlichen Lebens der Stadt vertreten und hatten sich vor allem im Viehhandel ein Monopol erarbeitet.[114] Mit dem Boykott begann für sie wie für alle deutschen Juden eine Zeit der wirtschaftlichen und sozialen Ausgrenzung, allerdings bis 1938 vielmehr mit Gesetzen, da die deutsche Bevölkerung auf den Boykott weniger enthusiastisch reagiert hatte, als vom Regime gehofft.

Wenige Tage nach dem Aprilboykott führte Adolf Haas erstmals seinen eigenen SS-Sturm, quasi eine Kompanie von 70 bis 120 Mann.[115] Hatte sich die Allgemeine SS vor der „Machtübernahme“ noch intensiv um den Wahlkampf kümmern müssen, konzentrierte sie sich nun immer mehr auf die Verfolgung von politischen Gegnern. In Hachenburg hatte die SS ihren Sitz in einem der heute verschwundenen Häuser gegenüber dem Gasthaus „Zur Sonne“, direkt vor dem Hachenburger Barockschloss.[116] Von hier aus organisierten Haas und seine Männer Aktionen in der Stadt und in der Umgebung. „Gearbeitet“ wurde auch am Wochenende. So versammelten sich am Morgen des 28. Mai 1933, einem Sonntag, einige SS-Männer aus dem Unterwesterwaldkreis in Welschneudorf, etwa 37 Kilometer südlich von Hachenburg. Ihr Auftrag: „Kommunistische Wühlarbeit“[117]. Bei einer Razzia verhafteten und misshandelten sie mehrere Mitglieder der KPD und SPD. Anwesend war auch Adolf Haas, der nach späteren Aussagen „seine ehemaligen Gesinnungsgenossen in brutalster Weise bekämpft“ habe.[118] So schritt er auch nicht ein, als ein Hachenburger SS-Kamerad einem Opfer mit den Stiefeln in den Rücken trat und ihm das Gesicht blutig schlug. Noch zwei Jahre später prahlte dieser während einer abendlichen Fahrt vor seinen Mitfahrern, wie er damals „gute Arbeit geleistet“ hätte. Was er nicht wusste: Unter den Zuhörern war ausgerechnet sein einstiges Opfer, das er im Dunkeln nicht erkannte und ihn so nach dem Krieg anklagen konnte.[119]

Welche genaue Rolle Adolf Haas bei den „Beurlaubungen“, Verfolgungen, der Zerschlagung von unerwünschten Parteien und der Auflösung konfessioneller Vereinigungen spielte, ob er selbst mit der Faust ausholte oder eher die Aktionen überwachte, ist kaum im Einzelnen überliefert. Ein Hachenburger Polizeibeamter schrieb allerdings nach dem Krieg in einem Bericht:

„Adolf Haas war ein fanatischer Nazi. Als solcher war er in Hachenburg gefürchtet. Dieses dürfte aber nach den getroffenen Ermittlungen zum großen

SS-Führer Adolf Haas führt SS- und SA-Männer an (ca. 1933–1935). Ihr Marsch geht durch die „Adolf-Hitler-Straße", für deren Benennung sich Haas selbst als NSDAP-Abgeordneter eingesetzt hat.

Teil auf seine beschränkte Intelligenz zurückzuführen sein. Er hat alle Befehle und Anordnung der Nazis gewissenhaft und rabiat durchgeführt."[120]

Seine Vorgesetzten waren offenbar zufrieden, wie Haas seine „Arbeit" machte. Sie beförderten ihn am 30. Oktober 1933 zum SS-Obertruppführer und in den folgenden Jahren meist, wie in der SS üblich, symbolisch zu den Gedenktagen der NS-Bewegung. So folgte die nächste Beförderung zum SS-Sturmführer am 30. Januar 1934, zum Jahrestag der „Machtübernahme".[121] Das Prüfungszeugnis von 1934 bescheinigte Haas ein „streng-soldatisch-vorbildliches Verhalten im Auftreten", gute bis sehr gute Noten im Bereich „Allgemeine Ausbildung und Kenntnisse" sowie auch einen „allgemein gut[en]" Umgang im Schriftverkehr.[122] Erst drei Jahre später sollte ein hoher SS-Führer erkennen, dass Haas' Person und Können überschätzt wurden. Die übertrieben positiven Beurteilungen waren für den Aufbau der Allgemeinen SS damals jedoch üblich. Ohne sie gab es keine Beförderungen und ohne Beförderungen keine ranghöheren SS-Führer, die neue Männer ausbilden konnten.

Vom 26. Mai bis zum 7. Juli 1934 besuchte Haas einen Lehrgang in der „SS-Sportschule Fürth" bei Nürnberg.[123] Im Gegensatz zu SS-Männern, die sich beruflich keine fünf Wochen Urlaub leisten konnten, setzte der Hachenburger Bäcker seine Selbstständigkeit offenbar bereitwillig aufs Spiel. Sport im engeren Sinne trieben Haas und die anderen Teilnehmer jedoch nur am Rande. Nach den Bestimmungen des Versailler Friedensvertrags war die Reichswehr nach dem Ersten Weltkrieg offiziell zu einem 100.000-Mann-Heer geschrumpft. Inoffiziell hatten Regierungen und die Militärführung seitdem paramilitärische Verbände geduldet oder sogar gefördert. Die „Sportschulen" der SA und SS in Fürth und anderen Orten dienten Hitler und seinen Generälen seit 1933 im Rahmen des geheimen Rüstungsprogramms als Tarnbezeichnung für Lehrgänge, bei denen die Teilnehmer „wehrhaft" gemacht werden sollten – mit Know-how und Geldern der Reichswehr.[124]

Während des Kurses erfuhren Adolf Haas und die anderen Teilnehmer von der „Reinigung der Bewegung". Ende Juni 1934 wählte Hitler die SS aus, um die Führungsspitze der SA um Ernst Röhm sowie andere seiner Gegner in der „Nacht der langen Messer" auszuschalten. Den Massenmord inszenierte der Reichskanzler als „Staatsnotwehr" und belohnte anschließend seine Helfer: Am 20. Juli 1934 erhob Hitler die SS zu einer unabhängigen Gliederung der NSDAP, die nur noch ihrem „Führer" unterstand, ein lang ersehntes Ziel.[125] Obwohl Adolf Haas wenige Tage zuvor vom Lehrgang zurückgekehrt war, hatte er auch dieses Ereignis verpasst. Jedenfalls konnte er es mit seinen Kameraden nicht angemessen feiern. An jenem Tag saß der SS-Sturmführer in einer Zelle im Hessischen Landgerichtsgefängnis Mainz.

2.3 Der Erpresser: Habsucht und Haft, 1934

Im Juli 1934 wurden Haas und drei weitere Personen aus Hachenburg und Westerburg der „räuberischen Erpressung" beschuldigt. Ihr Opfer war Karl Grünebaum aus Nierstein bei Mainz, ein jüdischer Tuchhändler, der bis 1932 ein „Manufaktur- und Ausstattungsgeschäft" betrieben hatte.[126] Zwei der Angeklagten waren ebenfalls Textil- und Modeunternehmer: Paula Fröhlich war die erfolgreiche Inhaberin des „Berliner Kaufhauses", einer Manufakturwarenhandlung in Hachenburg, und bereicherte sich später auch bei den Arisierungen jüdischer Geschäfte.[127] Gustav Seekatz führte zu der Zeit unter seinem

Namen ein Mode-Kaufhaus im nahen Westerburg.[128] Ob aus Neid und Missgunst gegen ihren früheren jüdischen Konkurrenten oder um ihn auch für die Zukunft auszuschalten, Seekatz und Fröhlich schienen es gezielt auf Karl Grünebaum abgesehen zu haben. Gern behilflich waren ein Sturmbannführer der SA aus Westerburg sowie SS-Truppführer Adolf Haas, der die Möglichkeit sah, ein gutes Sümmchen zu erpressen. Offiziell natürlich für seinen SS-Sturm.

In Nierstein hatte die Mehrheit der Stadtbevölkerung nach Hitlers „Machtübernahme" begonnen, die kleine jüdische Minderheit von etwa 80 Personen auszugrenzen. Sie hatten daher auch nicht eingegriffen, als Karl Grünebaum am 12. August 1933 von SA-Männern aus Westerburg überfallen worden war. Sie könnten ihn sofort verhaften und in das nahe gelegene Konzentrationslager Osthofen bei Worms bringen, hatten sie ihm gedroht – oder er könnte sich freikaufen. Grünebaum hatte nachgegeben, seinen Erpressern 100 Reichsmark in bar gezahlt und ihnen einen Schuldschein von 1500 Reichsmark ausgestellt, was damals einem Durchschnittseinkommen eines ganzen Jahres entsprach.[129] Die Nazis hatten ihn trotzdem nicht in Ruhe gelassen. Es hatte sich herumgesprochen, dass er sich erpressen ließ: Am 28. September 1933 entführten Adolf Haas und andere SS-Männer Grünebaum ein zweites Mal. Nicht gerade kreativ drohten sie, wie schon die SA, ihn in das KZ Osthofen zu verschleppen, forderten aber dreist eine weitaus höhere Summe. Schließlich stellte ihnen der Erpresste einen Scheck von 2700 Reichsmark aus. Damit die Beteiligung der SA und SS nicht offensichtlich wurde, löste die Kaufhausinhaberin Paula Fröhlich die Schecks ein und verteilte das Geld. An wen und welche Summen, konnte der zuständige Untersuchungsrichter in Mainz 1934 nicht genau klären, nachdem Karl Grünebaum Anzeige erstattet hatte. Da der Richter aber annahm, dass die Beschuldigten fluchtverdächtig waren und „Spuren der Tat vernichtet und Zeugen und Mitschuldige zu einer falschen Aussage verleitet werden", unterzeichnete er am 16. Juli 1934 einen Haftbefehl.[130]

Zwei Tage später wurden Haas und seine Komplizen von einem SS-Kameraden dem Landgerichtsgefängnis Mainz übergeben. Sie sollten unbedingt getrennt voneinander gehalten werden, damit sie sich nicht weiter absprechen könnten, „die Geschehnisse nach einer gewissen Richtung darzustellen und damit ihre Aufklärung zu verhindern".[131] Trotz der Tatbestände waren die Insassen guten Mutes. Der SA-Sturmbannführer aus Westerburg schrieb seiner Frau, er habe ein „reines Gewissen", er werde bald dem Untersuchungsrichter vorgeführt und „dann wird sich alles klären".[132] Sorgen machte er sich vielmehr um die Obsternte, bei der er nicht helfen konnte. Paula Fröhlich schrieb dagegen in höchster Erregung einen vier Seiten langen Brief an ihren gemeinsamen Rechtsanwalt. Sie leide unter Herzproblemen und hohem Blutdruck, habe auf dem harten Eisenbett „noch keine Nacht geschlafen" und sei ohnehin vollkommen „schuldlos", klagte sie. [133] Die 55-Jährige beteuerte zudem, sie habe geglaubt, Karl Grünebaum habe freiwillig das Geld abgetreten. Davon habe sie aber „keinen Pfennig" für sich behalten, sondern alles an die SS, SA, das Winterhilfswerk oder an Adolf Haas überwiesen. „Herr Haas konnte mit dem Gelde machen was er wollte." Sie hoffte auf die Nachsicht des Regimes, das sie von Anfang an unterstützt habe, und unterschrieb am Ende „mit deutschem Gruß". Mit Erfolg: Wohl auf Druck nationalsozialistischer Beamter waren alle Angeklagten Ende Juli 1934, nur wenige Tage nach ihrer Einweisung, wieder auf freiem Fuß. Auch wenn keine Prozessakten überliefert sind, scheint der Fall geschlossen worden zu sein. Karl Grünebaum hat sein Geld höchstwahrscheinlich nie wiedergesehen. In Nazi-Deutschland konnten jüdische Bürger nicht mehr auf Gerechtigkeit hoffen, egal welche Beweise vorlagen. Seine Familie wanderte 1938 in die USA aus. Was mit Grünebaum selbst geschah, ist unklar.[134]

Die Täter blieben nicht nur unbestraft, sie konnten sich mit ihrer Zeit in Untersuchungshaft sogar noch rühmen. 1936 vermerkte Adolf Haas in einem Personalbericht unter „Verletzungen, Verfolgungen und Strafen im Kampfe für die Bewegung": „Verhaftung 14 Tage wegen Anzeige eines Juden" – tatsächlich waren es gerade einmal zehn Tage.[135] In Zukunft musste er nicht einmal befürchten, für Erpressungen und andere Aktionen gegen Juden überhaupt belangt zu werden. Am 2. August 1934 starb Reichspräsident Paul von Hindenburg. Hitler übernahm nun auch dieses Amt und regierte fortan als „Führer und Reichskanzler" – tatkräftig unterstützt von seiner treuen „Schutzstaffel", die, losgelöst von der SA, immer mächtiger wurde.

2.4 Der hauptamtliche SS-Führer: Weg mit der Bäckerschürze, rein in die Uniform, 1934–1937

Die Mörder wurden belohnt: Himmler und seine SS hatten sich im Sommer 1934 bedingungslos loyal gegenüber ihrem „Führer" gezeigt, als sie für ihn die

Führungsspitze der SA und andere Gegner eliminierten. Ende August 1934 erhob Hitler seinen Reichsführer-SS zu einem „Reichsleiter der NSDAP", der nur noch ihm selbst unterstand. Himmler war bereits seit Frühjahr 1933 Polizeipräsident von München und Chef der politischen Polizei Bayerns sowie seit April 1934 Leiter der Geheimen Staatspolizei (Gestapo) in Berlin. In den nächsten Jahren baute er seine Machtstellung und die seiner „Elitetruppe" immer weiter aus. Nun hatte er auch Budget für mehr hauptamtliche Stellen.

Auf Adolf Haas' Karriere hatte der Kurzaufenthalt hinter Gittern im Juli 1934 keinerlei Einfluss. 1935 wurde er gleich zweimal befördert: am 20. April, anlässlich des „Führergeburtstages", zum Obersturmführer und am 15. September zum Hauptsturmführer – wiederum mit äußerst lobenden Beurteilungen. Er sei „der beste Sturmführer der Standarte", pries ihn der Führer seines SS-Abschnitts im Juli 1935.[136] Wenn es nach ihm ginge, sollte Haas sogar ab August seinen eigenen Sturmbann führen, der zwischen 250 und 600 Mann stark sein konnte. Seit zwei Jahren musste er sich so auf seinen ehrenamtlichen Dienst bei der SS konzentriert haben, dass er dabei völlig sein eigenes Geschäft vernachlässigt hatte.

Kurz nach der „Machtübernahme" 1933 hatte Haas bereits geklagt, dass seine Bäckerei „durch meine Parteizugehörigkeit der NSDAP sehr schlecht ging".[137] 1935 bezeichnete er sich als „erwerbslos", da er angeblich ein Opfer eines Boykotts geworden war.[138] Seine Vorgesetzten vermerkten zu seinen „wirtschaftlichen Verhältnissen": „Die Bäckerei geht sehr schlecht, da Haas wegen seiner Zugehörigkeit zur NSDAP boykottiert worden ist. Die dieserhalb abgesprungen Kunden sind auch noch nicht zurückgekommen."[139] „Viele ‚alte Kämpfer' der Partei klagten darüber, dass sie wegen ihres Einsatzes für die Hitler-Bewegung wirtschaftliche Nachteile hätten in Kauf nehmen müssen", schreibt der Historiker Sven Felix Kellerhoff. „Das traf gelegentlich zu, oft dürfte es sich aber um eine bequeme Entschuldigung für das eigene Scheitern gehandelt haben."[140] Sicherlich kauften keine SPD- und KPD-Anhänger mehr ihre Brötchen bei Adolf Haas. Die Mehrheit der Hachenburger hatte der nationalsozialistischen Bewegung aber bereits vor 1933 sehr wohlwollend gegenübergestanden. Ein Boykott eines nicht jüdischen Bäckers, der Mitglied der NSDAP und SS war, erscheint daher unwahrscheinlich. Noch unglaubwürdiger wird die Behauptung, wenn Haas mit dem „Boykott" paradoxerweise die Bürger jüdischen Glaubens beschuldigte. Die jüdische Gemeinschaft hatte zwar in Hachenburg eine jahrhundertealte Tradition, aber gerade einmal 75

Mitglieder (1936).[141] Diese unterdrückte Minderheit hatte seine Bäckerei bestimmt nicht ruiniert.

Glaubwürdiger ist eher, dass sich der angeblich „boykottierte" Bäcker wie schon bei seiner kurzen Inhaftierung als Kämpfer für die nationalsozialistische Bewegung darzustellen wusste, der nicht vor persönlichen Opfern zurückschreckte. In der Allgemeinen SS war seit 1933 zudem ein Dienstpensum von mindestens zwei Abenden in der Woche sowie zwei Sonntagen im Monat üblich. SS-Führer wie Adolf Haas, ehrenamtlich hin oder her, investierten zweifelsfrei mehr Zeit, mussten sie ja die weltanschaulichen Schulungen, Sprechabende bei der NSDAP-Ortsgruppe, den „Wehrsport", Verhaftungsaktionen oder SS-Abende vorbereiten, an denen die Uniformen kontrolliert, Befehle ausgebeben und das Exerzieren und Singen von NS-Kampfliedern geübt wurden.[142] Wann sollte da noch Zeit bleiben, erfolgreich eine Bäckerei zu führen?

Der gelernte Beruf hatte letztlich seinen Reiz verloren, spätestens seit 1934, als die SS immer größer und mächtiger wurde und ihm die Chance auf eine richtige Karriere mit weitaus besserem Einkommen bot. Die Bäckerschürze tauschte er daher wahrscheinlich ohne Wehmut endgültig gegen die SS-Uniform, als er Mitte des Jahres 1935 sein Geschäft aufgab. Die SS unterstützte ihn die nächsten Monate finanziell, bis sie ihn am 10. Oktober 1935 zum hauptamtlichen Führer ernannte.[143] Als neuer SS-Führer des II. Sturmbannes in der 78. SS-Standarte im nahen Limburg (Lahn) und mit dem neuen Rang eines SS-Hauptsturmführers verdiente er mit 200 Reichsmark monatlich nun deutlich mehr als mit der Selbstständigkeit und auch mehr als der Reichsdurchschnitt, der 1935 bei etwa 140 Reichsmark lag.[144] Innerhalb von drei Jahren sollte sich sein Gehalt sogar mehr als verdoppeln.[145] Haas musste sich um seine Zukunft und die seiner Familie nicht mehr sorgen. Im Sommer 1932 war seine Mutter gestorben, im Juni 1933 hatte seine Frau aber ihren zweiten Sohn geboren. Solange er seinen Verpflichtungen bei der SS nachkam, hatten sie ausgesorgt. Was dazugehörte und was noch dazugehören würde, wusste er genau.

Am 7. September 1935 hatte die NSDAP-Ortsgruppe im Hotelrestaurant „Westend" zu einer großen Propaganda-Kundgebung geladen – eine Pflichtveranstaltung für Haas' SS. Obwohl ihm das Etablissement einmal gehört und er als Stadtratsmitglied die NSDAP vertreten hatte, stand er selbst nicht auf der Rednerliste. Von der nationalsozialistischen Weltanschauung war er laut einem Vorgesetzten zwar „vollkommen durchdrungen", für öffentliche politische Reden reichten seine rhetorischen Fähigkeiten aber nicht aus.[146] Als Zuhörer konnte er sich immerhin damit rühmen, tatkräftig bei den angesprochenen „Erfolgen" mitgewirkt zu haben. Diese müssten aber hart verteidigt werden, skandierte ein Sprecher: „Staatsfeinde und Dunkelmänner stören unter der Tarnung von konfessionellen und anderen Verbänden die Aufbauarbeit des Nationalsozialismus, es geht um Sein und Nichtsein des deutschen Volkes." Gerade aber das Judentum müsse besonders bekämpft werden, da es viel Unheil über Deutschland gebracht habe. Am Ende schwor der Redner alle auf Adolf Hitler ein und endete mit den eindeutigen Worten: „Der Kampf geht unvermindert weiter, bis zur völligen Lösung."[147] Zwar sprachen die Nationalsozialisten erst seit Beginn der 1940er-Jahre von der „Endlösung der Judenfrage", womit sie noch die staatlich organisierte Vertreibung der Juden meinten – erst mit dem Angriff auf die Sowjetunion im Juni 1941 und spätestens nach der Wannsee-Konferenz 1942 etablierte sich die „Endlösung" als Tarnbegriff für den Massenmord an den europäischen Juden.[148] Nichtsdestotrotz war der Wesensgehalt von der „völligen Lösung" in der Rede auf der NSDAP-Kundgebung 1935 unmissverständlich radikal und allen Beteiligten klar.

Wer sich nicht mehr fähig fühlte, in der SS dem Regime zu dienen, konnte bis Kriegsbeginn jederzeit um eine „ehrenvolle" Entlassung bitten. Sie hatte keine negativen Folgen und Tausende nutzten diese Möglichkeit.[149] Doch weder Reue vor den begangenen Taten noch Furcht vor zukünftigen „Verpflichtungen" drängten Adolf Haas, die SS zu verlassen. Im Gegenteil: Er half weiterhin bei der Verfolgung und Ausgrenzung von Juden und anderen „Staatsfeinden", seit April 1936 vor allem in Wiesbaden, wo er den I. Sturmbann der 78. SS-Standarte übernahm. Seine Familie begleitete ihn zum neuen Dienstort. Mit seiner Frau, seiner neunjährigen Tochter und seinem zweijährigen Sohn zog er Mitte April in die Villa seiner SS-Standarte in der Walkmühlstraße 31. Wenige Tage später kam seine zweite Tochter zur Welt.[150]

Die nationalsozialistische Weltanschauung habe er „sehr gut mit Herz und Verstand" verinnerlicht und sein Wille sei „fest und rücksichtslos gegen sich und andere", schrieben seine Vorgesetzten ohne Beschönigungen in einem Bericht vom Juni 1936. Haas sei ein „guter Kamerad", aber auch ein „Draufgänger", „gerade, derb, leicht erregbar und zornig" – genau die Eigenschaften, die ihn für seine späteren Aufgaben qualifizierten.[151] Man war zufrieden mit ihm und beförderte den „treuen und pflichteifrigen SS-Führer" am 13. September 1936 zum Sturmbannführer.[152] Damit war er in die Dienstgruppe der Stabsoffiziere aufgestiegen, vergleichbar mit einem Major der Wehrmacht. Sein neuer Kragenspiegel – links das Emblem der SS, die Siegrune, rechts ein Abzeichen mit vier kleinen Rechtecken – zeigte jedem seinen Rang, war aber auch ein Zeichen für seinen raschen Aufstieg. Weiter nach oben ging es auf der Karriereleiter aber zunächst nicht mehr.

2.5 Der Überschätzte: Karrierestillstand und mangelhafte Leistungen in der „SS-Führerschule Dachau", 1937

Im Frühjahr 1937, als seine erste Tochter mit zehn Jahren beim Jungmädelbund aufgenommen wurde, versetzte man den Familienvater von Wiesbaden nach Westerburg, etwa 15 Kilometer südöstlich von Hachenburg. In Westerburg sollte Haas ab dem 10. März den Führer des III. Sturmbanns der 78. Standarte ablösen, der beruflich genau die entgegengesetzte Entscheidung getroffen hatte. Er könne den Sturmbann nicht mehr führen, weil er „beruflich verhindert" sei, und habe deswegen „um seine Enthebung gebeten".[153] Er entschied sich damit für seinen Beruf und gegen eine „Karriere" in der SS – für Haas war das keine Option.

In seinem neuen Amtsgebiet griff Sturmbannführer Haas durch, im Sommer 1937 aber zunächst bei seinen eigenen Männern. Die katholische Gemeinde hatte im benachbarten Betzdorf, etwa 18 Kilometer nördlich von Hachenburg, eine Prozession durch die Straßen organisiert, bei der auch einige SS-Männer mitgelaufen waren. Das wurde im „Schwarzen Orden" gar nicht gern gesehen, deren Führer die Kirche sowohl institutionell als auch moralisch als Konkurrenten sahen. Das machte auch das „Schwarze Korps", das kirchenfeindliche Kampf- und Werbeblatt der SS, regelmäßig deutlich. Ob sie es denn nicht gelesen hätten, fragte Adolf Haas die SS-Männer, als er sie im Juli zu ihrer Teilnahme an der Prozession vernahm. „Weltanschaulich sind dieselben garnicht in Ordnung", meldete Haas nach seinen ersten Verhören.[154] „Zu retten ist an diesen nichts mehr." Seiner Meinung nach könne hier in dem betreffenden SS-Sturm nur „die rücksichtslose Ausmerzung aller schädlichen Elemente wieder Ordnung schaffen". Nach vier weiteren Verhören empfahl er, zwei der SS-Männer, die „nicht mehr tragbar" seien, aus der SS auszuschließen. Bei den anderen zwei schlug er vor, sie „gelinder zu bestrafen, da diese Beiden noch zu brauchbaren SS-Männern erzogen werden können bezw.

nur unüberlegt oder aus Rücksicht auf die Angehörigen an der Veranstaltung teilgenommen haben". Einer von ihnen hatte überzeugend behauptet, er habe sich längst über die Kirche „die richtige, nämlich nationalsozialistische Vorstellung darüber gemacht" und sogar „meine Braut" von „dem kath. Glauben fortgebracht". So vorbildlich war nicht einmal sein vorgesetzter SS-Führer. Noch im August 1937 gab Adolf Haas an, er sei „evangelischer Konfession".[155] Erst seit Jahresende antwortete er auf die „Gretchenfrage" mit „gottgläubig", so wie es der Reichsführer-SS seit November 1936 wünschte, und überzeugte auch seine Frau, aus der evangelischen Kirche auszutreten.[156]

Trotz seiner Mühen um die „rücksichtslose Ausmerzung aller schädlichen Elemente" in der Allgemeinen SS, war die neue Stelle in Westerburg eine Sackgasse. Drei Jahre lang blieb Adolf Haas ohne Beförderungen. Seine „Karriere", die so gut und schnell begonnen hatte, kam zum Stillstand. Wieso?

Auf einem Sportlehrgang des SS-Oberabschnitts Rhein am 21. September 1937 erwarb er das SA-Sportabzeichen in Silber und damit auch automatisch die Prüfberechtigung für seinen Sturmbann.[157] Besonders stolz konnte er darauf jedoch nicht sein. Das SA-Sportabzeichen galt in der SS als verhältnismäßig einfach, zumal es in der SA sogar Pflicht war. Bereits 1935 hatte Heinrich Himmler den dringenden Wunsch geäußert, jeder SS-Mann unter 50 Jahren solle diese Prüfung absolvieren, die natürlich vor allem vormilitärischen Charakter hatte. Ein paar Wochen nach dem Lehrgang notierten Haas' Vorgesetzte zudem, er habe „wenig Sport getrieben" und sei „schwerfällig".[158] Sie stellten auch seine sonstigen Fähigkeiten Ende 1937 auf eine harte Probe. Man wollte sehen, ob er überhaupt für „höhere Dienststellen" tauge. Immerhin stieg mit den Dienstgraden auch die Verantwortung, Kenntnisse an die untergebenen SS-Männer kompetent weiterzugeben. Bereits 1935, als Haas hauptamtlicher Führer wurde, hatte der SS-Oberabschnitt Rhein gemahnt: „Führer sein heisst Vorbild sein! Lehren bedingt eigenes Können."[159]

Neben militärischen und wehrsportlichen Übungen stand vor allem die „weltanschauliche Schulung" im Mittelpunkt der SS-eigenen Aus- und Fortbildung. „Sie durfte im Dienst keiner Einheit fehlen", schreibt der Historiker Hans-Christian Harten.[160] Später, während des Krieges, sei die SS-Ideologie der Kitt gewesen, der die verschiedenen Teile der SS zusammenhielt und aus ihr einen Bund der Täter formte. Ein zentraler, umfangreicher Schul- und Ausbildungskomplex war seit 1933 im nahen Umfeld des Konzentrationslagers München-Dachau entstanden – Himmlers „Modelllager" für das KZ-System, sowohl für den Lageraufbau und die grausame Behandlung von Häftlingen als auch für den Drill der Wärter.[161] Passend dazu eröffnete die Allgemeine SS auf Himmlers Befehl ab 1937 die „SS-Führerschule Dachau für Führer von Sturmbannen und Standarten".[162] Damit verbunden war eine Professionalisierung der Führungskultur. Für den ersten Lehrgang im Oktober sollten die Führer der SS-Oberabschnitte aus ihren Reihen Führer vorschlagen und für jeden eine „eingehende Beurteilung" abgeben.[163] Plötzlich war Schluss mit den frisierten Beurteilungen für Adolf Haas, mit denen seine Vorgesetzten ihn so schnell hatten aufsteigen lassen. Am 4. Oktober 1937 relativierte der Führer der 78. SS-Standarte als Erster die bisherigen Urteile:

„SS-Sturmbannführer Haas ist als Führer eines Sturmbannes im allgemeinen geeignet. Es hat sich jedoch erwiesen, dass er in der Führung eines ländlichen Sturmbannes besser ist. Im Schriftwechsel sind seine Leistungen nicht immer ausreichend; hier bedarf er dringend der Unterstützung schriftgewandter Referenten. Seine Verwendung in höheren Stäben oder überhaupt höheren Dienststellen ist nicht gegeben. Bei den wachsenden Anforderungen, die an einen SS-Führer gestellt werden müssen, wird jedoch in späterer Zeit auch seine Belassung in der jetzigen Dienststellung in Frage gestellt sein. Sein Können liegt im besonderen in der Beherrschung der Kommando-Sprache sowie im Exerzierdienst; sein Auftreten führt leicht zu einer Überschätzung seiner Person und seines Könnens."[164]

Eine vernichtende Einschätzung. Der Führer des SS-Oberabschnitts Rhein stimmte dieser zu, gab aber Adolf Haas eine Chance, sich zu bewähren.[165] „Als ich in der Standartenpost einen Brief vorfand, ‚Absender RFSS' [Reichsführer-SS], war mein Gedanken, was ist denn jetzt wieder los?", erinnerte sich Haas später. „Seinen Inhalt, den ich zwei bis dreimal durchgelesen hatte, machte mir so langsam klar, daß ich nach München-Dachau in einen Kursus mußte."[166] Am Sonntag, dem 10. Oktober 1937 kam er abends mit 29 anderen SS-Führern aus dem ganzen Reich in Dachau an. Er hatte ein „allgemeines Kasernenleben" erwartet, „wie immer auf einem Lehrgang. Aber wir sollten uns sehr geteuscht haben. Denn wir fanden ein schönes neues Heim vor, wo wir uns sehr wohl fühlen konnten. Die Zimmer sehr sauber, alles neue Möbel. Wasser alles da. Und was ganz groß war, nur mit drei Mann belegt." Am nächsten Tag ging es los.

SS-Führerschule

Auf Befehl des Reichsführers-SS ist im Oktober 1937 die neue Führerschule der Allgemeinen SS ihrer Bestimmung übergeben worden. Die Schule hat die Aufgabe, die Führer von Standarten und Sturmbannen mit ihren Aufgaben auf allen Gebieten der Ausbildung vertraut zu machen und vor allem eine gleichmäßige weltanschauliche Ausrichtung zu erzielen.

Die Schule besteht aus dem Wohn- und Lehrgebäude. Die Unterbringung der kommandierten Führer erfolgt zu zwei und drei in wohnlich eingerichteten Stuben. Die Mahlzeiten werden gemeinsam im Waldkasino des Lagers eingenommen.

Die Leitung der Schule untersteht dem SS-Oberführer Scherner, dem der SS-Obersturmbannführer Kommer, der SS-Obersturmführer Schmidt und der SS-Untersturmführer Fröbel als Lehrer zur Seite stehen, während der SS-Hauptsturmführer Kersten als Stabsführer der Schule eingesetzt ist. Im Rahmen des Lehrplans sprechen auch die Amtschefs der Hauptämter über ihre Aufgabengebiete, so daß den Führern Gelegenheit gegeben wird, sich restlos über die Gesamtaufgaben der Schutzstaffel zu unterrichten.

Bild 1: Teilansicht der neuen SS-Führerschule in Dachau. Im Vordergrund das Wohngebäude, dahinter das Schulungshaus.

Bild 2: Die Unterkunftsräume der Kursusteilnehmer sind einfach und geschmackvoll gehalten. Je zwei bis drei Mann wohnen in einer Stube zusammen.

Bild 3: Dienst im Gelände.

Bild 4: Unterricht im Hörsaal.

Sämtliche Aufnahmen: F. F. Bauer, München

Die „FM-Zeitschrift. Monatsschrift der Reichsführung SS für fördernde Mitglieder" informiert 1938 über die neu gegründete SS-Führerschule in Dachau.

Der Lehrplan sah sieben Unterrichtseinheiten vor, fünf davon waren „wehrsportlicher“ und militärischer Natur, die anderen beiden umfassten eine ideologische und verwaltungstechnische Weiterbildung: In der „Sportausbildung“ gab es nicht nur Übungen und Wettkämpfe, sondern auch Vorträge über deren „Wert und den Sinn".[167] Sturmbannführer Haas habe zwar Mut, sei aber „schwerfällig", befanden die Lehrgangsleiter.[168] Seine „körperliche Härte" sei gerade einmal „befriedigend" und auch seine „theoretischen Kenntnisse über Durchführung und Anlage von Sportübungen" mangelhaft. Beim „Geländedienst" sahen die Noten nicht besser aus: Seine bisherige Ausbildung stellte sich als durchschnittlich heraus. Nur „befriedigend" konnte er das Gelände beurteilen und für Manöver ausnutzen, das „Entfernungsschätzen und Zurechtfinden" bestand er gerade noch mit „genügend", ebenso wurden seine theoretischen Kenntnisse zu den Wehrsportübungen eingeschätzt. Haas' Fähigkeiten lägen „im besonderen in der Beherrschung der Kommando-Sprache sowie im Exerzierdienst", hatte der Führer der 78. SS-Standarte im Vorfeld des Lehrgangs geurteilt – doch auch das wurde hier revidiert. Zwar zeigte er sich beim „Einordnen in der Front" durchaus „willig". Die Kommandosprache und die Befehlswiedergabe beherrschte er aber wiederum nur „befriedigend". Beim „Auftreten vor der Front" zeigte er trotz seiner Fähigkeit, über seine Schwächen hinwegzutäuschen, „teilweise Mangel an Vertrauen zum eigenen vorhandenen Können". Wie er sich beim „Schiessdienst" mit Kleinkaliberwaffen und Pistole anstellte, notierten die Lehrgangsleiter nicht. Am Ende des Lehrgangs mussten sie sich aber wohl die Frage stellen, wie er mit diesen Fähigkeiten überhaupt zum SA-Sportabzeichen gekommen war. Jüngeren SS-Männern konnte es bei solchen Gelegenheiten wieder abgenommen werden. Haas, der während des Lehrgangs am 14. November 1937 seinen 44. Geburtstag feierte, durfte das einmal erworbene Abzeichen aus Altersgründen allerdings behalten.

Immerhin beim „Inneren Dienst" konnte er ein wenig mit „praktische[n] Erfahrungen" im Schriftverkehr glänzen, wenn auch „Form und Inhalt" den Anforderungen nicht entsprachen. „Mangelhaft" waren dagegen seine Kenntnisse im Disziplinarwesen. Unter einem Test, der ebenfalls mit „mangelhaft" bewertet wurde, notierte sogar ein Prüfer: „Die schlechte Bearbeitung kann ihren Grund jedoch auch darin haben, dass Verfasser mit dem Schreiben offensichtlich auf Kriegsfuss steht."[169] Seine Rechtschreibung hatte sich seit der Gefangenschaft im Ersten Weltkrieg, in der er angeregt, aber ohne Sorgfalt Tagebuch geschrieben hatte, noch weiter verschlechtert. Das zeigte sich vor allem im weltanschaulichen Unterricht.

Noch vor einem Jahr hatten Haas' Vorgesetzte geschrieben, er habe die nationalsozialistische Weltanschauung „sehr gut mit Herz und Verstand" verinnerlicht – Haas' Leistungen in der letzten Unterrichtseinheit straften sie Lügen. Seine Vorkenntnisse entsprächen gerade einmal dem „Durchschnitt" und es fehlen ihm „sichere Grundlagen", sagten die Prüfer.[170] Sie unterrichteten auf Anweisung Himmlers anhand der „SS-Leithefte", sozusagen ein Wissens- und Unterhaltungsmagazin für den einfachen SS-Mann. Seit 1935 vermittelten die „Leithefte" monatlich Propaganda zu verschiedenen Themen wie „Rassenhygiene" und Freimaurerei, gaben aber auch Tipps für Feiern und Literatur zur Hand und unterhielten die Leser mit Kurzgeschichten von heldenhaften Frontsoldaten und Rubriken wie „Hier lacht der SS-Mann".[171]

Das erworbene „Wissen" wurde während des Lehrgangs immer wieder in Vorträgen und schriftlichen Prüfungen abgefragt. Bis zu Haas' Zeit in Dachau gewähren die Akten vor allem einen bürokratischen Blick von außen auf seinen Karriereweg. Abgesehen von seinem Tagebuch aus dem Ersten Weltkrieg und zwei Lebensläufen sind kaum aussagekräftige Dokumente erhalten geblieben, die Adolf Haas selbst verfasste. Dass fünf weitere solcher „Egodokumente" heute einen persönlicheren Zugang zu Adolf Haas ermöglichen, ist den Prüfern der Führerschule zu verdanken. Wohl als Referenz für ihre Beurteilungen schickten sie seine Prüfungsaufsätze an das SS-Personalhauptamt. Von da aus gelangten sie in seine Personalakte und zeugen von einem äußerst schlichten Gemüt und einer mangelnden Bildung. So versuchte er sich am 17. Oktober an einem Aufsatz zum Thema „Die Germanen vor der Wanderung und Folgen der Wanderung".[172] Heinrich Himmler war vom Germanenkult geradezu besessen. Der Nationalsozialismus, meinte er, könne und müsse das deutsche Volk wieder zu ihrem wahren germanischen Wesen zurückführen.[173] In Dachau sollte Adolf Haas diesen Ursprung erklären. Zwar zählte er die Stämme der West- und Ostgermanen auf, erläuterte kurz die Tugenden der Germanen als „Volk ohne Raum" und verwies im letzten Satz auch auf die Christianisierung der Germanen, die Himmler als die Ursünde des deutschen Mittelalters betrachtete. Die schwammigen und fehlerhaften Ausführungen reichten jedoch bei Weitem nicht aus. „Völlig ungenügend" vermerkten die Prüfer neben der Note „4" unter dem Text. Fünf Tage später bekam Haas eine neue Chance, als er über „Staat und Wirken Heinrichs I. u. Adolf Hitler" schreiben sollte. 1936 hatte Heinrich Himmler zum tausendsten Todestag von Heinrich I. an seinem Grab im Dom von Quedlinburg eine Rede gehalten.[174] Den Wortlaut versuchte Adolf Haas wiederzugeben:

„Heinrich I. ist im Jahre 919 als Herzog der Sachsen deutscher König geworden. Das Reich bestand nur noch dem Namen nach. Das ganze Reich war im Verlaufe von 3 Jahrhunderten total darniedergegangen, unter dem schwäschlichen Nachfolger Karl des Franken [Karl der Große]. Er [Heinrich I.] lehnt[e] die Krönung durch die Kirche ab, denn er hatte eingesehen, daß die Kirche der Untergang der Germanen war. Das Bauerntum lag ganz darnieder, welches doch der Grundstock eines Volkes sein muß. Heinrich I. war es darum zu tun, für sein Volk die Lebensmöglichkeit zu schaffen, und er schaffte es. Sehen wir Adolf Hitler[,] er fand als einfacher Mann einen ganz danieder liegenden Staat, den die vorhergehene Regierung total zu Grunde gerichtet hatte."[175]

Nach kaum einer Seite brach er mitten im nächsten Satz über das Bauerntum ab und schloss, wohl aus Zeitnot, hastig mit dem Fazit: „Und beide haben es fertig gebracht, Heinrich I u. Adolf Hitler eine neue deutschen Heim-Staat zu schaffen." Am Ende bekam er wieder nur ein „ungenügend" als Note. Auch beim Vortragen von weltanschaulichen Themen benahm er sich „schwerfällig".[176] Allerdings vermerkten die Prüfer nach vier Wochen, gewiss mit Eigenlob, dass seine Einstellung zur NS-Weltanschauung „durch den Lehrgang stark gefördert" wurde.[177] Am vorletzten Tag des Lehrgangs wurden die Teilnehmer gebeten, dieses Mal ohne Benotung, ihre „Erfahrungen und Wünsche" aufzuschreiben. Haas schlug vor, jedem Sturmbann eine „hauptamtliche Schreibkraft" zur Verfügung zu stellen, „um den Stabsscharführer zu entlasten".[178] „Entlasten" wollte er, der ja laut einem Prüfer „mit dem Schreiben auf Kriegsfuss stand", wohl vor allem sich selbst.

Am Mittwoch, den 10. November 1937 ging es nach Hause. Indessen schrieben die Lehrgangsprüfer die abschließenden Beurteilungen. Lob bekam Adolf Haas nur wenig, „gut" seien nur seine Sauberkeit sowie sein „Benehmen im Aussendienst".[179] Seine Haltung sei „soldatisch", könnte aber „straffer sein", seine „körperliche Rüstigkeit" aber immerhin „trotz seines Alters befriedigend". Das Verhältnis zu den Kameraden sei „zurückhaltend", das zu seinen Vorgesetzten „abwägend" – aber er „fügt sich in den Rahmen". Sein Wille sei zwar „zäh", doch sein Auffassungsvermögen „begrenzt". Daher müsse er „regsamer" werden und „sich noch manches aneignen", um die „geistige Frische" zu erreichen, die man von einem höheren SS-Führer erwarte. Immerhin sehe er nun die „Notwendigkeit der eigenen Weiterbildung ein". Trotz seiner durchschnittlichen bis mangelhaften Leistungen hatte Haas den Lehrgangsleitern offenbar weismachen können, er leide unter wirtschaftlichen „Schwierigkeiten“ und sei daher „verbittert“. In der gesamten Personalakte findet sich jedoch kein einziger Hinweis darauf, dass Haas Schulden hatte oder dass sein verhältnismäßig gutes Gehalt nicht ausreichte. Im Januar 1938, also kurz nach seiner Rückkehr aus Dachau, bezog er ein Bruttoeinkommen von 527 RM, mehr als drei Mal so viel wie der durchschnittliche Bürger.[180] Damit konnte er seiner Familie ein neues Eigenheim in „Hachenburg, Siedlung“ in der Liegnitzer Straße finanzieren, ganz in der Nähe vom jüdischen Friedhof und dem ehemaligen Judenfriedhofsweg, den er 1933 in Dehlinger Weg hatte umbenennen lassen.[181]

Die Lehrgangsleiter aber schluckten 1937 seine Ausreden und notierten deswegen wohl auch einigermaßen gnädig in der „Gesamtbeurteilung“: „Genügt den bisherigen Anforderungen zur Führung eines Sturmbannes. Ist durch den Lehrgang stark beeinflusst und zu einer höheren Lebens- und Dienstauffassung angeregt worden.“ Weder als Referent im inneren Dienst, noch als Stabsführer, für das Rasse- und Siedlungshauptamt oder den Sicherheitsdienst (SD), geschweige denn für höhere Dienststellen sei er „vorerst“ geeignet. Damit bestätigte der einmonatige Lehrgang genau das, was der Führer der 78. SS-Standarte bereits kurz vorher festgestellt hatte. Man schlug vor, er solle den Lehrgang 1939 wiederholen – dazu kam es jedoch nie.

Keineswegs war er der einzige, der überfordert gewesen war.[182] Tatsächlich machte von den 29 anderen Teilnehmern später keiner eine große Karriere.[183] Ganz anders Adolf Haas, auch wenn er zwei Jahre lang hart dafür arbeiten musste.

2.6 Der Trommler: „Polizeiverstärkungen" in der Sudetenkrise, 1938

Das neue „Großdeutschland“ reichte dem „Führer“ nicht. Er wollte ein Großgermanisches Reich, das über den europäischen Kontinent herrschen sollte. Und er wollte nicht warten. Der erfolgreiche, unerwartet leichte „Anschluss“ seiner österreichischen Heimat im März 1938 hatte Hitler in seinem Machtinstinkt bestärkt und zudem den verachteten „slawischen“ Nachbarstaat Tschechoslowakei aus militärischer Sicht geschwächt. Der „Führer“ war nicht nur bereit, für sein neues Ziel einen Krieg zu riskieren – er wollte diesen Krieg unbedingt. Einen Krieg, in der sich die „deutsche Rasse“ vereinen und ihren Kampfeswillen beweisen konnte. Nicht nur gegen die Tschechoslowakei, sondern zunächst auch gegen deren Verbündete Frankreich und Großbritannien und später gegen das restliche Europa und die Sowjetunion. Vorwand für die gewollte Eskalation boten ihm die etwa drei Millionen tschechischen Bürger im Sudetenland, die sich als Deutsche sahen und von denen er einige Tausend bei seiner Abschlussrede auf dem Nürnberger Parteitag am 12. September 1938 zur Rebellion anstacheln konnte.[184] Alles musste so aussehen, als ob er den vermeintlich gefährdeten Sudetendeutschen nur zu Hilfe eilen wollte. Um den Konflikt zu schüren, ließ Hitler insgeheim etwa 40.000 geflüchtete Aufständige unterstützen. Waffen erhielten sie von der Wehrmacht, Verstärkung von der SA und der SS. Nach dem Probelauf beim „Anschluss“ Österreichs machte die Reichsführung-SS im Herbst 1938 zum ersten Mal einen größeren Teil der Allgemeinen SS mobil.[185]

Am Ende der „Sudetenkrise“ erkauften sich Frankreich und Großbritannien mit dem Münchener Abkommen vom 29. September 1938 einen vorläufigen Frieden in Europa. Den Preis für diesen Deal zahlten nicht sie, sondern die Tschechoslowakei, die das Sudetenland an Deutschland abtreten musste, ohne dass man sie überhaupt an den Verhandlungen beteiligt hatte. Nach dem Einmarsch der Wehrmacht in das Sudetenland am 1. Oktober ehrte die Reichsführung mehr als 1,1 Millionen Deutsche aus allen Schichten und Berufen für ihre „Verdienste um die Wiedervereinigung der sudetendeutschen Gebiete mit dem Deutschen Reich“ mit einer dunkelbronzefarben getönten „Sudeten-Medaille“.[186] Auch SS-Sturmbannführer Adolf Haas bekam diese Auszeichnung.[187] Besonders wertvoll war sie nicht. Sie diente vor allem dem Zweck, die Annexion des Sudetenlandes und die „Zerschlagung der Rest-Tschechei“ zu legitimieren. Die Geehrten wurden praktisch zu Mittätern gemacht. Einer der prominenteren Träger der Medaille war Hans Globke, damals Ministerialrat im Reichs- und Preußischen Ministerium des Innern und später Staatssekretär sowie engster Vertrauter von Bundeskanzler Adenauer. Als Jurist verfasste Globke nicht nur den regierungsoffiziellen Kommentar zu den „Nürnberger Rassegesetzen“, sondern auch Gesetze und Verträge in Folge des „Anschlusses“ Österreichs, des Münchener Abkommens sowie der Besetzung der Tschechoslowakei.[188] Auch Adolf Haas schoss Ende 1938 weder eine einzige Kugel auf tschechoslowakische Soldaten, noch war er überhaupt in der Nähe des Sudetenlandes. Die „Sudeten-Medaille“ bekam er als bürokratischer Trommler.

Seit 1936 hatte Hitler immer schärfer gefordert, die Wehrmacht „einsatzfähig" und die Wirtschaft „kriegsfähig" zu machen. Die SS trug ihren Teil dazu bei. Die SS-Oberabschnitte begannen zusammen mit dem SS-Hauptamt Vorbereitungen zu treffen, um im Fall einer Mobilisierung rasch „Polizeiverstärkungen" aus der Allgemeinen SS heranzuziehen.[189] Am 12. März 1938 forderte der Führer der 78. SS-Standarte Adolf Haas und zwei weitere Sturmbannführer auf, jeweils 80 Männer zwischen 25 und 35 Jahren zur „Verstärkung der SS-Totenkopfverbände (Polizeiverstärkung)" zu rekrutieren, also unter anderem für das Wachpersonal der Konzentrationslager.[190] Übereifrig meldete Haas nicht einmal zwei Wochen später, er könne neben dem Soll weitere elf Mann zur Verfügung stellen.[191]

Als die „Sudetenkrise" durch deutsche Provokationen in der zweiten Septemberhälfte richtig in Fahrt kam und Hitler noch auf seinen lang ersehnten Krieg hoffte, ließ Himmler insgesamt etwa 14.000 SS-Männer zur „Polizeiverstärkung" bzw. KZ-Wachablösung einberufen. Man erwartete eine große Anzahl neuer Häftlinge, egal ob es zum Krieg kommen würde oder nur zur Annexion des Sudetenlandes. Doch trotz aller Vorbereitungen und sogar eines eigenen „Führererlasses" klappte es nicht so, wie Himmler es sich vorgestellt hatte. Die Wehrbezirkskommandos stellten sich stur und Hunderte bis Tausende SS-Männer drückten sich entgegen ihres Treueschwurs vor dem unattraktiven KZ-Dienst, indem sie behaupteten, sie seien gesundheitlich angeschlagen oder wehrwirtschaftlich „unabkömmlich" (uk). Am Ende fehlten der SS-Führung von 5000 erwarteten, älteren SS-Angehörigen für die KZ-Bewachung immerhin 1500. Himmler raste vor Wut und wollte alle diese „Knülche" aus der SS verbannen.[192]

Adolf Haas hatte im März 1938 zwar mehr als ausreichend SS-Angehörige für die „Polizeiverstärkungen" rekrutieren können. Anfang September 1938 meldete er aber, dass er seine Männer generell kaum angemessen ausrüsten konnte. Es mangelte an fast allem: Maschinengewehre, Pistolen, Patronentaschen, Stahlhelme. Einzig ein paar Dutzend Karabiner waren „brauchbar".[193] Auch ging er selbst nicht mit bestem Beispiel voran, als im September weitere Männer eingezogen werden sollten. Ganz oben auf einer Liste von 19 SS-Angehörigen seines Sturmbanns, die im Kriegsfall „unabkömmlich" waren, prangte sein eigener Name. Am Ende des Dokuments räumte er ein: „Die verlangten Zahlen konnten nicht erreicht werden, da weitere Männer nicht ausfindig gemacht werden konnten."[194]

Als sich derartige Probleme im ganzen Reich abzuzeichnen begannen, forderte die SS-Führung von den Oberabschnitten, auf eigene Faust beim Rekrutierungsstau nachzuhelfen. Der Führer des SS-Oberabschnitts Rhein mahnte Haas Ende September persönlich: „Sie haben sich unter Zurückstellung aller übrigen Arbeiten sofort für die Durchführung der Freistellung für Polizeiverstärkungen einzusetzen."[195] Von den Arbeits- und Wehrmeldeämtern habe er sich „keinesfalls abweisen zu lassen". Zwar geben die überlieferten Akten keine Auskunft darüber, wie genau Haas „aller etwa auftretenden Schwierigkeiten Herr werden" sollte. Dass er mit der „Sudeten-Medaille" geehrte wurde, zeigt jedoch, dass er sie zur Zufriedenheit seiner Vorgesetzten „bewältigte" – und zwar nicht nur während der „Sudetenkrise", sondern auch in den folgenden Monaten. Denn Hitler hatte seinen 1938 gewollten Krieg nur aufgeschoben. Bis zum Sommer 1939 sorgte Adolf Haas in seinem Sturmbann dafür, dass aus den Jahrgängen 1901 bis 1912, die keinen Wehrdienst mehr hatten leisten müssen, immerhin jeder Zweite entweder bei der Wehrmacht oder bei den SS-Totenkopfverbänden „kurzfristig ausgebildet" wurde.[196] Auch warb er bei seinen Männern weiter für den KZ-Dienst. Auch dieser sei die Pflicht, „die sie als Angehörige der SS übernommen und zu erfüllen haben, genau so, als wenn sie ihrer Militärdienstpflicht bei den Truppeneinheiten der Wehrmacht genügen", schrieb er an seine SS-Stürme.[197]

Womöglich wollte Adolf Haas in naher Zukunft bekannte Gesichter um sich wissen. Denn spätestens seit September 1938 wusste er, dass gleich am ersten Tag einer Mobilmachung einige der „über 45-jährigen SS-Angehörigen zur Bewachung der Konzentrationslager" sofort eingezogen werden sollten.[198] Und am Montag, dem 14. November 1938, sollte er seinen 45. Geburtstag feiern. Der einstige „Verteidiger von Tsingtau", der in seinem ersten Krieg nur wenige Tage gekämpft hatte, musste so kaum einen Fronteinsatz im nächsten Krieg befürchten. Die Alternative, die „Arbeit" in einem Konzentrationslager, nahm er gerne in Kauf.

2.7 Der Zerstörer: Das Novemberpogrom im Westerwald, 1938

Der Abend des 9. Novembers 1938 hätte gemütlich ausklingen können. Mit Bier und Radiohören. An diesem Mittwochabend hatte Adolf Haas seine SS-Männer angewiesen, nach Erbach (Nistertal) bei Marienburg zu kommen, knapp neun Kilometer südöstlich von Hachenburg. In einer Gastwirtschaft wollten sie gemeinsam einer Rede Himmlers lauschen, erinnerte sich ein ehemaliger SS-Mann nach dem Krieg.[199] Es war der „Gedenktag für die Bewegung", der Jahrestag des „Hitlerputschs" 1923, zu dessen Abschluss der „Führer" und Reichsführer-SS in München um Mitternacht feierlich neue SS-Rekruten vereidigen wollten. Doch Neuigkeiten aus Paris störten die „Gedenkfeier". Zwei Tage zuvor hatte dort der polnische Jude Herschel Grynszpan voller Wut mit einem Revolver auf den Diplomaten Ernst von Rath geschossen. Es war ein Akt der Rache und Verzweiflung gegen die deutschen Behörden, die seine Familie zusammen mit Zehntausenden anderen Polen auf brutalste Weise in ein Grenzgebiet zwischen Polen und Deutschland abgeschoben hatten.

Die Nachricht vom Attentat hatte die antijüdische Stimmung im Reich verschärft, die ohnehin bereits durch die regelmäßige Propaganda aufgeheizt gewesen war. Schon an den Abenden des 7. und des 8. November 1938 war es zu Ausschreitungen gegen Juden gekommen, vor allem in Kurhessen und Kassel sowie in Magdeburg-Anhalt. Noch waren es jedoch spontane Gewaltexzesse lokaler NSDAP- und SA-Funktionäre gewesen, die dem Willen ihres „Führers" „entgegenarbeiten" wollten, wie es Hitlers Biograf Ian Kershaw formuliert.[200] Erst als der angeschossene Diplomat am 9. November seinen Verletzungen erlag, nutzten Hitler und sein Propagandaminister Goebbels die Gelegenheit, das größte Pogrom der Neuzeit in Mitteleuropa anzustoßen. Einen Generalplan gab und brauchte es dazu nicht. Mit einer Hetzrede um 22 Uhr vor hohen NSDAP-Funktionären und SA-Führern inszenierte Goebbels den vermeintlichen „Volkszorn": Ausschreitungen gegen Juden seien „von der Partei weder vorzubereiten noch zu organisieren", allerdings sei ihnen „soweit sie spontan entstünden auch nicht entgegenzutreten".[201] Die anwesenden NS-Funktionäre verstanden dies umgehend als Aufforderung, die „spontanen" Aktionen des „Volkszorns" in die Wege zu leiten. „Alles saust gleich an die Telefone. Nun wird das Volk handeln", notierte Goebbels später in seinem Tagebuch.

In Erbach wollten die SS-Männer nach dem Ende der Mitternachtsrede, die Himmler trotz allem gehalten hatte, bereits ihre Wagen besteigen. Da rief der Wirt: „Adolf, komm mal, du sollst ans Telefon kommen!"[202] Nach zehn Minuten kam Haas zurück und erklärte drei ausgewählten Kameraden, er habe soeben den Befehl erhalten, als „Vergeltung" für die Ermordung des Diplomaten „die Synagogen in Brand zu stecken". 50 Liter Benzin standen zur Verfügung. Zunächst sollten aber alle nach Hause fahren, Zivilkleidung anziehen und abwarten. Am nächsten Morgen, dem 10. November, sammelte Haas seine Männer mit zwei Personenwagen ein. Die Nummernschilder waren verhängt und im Innern lagen bereits Gebetsrollen und Stoffbanner aus Synagogen der Umgebung. Das Ziel war Mogendorf, etwa 20 Kilometer südwestlich von Hachenburg. Dort besorgte sich der Trupp bei einem Bewohner eine Axt und betrat die fast hundert Jahre alte Synagoge. Im Nachbarhaus lief ein Mädchen zu ihrem Vater und berichtete: „Ich glaube, draußen schlagen sie die Judenschule kaputt!“[203]

Haas und seine Männer zertrümmerten Fenster, Türen und die sonstige Inneneinrichtung der Synagoge – bis auf ein paar Glühbirnen, die sie mitnahmen. Die Anwohner Mogendorfs schauten nicht nur tatenlos zu, einige kamen sogar vorbei und holten sich Bretter der zerschlagenen Bänke für ihre Kaninchenställe.[204] In einem Nachkriegsverfahren gegen SS- und SA-Männer behauptete ein Angeklagter, sein Vorgesetzter Adolf Haas habe damals befohlen, die Trümmer aufzuhäufen und anzuzünden. Er selbst habe ihn jedoch zur Räson bringen können, indem er eindringlich davor warnte, dass die Nachbarhäuser auch in Flammen aufgehen könnten. Keiner konnte ihm widersprechen, da er der Einzige war, der noch über den Ablauf in der Synagoge berichten konnte. Die Anwohner sahen 1938 nur, wie die Männer nach verrichteter „Arbeit“ das Gebäude verließen. Einer von Haas‘ SS-Männern brachte die Axt mit den Worten zurück: „Ich habe heute Morgen schon mehr gearbeitet wie sonst jemand die ganze Woche!“[205] Mit den Autos voller gestohlener Gegenstände und Gebetsrollen fuhren sie wieder heim. Um die Juden der Stadt kümmerte sich die SA. Und um die Synagoge. Sie stand am Ende doch noch in Flammen. Endlich griffen die Mogendorfer ein und erstickten das Feuer – jedoch nicht aus Respekt vor der jüdischen Gemeinde, sondern aus Sorge um ihre eigenen Häuser.[206]

Am selben Tag drangen auch in Haas‘ Heimatstadt Hachenburg SA-Männer und Bürger in die Wohnungen der etwa 25 jüdischen Familien ein und trieben ihre Opfer, egal ob jung oder alt, unter Schlägen, Tritten und Beschimpfungen durch die Straßen. Nach dem Pogromtag berichtete ein SA-Standartenführer, es habe sich in Hachenburg nichts Besonderes ereignet außer der Verwüstung der Hachenburg Synagoge. Diese hatten die Nationalsozialisten nur deswegen nicht abgebrannt, weil auch sie wie in Mogendorf zu nah an anderen Häusern stand. Überlebt hatten lediglich 16 Thorarollen, mehrere Gegenstände aus Silber sowie einige Tücher, Altardecken und Pergamentrollen.[207]

Nur wenige Tage nach dem Pogrom spottete Hermann Göring: „Ich möchte kein Jude in Deutschland sein."[208] Der angebliche „Volkszorn" hatte Tausende Geschäfte, Wohnungen, jüdische Friedhöfe und Synagogen zerstört – die unzählbaren Scherben prägten später die verharmlosende Bezeichnung „Reichskristallnacht". Sie verschleierte, dass nicht nur Zehntausende Mitmenschen gedemütigt und attackiert wurden, sondern auch in einer Woche etwa 400 Juden ermordet oder in den Selbstmord getrieben wurden. Das Novemberpogrom mit seinem Vor- und Nachspiel war der Höhepunkt jahrelanger Diskriminierung und der Wendepunkt hin zur systematischen Verfolgung von Juden. Hier erwiesen sich vor allem die Konzentrationslager als effiziente Werkzeuge des NS-Terrors.[209] In den Tagen danach trieben SA- und SS-Männer etwa 30.000 Juden aller Altersgruppen und sozialer Schichten in den Städten und auf dem Land vor den Augen der Nachbarn zusammen und deportierten die meisten von ihnen in eines der drei großen Konzentrationslager Dachau, Sachsenhausen und Buchenwald. Die Situation der Lager veränderte sich dramatisch: Die Häftlingszahlen verdoppelten sich und plötzlich stellten die Juden die Mehrheit der Häftlinge. Die Konzentrationslager „wurden größer und tödlicher denn je zuvor und zugleich schweißten die Diebstähle und Gewalttaten die Lager-SS noch enger zusammen", schreibt der Historiker Nikolaus Wachsmann.[210]

Beinahe alle jüdischen Bürger Hachenburgs verließen die Stadt in den Monaten nach den Ausschreitungen, bis die jüdische Gemeinde am 30. September 1939 nur noch zwei Mitglieder zählte.[211] Bis dahin hatte auch etwa die Hälfte der etwa 500.000 in Deutschland lebenden Juden ihrer Heimat den Rücken gekehrt. Die Übriggebliebenen saßen in der Falle. Das von Hitler und Goebbels angezettelte Novemberpogrom 1938 hatte zwar gezeigt, dass man ähnlich effektiv wie in Österreich auch in Deutschland Tausende Juden enteignen, terrorisieren und ins Ausland vergraulen konnte. Es hatte aber auch gezeigt, dass die deutsche Bevölkerung die Gewaltexzesse nicht so umfassend und wohlwollend aufnahm, wie es sich die NS-Führung gewünscht hatte. Hitlers Organisatoren der Judenverfolgung – Reichsführer-SS Himmler, Gestapo-Chef Reinhard Heydrich und Oberbefehlshaber der Luftwaffe Hermann Göring – schlossen daraus, dass Pogrome innerhalb des Reichs ein Fehler seien, schreibt der Historiker Timothy Snyder. „Sie sollten schon bald ganz ähnliche Pogrome wie Goebbels organisieren, aber eben außerhalb Deutschlands, unter Kriegsbedingungen und an Orten, wo deutsche Gewalt den Staat völlig zerschlagen hatte."[212]

3. Der Schutzhaftlagerführer

KZ-Dienst auf Probe in Sachsenhausen

1940
Oranienburg bei Berlin

3.1 Der Neuling: Durch die „Dachauer Schule" zur Waffen-SS

„Lieber Kamerad Haas!", schrieb am 2. Oktober 1939 der „Kreiskriegerführer" aus Hattert, einer Nachbargemeinde von Hachenburg.[213] Es ging um die Aufnahme eines Steinbrucharbeiters aus Dehlingen im Oberwesterwald in die SS. Er sei „zwar schon etwas verbraucht", hatte der SS-Truppenarzt befunden, „aber noch genügend leistungsfähig zum Wachdienst" in einem Konzentrationslager.[214] Westerwälder Bürger genau für diese Aufgabe zu rekrutieren und vorzubereiten, schien die Hauptaufgabe von Adolf Haas gewesen zu sein, seitdem er tatkräftig beim Novemberpogrom 1938 mitgewirkt hatte. Einen Monat nach dem deutschen Überfall auf Polen am 1. September 1939 war der „Kreiskriegerführer" allerdings „der guten Hoffnung, dass wir die Kameraden nicht mehr brauchen werden, denn nach den Ereignissen der letzten Tage wird es wohl den Herrn Engländern etwas enger in der Hose werden. Diese Woche werden wir ja Klarheit bekommen. Heil Hitler!" Gerade einmal einen Monat nach Beginn des Zweiten Weltkrieges kapitulierten die restlichen Verbände der polnischen Armee am 6. Oktober 1939, ohne dass es zu einem Unterstützungsangriff seiner Verbündeten Großbritannien und Frankreich gekommen war. Insoweit behielt der „Kreiskriegerführer" recht. Den SS-Anwärter aus Dehlingen und viele weitere SS-Männer brauchte man dennoch für den KZ-Wachdienst.

Für Adolf Hitler war Polen nur die eine Front, die andere war die Heimatfront. Sein Mann für den Kampf gegen die inneren Feinde war Heinrich Himmler. Der Beginn des Zweiten Weltkrieges bot für den Reichsführer-SS die willkommene Chance, mit dem Ausbau des Terrorapparats im Reich und militärischer SS-Einheiten an der Front auch seine eigene Macht auszubauen. Bürokratisches Zentrum der Unterdrückung, Verfolgung und Ermordung wurde das neu gegründete Reichssicherheitshauptamt (RSHA), das auf die bestehenden, bewährten Institutionen zurückgreifen konnte, die wahren Orte des Terrors.[215]

In weniger als einem Jahr verdoppelte sich die Zahl der KZ-Häftlinge auf etwa 53.000: Zu den deutschen und österreichischen Häftlingen, darunter Juden, Sozialdemokraten, Kommunisten, „arbeitsscheue Personen", Sinti und Roma, Kriminelle, Homosexuelle und weibliche Prostituierte, kamen unter anderem Tausende Polen, Tschechen und politische Gefangene aus dem Spanienkrieg und dem Frankreichfeldzug 1940. Mit der Zahl der Häftlinge wuchs auch das Lager-Netzwerk, von sechs Hauptlagern im Herbst 1939 auf dreizehn Anfang 1942. Bis zum Ende des Krieges richtete die SS insgesamt 27 Hauptlager und rund 1100 angeschlossene Außenlager ein – ein unübersichtliches System gesetzloser Gewalt und Zwangsarbeit. Obwohl Himmler im November 1938 dieses Ausmaß nicht vorhersehen konnte, hatte er doch lange im Vorfeld des Krieges Vorbereitungen treffen lassen. Denn für mehr Häftlinge brauchte er auch mehr Wachen.[216]

Für die Bewachung und Verwaltung der Konzentrationslager waren die SS-Totenkopfverbände zuständig, für die der Sturmbannführer Adolf Haas 1938 und 1939 so fleißig unter dem Deckmantel der „Polizeiverstärkung" geworben hatte. Die Wachmänner hatten aber auch in den Lagern lange für den Kampfeinsatz trainiert. Für ihren Reichsführer-SS waren sie keineswegs bloße Gefängniswärter, sondern „politische Soldaten". Himmler, der seine eigene fehlende Fronterfahrung im Ersten Weltkrieg immer bereut hatte, konnte sich mit dem neuen Krieg seinen lang ersehnten Wunsch erfüllen: Hitler machte ihn zum Befehlshaber seiner eigenen, von der Wehrmacht unabhängigen militärischen Verbände, bald „Waffen-SS" genannt. Der Fronteinsatz sollte seine SS als „Eliteorganisation" stärken: „Würden wir kein Blutopfer bringen und würden wir nicht an der Front kämpfen, hätten wir die moralische Verpflichtung verloren, in der Heimat auf Menschen, die sich drücken und feige sind, zu schießen."[217] Gerade die SS-Wachen der Totenkopfverbände, später zusammengefasst in der SS-Totenkopf-Division, gehörten zu den rücksichtslosesten Mördern im besetzten Polen. Ihre Posten in den Konzentrationslagern mussten nun schnell neu besetzt werden. Um die Ablösung von Tausenden Wachen zu bewältigen, brauchte man auch Sturmbannführer Adolf Haas.

„Lieber Kamerad Haas!", schrieb der „Kreiskriegerführer" aus Hattert erneut vier Tage nach dem Ende des Polenfeldzugs. „Anbei noch ein Kamerad, der bereit ist, sich als Wachmann zur Verfügung zu stellen. Jetzt haben wir wohl unsere Zahl voll." Er hoffte trotzdem auf weitere Meldungen für eine „Reserve, wenn der eine oder andere mit der Zeit ausfallen sollte".[218] Und es fielen eine Menge Ersatzleute aus. Viele, vor allem ältere, hielten den Druck im KZ-Dienst nicht aus oder wurden wegen menschlicher Regungen von den Lager-Veteranen schikaniert.[219] Am 30. November 1939 beschwerte sich der Führer der 78. SS-Standarte, es komme immer häufiger vor, dass „Männer eingezogen werden, die vollkommen dienstuntauglich sind. Teilweise haben diese Männer Leiden, bezw. Gebrechen, die sogar für jeden Laien ohne weiteres klar erkennbar sind".[220] Adolf Haas und die zwei Führer der anderen Sturmbanne sollten ja darauf achten, dass die „einberufenen Männer voll einsatzfähig sind". Die gleiche Ermahnung ging einen Tag später noch einmal direkt an den Hachenburger. Einer von Haas' Männern im niedrigen Rang eines SS-Sturmmanns hatte sich im KZ Buchenwald für „dienstuntauglich" erwiesen und sollte umgehend ersetzt werden.[221]

So wie es Himmler bereits 1938 bestimmt hatte, sollten mit Kriegsbeginn vor allem ältere und kriegsuntaugliche, in der Regel über 45-jährige Angehörige der Allgemeinen SS den KZ-Wachdienst übernehmen.[222] Das traf auch auf Adolf Haas' Sturmbann zu: Einer Liste von 1946 zufolge wurden alle des Jahrgangs 1894 oder älter „kommandiert zur KZ-Bewachung".[223] Darunter waren auch jener SS-Anwärter aus Dehlingen, dessen Bewerbung kurz nach Kriegsbeginn bei Haas eingegangen war, und der SS-Sturmbannführer selbst. Beide waren gleich alt und auf beide passte die Bezeichnung „schon etwas verbraucht", aber noch „leistungsfähig". Als langjähriger Führer eines Sturmbannes stand Adolf Haas eine verantwortungsvolle Position in der Waffen-SS zu – allerdings nicht im militärisch-strategischen Sinne. Dafür war sein Rang dann doch zu niedrig und seine Kampferfahrung dank seiner langen Kriegsgefangenschaft zu gering. Sein „Durchschnitt", der ihm auf dem Führerlehrgang in Dachau bescheinigt worden war, reichte dagegen voll aus für den Dienst im Konzentrationslager. Dort waren weniger Intelligenz als vielmehr Gewaltbereitschaft, Skrupellosigkeit und Gehorsam gefragt.

Am 20. Februar 1940 kommandierte das SS-Personalhauptamt den SS-Sturmbannführer Adolf Haas „zur probeweisen Dienstleistung" zur Inspektion der Konzentrationslager (IKL), der Verwaltungszentrale für alle Konzentrationslager im deutschen Machtbereich.[224] Die IKL war 1938 von Berlin ein paar Kilometer weiter nördlich nach Oranienburg verlegt worden, nicht zufällig in die unmittelbare Nähe des KZ Sachsenhausen – das „Sprungbrett" für die Expansion des KZ-Systems und damit für zahlreiche SS-Karrieren.[225] Genau hier ließ die IKL Adolf Haas im Kommandanturstab des Konzentrationslagers eine Probezeit als Zweiter Schutzhaftlagerführer durchlaufen. Als er am 1. März 1940 in Sachsenhausen ankam, herrschten Temperaturen um den Gefrierpunkt.[226] „Arbeit macht frei" las er am Tor, dann trat er ein in die Welt der Konzentrationslager.

Häftlinge und KZ-Wachmannschaften vor dem Eingangstor des Konzentrationslagers Sachsenhausen, ca. 1936–1944.

Wäre Haas einige Tage früher angekommen, hätte er unter den Häftlingen noch ein bekanntes Gesicht sehen können: Walter Friedemann, ein Jude aus Hachenburg, hatte mit Futtermitteln gehandelt, bevor man ihn im Rahmen einer „Sonderaktion Arbeitsscheu" nach Sachsenhausen verschleppt hatte. Nach 20 Monaten Haft war er am 13. Februar 1940 „verstorben".[227] Mindestens zwei der Häftlinge waren zudem ebenso wie Haas in Siegen geboren. Einer von ihnen, Paul Lersch, starb 30 Tage nach Haas' Ankunft.[228] Schuld war nicht bloß die winterliche Kälte. Die Häftlingsbedingungen hatten sich seit Kriegsbeginn in allen Konzentrationslagern drastisch verschärft. Dafür verantwortlich war die IKL, die nicht nur das KZ-Personal koordinierte, sondern auch den systematischen Terror und Massenmord in den Lagern. Als ihr Chef Theodor Eicke bei Kriegsbeginn auszog, um die SS-Totenkopfverbände bei ihren Mordaktionen in Polen anzuführen, hinterließ er sein ganz eigenes Erbe im Lageralltag. Kurz vor seiner Abreise hatte er den altgedienten SS-Ausbildern in Sachsenhausen noch einmal eingeschärft, die Neulinge im KZ-Dienst hart ranzunehmen. Bereits als Kommandant von Dachau hatte Eicke Maßstäbe gesetzt für die Ausbildung der KZ-Wachmannschaften, besonders aber des Führernachwuchses, aus dem später die KZ-Kommandanten rekrutiert wurden. „Toleranz bedeutet Schwäche", hieß es seit 1933 einleitend in der „Disziplinar- und Strafordnung" von Dachau.[229] In Eickes Augen mussten die SS-Männer zum „politischen Soldaten des Führers" erzogen werden, deren Einsatz „bis zur letzten Konsequenz" ginge.[230] „Rücksichtlose Strenge" gegenüber den Häftlingen, „herzverbindende Kameradschaft" untereinander, „eiserne militärische Disziplin" und „selbstlose Pflichterfüllung" waren die zentralen Werte seiner KZ-Ausbildung.[231]

Durch Theodor Eickes sogenannte Dachauer Schule mussten ab 1934 alle neuen Rekruten für das Lagerpersonal. Gewalt gegenüber Häftlingen war dabei nicht nur Alltag im KZ-Dienst, sondern wurde zum Initiationsritus der Waffen-SS. Zu dieser „Elite" durfte sich nun auch die Lager-SS zählen – sobald sie die Härteprüfung überstanden.[232] Die gemeinsamen Verbrechen sollten die Männer zu einer Gruppe zusammenschweißen: Gezielt gewöhnten die Ausbilder die Neuen an die rohe Gewalt, ließen sie Prügelstrafen übernehmen, sie mit eigenen Händen foltern und töten. Die Angst vor dem Spott der Kameraden und den Strafen der Vorgesetzten machte sie hart gegen sich und andere. „Weichheit" wurde nicht geduldet.[233] Kurz bevor Adolf Haas nach Sachsenhausen kam, warnte der neue IKL-Chef Richard Glücks, ein treuer Gefolgsmann von Eicke, in einem scharfen Erlass jeden vor ernsten Konsequenzen, der sich „Gefühlsduseleien" hingab.[234] Vor allem für die Leitung neuer Konzentrations- und Außenlager suchte er Männer der Tat.

Wer in Sachsenhausen Schutzhaftlagerführer war, hatte gute Chancen, zum Lagerkommandanten aufzusteigen: In der Zeit von 1936 bis 1945 schafften neun von insgesamt fünfzehn Schutzhaftlagerführern diesen Aufstieg.[235] Abgesehen vom Kommandanten selbst war der Schutzhaftlagerführer als sein

Stellvertreter der mächtigste Mann im Kommandanturstab. Ihm unterstand von den fünf Abteilungen der Kommandantur die größte, die Abteilung III „Schutzhaftlager", und damit zahlreiches Personal: Der Rapportführer war verantwortlich für die „Häftlingsdisziplin" und Appelle, der Arbeitsdienstführer für die Koordination der Arbeitseinsätze der Häftlinge durch die SS-Kommandoführer sowie mehrere Blockführer für die Häftlingsbaracken. Seiner Position gemäß saß der Schutzhaftlagerführer im Torgebäude, direkt über der zynischen Inschrift „Arbeit macht frei", mit direktem Blick auf seinen Herrschaftsbereich. Im dreieckig aufgebauten KZ Sachsenhausen war der „Turm A" der Scheitelpunkt der sternförmig angelegten Blickachsen: Für die „Geometrie des totalen Terrors" wollte die SS das Prinzip des „Panopticons" nutzen, das der britische Philosoph Jeremy Bentham Ende des 18. Jahrhunderts für Gefängnisse entwickelt hatte und das die gleichzeitige Überwachung vieler durch einen Einzelnen ermöglicht – wie geschaffen für den Schutzhaftlagerführer. Er galt sowohl in der SS als auch unter den Häftlingen als der wahre „Herrscher" über das Lager.[236] Als der ehrgeizige, skrupellose SS-Hauptsturmführer Rudolf Höß Ende September 1939 diese Position in Sachsenhausen einnahm, führte er – ganz im Sinne Theodor Eickes – umgehend verschiedene Haftverschärfungen ein, ließ Baracken überbelegen, Essensrationen verringern, gleichzeitig das Arbeitstempo erhöhen und Anfang 1940 alte und schwache Häftlinge bei winterlichen Temperaturen Dauerappell stehen.[237] Seit dem 1. März stand ihm dabei ein neuer Stellvertreter zur Seite: der Zweite Schutzhaftlagerführer auf Probe, Adolf Haas.

Es gibt keine Anhaltspunkte, ob oder in welchem Ausmaß sich Haas an der Gewalt im Lager beteiligte. Die Staatsanwaltschaft in Köln ermittelte zwar 1962 gegen ihn wegen des Verdachts, „dass sämtliche Bewacher des Konzentrationslagers Sachsenhausen in irgendeiner Form an der Ermordung von Häftlingen beteiligt waren".[238] Sie fanden allerdings nichts Konkretes und glaubten zudem lange, er sei von November 1938 bis Herbst 1939 dort gewesen. Der Zweite und Dritte Schutzhaftlagerführer waren jedoch keineswegs „nur zur Ausbildung bei uns" und „nicht zeichnungsberechtigt", wie es der SS-Wachmann Gustav Sorge 1957 darstellte.[239] Sie vertraten und unterstützten nicht nur den Ersten Schutzhaftlagerführer, sondern besaßen zum Teil auch besondere Zuständigkeiten für Teilbereiche des KZ. So übernahm beispielsweise der bereits fünfzigjährige Otto Andresen, der zur gleichen Zeit wie Haas ein Schutzhaftlagerführer auf Probe war, Anfang 1940 Aufgaben im „Kleinen Lager". In diesem Barackenkomplex waren seit 1938 die meisten jüdischen Häftlinge untergebracht, bis sie im Oktober 1942 nach Osten deportiert wurden.[240]

Auch wenn es weder vergleichbare Vermerke in den Täterakten noch Berichte von Häftlingen gibt, die Haas belasten, muss er sich in extrem kurzer Zeit den Respekt seiner Vorgesetzten im Kommandanturstab und der IKL verdient haben. Entweder als hilfreicher Bürokrat und Vorgesetzter, der vom Turm A aus Gewalt eher durch andere ausüben ließ, oder eben als Glücks' „Mann der Tat", der selbst Hand an die Häftlinge legte. Nicht ohne Grund hatten ihn seine Vorgesetzten vor vier Jahren als „Draufgänger" bezeichnet. Ob er aber Eickes brutale „Dachauer Schule" vollkommen verinnerlicht hatte, bleibt offen. Sein direkter Vorgesetzter, Erster Schutzhaftlagerführer Rudolf Höß, hatte während seiner eigenen Ausbildung seine Angst, „zu weich" zu sein, mit nach außen demonstrierter „Härte" kompensiert, bevor er zum Experten für den Massenmord wurde.[241] Spätere Häftlingsberichte sprechen dafür, dass Haas die Gewalt im KZ eher pragmatisch sah. Er empfand kein sadistisches Vergnügen und überließ sie eher anderen. Tatsächlich gibt es keine Berichte, wonach Haas in seinen späteren Lagern selbst folterte oder tötete. Einzig drei Fälle sind bekannt, bei denen er Häftlinge schlug. Aber so wie die Soldaten in den Mordkommandos im besetzten Polen gewöhnte auch er sich, wie die meisten „politischen Soldaten" in den Lagern, mit der Zeit an die allgegenwärtige Gewalt. Er sah sie jeden Tag vom Fenster seines Büros im Turm A aus und akzeptierte, dass sie zum Lageralltag gehörte – und zu seinem Job, für den er gut bezahlt wurde, der ihm den Frontdienst ersparte und seiner Karriere endlich wieder auf die Sprünge half.

Nur die wenigsten Schutzhaftlagerführer waren so kurz in Sachsenhausen wie Adolf Haas.[242] Am 1. Juni 1940, genau drei Monate nach seiner Ankunft, schrieb der Inspekteur der Konzentrationslager SS-Oberführer Richard Glücks an den Chef des SS-Personalhauptamtes: „H. hat sich in der kurzen Zeit sehr gut eingearbeitet und versieht seinen Dienst zur vollsten Zufriedenheit seiner Vorgesetzten."[243] Er bitte daher, ihn zum Obersturmführer der Waffen-SS der Reserve zu ernennen. Mit anderen Worten: Haas hatte sich in nur einem Vierteljahr in der Welt der Konzentrationslager bewährt. Seine Ausbildung zum Schutzhaftlagerführer, der mächtigsten Position im Lager nach dem Kommandanten, war abgeschlossen. Er sollte ein Teil der Waffen-SS werden, zur „Eliteeinheit" in der „Eliteeinheit" gehören. Allerdings hatte der Chef der

IKL zweifelsfrei wichtigere Dinge zu tun, als jeden Schutzhaftlagerführer auf Probe im KZ Sachsenhausen persönlich und eingehend zu inspizieren. Auf welche Vorgesetzten im Kommandanturstab berief er sich also? Rudolf Höß war es wohl nicht. In seinen späteren Erinnerungen kommt sein ehemaliger Stellvertreter – wie die meisten erwähnten Personen – nicht gut weg: „Er war zwar einige Zeit (1939) in Sachsenhausen Schutzhaftlagerführer gewesen, kam aber von der Allgemeinen SS und hatte nicht viel Ahnung vom KL."[244] Auch wenn er das Jahr verwechselt hatte, wird bei seiner Aussage doch eines klar: In den Augen von Veteranen der Lager-SS wie Höß, der seit 1934 dabei war, waren Neulinge aus der Allgemeinen SS inkompetente Außenseiter, weil sie erst nach Kriegsbeginn Lagerluft gerochen hatten. Man zweifelte an ihrer Härte und Entschlossenheit.[245] Dennoch hatte Haas es geschafft, diese Zweifel auszuräumen – zwar nicht bei Höß, dafür aber bei einem weitaus einflussreicheren Mann, dem Kommandanten von Sachsenhausen Hans Loritz höchstpersönlich.

3.2 Der Schützling: Korruption und Selbstbereicherung unter Hans Loritz

Dass ein Konzentrationslager, ein Ort des Terrors, gleichzeitig auch ein Ort der Kreativität sein konnte, ist schwer vorstellbar. War es doch das Ziel der SS, die Häftlinge im Lageralltag durch Gewalt und Erniedrigung ihrer Menschenwürde zu berauben. „Der Mikrokosmus des Konzentrationslagers war in jeder Hinsicht der Gegenentwurf zur Welt der Kultur und der Humanität", schreibt die Kunstwissenschaftlerin Stefanie Endlich. „Für Kunst gab es eigentlich weder Raum noch Zeit, noch materielle Möglichkeiten."[246] Dennoch entstand hier, im denkbar kunstfeindlichsten Umfeld, eine erstaunliche künstlerische Vielfalt. Einerseits gab es die Kunst, die im Verborgenen unter großer Gefahr für die Künstler und Mitgefangenen geschaffen oder praktiziert wurde, also Literatur, Gedichte, Musik, Theater- und Kabarettstücke und bildliche Kunst. Andererseits wurde bestimmte Kunst auch vom SS-Personal geduldet, darunter Lesungen, Musik- und Theaterabende, bei denen nicht selten SS-Leute teilnahmen. Oft wurden diese geduldeten Kunstformen zur propagandistischen Außendarstellung der KZ missbraucht, vor allem im Vorzeigelager Theresienstadt. Nicht zuletzt gab es die Kunst im offiziellen Auftrag der SS. In allen großen KZ gab es dafür eigens eingerichtete Werkstätten, Arbeitskommandos und Lagerkapellen, in denen die SS die professionellen Fähigkeiten der Häftlinge für ihre eigenen Zwecke missbrauchte.[247] Der Kommandant von Sachsenhausen trieb all das auf die Spitze.

Hans Loritz im Rang eines SS-Sturmbannführers, 1932/1933. Unter Loritz' Kommandantur und Schutz absolviert Adolf Haas 1940 im KZ Sachsenhausen seine Ausbildung zum Schutzhaftlagerführer.

Hans Loritz war eine beinahe ebenso prägende Person für die Lager-SS wie Theodor Eicke. Er war ein „alter Kämpfer" der NS-Bewegung und stieg seit 1934, gefördert von Eicke, schnell im KZ-System auf, erst als Kommandant von Esterwegen, ab 1936 von Dachau und schließlich von Sachsenhausen, seit Ende 1939 kommissarisch und ab März 1940 regulär. Wo er hinkam, verschärfte sich der Terror. Die Häftlinge, die er mitunter selbst prügelte, nannten ihn „Nero". Mit wachsendem Einfluss betrieb er seine eigene Netzwerkpolitik, scharte über die Jahre loyale und gleichgesinnte SS-Offiziere um sich und holte sie wenn möglich nach, wenn er das Konzentrationslager wechselte.[248] In Sachsenhausen nahm er Adolf Haas in den Kreis seiner Schützlinge auf. Während Haas' dreimonatiger Ausbildung unterschrieb Loritz dessen Beurteilung, die vor übertriebenem Lob geradezu überquoll: Seine persönliche Haltung sei „einwandfrei gut", er selbst „charakterfest", „diensteifrig" und „geistig rege", sein Wissen sogar „über Durchschnitt". Generell waren ihm „besondere Mängel und Schwächen" nicht bekannt. Den Ausbildern der SS-Führerschule in Dachau 1937 widersprach Loritz, indem er Haas' Fertigkeiten im Ordnungs- und Geländedienst, im Sport und bei weltanschaulichen Vorträgen durchweg für „gut" befand. „Er verspricht ein guter II. Schutzhaftlagerführer zu werden." Eine höhere Position in der Kommandantur stellte er Haas nicht in Aussicht, traute ihm aber zu, „Führer einer Komp.[anie]" zu werden, also bei der Waffen-SS an der Front zu dienen.[249]

Wer damals im SS-Personalhauptamt oder der IKL nur einen kurzen Blick in Haas' Personalakte warf, musste schnell erkennen, dass Loritz maßlos übertrieb. Aber sein Wort zählte. Anders als Rudolf Höß, dem Loritz misstraute,[250] gefiel ihm offensichtlich der „Draufgänger", auch vom Charakter her. Tatsächlich hatten sie einige Gemeinsamkeiten: Sie waren ungefähr gleich alt, von Beruf Bäcker, hatten einige Jahre in Kriegsgefangenschaft verbracht und später keine Skrupel, ihre Machtposition bei der SS zu missbrauchen. Adolf Haas hatte das bereits in Hachenburg bewiesen. Womöglich hatte er vor dem Kommandanten geprahlt, wie er den jüdischen Kaufmann Karl Grünebaum 1933 um 2700 Reichsmark erpresst hatte und mit nur ein paar Tagen Untersuchungshaft davongekommen war. So etwas war genau nach Loritz' Geschmack. Wie sich noch zeigen sollte, schaute sich der Zweite Schutzhaftlagerführer von seinem Kommandanten höchstpersönlich ab, wie er seine Unverfrorenheit auch im Lageralltag zu seinem eigenen Vorteil einsetzen konnte. Denn neben Gewalt gab es noch eine andere Art, mit Häftlingen umzugehen.

In Sachsenhausen hatte es bereits vor Kriegsbeginn einen riesigen Werkhof gegeben, auf dem die Häftlinge gezwungen wurden, vor allem für die SS-eigenen Deutschen Ausrüstungswerke GmbH Möbel, Spielzeug, Schuhe und andere handwerkliche Gegenstände herzustellen. Als Loritz ankam, ließ er die Werkstätten weiter ausbauen. Bald schon nannte man sie „Loritz-Werke" – denn an den Waren bereicherten sich vor allem der Kommandant selbst und seine SS-Führer.[251] Bereits in Dachau hatte es Loritz als sein Vorrecht angesehen, Häftlinge als Zwangsarbeiter für seine Unterhaltung und seinen privaten Reichtum auszubeuten. Sein Vorgänger und Mentor Theodor Eicke war ihm dabei ein Vorbild. Ohne Genehmigung ließ Loritz Dachauer Häftlinge einen „Wildpark" bauen, in dem er und höhere SS-Offiziere gern jagen gingen. Er schickte sie auch zur Zwangsarbeit 175 Kilometer weiter nach Österreich in das Nebenlager St. Gilgen. Hier, nicht weit von Salzburg, hatte er 1938 mehrere Grundstücke erworben und darauf das erste Außenkommando von Dachau in Salzburg eingerichtet, allerdings nicht offiziell. Das privat organisierte Lager diente einzig dazu, ihm eine luxuriöse Privatvilla direkt am schönen Wolfgangsee aufzubauen. Als Loritz das Konzentrationslager Sachsenhausen übernahm, schickte er von dort – immer noch illegal – Baumaterial und Häftlinge nach St. Gilgen, darunter vor allem handwerklich begabte Zeugen Jehovas. Andere hohe SS-Offiziere nahmen sich ein Beispiel, erwarben in der Nachbarschaft Grundstücke und liehen sich von Loritz Zwangsarbeiter aus.[252] Bis Loritz' Familie die fertige St. Gilgener Villa bezog, wohnten sie in der SS-Siedlung Sachsenhausen, in unmittelbarer Nachbarschaft zum Konzentrationslager. Auch hier waren sie den Anblick von Häftlingen gewohnt, die der Familienvater vom Oranienburger Bahnhof zu Fuß zum Lager treiben und dort quälen ließ. Er und seine Frau versüßten sich jedoch den Alltag mit allerlei Luxusgütern und Kunstgegenständen, die sie sich von den Häftlingen herstellen ließen. Ein Sachsenhausen-Überlebender erinnerte sich später:

„Der damalige Lagerkommandant, SS-Oberführer Loritz, hatte, wie alle korrupten SS-Führer, die Angewohnheit einen Stab von 300 bis 500 Häftlinge nur für seine Belange arbeiten zu lassen. Diese Häftlinge wurden für Tischlerarbeiten, Kunstschmiede-Keramikarbeiten für den privaten Bedarf des SS-Oberführers Loritz und seiner Clique verwendet."[253]

Die Liste ist lang: In den „Loritz-Werken" schufteten Gürtler, Sattler, Schuster und Schneider. Künstler und Handwerker malten rund 60 Ölgemälde, webten Teppiche, fertigten Lampenschirme aus Leder, Wäschekörbe, Sessel, Tische, Briefbeschwerer mit Helmverzierung aus Silber, kunstvolle Zahnstocher, Messer und Dolche mit Granatsplitterhandgriffen, ein Dutzend Geldbeutel und Brieftaschen, ein geschnitztes Schachspiel, Fotopostkarten mit dem Motiv der St. Gilgener Villa – und sogar eine Segelyacht, mehrere kleine Boote und einen „Jagdwagen". Wie schon in Dachau zweckentfremdete Loritz das Baumaterial für einen Luftschutzkeller, um daraus einen „Germanischen Bierkeller" mit Kegelbahn und Schießstand bauen zu lassen. Er beutete seine Häftlinge nicht nur aus, sondern erdreistete sich sogar, auf dem KZ-Gelände einen eigenen Geflügelhof und eine Schweinemast zu unterhalten – in Sichtweite der hungernden Häftlinge.[254] Für diese bedeuteten die Werkstätten allerdings eine Überlebenschance, vorausgesetzt, ihre Fertigkeiten waren wertvoll genug für den gierigen Kommandanten. Seine „Eigenart" nutzten die Häftlinge, die den Arbeitsdienst leiteten, zum gegenseitigen Schutz, indem „immer mehr und mehr Häftlinge in diesem sog. Lagerhandwerkskommando eingebaut wurden", so ein Überlebender.[255]

Keinem konnte die Korruption von Hans Loritz in Sachsenhausen entgehen. Er „sei wirklich der grösste Schieber und das wissen alle", meinte einer seiner Männer 1942.[256] Bis dahin hielt der Schutz, den ihm Theodor Eicke, das gute Verhältnis zur IKL, sein weitreichendes persönliches Netzwerk sowie all jene boten, die er großzügig mit Geschenken bedachte. Gerade die SS-Führer, deren Karrieren er gefördert hatte und die er an seiner Bereicherung beteiligte, hielten dicht und zu ihm. Der Zweite Schutzhaftlagerführer gehörte seit 1940 zweifelsfrei zu dieser „Clique". Während Haas' Zeit in Sachsenhausen entstand in Oranienburg ein neues Arbeitskommando, das Wagenladungen voller Metallspenden für Kriegszwecke sortieren sollte: Ringe, Ketten, Uhren, Vasen, Pokale, Musikinstrumente, Gold- und Silbersachen. „Mancher SS-Kommandoführer nutzte die Gelegenheit, sich ein besonders schönes Stück anzueignen", trotz Androhung der Todesstrafe, berichtete der damalige Lagerälteste Harry Naujoks.[257] Kommandant Loritz stand seinen Männern bei, „wenn Gefahr bestand, daß irgendeine Manipulation über das Lager hinaus bekannt würde". Im Gegensatz zu Rudolf Höß waren ihm Loyalität und Verschwiegenheit über die gemeinsame Bereicherung wichtiger als die tatsächlichen Fähigkeiten seiner Untergebenen. Seiner Fürsprache verdankte es Adolf Haas schließlich, dass er am 18. Juni 1940 von einem Stellvertreter Himmlers folgende Nachricht erhielt: „An den SS-Sturmbannführer Haas, Adolf. Ich ernenne Sie mit Wirkung vom 1. Juni 1940 als Reserveführer der Waffen-SS zum SS-Obersturmführer."[258] Knapp, aber höchst erfreulich.

In der Allgemeinen SS war Haas' Karriere seit 1937 erlahmt, nun konnte sie in der Waffen-SS weitergehen. Er musste dafür lediglich in Kauf nehmen, dass er der Regel nach nicht mit dem bisherigen Dienstgrad des Sturmbannführers, sondern zwei Dienstränge niedriger als Obersturmführer übernommen wurde.[259] Seine Probezeit im Kommandanturstab des KZ Sachsenhausen hatte er nach gerade einmal drei Monaten bestanden. Die Frage war nur, was nun mit ihm geschah. Immerhin war soeben der Posten des Ersten Schutzhaftlagerführers frei geworden. Am 4. Mai 1940 hatte Himmler den altgedienten Schutzhaftlagerführer Rudolf Höß zum Kommandanten des neuen großen Lagers „für den Osten" berufen. Der Name des Lagers, damals völlig unbekannt, sollte unter ihm zum Symbol des Massenmordes werden: Auschwitz. Doch so sehr Loritz seinen neuen Gefolgsmann Haas auch unterstützt und ihn über alle Maßen hinaus in seiner Beurteilung gelobt hatte, so realistisch hatte er seine Verwendung eingeschätzt. Für die Position des Zweiten Schutzhaftlagerführers hielt er Haas geeignet, auch für die eines Kompanieführers an der Front, aber zunächst nicht mehr.

Offiziell zog ihn die SS am 1. Juni 1940 ein, allerdings nicht für den Kriegseinsatz, sondern zunächst für eine einmonatige „Übung bei der Waffen-SS". [260] Das meldete die SS jedenfalls der Halleschen Krankenkasse, bei der Haas eine private Arbeitslosenversicherung abgeschlossen hatte. Bei dieser „Übung" ging es jedoch weder um das Schießen oder eine sonstige militärische Ausbildung, noch kehrte er im Juli nach Sachsenhausen zurück. Kommandant Loritz und die IKL hatten ihre Meinung doch noch geändert und ihm am Ort der „Übung" eine neue Aufgabe zugewiesen.

4. Der Mörder und Gönner

Gewalt, Tod und KZ-Kunst im KZ Niederhagen/Wewelsburg

1940–1943

4.1. Der „Herrgott von Wewelsburg": Ein neues KZ für Himmlers Privatprojekt, 1940–1941

Die ostwestfälisch-lippische Region, davon war Heinrich Himmler überzeugt, sei das Kernland Germaniens, das Herz des alten „Sachsenlandes". In dieser Region suchte der vom Germanenkult faszinierte Reichsführer-SS seit 1933 nach einer Burg, in der er zunächst eine Schulungsstätte für SS-Offiziere einrichten wollte. Seine Wahl fiel auf das dreieckige Renaissance-Schloss Wewelsburg im gleichnamigen Dorf bei Paderborn, das er im September 1934 vom Kreis Büren auf einhundert Jahre für den symbolischen Mietpreis von jährlich einer Reichsmark pachten ließ. Das alte Schloss sah Himmler und seinem Architekten Hermann Bartels jedoch nicht „trutzig" genug aus. Bei den Bauarbeiten, die umgehend mit regimetreuen Privatfirmen und hundert Männern des Reichsarbeitsdienstes begannen, ließen sie den weißen Putz vom Renaissance-Schloss abschlagen, den Graben vertiefen und die Inneneinrichtung mit nordisch-germanischen Symbolen verzieren. Anders als Hitlers Domizil am Obersalzberg sollte die Wewelsburg nach Himmlers Plänen allerdings kein Wallfahrtsort werden. Sie sollte einem kleinen Kreis vorbehalten sein. Die geplante „Reichsführerschule" bekam zwar den offiziellen Namen „SS-Schule Haus Wewelsburg", sah aber nie irgendwelche Schüler. Bis 1945 blieb der unscheinbare Name, um Himmlers neue Pläne zu tarnen. Den Ausbildungsgedanken gab der Reichsführer-SS Mitte der 1930er-Jahre endgültig auf und sah nun nur noch eine einzige Bestimmung: das ideologische Zentrum der SS, genauer gesagt, der zentrale Versammlungsort für die Führungsspitze der SS.[261]

Reichsführer-SS Heinrich Himmler lud zahlreiche hochrangige Gäste auf die Wewelsburg. Das Foto zeigt ihn 1937 mit Robert Ley (2. v. r.), dem Chef der „Deutschen Arbeitsfront" und Reichsorganisationsleiter der NSDAP, im Almetal unterhalb der Wewelsburg.

Luftbild von Deutschlands einziger Dreiecksburg. Heute sind in der Wewelsburg das Historische Museum des Hochstifts Paderborn und eine Jugendherberge untergebracht.

Hier wollte Himmler diejenigen zum jährlichen Gruppenführertreffen einladen, die dem „Neuadel" der SS angehörten. Mit ihnen wollte er nicht nur die Ziele der SS-Weltanschauung besprechen und planen, sondern auch neue SS-Gruppenführer in den elitären Kreis aufnehmen und der Toten gedenken. Im „Saal der Gruppenführer" sollten, wie einst zu Zeiten mittelalterlicher Ritter, die Wappen der Verstorbenen die Wände schmücken, in einem „Schrein" alle SS-Totenkopfringe verstorbener SS-Angehöriger gesammelt und im Nordturm eine „Gruft" zum Gedenken an die Toten eingerichtet werden. Himmler selbst nutzte die Wewelsburg auch als Büro, wenn er nicht in Berlin verweilte. Die Finanzierung des Bauprojekts übernahm seit 1936 die „Gesellschaft zur Förderung und Pflege deutscher Kulturdenkmäler e. V.", der Himmler selbst vorsaß. Anders als die SS als nicht rechtsfähige Parteigliederung konnte die Gesellschaft auf Spenden und Kredite zurückgreifen.[262] Als der Reichsarbeitsdienst 1938 seine Männer von der Wewelsburg abzog und zum militärischen Verteidigungssystem „Westwall" in die Eifel verlegte, fand Himmler schnell Ersatz in den Konzentrationslagern. Mit dem Einsatz von Häftlingen konnten er und sein Architekt in den Folgejahren sogar das Bauverbot für ein Projekt umgehen, das weder staatlich noch kriegswichtig war.[263]

Im Mai 1939 schickte Hans Loritz, Kommandant des KZ Sachsenhausen, ein Außenkommando mit hundert männlichen Häftlingen nach Wewelsburg. Zwei versuchten bereits wenige Tage nach ihrer Ankunft zu fliehen, indem sie einen SS-Posten überwältigten. Einer wurde erschossen, der andere zu zehn Jahren Zuchthaus verurteilt. Die anderen Häftlinge errichteten auf dem gegenüberliegenden Kuhkampberg zunächst das „Kleine Lager", wurden aber mit Kriegsbeginn am 1. September wieder zurück nach Sachsenhausen geschickt. Erst nach dem Sieg über Polen konnte Himmler seine Burg weiter ausbauen. Im Dezember 1939 ließ er sich neue Häftlinge aus Sachsenhausen unter der Aufsicht des SS-Untersturmführers Wolfgang Plaul schicken. Im Januar 1940 wagten erneut zwei Häftlinge einen Fluchtversuch. Plaul ließ sie von der SS in den umliegenden Orten suchen und erschoss schließlich selbst einen von ihnen rücklings auf der Straße – zur großen Entrüstung der ansässigen Bevölkerung. Himmler, der solche Aufmerksamkeit in der Nähe seines privaten Bauprojekts nicht gebrauchen konnte, ersetzte sowohl den verantwortlichen Kommandoführer Plaul als auch die Häftlinge. Diese kamen zurück nach Sachsenhausen, wo sie fast alle nach kurzer Zeit bei Arbeiten im Strafkommando „Klinkerwerk" umkamen.[264]

Als Ersatz suchte sich Himmler eine Häftlingsgruppe aus, die aus Überzeugung keine Fluchtversuche unternahm und die er als Arbeitssklaven für sein Privatprojekt sehr geeignet hielt: die Ernsten Bibelforscher, wie sich die Zeugen Jehovas damals nannten. Die 1873 in den USA gegründete christliche Religionsgemeinschaft stand dem Staat neutral gegenüber, solange sie nicht in Konflikt mit dem Gesetz Gottes kam. Und genau das war das Problem der Nazis, denn die Ernsten Bibelforscher verweigerten beispielsweise den Hitlergruß ebenso wie später den Wehrdienst. So wurde die Glaubensgemeinschaft als Erste 1935 im Deutschen Reich verboten und verfolgt – in den KZ war sie die einzige religiöse Gruppe, die eine eigene Häftlingskategorie bildete, markiert mit dem lila Winkel. Etwa 2000 Anhänger kamen in den Konzentrationslagern um. Die Bibelforscher wehrten sich nicht gegen ihre Inhaftierung und die Zwangsarbeit, die sie als Prüfungen Gottes verstanden.[265]

Von Februar bis Mai 1940 kamen etwa 220 Bibelforscher aus Sachsenhausen und Buchenwald nach Wewelsburg, darunter vor allem Tischler, Steinmetze, Maler und Maurer. Sie bauten weiter die Wewelsburg aus sowie das Haus des Architekten Bartels, quälten sich im Steinbruch oder renovierten die Miet-Wohnung des Kommandoführers Plaul. Im Sommer sollten sie auf einem 2,87 Hektar großen Gelände am Ortsrand von Wewelsburg, in der Gemeinde Niederhagen, ein Schutzhaftlager aufbauen, das besser zu sichern war.[266] Dem diskreditierten SS-Untersturmführer Plaul trauten die Inspektion der Konzentrationslager (IKL) in Oranienburg und Kommandant Hans Loritz solch eine Aufgabe nicht mehr zu. Viele Alternativen gab es allerdings nicht. Fähige SS-Führer holte sich vor allem Theodor Eicke für seine Totenkopf-Division. Seit Frühjahr 1940 hatte die SS zudem zwei neue Hauptlager eingerichtet, zum einen das KZ Neuengamme bei Hamburg, zum anderen das KZ Auschwitz im besetzten Polen. Beide wuchsen schnell und erforderten mehr Personal. Rudolf Höß, seit Mai 1940 vom Schutzhaftlagerführer in Sachsenhausen zum Kommandanten von Auschwitz aufgestiegen, träumte von seinem neuen Modellager im Osten, beklagte sich aber später in seinen Erinnerungen über die „Unzulänglichkeit und Verbohrtheit des größten Teiles der mir zugeteilten Führer und Männer".[267] Wenn selbst der einflussreiche Höß Probleme hatte, von der IKL „brauchbare Führer und Unterführer für Auschwitz zu bekommen", dann warf dies kein allzu gutes Licht auf den Rest der Lager-SS, der im Sommer 1940 noch zur Verfügung stand – zumal für ein kleines Außenkommando wie das in Wewelsburg. Der IKL-Chef selbst schimpfte noch ein

Dreivierteljahr später, er habe „weitere Lager einrichten müssen, ohne daß mir ältere aktive Führer zugewiesen wurden“.[268]

Genau in dieser Zeit des Personalmangels änderte Kommandant Hans Loritz seine Meinung über seinen Zweiten Schutzhaftlagerführer in Sachsenhausen, dem er zunächst eine höhere Stellung im KZ-System nicht zugetraut hatte. Das Versagen des Kommandoführers Plaul war die Chance für Adolf Haas. Loritz ging es vor allem darum, dass jemand aus seinem Netzwerk loyaler SS-Führer das Außenkommando übernahm. „Immer tiefer hatten sich seine Männer unter seiner Anleitung in die gemeinschaftlich verübten NS-Verbrechen hineinziehen lassen“, schreibt Loritz‘ Biograf Dirk Riedel.[269] Besonders galt dies für diejenigen, die wie Haas von der Allgemeinen SS direkt in den Kommandanturstab und die Konzentrationslager-SS aufgerückt waren. „Die Erfahrung der kollektiven Gewaltausübung verband Loritz‘ einstmalige Untergebene miteinander und vor allem mit ihrem Anführer.“ Bei der Personalentscheidung für die Wewelsburg konnte Loritz auf den IKL-Chef zählen. Richard Glücks verließ sich auf die Meinung seines Lagerkommandanten, mit dem er sich gut verstand, und so wurde Sachsenhausen schließlich auch für Haas ein Karrieresprungbrett.[270] Tatsächlich enttäuschte er seinen Fürsprecher nicht, vor allem weil er sich dessen brutale und ausbeuterische Art zum Vorbild nahm.

Das Foto zeigt Adolf Haas in der Uniform der Waffen-SS mit dem Kragenspiegel eines SS-Obersturmführers, ca. 1940-1941. Nachdem er im KZ Sachsenhausen die „Dachauer Schule" und die Ausbildung zum Schutzhaftlagerführer bestanden hatte, wurde er im Juni 1940 mit diesem Rang in die Waffen-SS aufgenommen und als neuer Lagerführer nach Wewelsburg geschickt.

Am 17. Juni 1940 kam Adolf Haas in Wewelsburg an, löste Wolfgang Plaul als Kommandoführer ab und überwachte fortan den Aufbau des neuen Schutzhaftlagers in Niederhagen am Fuß der Wewelsburg. Die Baupläne kamen aus Sachsenhausen.[271] Faulheit und Gleichgültigkeit konnte man Haas zunächst nicht vorwerfen. Noch gab er sich Mühe: Bereits Anfang August 1940 zogen die Häftlinge in das neue Lager um. Die drei Häftlingsbaracken des Kleinen Lagers wurden im neuen Schutzhaftlager wieder aufgebaut und um eine vierte ergänzt. Ein zweieinhalb Meter hoher, dreifacher und elektrisch geladener Stacheldrahtzaun umgab die Baracken und den Appellplatz, ließ aber noch Platz für weitere geplante Baracken. Von mehreren Wachtürmen kontrollierte die SS das Lager. Eines Tages, zur Mittagszeit, entdeckte ein Wachposten einen Häftling, der sich mit der elektrischen Ladung des Zauns das Leben nehmen wollte: „Aber Mittags ist nicht der Strom eingeschaltet!", erinnerte sich der Bibelforscher Paul Buder.[272]

„Enttäuscht steht der Lebensmüde nun im Draht. Ich sehe, dass der SS Posten das M.G. ausrichtet. Schüsse krachen, der Häftling hat keinen Unterkiefer mehr! Ein schrecklicher Anblick. Das Blut rinnt, immer tiefer sinkt der Mann in die Knie. Der Kommandant kommt in Eilschritten; und sagt: ‚Siehste, jetzt sterbste!'"[273]

Paul Buder war mit einem der ersten Transporte mit Zeugen Jehovas aus Sachsenhausen gekommen. Sein Überlebensbericht von 1976 „O Wewelsburg, ich kann dich nicht vergessen" gehört zu den wichtigsten Quellen zum KZ Niederhagen/Wewelsburg, die von ehemaligen Häftlingen verfasst wurden. Darin beschrieb Buder in mehreren Anekdoten, wie sich ein persönliches Verhältnis zwischen ihm und dem Kommandanten aufbaute. In Anlehnung an den damaligen Parteichef der KPdSU der Sowjetunion beschrieb er Haas als „Breschnjew-Typ, der wenig sprach".[274]

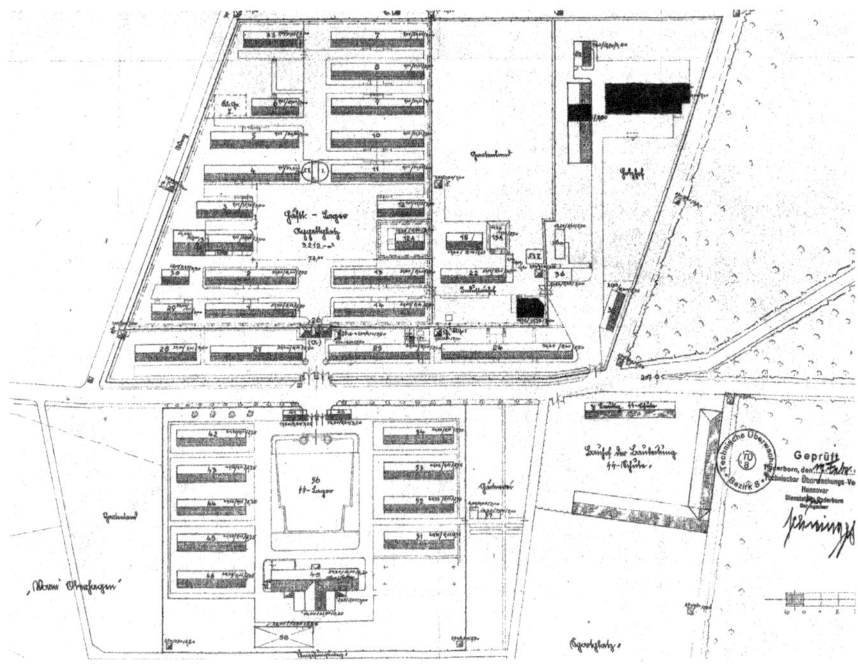

Der Bauplan für ein Kesselhaus vom 30. Januar 1943 zeigt den Aufbau des KZ Niederhagen/Wewelsburg: Unterhalb der Straße ist das SS-Lager (unten links) und der Bauhof (unten rechts) zu sehen, oberhalb der Straße das Häftlingslager (oben links) mit dem zentralen Appellplatz und daneben unter anderem der Industriehof (oben rechts).

Neben dem Häftlingslager wurden ein Industriehof mit Werkstätten und Garagen sowie auf der gegenüberliegenden Straßenseite ein Bauhof und SS-Lager errichtet, in dem Adolf Haas drei Räume in der Offiziersbaracke bezog.[275] Seine Häftlinge hatten immerhin in der Anfangszeit je eine eigene Bettstelle und auch eine ausreichende Wasserversorgung zur Verfügung gehabt. Die Situation der Häftlinge änderte sich jedoch schnell.[276] Aus gutem Grund bot das Lager Platz für weit mehr als die 220 Bibelforscher. Seit Beginn des Krieges 1939 wuchs mit Himmlers Macht auch sein Größenwahn, den er in Wewelsburg durch immer gigantischere Baupläne auslebte. Sein Architekt entwarf bis zum Kriegsende auf dem Papier eine riesige Burganlage in mehreren konzentrischen Ringen mit einem Radius von bis zu 600 Metern. Dafür brauchte er mehr Häftlinge. Mit der Besetzung Dänemarks und Norwegens seit April 1940 sowie dem erfolgreichen Westfeldzug gegen die Niederlande, Belgien,

Luxemburg und Frankreich von Mai bis Juni 1940 füllten sich die deutschen Konzentrationslager mit Tausenden weiteren Häftlingen. Zusammen mit den „inneren Feinden“ von der Heimatfront hatte Himmler genug Auswahl.

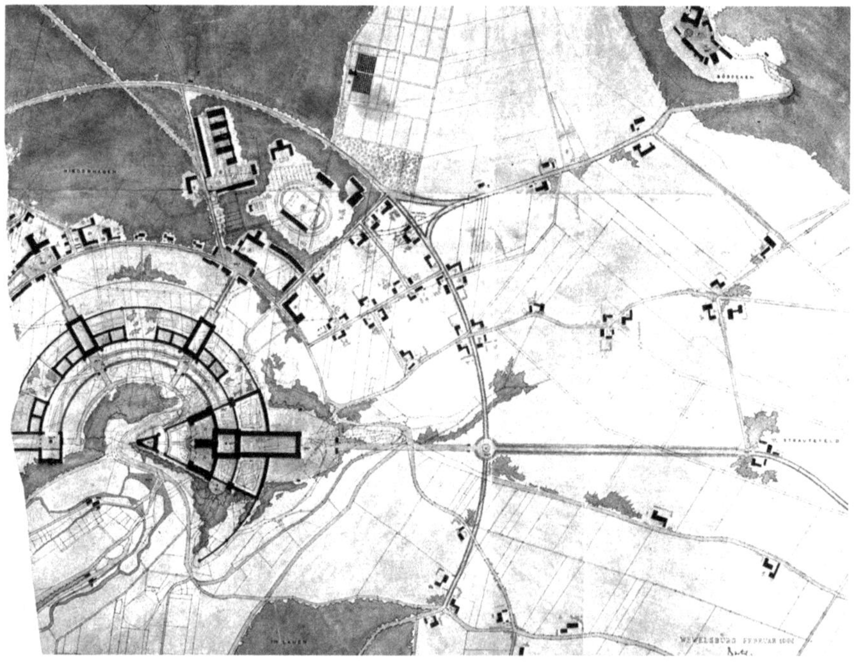

Der Ausbauplan der SS-Burganlage und der Siedlung Wewelsburg von 1944 illustriert den Größenwahn des Reichsführers-SS. Je größer der Machtanspruch Himmlers und der SS wurde, desto monumentaler wurden die Pläne für seinen elitären Versammlungsort. Mittelpunkt der gigantischen Anlage sollte der Nordturm sein.

Im Herbst 1940 kamen zunächst politische und homosexuelle Häftlinge, einige Juden und Sinti, vor allem aber als kriminell und „asozial“ gebrandmarkte Häftlinge nach Niederhagen. In den späteren Monaten und Jahren folgten Polen, Tschechen, Franzosen, Belgier, Niederländer und andere ausländische Häftlinge aus besetzten Gebieten. Das Lager fasste schnell rund 470 Insassen. Ein kleines Außenkommando war es nicht mehr und Kommandant Haas ließ weitere Baracken bauen.[277] Am 1. Januar 1941 erklärte die IKL das neue Lager zum Außenlager des KZ Sachsenhausen.[278] Adolf

Haas, offiziell als „Führer des Arbeitslagers Wewelsburg" geführt, organisierte die Lagerverwaltung nach dem „Dachauer Modell", das von der IKL vorgeschrieben war und fünf Abteilungen umfasste: Lagerkommandantur, Politische Abteilung, Schutzhaftlager, Verwaltung und Lagerarzt. Sein Vorgänger Wolfgang Plaul wurde als Schutzhaftlagerführer sein Vertreter. Sowohl die IKL als auch sein Patron Hans Loritz schienen mit ihm und dem neuen Lager zufrieden. Mehr noch: Haas schien sogar unersetzbar zu sein. Im Februar 1941 bat IKL-Chef Glücks das Kommandoamt der Waffen-SS, Haas und einen anderen Lagerführer nicht zu „beurlauben", also ihn nicht für eine neue Aufgabe zu versetzen:

„Für beide Führer habe ich keinen Ersatz. Führer, die den Dienstbereich in einem Konzentrationslager nicht kennen, kann ich in die Stellen, in denen die vorgenannten Führer Dienst tun, nicht einsetzen."[279]

Das Kommandoamt kam der Bitte nach, unter anderem auch, weil Adolf Haas einer Notiz auf dem Schreiben zufolge offenbar selbst keinen Antrag auf „Beurlaubung" gestellt hatte. Warum sollte er auch? Er leitete sein eigenes Lager, hatte Macht über eine Reihe von SS-Männern und über noch mehr Häftlinge. Nur etwa einmal im Jahr nahm er sich die Zeit, um seine Familie in Hachenburg zu besuchen – ebenso oft besuchte ihn seine Frau in Wewelsburg.[280] Anders als viele SS-Führer hatte er seine Familie nicht an seinen Dienstort nachgeholt, doch wie sich herausstellte, wusste er sich seinen Feierabend auch anders zu versüßen.

Sehr wahrscheinlich hatte sich Glücks bei seiner Bitte, Haas möge in Wewelsburg bleiben, wie schon zuvor mit Hans Loritz abgesprochen. Sicher nicht zufällig schlug der Kommandant von Sachsenhausen seinen Schützling einige Tage später zur Beförderung vor.[281] Wie schon 1940 verfasste er dafür einen vor Lob triefenden Personalbericht. Haas sei „energisch", „fleißig" und „zielbewusst", seine Bildung „über Durchschnitt" und er versehe seinen Dienst als Lagerführer „vorbildlich und mit großer Umsicht". Nun sei er auch geeignet für höhere Dienststellungen. Glücks vertraute wiederum Loritz' Meinung und kommentierte am Ende des Berichts: „Haas ist Lagerführer auf Wewelsburg. Er versieht seinen Dienst vorbildlich. Der Reichsführer-SS hat daher seine Beförderung zum SS Hauptsturmführer angeordnet."[282] Am 13. Mai 1941 war es so weit, rückwirkend natürlich zum 20. April, zum „Führergeburtstag".

So sehr sich Haas um die „vorbildliche" Verwaltung des Lagers kümmerte, so wenig scherte er sich um die Häftlinge, deren Zahl sich seit dem Umzug in das Schutzhaftlager verdoppelt hatte. Doch es blieben nicht die Gleichen. Die Lebens- und Arbeitsbedingungen in Wewelsburg verschlechterten sich immer weiter. Lagerführer Haas sorgte nicht für ausreichend Essen, Medizin oder warme Kleidung, ließ Baracken überbelegen und dem Terror der SS freien Lauf, so wie er es in Sachsenhausen von Hans Loritz und Rudolf Höß gelernt hatte. Die Todeszahlen stiegen im neuen Schutzhaftlager drastisch an. „Das große Sterben begann, und Nachschub rollte an, je nach Bedarf", schrieb Paul Buder in seinem Überlebensbericht.[283]

Himmlers Pläne arteten bald jedoch so aus, dass sein Bauträger in finanzielle Not geriet. Der Reichsführer-SS ernannte daher am 1. September 1941 das Außenlager zum selbstständigen Hauptlager. Damit trat der „Verein" die Unterhaltungskosten für das Lager an den Staat ab, der ihm sogar noch die Kosten für die Jahre 1939 und 1940 erstattete.[284] Am 15. Oktober 1941 legte sich Himmler endlich auf den offiziellen Namen „Konzentrationslager Niederhagen" fest – vermutlich zur Tarnung, damit der Zusammenhang mit seinem geplanten elitären Versammlungsort auf der Wewelsburg nicht umgehend ins Auge sprang.[285] Zumindest in Haas' SS-Personalakte tauchte in den nächsten Jahren dennoch immer wieder die eindeutigere Bezeichnung „KL Niederhagen-Wewelsburg" auf.

Mit der Erhebung zum Hauptlager war Adolf Haas vom Lagerführer offiziell zum Lagerkommandanten aufgestiegen. Trotz seiner Mängel hatte er es im Alter von 46 Jahren in den ausgewählten Kreis von insgesamt rund 50 SS-Führern geschafft, die mit der KZ-Leitung beauftragt wurden. Es war der Höhepunkt seiner Karriere, die der Krieg wieder in Schwung gebracht hatte. Auch wenn Niederhagen/Wewelsburg das zweitkleinste Hauptlager[286] im deutschen Herrschaftsbereich war, so war er doch sichtlich stolz auf seine neue Machtposition. „Eines guten Tages", berichtete der Überlebende Otto Preuss, „hat er sich hingestellt, breitbeinig", und gerufen: „Ich bin der Herrgott von Wewelsburg!"[287] Und wie ein Gott spielte er sich auf. Hier entschied er über Leben und Tod.

4.2 Der Sklaventreiber: Zwangsarbeit und Prügel, 1941–1942

In Wewelsburg kam alles zusammen, was die SS ausmachte: rassistische Weltanschauung und Größenwahn, Kult und Terror, Ausbeutung und Mord.[288] Während sich Himmler seine „trutzige" Burg zum pompösen Versammlungsort ausbauen ließ, schufteten sich seine preiswerten „Arbeiter" in unmittelbarer Nähe für seine Pläne nicht selten zu Tode. Die „Herrenmenschen" auf der Wewelsburg brauchten nicht einmal aus dem Fenster auf das knapp 800 Meter entfernte Konzentrationslager zu schauen, um sich an ihrem Überlegenheitsgefühl zu ergötzen. Sie ließen die Häftlinge, die sie als „Untermenschen" verachteten, direkt vor ihren Augen auf der Burg arbeiten. Die Arbeitssklaven schickte der selbst ernannte „Herrgott von Wewelsburg". „Wewelsburg? Das war das schlimmste Lager. Zwar war es klein, nicht groß, aber alles war von dem Kommandanten abhängig", bezeugte ein ehemaliger Häftling. „Hier hat man uns geschlagen. Richtig geschlagen. Man schrie ‚Arbeit! Arbeit! Schnell! Schnell!'"[289] Als Lagerkommandant hatte Adolf Haas die uneingeschränkte Macht im Lager. Er leitete nicht nur den Kommandanturstab und hatte die Befehlsgewalt über die Wachtruppe, er war auch für den Lageralltag zuständig, einschließlich der Lebensbedingungen, der Arbeitseinsätze und der Behandlung durch die SS.

Die „Täterakten", vor allem Haas' eigene SS-Personalakte, geben so gut wie keine Auskunft, wie er das Lager führte. Aussagekräftig sind dagegen einige Zeitzeugenberichte, die nach dem Krieg entweder in Folge von NS-Prozessen oder als mündliche oder schriftliche Erinnerungen entstanden sind. Im Gegensatz zu den meisten Überlebenden von Bergen-Belsen, deren Zahl weitaus größer war, erinnerten sich verhältnismäßig viele ehemalige Wewelsburg-Häftlinge sehr viel detaillierter an den Kommandanten Adolf Haas. Das lag vor allem daran, dass Wewelsburg ein deutlich kleineres Lager war, die Häftlinge ihn also viel öfter zu Gesicht bekamen. Keineswegs blieb er ihnen als barmherziger „Herrgott von Wewelsburg" im Gedächtnis, sondern als unberechenbarer und rücksichtsloser Lagerkommandant mit geringer Intelligenz und großer Gier.[290] Otto Preuss, der berichtete, wie sich Haas seinen göttlichen Beinamen gab, beschrieb ihn selbst so: „Ach der Haas war ein Nichts. Das war viel Fleisch und wenig Geist."[291] Arrogant sei er gewesen, bezeugte ein Häftling. „Er ging immer wie ein ‚Pascha' durch das Lager."[292] Selbst seine eigenen SS-Männer „gingen ihm gerne aus dem Wege", erinnerte sich ein anderer Überlebender.[293]

Bereits damals galt das Konzentrationslager Niederhagen/Wewelsburg unter den Häftlingen als besonders brutales und grausames Lager – auch da es aufgrund seiner relativ geringen Größe nur wenige Möglichkeiten zum „Untertauchen" vor den Schikanen der SS bot.[294] Der Bibelforscher Leopold Engleitner versuchte sich einmal im Winter bei dem Mithäftling Max Gartenschläger in der Werkstatt zu verstecken, weil er mit seinen geschwollenen und schmerzenden Händen nicht arbeiten konnte. Ausgerechnet der Lagerkommandant, in Begleitung einiger Besucher, erwischte ihn hinter einem Ersatzstromaggregat. „Was machst du hier, du elendige Kreatur?", schrie er Engleitner an, der sofort die Flucht ergriff.[295] Haas wollte ihm noch einen Fußtritt versetzen, rutschte aber aus und fiel auf eine nicht isolierte Schaltung. Ein Kurzschluss und das Licht ging aus. Der Kommandant erschrak so sehr, dass er sogar vergaß, den Häftling zu bestrafen.

Das Reichssicherheitshauptamt (RSHA), eines der zwölf Hauptämter der SS, ordnete das KZ Niederhagen/Wewelsburg der Stufe 1 für die „wenig belasteten und unbedingt besserungsfähigen Schutzhafthäftlinge, Sonderfälle und Einzelhaft" zu – die Realität des Lageralltags sah anders aus.[296] Ein Großteil der Häftlinge bekam keine Chance, sich zu „bessern". Hunger, Entkräftung, Kälte und die Gewalt der SS mussten sie aushalten. Wer in Wewelsburg am Leben blieb, hing vor allem davon ab, welcher Häftlingskategorie man angehörte und welche Fähigkeiten man besaß. Manchmal auch, woher man kam: Als ein Bibelforscher aus dem Oberwesterwald im Frühjahr 1941 ins Lager kam, erkannte ihn Haas sofort und setzte ihn im Zimmerer-Kommando ein, das offenbar weniger brutal war.[297]

Das Glück, aus Haas' Heimat zu kommen, hatten natürlich die wenigsten. Der Kommandant und die SS behandelten allerdings qualifizierte Facharbeiter und Handwerker rücksichtsvoller, da ihre Arbeitskraft nicht leicht ersetzt werden konnte. Den Bibelforschern ging es daher im Allgemeinen weitaus besser als den übrigen Häftlingen, da sie größtenteils der Arbeiter- und Handwerkerschaft angehörten und ja gerade aus diesem Grund für die Wewelsburg ausgesucht worden waren. Der Kommandant vertraute ihnen sogar so weit, dass er sich von ihnen regelmäßig rasieren ließ. Max Hollweg erinnerte sich später, wie Haas zum ersten Mal bei ihm auf den Frisierstuhl kam:

„‚Wenn du mich schneidest, schieße ich dir eine Kugel durch den Kopf!' Seine Bartstoppeln ähneln eher den Borsten einer Drahtbürste. Ich seife ihn ein, und mit meinen groben Maurerhänden reibe ich ihm den Bart weich. Vorsichtig rasiere ich erst mit dem Wuchs, dann nach dem zweiten Einseifen dagegen. Schlußendlich bekommt er noch eine leichte Gesichtsmassage. Haas nickt zufrieden und fragt, ob ich keine Angst gehabt hätte. Ganz ruhig antworte ich ihm: ‚Nein, Herr Obersturmbannführer, wenn ich Sie geschnitten hätte – hätten Sie nicht mehr geschossen!' Diese Art Humor kommt gut bei ihm an. Sechs Wochen lang darf ich Haas nun jeden Morgen rasieren. Obwohl er oft unnachgiebig und gefühllos reagiert, behandelt er mich nie ungerecht."[298]

Alle anderen Häftlinge ohne besondere Fähigkeiten nutzte die SS bis zur totalen Erschöpfung aus – oft bis zum Tod. Die Zwangsarbeit sollte nicht zuletzt auch dazu dienen, mit den Gewinnen die Kredite in Höhe von 13 Millionen Reichsmark zurückzuzahlen, die sich die „Gesellschaft zur Förderung und Pflege deutscher Kulturdenkmäler" als Bauträger im Laufe der Jahre bei verschiedenen Banken geholt hatte.[299]

Der streng geregelte Tagesablauf begann um 6 Uhr. Innerhalb von einer Stunde mussten sich die Häftlinge in der Enge der Baracke waschen, die „Betten" machen und „frühstücken", bis sie um 7 Uhr zum Morgenappell antraten. Hier teilte man sie den Arbeitskommandos zu. Von einigen Einsätzen wurden fast täglich Tote zurück in das Lager getragen. Mitunter herrschten die grausamsten Bedingungen beim Kommando, das den Nordturm der Wewelsburg aus- und umbauen sollte: „Draußen Sonnenschein, Wärme, drinnen Kälte und der Lärm, das Schlagen der Hämmer", beschrieb Paul Buder die Ausschachtarbeit in der „Gruft" unter dem Turm. „Hier wurde der Felsen mit Hammer und starken Eisenkeilen herausgebrochen; immer tiefer, Tag um Tag, Woche um Woche, Monat für Monat."[300] Die ständige Kälte und Feuchtigkeit sowie der Mangel an passendem Werkzeug machte die ohnehin schwere Arbeit zur Qual. Immerhin waren Himmlers Arbeitssklaven hier vor den Misshandlungen der SS sicher, ganz im Gegenteil zu den Arbeitern in den Steinbrüchen, beim Straßenbau oder an SS-Gebäuden im Ort wie der Villa des Wewelsburg-Architekten oder der SS-„Waldsiedlung".

Die Gewalt in den Kommandos war willkürlich, konnte plötzlich ausbrechen und wieder verebben. Der Bibelforscher Paul Buder erlebte in seinen ersten Monaten im Lager beispielsweise im Steinbruch eher ruhigere Zeiten, fast „friedlich", in denen sich die SS-Wachen eher um ihr eigenes Wohl kümmerten, als die Häftlinge zu bewachen und zu schikanieren:

„Niemand schrie, keine Schläge, eine wahre Erholung. Ein SS Mann verließ seinen Postenstand, ging in das Dorf und kam mit 15 Eiern im Stahlhelm zurück. Die wollte er sich in der Baracke abends gut schmecken lassen. Wie aber bringt er die Eier in das Lager? Ekrut[301], ein großer schwerfälliger Ostpreuße soll die Eier in der Mütze tragen. Freudig sagt Ekrut zum Posten: ‚Sie brauchen mir nüscht mehr zu sagen, ich weiß Bescheid.' – Im Lager nun möchte der SS Mann seine 15 Eier von Ekrut haben! Und Ekrut sagt: ‚Herr Posten, die haben aber jeschmäckt!' – ‚Verfluchter Hund!', schreit der SS Mann, und begeht die Dummheit, dem Kommandant Meldung zu machen! – Zu spät merkt er den Fehler! Denn er war ja zum Dienst vergattert! Durfte nicht den Standort verlassen! Man führte den SS Mann ab, Arrest! – Zu Ekrut gewandt aber meinte der Kommandant Haas: ‚Wenn dir wieder mal so ein Idiot Eier gibt, sauf sie wieder aus!' Und Ekrut strahlend: ‚Jawoll, Härr Kommandant, die haben aber jeschmäckt.'"[302]

KZ-Häftlinge arbeiten im Steinbruch unterhalb der Burg, ca. 1940–1941. Selbst wenn die SS-Wachen die Häftlinge nicht während der Arbeit schikanierten, litten sie in diesem Kommando unter extremer körperlicher Anstrengung. Nicht selten wurden abends Tote und Schwerverletzte ins Lager zurückgebracht.

Das Strafkommando „Waldsiedlung“ war dagegen vor allem unter den Bibelforschern gefürchtet. Lagerkommandant Haas, der meist eher nachsichtig war mit den friedlichen und handwerklich begabten Zeugen Jehovas, statuierte hier 1941 ein Exempel.[303] Wohl ohne eine Anordnung von oben wollte er „anderen Kommandanten beweisen, was für ein Kerl er sei“, meinte ein Bibelforscher später.[304] Haas wollte erreichen, was bisher kaum geglückt war – den Widerstandswillen der Glaubensgemeinschaft zu brechen. Aus religiösen Gründen verweigerten die Anhänger fast ausschließlich den Wehrdienst, nach der Kriegssonderstrafverordnung eigentlich ihr Todesurteil. Bevor Haas eine Gruppe „Wehrkraftzersetzer“ ins nahe gelegene Paderborn zur Musterungskommission schickte, „kamen alle über den Bock, und es gab auf das Gesäß je 15 Stockschläge, mit einem Ochsenziemer“, berichtete Buder. „So schwarz und blau geschlagen, sollten sie eingeschüchtert nichts über das Lager aussagen.“[305] Nach einigen Wochen in verschiedenen Garnisonen in der Umgebung kehrten 26 Wehrdienstverweigerer im Frühjahr 1941 ohne weitere Anklage zurück in Haas‘ Lager, wo die SS sie unter heftigen Beschimpfungen empfing und auf dem Appellplatz misshandelte. „Wenn die Wehrmacht zu feige war, euch umzubringen, werden wir das tun“, drohte man ihnen.[306] Der Kommandant selbst erklärte, „wenn sich die Herren nicht trauen, ein Urteil zu sprechen, dann wolle er es sprechen. Strafkommando! Immer Laufschritt! Und als Aufseher ein B.V.er [eigentlich „Befristete Vorbeugungshaft“, im Lagerjargon aber auch „Berufsverbrecher“][307], mit einem Knüppel! Und draufschlagen, sobald einer langsam geht!“[308]

Die 26 Wehrdienstverweigerer kamen in das Strafkommando „Waldsiedlung“, in dem auch andere Häftlinge arbeiteten. Hier mussten sie unter anderem wochenlang sinnlos schwere Felsbrocken im Laufschritt einen steilen Hang hinauf- und wieder hinabtragen und dabei Schläge und andere Demütigungen ertragen. Einige Häftlinge mussten abends ins Lager zurückgetragen werden – medizinisch behandelt werden durften sie offiziell nicht. Zur Abschreckung kürzte Haas zusätzlich ihre ohnehin schon kargen Essensrationen und ließ sie nach dem abendlichen Zählappell zum „Sporttreiben“ antreten, bevor sie sich endlich in einer Baracke mit Kranken und Sterbenden auf den nur mit Stroh ausgelegten Fußboden schlafen legen durften. Der Arbeitsdienstführer Ludwig Rehn erreichte bei einem Prozess vor dem Landgericht Paderborn 1970/71 seinen Freispruch, indem er unter anderem behauptete, er habe keine Tötungsabsicht gehabt und überhaupt nur Haas‘ Befehle ausgeführt. Das Strafexerzieren habe er nur einmal leiten müssen, als Vertretung und so lasch, dass Kommandant Haas bereits nach zehn Minuten aus dem Fenster gebrüllt habe, „wenn das nicht besser werde", mache Rehn selber mit.[309]

Nach knapp einem halben Jahr lockerte Haas im Spätsommer 1941 langsam die grausamen Behandlungen in der Strafkompanie und löste sie schließlich ganz auf. Dafür gibt es mehrere mögliche Gründe, von denen keiner genau nachweisbar ist. Der Bibelforscher Georg Klohe erinnerte sich später, er habe damals als Werkstättenleiter „dem Kommandanten klar zu machen" versucht, dass unter den Gequälten Fachkräfte waren, die ihm lebendig mehr nützten als tot. „Am nächsten Tag kamen sie zurück zu uns und die Strafkompanie wurde von Stunde an aufgelöst. Jehova hatte sich als der Stärkere erwiesen."[310] Ähnlich erzählt es sein Glaubensbruder Paul Buder. In seiner Erinnerung war er jedoch derjenige, der Haas überzeugte:

„Die Todeskandidaten mußten Steine und Erde tragen, man machte Gartenanlagen vor der Kommandantur-Baracke. Ich saß im Büro des Kommandanten, und mußte Buchdeckel und Aktendeckel beschriften. Ich war sauber gekleidet, niemand tat mir etwas. Am Fenster steht Haas, draußen Brüllen, man hört das Klatschen der Schläge. ‚Wollt ihr laufen, ihr Schweine', schreit der Zuhälter Schmidt. Der Kommandant sagt: ‚Diese Lumpen!' – Steht denn nicht in der Bibel geschrieben, man solle auch sein Leben für seine Brüder lassen?! Ich springe auf, nehme Haltung an, und sage: ‚Herr Kommandant!' Erstaunt fragt er, was ich wolle? Ich sage mit den Tränen in den Augen, daß ich ja derselbe Lump sei. Ich müßte doch auch da raus! Ich hätte doch ebenso gehandelt! Aber ich sitze hier, und Sie, Herr Kommandant tun mir nichts! Aber da draußen werden gute Handwerker zu Tode geschunden, die wir so dringend benötigen. Das ist ein Konditor-Meister! Der könnte die schönsten Torten backen! (Ich wußte, wie gern er Torten aß!) Und sie haben Apfelsinen, könnten nachmittags schon eine Torte auf dem Tisch haben, wenn Besuch kommt! Wie der Kerl heiße, fragte er nun. Ich sagte, es sei Kunkel aus Königsberg, hatte dort eine Konditorei. – Ich solle meine Arbeit weitermachen, er verließ das Büro. – Draußen aber ging man im Schritt! Schläge und Brüllen verstummten. – Das Todeskommando mußte mittags stehen bleiben. Kunkel sollte baden, saubere Kleidung von der Kammer holen! Und dann bekam er alle Zutaten für das Backen einer Torte! – Ebenso wurden alle anderen Kameraden gemäß ihres Berufes im Industriehof untergebracht. Erst am anderen

Morgen kam Haas wieder in sein Büro. Ich sprang auf, und meldete: ‚Häftling 1441 bei der Arbeit!' Ganz dicht kam er an mich heran, sah mir in die Augen, und fragte: ‚Wie heißt du?' ‚Ich heiße Buder, Herr Kommandant!' Darauf er: ‚Bist doch ein Luder!' Und ich voller Freude: ‚Jawohl, Herr Kommandant!' Freudenstränen standen mir in den Augen, da meinte der ‚Alte': ‚Nun heul man nicht schon wieder!'"[311]

Bei allem Respekt für die Überlebenden Paul Buder und Georg Klohe und ihre Qualen müssen wir diese und weitere Aussagen mit Vorsicht lesen. Einerseits behaupten beide, sie hätten jeweils ihre Brüder auf eine ähnliche Art und Weise gerettet – aber ohne den anderen zu erwähnen. Andererseits schrieben beide ihre persönlichen Erinnerungen erst viele Jahre nach Kriegsende nieder, Klohe 1956 und Buder erst 1976. Die Zeit beeinflusst jedes Gedächtnis, in ihrem Fall spielte allerdings auch ihre Religion eine wichtige Rolle. Beispielsweise beschönigt Buder in seinem Bericht überraschenderweise einige Begebenheiten in Wewelsburg. Wohl im Sinne seiner christlichen Überzeugung hat er den Tätern nach seiner Befreiung offenbar vergeben. Wie die Täter selbst nach dem Krieg behaupteten, meinte Buder, die SS sei selbst „Gefangene eines Systems" gewesen.[312] Gerade mit dem Kommandanten Adolf Haas, mit dem er seinem Bericht zufolge seit seinem vermeintlichen Einlenken ein beinahe vertrautes Verhältnis aufgebaut hatte, zeigt er sehr viel Nachsicht: „Er sprach ruhig und wenig, hat nie geschrien." Er verhielt sich „im Allgemeinen streng, denn er stand unter der Kontrolle der Gestapo, wie jeder Kommandant".[313] Auch vor Plaul habe sich Haas in „Acht nehmen" müssen, wohl aus Sorge, dass dieser ihn wegen zu lascher Lagerführung denunziere. Auch wenn er die Zeugen Jehovas „sehr selten" bestrafte oder schikanierte, wollte er offenbar beim Strafkommando Härte demonstrieren und alle Wehrdienstverweigerer „verrecken" lassen.[314]

Ob der „Alte", wie Buder ihn nennt, wirklich beabsichtigte, die Häftlinge bis zum Tod schuften und terrorisieren zu lassen, bleibt allerdings tatsächlich fraglich, auch wenn die Zeugen Jehovas mehrheitlich davon überzeugt waren. Ein Massenmörder war Adolf Haas 1941 noch nicht. So grausam das Kommando „Waldsiedlung" zweifellos auch war, so war es doch weniger ein Todes-, sondern eher wörtlich ein Strafkommando, das abschrecken sollte. Als er es auflöste, gab es insgesamt zwei Todesopfer: Zwei Häftlinge aus anderen Kategorien hatten die Qualen nicht mehr ertragen und Selbstmord begangen.

Die 26 Bibelforscher überlebten dagegen durch ihre solidarische Glaubensgemeinschaft. Die anderen Glaubensbrüder hatten sie heimlich mit Kleidung und Essen versorgt, sich um ihre Wunden gekümmert und ihren Durchhaltewillen mit Bibellesungen gestärkt.[315] Das Landgericht Paderborn sprach 1971 schließlich die wegen Mordes bzw. versuchten Mordes Angeklagten auch mit dem Argument frei: „Wenn die SS im Lager Wewelsburg ernsthaft ihren Tod gewollt hätte, hätte sie dazu nach der Überzeugung des Schwurgerichts sicherlich Mittel und Wege gefunden."[316] Das Eingreifen von Buder oder Klohe taucht im Urteilsspruch nicht auf. Haas habe, so die Richter, die Misshandlungen wohl nicht zufällig genau „zu einem Zeitpunkt gemildert", als die Häftlinge „fast am Ende ihrer Kräfte waren", also bevor sie vor Erschöpfung starben. Möglich wäre auch, dass er die Quälereien abbrach, „als sich alle Bemühungen als vergeblich erwiesen, den Lebenswillen der betroffenen Bibelforscher zu brechen", wie es der Historiker Karl Hüser in der ersten Publikation zum KZ Niederhagen/Wewelsburg ausdrückte.[317] Einer der Wehrdienstverweigerer lieferte bei seiner Zeugenaussage 1970 vor dem Landgericht Paderborn eine weitere mögliche Erklärung. Ein SS-Offizier aus Buchenwald, der in Wewelsburg die Effektenkammer aufbauen sollte, habe Haas gesagt, „was man hier mit uns mache, daß sei in Buchenwald nicht mehr üblich, weil man eingesehen habe, daß die Bibelforscher friedlich seien".[318] Kurz darauf sei das Strafkommando aufgelöst worden.

Diese Abwägungen sollen keineswegs die Erinnerungen von Paul Buder oder Georg Klohe komplett anzweifeln. Sie sind eine wertvolle historische Quelle, die wir aber dennoch wie jede andere kritisch hinterfragen müssen. Wie sehr sich ehemalige Häftlinge – obgleich nach bestem Gewissen – auch falsch an Haas erinnern konnten, beweist die Zeugenaussage eines Bibelforschers, der dem Kommandanten für das Jahr 1943 eine „athletische Figur" zuschrieb.[319] Die hatte der damals Fünzigjährige, der kaum sein SA-Sportabzeichen erlangt hatte, garantiert nicht mehr. Allerdings gibt es eben auch nicht die *eine* historische „Wahrheit". Tatsache aber ist, dass der Kommandant sich zweifelsfrei weniger aus Mitgefühl überzeugen ließ als vielmehr aus reinem Pragmatismus. Tote Häftlinge konnten ihm schließlich keine Wünsche erfüllen. Die Erklärungsversuche sollen ebenfalls nicht die Misshandlungen bagatellisieren, die Haas angeordnet hat, sondern helfen, seinen Charakter und seine Motive zu verstehen. Selbst ohne die Tötungsabsicht bleibt sein Handeln grausam.

Abends, nach Ende der Arbeit, wurden alle Häftlinge erneut gezählt. Der Abendappell diente zum einen der Kontrolle, zum anderen war er vor allem der Höhepunkt der täglichen Machtinszenierung der SS. Haas' Männer ließen die Häftlinge nach einem ganzen Tag harter Arbeit bei Kälte und Regen stundenlang in Reih und Glied stehen – bis die Zahl stimmte. Hatte der Lagerkommandant Disziplinarstrafen angeordnet, wurden diese nach dem Zählen häufig noch als Abschreckung öffentlich vollzogen. Die Disziplinar- und Strafordnung im KZ Niederhagen richtete sich offiziell zwar nach den Regeln der Inspektion der Konzentrationslager, in der Praxis gab es allerdings keine Grenze zwischen geregelter Strafe und Willkür oder Terror.[320] „Bei besonderer Erregung zitterte sein Unterkiefer", beschrieb ein Überlebender den reizbaren Charakter des Kommandanten.[321] „Ohne Überprüfung verurteilte er oft Häftlinge zu harten Straften, und zwar auf Grund jeglicher Meldung eines Blockführers." Paul Buder zählte die beiden gängigsten Bestrafungen auf:

„Torstehen. Wegen ‚Faulheit' nach Arbeitsschluß bis 10 Uhr am Tor stehen, ohne Abendbrot. Es gab auch 8 Tage Torstehen! Ohne Abendbrot! Dann das Auspeitschen. Ein Ochsenziemer mit Stahldraht, (auch ohne Draht) umwickelt."[322]

Die Verletzungen wurden nur in den seltensten Fällen medizinisch behandelt. Auch habe Buder gesehen, wie Häftlinge bestraft wurden und dann einen „Genickschuss" bekamen.

Einen erfolglos geflüchteten Häftling ließ Haas auf dem Appellplatz Runden laufen, mit einem Schild um den Hals „Hurra! Ich bin wieder da!" und einer Pauke, die er im Takt schlagen musste. „Wir alle waren angetreten", berichtete Paul Buder. „Dann kam der Bock, drauf geschnallt, gab es 25 Stockhiebe, anschließend Strafkommando. Schwere Arbeit, Laufschritt bis zum Verrecken! Er war es bald leid, lief über die Postenkette, Schüsse krachten, Endstation Krematorium."[323] Bei anderen Fluchtversuchen verhängte Haas häufig Kollektivstrafen über das ganze Lager oder zumindest über die entsprechende Häftlingskategorie. Die Bestrafung war zum Teil so willkürlich, dass sie manchmal zwar angekündigt, aber dann gar nicht stattfand. Als Leopold Engleitner einmal auf dem Appellplatz für die Prügelstrafe mit „gesenktem Haupt nach vorne" trat, stolperte er über seine viel zu großen Holzschuhe und fiel der Länge nach hin, direkt vor die Füße des Kommandanten. Der brach in

„schallendes Lachen“ aus und konnte sich „kaum wieder fassen“. Dann sagte er „schmunzelnd“: „Abrücken!“[324]

Ab 1941 verschlechterte sich zudem die Versorgung mit Nahrungsmitteln. „Schweinefraß“ nannte Paul Buder die kärglichen und ekelerregenden Rationen, die sie aus der Häftlingsküche bekamen.[325] Sie reichten bei Weitem nicht aus, den Hunger der Arbeitssklaven zu stillen: „Wo irgend möglich, sammeln wir, wenn auf Außenkommando, Wurzeln, Buchenblätter, Weinbergschnecken.“[326] Überlebenswichtige Fett-, Mehl- und Gemüserationen, die eigentlich für die Häftlinge bestimmt waren, wurden meist von der SS abgezweigt. Ein SS-Mann machte sich aus dem Hunger der Häftlinge noch einen Spaß. „Hier friß schnell auf!“, sagte er und gab einigen Bibelforschern belegte Brote. Erst nach einer Weile erfuhren sie, dass „dieser Bursche auf das Brot gespuckt, es dann zusammengeklappt“ hatte.[327]

In den ersten Monaten des Lagers kam nur hin und wieder ein Arzt aus dem Dorf, um sich um die Verletzungen der Häftlinge zu kümmern. Erst seit September 1941 gab es mit Dr. Metzger einen ständigen SS-Arzt in Wewelsburg, der sowohl die SS als auch die Häftlinge versorgte. Ob kranke Häftlinge stationär behandelt werden mussten oder nur ambulant mit oder ohne Arbeitsbefreiung, teilte der Lagerarzt der Lagerleitung mit. Es sei jedoch häufig vorgekommen, so Dr. Metzger vor dem Landgericht Paderborn nach dem Krieg, dass sich der Kommandant über seine Empfehlungen hinwegsetzt habe. Haas habe sogar mehr als einmal in seiner Abwesenheit das gesamte Krankenrevier räumen lassen und höchstpersönlich Bettlägerige ohne Rücksicht auf ihren gesundheitlichen Zustand zum Arbeitsdienst getrieben. Als er sich beschwerte, habe Haas ihn abgewiesen und erklärt, „er sähe ja, dass die Häftlinge herumliefen“.[328] Da sich die Häftlinge kaum auf eine medizinische Versorgung verlassen konnten, waren die kalten Wintermonate besonders gefährlich. Sie hatten nur die dünnen blau-weiß gestreiften zweiteiligen Anzüge, egal ob die Sonne schien, es regnete oder schneite. Im Winter 1941 durften sie sich von ihren Angehörigen Unterwäsche und Wollsachen schicken lassen. Das nutzte meistens nur den deutschen Häftlingen – den ausländischen, die später kamen, war es unmöglich, mit ihren Familien Kontakt aufzunehmen.[329]

So stieg die Todesrate durch die katastrophalen Arbeits- und Lebensbedingungen rapide an: Waren von den Anfängen des Lagers 1939 bis zur Selbstständigkeit des Lagers im Oktober 1941 48 Häftlinge gestorben, zwei davon vor Haas‘ Ankunft, verdoppelte sich seitdem beinahe die Zahl der Toten bis Jahresende 1941 auf 80 Häftlinge.[330] Adolf Haas sorgte dafür, dass das Jahr 1942 noch tödlicher wurde.

4.3 Der Massenmörder: Willkür und „Vernichtung durch Arbeit", 1942–1943

Anfang 1942 befanden sich über 500 Häftlinge im Konzentrationslager Niederhagen/Wewelsburg. Ein Transport aus Sachsenhausen brachte Ende März weitere 300. Zeitweise über 800 Häftlinge zwängte die SS in die ohnehin schon engen Baracken – viele überlebten nicht lange. Innerhalb weniger Monate starben über 200 Häftlinge, fast doppelt so viele wie in den ganzen zwei Jahren zuvor, Hunderte weitere starben bis zum Jahresende.[331] Was änderte sich 1942?

„Das Prinzip ‚Vernichtung durch Arbeit' beschreibt die Verhältnisse" der Arbeitskommandos in Wewelsburg „treffend", so die Historikerin und Leiterin des Kreismuseums Wewelsburg, Kirsten John-Stucke.[332] Bekam Adolf Haas 1942 also Anweisungen, seine Häftlinge durch brutale Arbeitseinsätze zu „vernichten" bzw. ihren Tod in Kauf zu nehmen, solange sie hart arbeiteten? Und wenn ja, galt dies für alle Häftlingsgruppen, selbst für die Zeugen Jehovas, deren handwerkliche Fähigkeiten von der SS geschätzt wurden?

Das Konzept „Vernichtung durch Arbeit" tauchte zum Jahresanfang 1942 zunächst in einem anderen Zusammenhang auf: Deutschland führte seit dem 22. Juni 1941 Krieg gegen die Sowjetunion, mit der es 1939 noch gemeinsam Polen überfallen hatte. Endlich hatte Hitler seinen großen Rasse- und Vernichtungskrieg gegen den Erzfeind, den Träger des „jüdischen Bolschewismus". Für den „Lebensraum im Osten" sollten nicht nur die sowjetischen Gebiete erobert, sondern auch ihre Bewohner, vor allem die sowjetische Führungsschicht und die jüdische Bevölkerung, entweder als Zwangsarbeiter versklavt oder vernichtet werden. Am 20. Januar 1942 hielten die Organisatoren der „Endlösung der europäischen Judenfrage" auf der Wannseekonferenz in Berlin die Idee der „Vernichtung durch Arbeit" als wichtiges Element ihrer Mordplanungen fest.[333] Die Rede war allerdings nicht von Konzentrationslagern, weder als Zentren der Vernichtung noch der Arbeit. Tatsächlich sah die Praxis des Arbeitseinsatzes in den Konzentrations- und Außenlagern auch nach dem Angriff auf die Sowjetunion zum Teil so unterschiedlich aus, dass man nicht allgemein sagen kann, ob eher Mord oder die Wirtschaftlichkeit Priorität hatte.[334]

Allerdings spielte die Zwangsarbeit im Lager-System seit Ende der 1930er-Jahre eine immer wichtigere Rolle. Verantwortlich dafür war vor allem Oswald Pohl, ein treuer Gefolgsmann Himmlers, der zunächst Oberzahlmeister bei der Reichsmarine gewesen war, bevor er 1934 die SS-Verwaltung übernahm und seitdem jährlich mehr Macht anhäufte. Nachdem Himmler wirtschaftliche Angelegenheiten lange vernachlässigt hatte, ließ er Pohl die SS-Ökonomie seit 1938 massiv ausbauen, unter anderem mit mehreren großen SS-Unternehmen. Das wichtigste Kapital war dabei die Zwangsarbeit in den Konzentrationslagern.[335]

Im März 1942 gründete Oswald Pohl das SS-Wirtschafts- und Verwaltungshauptamt (WVHA), in das er auf Befehl Himmlers auch schnell die Inspektion der Konzentrationslager eingliederte. Grund war die unsichere Lage im Osten: Der Angriffskrieg im Osten lief nicht wie erwartet, keineswegs so erfolgreich wie der „Blitzkrieg" gegen Polen, Dänemark und Norwegen 1939, Belgien, Niederlande, Luxemburg und Frankreich 1940 sowie Jugoslawien und Griechenland 1941. An der neuen Ostfront erlitt die Wehrmacht schwere Rückschläge und an der Heimatfront stagnierte die Kriegsproduktion. Hitler berief daraufhin zwei Männer zu wichtigen Entscheidungsträgern in der Kriegswirtschaft: Seinen Lieblingsarchitekten Albert Speer machte er zum Reichsminister für Bewaffnung und Munition, den Gauleiter von Thüringen, Fritz Sauckel, zum neuen Generalbevollmächtigten für den Arbeitseinsatz. Reichsführer-SS Heinrich Himmler sah seine Machtposition gefährdet, ebenso seinen uneingeschränkten Zugriff auf billige Arbeitskräfte in den Konzentrationslagern, die er nicht zuletzt auch für sein Privatprojekt „Wewelsburg" benötigte. Indem er die Inspektion der Konzentrationslager in das WVHA integrierte, sorgte er dafür, dass die Lager auch weiterhin allein im Einflussbereich der SS blieben.[336] Hitler überzeugte er mit dem Argument, „auch die letzte Arbeitsstunde irgendeines Menschen für den Sieg nutzbar" machen zu wollen.[337]

Im SS-Wirtschafts- und Verwaltungshauptamt ging die Inspektion der Konzentrationslager in der Amtsgruppe D auf, die weiterhin Richard Glücks leitete und in Oranienburg ansässig blieb. Die Tätigkeit dieser eher kleinen Abteilung im WVHA war ganz auf die Leitlinie des Chefs Oswald Pohl ausgerichtet, den Himmler wiederum zum „hundertprozentigen Voranstellen der Arbeit" in den Lagern ermahnte.[338] Den hohen Stellenwert der KZ-Zwangsarbeit für die deutsche Wirtschaft bläute Pohl auch seinen Kommandanten ein, die nun ihm und dem WVHA unterstanden. Am Freitag, dem 24. April 1942, lud er das führende SS-Personal zu einer großen zweitägigen Antrittskonferenz nach Berlin-Lichterfelde, Unter den Eichen 126-135, dem Sitz seiner Behörde. Aus allen Ecken des „Dritten Reiches" und der besetzten Gebiete reisten die 14 Kommandanten der damaligen Hauptlager an, darunter auch Adolf Haas und Rudolf Höß, sein ehemaliger Vorgesetzter in Sachsenhausen und seit Mai 1940 Kommandant von Auschwitz. Gemeinsam lauschten sie den Worten der „Gewaltnatur", wie Höß beeindruckt den WVHA-Chef beschrieb.[339] Pohl machte schnell klar, dass er zum einen seine Führungsposition im KZ-System zementieren, zum anderen die Prioritäten klarstellen wollte. Vor den Kommandanten verkündete er respektheischend, unter seiner Leitung werde die Wirtschaft, vor allem die Rüstungsproduktion im Vordergrund stehen. Die Verantwortung legte er in ihre Hände: „Der Lagerkommandant allein ist verantwortlich für den Einsatz der Arbeitskräfte. Dieser Arbeitseinsatz muß im wahren Sinne des Wortes erschöpfend sein, um ein Höchstmaß an Leistung zu erzielen."[340] Die Arbeitszeit sei „an keine Grenzen gebunden" und alle Unterbrechungen „auf ein nicht mehr zu verdichtendes Mindestmaß zu beschränken". Er verbot daher „zeitraubende Anmärsche und Mittagspausen nur zu Essenszwecken". Der Lagerkommandant „muss klares fachliches Wissen in militärischen und wirtschaftlichen Dingen verbinden mit kluger und weiser Führung der Menschengruppen, die er zu einem hohen Leistungspotential zusammenfassen soll".

Nach diesem Eröffnungstreffen berief Pohl seine Kommandanten alle paar Monate nach Berlin, um sie und ihre Leistungen zu kontrollieren. Aber nicht alle, die im April 1942 dabei gewesen waren, kamen wieder. Der WVHA-Chef räumte bis Oktober 1942 gehörig in der Hierarchie der Lager-SS auf. Er führte für das Personal mit niedrigeren Rängen ein Rotationssystem ein, versetzte zahlreiche Männer an die Ostfront zur SS-Totenkopf-Division und krempelte auch die Spitze der meisten Lager komplett um.[341] „Es ist klar, dass Pohl den Weg zu einer effektiveren Nutzung der Sklavenarbeit ebnen wollte", so der Historiker Nikolaus Wachsmann, ein Experte der Geschichte der Konzentrationslager:

„Gleichzeitig wollte er jedoch den Geist der Lager-SS bewahren und setzte sein Vertrauen weiterhin in die Veteranen der Gewalt. Nach einem Muster, das sich anderswo wiederholte, erwartete Pohl radikale Änderungen, ohne radikale Änderungen vorzunehmen. Ganz generell ging es bei seinem Revirement nicht nur um Wirtschaft; es ging auch um Macht. Pohl war ein Meister der Symbolpolitik und wollte Himmler beweisen, dass er Korruption und Unfähigkeit bekämpfen werde."[342]

So gehörte auch Hans Loritz zu den fünf der vierzehn Lagerkommandanten, die Pohl ganz aus der Lager-SS verbannte. Wie er sich über die Jahre und alle Maße bereichert und auch andere dazu ermutigt hatte, war weit über die Stacheldrahtzäune von Sachsenhausen bekannt geworden. Im Frühjahr 1942 hatte die SS-Führung über zwei unzufriedene SS-Wachen noch einmal detailreich von der Dreistigkeit des Sachsenhausen-Kommandanten erfahren. Zu dieser Zeit begann sich die NS-Spitze ohnehin darum zu sorgen, wie sich drastische Fälle von Selbstbereicherung auf die Stimmung des hungernden deutschen Volkes auswirkten. Es herrschte immerhin seit über zwei Jahren Krieg, ohne dass ein Ende in Sicht war. Das Regime müsse in seinem Lebensstil dem Volk ein Vorbild sein, forderte Hitler. Himmler stimmte ihm zu, dachte allerdings ebenso wie sein „Führer" nicht im Mindesten daran, seinen eigenen Luxus aufzugeben. Gerade der ranghöchste KZ-Kommandant Loritz schien ihm und seinem Vertrauten Pohl geeignet, ein Exempel zu statuieren, um den Schein der Bescheidenheit vor der Öffentlichkeit zu wahren. Für Pohl, der selbst in Sachsenhausen kunsthandwerkliche Arbeiten bestellte[343], war der Hinauswurf des Lager-Veteranen und des Protegés seines Rivalen Theodor Eicke zudem eine weitere passende Gelegenheit, sich im KZ-System noch mehr Autorität zu verschaffen. Loritz' Ausreden, wonach an seinen Betrügereien einzig die Häftlinge schuld seien, er all die Boote und den Jagdwagen bloß zur „Zerstreuung" seiner Männer angeschafft oder die zahlreichen Wertgegenstände als Geschenkartikel lediglich „verwahrt" habe, halfen nicht mehr. Auch nicht seine guten Kontakte zu Richard Glücks oder Theodor Eicke. Loritz' Familie durfte zwar weiterhin in der Villa am Wolfgangsee leben, ihn aber versetzte Pohl im September 1942 bis Kriegsende zum Höheren SS- und Polizeiführer „Nord" nach Norwegen und verdonnerte ihn obendrein, 2900 Reichsmark, 530 Flaschen seines persönlichen Wein- und Spirituosenvorrates, mehrere Kleidungsstücke sowie sein BMW-Sportcabriolet an die SS zu spenden.[344]

Mit dem Sturz von Hans Loritz verlor Adolf Haas seinen stärksten Fürsprecher im KZ-System. Und auch seinen letzten. Während der Umbruchphase unter Pohl musste er sich umso mehr in Acht nehmen, nicht das gleiche Schicksal zu erleiden. Aus den wenigen erhaltenen Dokumenten zu Pohls Umstrukturierung ist heute nicht mehr sicher nachzuvollziehen, warum gerade Adolf Haas mit gerade einmal drei weiteren Kommandanten auf seinem Posten bleiben durfte. Wie sich in späteren Äußerungen noch zeigen sollte, lag es nicht daran, dass er Haas für besonders geeignet hielt. Das KZ Niederhagen/ Wewelsburg spielte wahrscheinlich in Pohls Planungen einfach keine große Rolle, weil es zum einen zu den kleinsten Hauptlagern gehörte und zum anderen nichts für die Kriegswirtschaft produzierte. Dennoch scheint Haas auch schon vor Loritz' Hinauswurf offenbar Pohls Anweisungen ernst genommen zu haben. Nicht zuletzt, weil dieser in seiner Funktion als Geschäftsführer der „Gesellschaft zur Förderung und Pflege deutscher Kulturdenkmäler e. V." zwei Monate nach dem Treffen in Berlin mit Himmler die Wewelsburg besuchte.[345] Zwar arbeiteten die Häftlinge des nahe liegenden KZ nicht für die Rüstungsproduktion, aber doch immerhin für Himmlers Lieblingsbauprojekt. Um dafür ein „Höchstmaß an Leistung zu erzielen", ließ Kommandant Haas seine Häftlinge bis zur Erschöpfung schuften. Hatte er sich nach dem Aufbau des Lagers bereits wenig um die Versorgung der Häftlinge gekümmert, so wurde es nun systematisch. Es scheint beinahe so, als ob er mit besonders hohen Todeszahlen beweisen wollte, wie akkurat er Pohls Anweisungen befolgte – eben „Vernichtung durch Arbeit". Im ganzen Jahr 1942 starben in Wewelsburg etwa ebenso viele Häftlinge, wie sich durchschnittlich im Lager befanden.

Die rasant ansteigende Todesrate hatte mehrere Ursachen. Viele der Arbeitskommandos waren immer noch brutal. Kommandant Haas bewies einen grausamen Zynismus, als er einen politischen Häftling für 20 Mark Belohnung beauftragte, ein Lagerlied zu dichten. Das war in der Lager-SS in den letzten Jahren vor allem durch das „Moorsoldatenlied" und das „Buchenwaldlied" zur Mode geworden. Tatsächlich lehnte sich Haas' Dichter bis auf wenige ausgetauschte oder angepasste Zeilen eng an das „Buchenwaldlied" an.[346] Morgens, mittags und abends erklang nun aus den Kehlen der erschöpften Häftlinge das Lied mit drei Strophen und dem Refrain:

„O Wewelsburg, ich kann dich nicht vergessen,
Weil du mein Schicksal bist.
Wer dich verließ, der kann es erst ermessen,
Wie wundervoll die Freiheit ist.

Doch Wewelsburg, wir jammern nicht und klagen!
Und was auch unsre Zukunft sei,
Wir wollen trotzdem ja zum Leben sagen.
Denn einmal kommt der Tag, dann sind wir frei!
Wir wollen ja zum Leben sagen
Denn einmal kommt der Tag, dann sind wir frei!"[347]

Allein wegen des Liedes, das die Häftlinge im Chor sangen, wenn sie mit den Arbeitskommandos auszogen oder ins Lager zurückkehrten, konnte ihr Elend den Bewohnern der Umgebung nicht verborgen bleiben. Nicht zu übersehen waren zudem die täglichen Marschkolonnen und seit Ende 1942 auch der Geruch der verbrannten Leichen aus dem neu erbauten Krematorium. Die Dorfbewohner fürchteten selbst um ihre Existenz angesichts drohender Zwangsenteignungen für Himmlers gigantische Baupläne. Dennoch zeigten einige Mitgefühl und halfen heimlich Häftlingen, indem sie zum Beispiel Lebensmittel in der Nähe der Arbeitskommandos oder auf den Marschwegen versteckten.[348] Haas reagierte mit Abschreckung. Als eines Abends vier Tote vom Steinbruchkommando ins Lager zurückgetragen worden waren und die Häftlinge beim Abendappell strammstehen mussten, seien zwei Bauern aus dem Dorf gekommen, erinnerte sich Paul Buder. Sie beschwerten sich vor dem Kommandanten, „daß die Köpfe der Toten auf dem Pflaster geschleift hätten":

„Haas fragte die Bauern, ob sie denn Kommunisten seien? Sie sollen sich mehr um ihre Schweine und ihren Mist kümmern! Und damit sie das nie vergäßen, wollen wir mal etwas nachhelfen! – Der Bock wurde geholt! Jeder der Männer bekam 15 Stockschläge! Diese Bauern haben nie wieder etwas gehört oder gesehen, auch nach 1945 nicht."[349]

Das erklärt auch, warum ein ehemaliger Häftling berichtete, viele Dorfbewohner seien in den Häusern verschwunden, sobald sich Haas in der Ortschaft Wewelsburg zeigte.[350] Für die Häftlinge hatte die Bestrafung der Bauern noch ein Nachspiel: Als der Kommandant sie ziehen ließ, habe er laut verkündet, dass er „nie wieder sehen wolle, daß ein Häftling geschlagen würde".[351] Die Häftlinge durften nun wegtreten, bleiben sollten nur die Funktionshäftlinge, von denen jeder eine Zigarre bekam. Schutzhaftlagerführer Plaul habe dabei zu ihnen gesagt: „Ihr habt ja gehört, was der Kommandant gesagt hat!

Wir wollen nicht noch einmal sehen, daß ein Häftling geschlagen wird! Also schlagt die Kerls tot, aber laßt uns nichts sehen!"[352] Plaul hatte 1940 seine Führungsposition an Haas abtreten müssen, weil er Häftlinge in aller Öffentlichkeit erschießen ließ. Der neue Kommandant hatte daraus gelernt. Töten ließ er trotzdem, nur heimlich.

1942 erhöhte sich zudem die Zahl der Häftlinge enorm. Bereits 1941 hatte Himmler angeordnet, die Häftlingszahlen auf 900 aufzustocken, weil sein Architekt Herrmann Bartels über Arbeitskräftemangel geklagt hatte. Dieses Ziel erreichten sie erst im Oktober 1942 – Platz genug war keineswegs. Adolf Haas tat kaum etwas, um die „Lebensbedingungen" im überfüllten Lager zu verbessern oder wenigstens stabil zu halten. Ganz im Gegenteil. Im April 1942 starben allein 124 Menschen, im Sommer gingen die Todeszahlen etwas zurück, schnellten aber bald wieder nach oben. Das Massensterben begann ab Herbst 1942, als die Gestapo weitere Hunderte Polen, sowjetische Kriegsgefangene sowie osteuropäische Zwangsarbeiter, sogenannte Ostarbeiter, einlieferte. Alle mussten den roten Winkel mit dem Anfangsbuchstaben ihrer Nationalität tragen, obwohl sie nicht im engeren Sinne „politische Häftlinge" waren. Sie waren vor allem „Fremdarbeiter", die nach deutschem „Gesetz" praktisch rechtlos waren und wegen banaler Vergehen wie „Arbeitsbummelei" oder „Umhertreiben" ins KZ kamen. Diese ausländische, im NS-Deutsch „fremdvölkische" Häftlingsgruppe wurde schnell die größte in Wewelsburg. In der rassistischen Hierarchie der Häftlingsgesellschaft standen sie allerdings ganz unten. Nur den wenigen Juden erging es noch schlechter – einer von ihnen wurde von einem Funktionshäftling in einer Latrine ertränkt.[353] Nur von einem einzigen ausländischen Häftling ist bekannt, dass er aus dem KZ Niederhagen/Wewelsburg wieder entlassen wurde. Das allein zeigt schon, dass selbst die osteuropäischen Arbeiter nicht einfach nur eine „Strafe" abzusitzen hatten, sondern ihre Arbeitskraft bis aufs Letzte ausgebeutet werden sollte.[354]

Viele von ihnen waren durch den langen Transport in Viehwaggons „schon bei ihrer Ankunft in einem jämmerlichen Zustand", erinnerte sich der ehemalige Lagerarzt Dr. Metzger. „Es war mir einfach nicht möglich in kurzer Zeit zu entscheiden, wer von diesen Russen arbeitsfähig oder nicht arbeitsfähig war."[355] Lagerkommandant Haas hatte ihm schon früher diese Entscheidung abgenommen und rigoros Kranke zum Arbeitsdienst verdonnert. Die Brutalität im Lager stellte alles in den Schatten, was die osteuropäischen Häftlinge in anderen Arbeits- und Häftlingslagern bisher erfahren hatten. Sie sprachen kaum die Sprache ihrer Unterdrücker, waren von schützenden Positionen mit Funktionsaufgaben ausgeschlossen und so der Gewalt der SS und der Kapos hilflos ausgeliefert. Ihre Überlebenschancen waren gering.[356]

Die Ankunft dieser großen Zahl ausländischer Häftlinge hatte auch katastrophale Auswirkungen für die anderen. Die 16 Baracken reichten längst nicht mehr aus. Hatten die Insassen in den ersten Monaten des Lagers noch jeder für sich ein Bett gehabt, so mussten sie die harten Schlafgelegenheiten nun mit mehreren Häftlingen teilen. Krankheiten und Infektionen grassierten in den überfüllten Baracken. Im Winter 1942 waren Erfrierungen an Händen und Füßen keine Seltenheit. Die Häftlinge erkrankten unter anderem reihenweise an Lungenentzündungen, da die Häftlingskleidung noch immer keinen Schutz gegen die Kälte bot. Sie war ständig klamm und schmutzig – Ersatzkleidung gab es nicht. Es fehlte auch nach wie vor an Medikamenten und Geräten. Einige Häftlinge behalfen sich selbst, indem sie „Lumpen" als notdürftige Verbände nutzten.[357] Im meist überbelegten Krankenrevier waren die Häftlinge sogar noch schutzloser den Misshandlungen durch die SS und einzelnen Häftlingssanitätern ausgesetzt. Obwohl medizinische Experimente in Wewelsburg nicht stattfanden, berichteten Überlebende, dass SS-Männer Kranke durch Injektionen ermordeten.[358]

Hinzu kam der nagende Hunger. Die Versorgung verschlechterte sich weiter, je mehr Häftlinge ins Lager kamen. Die täglichen Rationen entsprachen nicht einmal mehr den Vorgaben von Oswald Pohls SS-Wirtschafts- und Verwaltungshauptamt. Nach heutigen Empfehlungen hätten die Männer, gemessen an der schweren Zwangsarbeit, 4200 bis 4400 Kalorien pro Tag benötigt. In Wewelsburg waren es, dem Lagerarzt Dr. Metzger zufolge, im Durchschnitt gerade einmal 600 bis 900 Kalorien. „Diese Menge reicht gerade aus, einen Menschen am Leben zu halten, wenn von diesem keine Arbeit verlangt wird", behauptete Metzger nach dem Krieg im Wewelsburg-Prozess.[359] Er habe damals die Sanitätsinspektion in Oranienburg gebeten, die Lebensmittelversorgung zu prüfen und zu verbessern – geändert habe sich nichts. Entkräftung, Magen- und Darmkrankheiten, Anfälligkeit für Infektionskrankheiten sowie Hungerwahnsinn waren die Folgen. Aus Verzweiflung aßen einige Häftlinge Regenwürmer, Mäuse und sogar das Erbrochene anderer.[360] Vor allem die osteuropäischen Häftlinge kämpften mit dem Hungertod. Ihre dünne Suppe konnten sie kaum mit Einlagen aufbessern, da die gehaltvolleren Portionen unter den privilegierteren, meist deutschen Funktionshäftlingen aufgeteilt wurden. Auch konnten sie weder auf Post- oder Paketsendungen von Angehörigen hoffen noch auf Essenzuschläge, Prämienscheine oder Geldzuwendungen, mit denen man in der Kantine des Lagers neben Zigaretten und Toilettenartikeln auch Lebensmittel kaufen konnte. Einige versuchten, den Hunger durch die berauschende Wirkung von getrocknetem Klebstoff zu verdrängen, den sie kauten.[361]

1942 wurde auch das „Raupenjahr" genannt: „Die Schmetterlinge hatten das Lager so befallen, daß man nur Raupen sah, die hatten die [Weißkohl-] Blätter gefressen, und für uns blieben nur die Strünke", berichtete der ehemalige Häftling Friedrich Klingenberg über die Raupenplage. „Wir mußten als Maurer, wie ich, Zement-Bottiche bauen, dort hinein mußten Häftlinge mit den Füßen die Strünke zertrampeln, dann sagte der Kommandant Haas, jetzt könnt ihr eure eigene Scheiße fressen."[362] Seine Maßnahmen, die unzureichende Nahrungsversorgung zu verbessern, waren – wenn überhaupt – äußerst halbherzig: Von Mai bis August 1942 setzte der Kommandant beispielsweise ein „Brennnesselkommando" ein.[363] In diesen Monaten gab es „täglich Nesselsuppe", ekelte sich Paul Buder noch 30 Jahre später. Nahrhaftes Fleisch, Getreide und Gemüse flossen dagegen „in private Kanäle hoher SS Offiziere".[364] Der Kommandant selbst, grausam und höhnend, hielt sich wie Kommandant Hans Loritz in Sachsenhausen auf dem Industriehof Schweine, die von den Küchenabfällen des Lagers gemästet wurden – genau in Sichtweite der hungernden Häftlinge.[365]

Die katastrophalen „Lebensbedingungen" in seinem Lager waren keineswegs notwendig oder kriegsbedingt. Adolf Haas hatte die Möglichkeiten, die Versorgung der Häftlinge zu verbessern, nutzte sie aber nicht. An Inkompetenz lag es nicht, obwohl das KZ Niederhagen/Wewelsburg selbst in der SS als schlecht verwaltetes Lager galt.[366] „Die haben hier ja alle hohle Köpfe und denken nicht nach", sagte ein SS-Mann gegenüber Paul Buder.[367] Als „ungebildet" und „ruppig" beschrieb ein anderer den Kommandanten.[368] Haas aber blinden Sadismus oder gar eine generelle Vernichtungsabsicht zu unterstellen, wäre zu einfach. Er differenzierte nach Häftlingsgruppen, Kriegslage und eigener Laune. Bei einigen Zeugen Jehovas zeigte er eine seltsame Art von Fürsorge. So ertappte er einmal einen Bibelforscher, wie er Zigarettenreste vom Boden auflas, und sagte zu ihm: „Schäme dich, den Dreck zu sammeln! Wirf das Zeug weg! Das schadet dir doch nur!"[369] Die Schicksale der meisten anderen Häftlinge waren ihm dagegen herzlich egal. Obwohl es keine Belege gibt, dass Haas selbst Häftlinge ermordete, war seine willkürliche Lagerführung für mehr als Tausende von ihnen tödlich. Es deutet aber auch einiges darauf hin, dass seine Unterlassung von Hilfs- und Versorgungsmaßnahmen methodisch war. Der Hunger, die Krankheiten, die schlechte Behandlung – das alles war Teil des Terrors.[370] Vor allem die osteuropäischen Arbeiter und Kriegsgefangene, die am unteren Ende der Häftlingshierarchie standen, bekamen das zu spüren.

In seinem Lager ließ der Kommandant mitleidslos sterben, aber auch prügeln und töten. Sich selbst machte er äußerst selten die Hände schmutzig.[371] In den Berichten der Überlebenden erwähnen einzig zwei Häftlinge, dass auch Haas geschlagen habe: So habe der Kommandant Anfang 1941 einen der ihren „so kräftig geschlagen", dass dieser „zu Boden fiel und bewußtlos war".[372] Ein Glaubensbruder sei von Haas „einmal mißhandelt worden".[373] Als dieser ihm nicht schnell genug arbeitete, erhielt er vom Kommandanten „Faustschläge, bis mir das Blut aus dem Mund lief". Haas scheute sich aber offenbar davor, ihn oder auch andere Häftlinge selbst umzubringen. „Geh doch über die Postenkette", provozierte er den Häftling, den er geschlagen hatte. Doch dieser tat ihm den Gefallen nicht, bei dem er sofort von einem SS-Posten erschossen worden wäre. Er schlug Haas stattdessen vor, er könne ihn ja mit dem „Ding an ihrer Seite" erledigen. Daraufhin bestrafte ihn Haas mit „Pfahlhängen", einer der brutalsten Bestrafungen im KZ-System: „Ich wurde an der Mittelsäule des Tagesraumes aufgehängt, und zwar an den Händen, die man mir zuvor auf den Rücken übereinander gebunden hatte." Bevor das Körpergewicht die Schultern auskugelte, ließ ihn Haas herunterholen und am Abend noch unter vielen Schlägen und dem Gejohle von etwa 20 SS-Männern „Sport" treiben. Umgebracht hat er ihn jedoch nicht.

Einige SS-Männer mordeten dagegen auf grausame Weise, indem sie beispielsweise kaltes Wasser mit einem Schlauch auf den Brustkorb mehrerer Häftlinge spritzten, bis diese zusammenbrachen.[374] „Opfer waren vorwiegend polnische oder russische Häftlinge", erinnerte sich ein Überlebender.[375] In einem Winter beobachtete Paul Buder, mittlerweile vollkommen apathisch angesichts all der Gewalt, wie der Arbeitsdienstführer Ludwig Rehn und ein Kamerad mit gleicher sadistischer Veranlagung sich „Schneemänner" bauten: Sie zwangen zwei Häftlinge, sich zu entkleiden, und bedeckten sie von Kopf bis Fuß mit Schnee. „Nach kurzer Zeit wurden die Gesichter maskenhaft weiß, zuerst die Nase, die Lippen, die Augen starr wie Glas."[376] Selbst wenn Haas solche Morde nicht angeordnet hätte, so war er doch „völlig informiert“, wie ein ehemaliger SS-Mann bestätigte – es sei sein „Verschulden gewesen, dass diese fürchterlichen Zustände herrschten“.[377]

Oft überließen er und die SS die Drecksarbeit den Funktionshäftlingen, die durch besonders gewaltsames Auftreten zu überleben glaubten. „Du Hund willst nicht arbeiten?“, schrie ein Vorarbeiter von der Abteilung Straßenbau einen russischen Mithäftling an, bevor er ihn mit dem Hammer erschlug. Zu Paul Buder, der die Tat beobachtet hatte, sagte er: „Ach Paul, das Volk macht mich verrückt, die schaffen ja nichts. Und dem ‚Alten‘ geht doch alles zu langsam, was soll ich denn machen? Da gehen einem schon mal die Nerven durch.“ Es lag nicht nur am Druck von oben durch den „Alten“, wie Paul Buder wusste. Der Vorarbeiter hatte durch den Mord „nun bei Verteilung des Brotes eine Doppelportion! – Es ging um's Überleben, da war jedes Mittel recht.“[378] Ähnlich gingen auch zwei andere Funktionshäftlinge vor, beide „wohlgenährt“. Nicht nur einmal weckten sie abends nach 22 Uhr zwei Häftlinge mit den Worten „Die Schuhe nochmal waschen, sind nicht sauber genug“. Im Waschraum packten sie ihre Opfer und ertränkten sie in einem Fußbecken. So bekamen sie am nächsten Morgen „zweimal Brot und zweimal Wurst!“.[379] Ein Zeuge Jehovas erinnerte sich 1970, befragt nach „Häftlingstötungen“, er habe im Sommer 1942 beobachtet, wie Kommandant Haas plötzlich bei einem Ausschachtungskommando erschien und einen Funktionshäftling „auf einen arbeitenden Häftling scharf machte“.[380] Dieser wartete so lange, bis Haas außer Sichtweite war, erst dann „schlug der Kapo auf den vorbezeichneten Häftling mit dem Knüppel ein“ und trat ihn mit Füßen. Sein Opfer taumelte und trat unbeabsichtigt über einen niedrigen Grenzzaun – sofort schoss ein Wachposten. Nun kam Haas zurück und ließ ihn fortschaffen. Ein weiterer Zeuge, der als „Asozialer“ inhaftiert war, bezeugte, dass der angeschossene Häftling noch für kurze Zeit am Leben war: „Wir Häftlinge mußten an dem Schwerverletzten vorbeimarschieren, wobei Haas sich rühmte ‚Meine SS-Leute schießen wie die Götter‘.“[381]

Tatsächlich geschahen in Wewelsburg auch einige Morde, für die Lagerkommandant Haas nicht verantwortlich, deren Zeuge er aber war. Seit April 1942 nutzte die Gestapoleitstelle in Westfalen/Lippe sein Lager auch als Hinrichtungsort für 56 Menschen: 14 sowjetische Kriegsgefangene wurden erschossen, 42 erhängt, darunter auch sowjetische Zwangsarbeiterinnen sowie zwei Jungen, ein 15-jähriger deutscher Jude und ein 14-jähriger Pole.[382] Vor allem die Hinrichtung der beiden Jungen hat sich in das Gedächtnis beinahe aller Überlebenden eingebrannt, die nach dem Krieg aussagten – obwohl die Erinnerungen zum Teil stark variieren. Der Lagerkommandant war bei den Exekutionen immer anwesend und soll den Totgeweihten, die schrien, zugerufen haben, sie sollten die Schnauze halten.[383] Ein Bibelforscher bezeugte 1947, dass Haas bei der Hinrichtung des polnischen Jungen zur Abschreckung vor Fluchtversuchen das ganze Lager habe antreten lassen.[384] In aller Heimlichkeit wurde dagegen eine junge Zwangsarbeiterin gehängt, die einer Partisanengruppe angehört haben soll und ihren deutschen Chef mit dem Bügeleisen erschlagen hatte, als er sie bei der Arbeit sexuell belästigte. Anwesend waren dieses Mal nur der Kommandant, „einige SS Offiziere, Stolle der Henker, und ich", wie der „Berufsverbrecher" Walter Behr später Paul Buder anvertraute.

„Das Mädchen trug Handschellen. Stolle wollte ihr nun die Schlinge um den Hals legen, doch dann ging alles sehr schnell! Das Mädchen spuckte Stolle voll in's Gesicht, und stieß ihn mit den Fäusten kräftig vor die Brust, legte sich selbst die Schlinge um den Hals, streckte dem hohen SS Stab die Zunge heraus, und sprang hinab von der Plattform. Kommandant Haas lachte: ‚Donnerwetter! War das eine Katze!'"[385]

Das KZ Niederhagen/Wewelsburg zählte zudem neben Dachau, Sachsenhausen, Buchenwald, Mauthausen, Auschwitz, Flossenbürg, Groß-Rosen und Neuengamme zu den Hauptlagern, die seit Frühjahr 1941 für die „Aktion 14 f 13" vorgesehen waren. Mit dem Codewort bezeichnete die Inspektion der Konzentrationslager das „Euthanasie"-Mordprogramm („T4-Aktion"), der Präfix „14 f" stand in den Papieren der Lager-SS immer für den Tod von Gefangenen.[386] Die Kommandanten bekamen „Musterbogen" zugeschickt, mit denen sie bzw. eine Ärztekommission psychisch oder körperlich schwer kranke oder geschwächte Häftlinge selektieren sollten. Wie viele von ihnen von Wewelsburg aus auf Vernichtungstransporte geschickt wurden, ist allerdings nicht mehr festzustellen.[387]

Vor der Öffentlichkeit versuchte Kommandant Haas die extrem hohe Zahl an Toten zu vertuschen. Dabei ließ er sich unter anderem auch vom Bibelforscher Paul Buder helfen. Eines Tages sollte dieser sofort antreten und „ein kleines Gerätehaus schnell weiß streichen", das man vorher bereits eilig ausgeräumt hatte.[388] Einen Brettersarg, im KZ-Dialekt „Fleischkiste" genannt, sollte er dagegen schwarz streichen. „Hat doch so ein Idiot in Berlin die Genehmigung erteilt, daß eine Frau mit Tochter den Mann nochmal sehen darf", beschwerte sich Haas bei Buder. Der Mann, ein ehemaliger SPD-Abgeordneter, war im Steinbruch „verunglückt", sei „gefallen", so der Kommandant. Er hatte blaue Flecken im Gesicht. Ob er die weg bekäme, fragte Haas seinen Helfer? Mit Schminke und Puder schon, antwortete Buder, der auf den Sarg auch noch beidseitig mit Silberbronze zwei Palmenzweige malte. „Viel zu schön", meinte Haas. Sie legten den Toten hinein, „eine weiße Decke, die Hände gefaltet, vom ‚Alten' ein paar Stiefmütterchen in die Hände gesteckt". Dann holte Haas die Witwe und die Tochter, „die nun weinend am Sarg standen". Auch er setzte eine mitleidsvolle Miene auf:

„Schade um den Mann! Einer meiner besten Arbeiter. Ich sagte, zieh die Jacke an, es ist ein rauher Wind hier, aber er hörte nicht. Lungenentzündung! Auch der Arzt kam zu spät, keine Hilfe möglich."[389]

Nach fünf Minuten sah Haas auf die Uhr. „Ja meine Damen, ich habe leider noch eine dringende Sitzung, wir müssen leider gehen." Er begleitete die beiden noch zum Tor, kam dann „im scharfen Schritt zurück" und sagte zu Buder: „Schluß mit dem Affen-Theater! Der Sarg wird beiseite gestellt, wenn mal wieder so ein Idiot in Berlin einen Besuch genehmigt."[390]

Seinen Lagerarzt hielt Haas an, bei den zahlreichen Totenscheinen neben „verunglückt" Formulierungen wie „Selbstmord durch Erhängen" oder „auf der Flucht erschossen" zu notieren.[391] Die Leichenberge wurden allerdings zu einem Problem. Die Toten hatte die SS zunächst Kilometer weit in die Krematorien nach Bielefeld-Brackwede, Bochum und Dortmund gefahren. Nachdem die Zahl der Toten 1942 rapide angestiegen war, reichten die Kapazitäten dort nicht mehr aus, auch erschien der Lager-SS die langen Transporte über Land zu auffällig und teuer. Aus dem gleichen Grund waren die großen Männerlager bereits bis Mitte 1940 mit Verbrennungsöfen ausgestatten worden.[392] Im Sommer 1942 begann man auch im KZ Niederhagen/Wewelsburg mit dem Bau eines eigenen Krematoriums auf dem Industriehof.[393] Kurz vor der Inbetriebnahme im Herbst begutachtete Kommandant Haas mit einem Stab höherer SS-Führer die Abschlussarbeiten. Mit dabei war auch Max Gartenschläger, ein Zeuge Jehovas mit Berliner Schnauze. Er fragte Haas, „ob er sich schon mal auf eine Bratpfanne rauflegen solle, mal ausprobieren, ob alles klappt“, wie er Paul Buder später erzählte. Für diese Frechheit schickte ihn der Kommandant zur Strafkompanie Steinbruch, wo ihn die Kapos totschlagen sollten – doch Gartenschläger wusste sich zu wehren.[394] Um die Überreste der letzten Häftlinge, die man im Krematorium Dortmund eingeäschert hatte, kümmerte sich Kommandant Haas ein halbes Jahr nicht, trotz mehrfacher Aufforderung der Friedhofsverwaltung. Erst Mitte März 1943 ließ er die 55 Urnen „zur Beisetzung“ auf dem „Begräbnisplatz vorm Oberhagen“ abholen. Obwohl dieses Grundstück in den Akten offiziell vermerkt war, konnte sich keiner der überlebenden Häftlinge daran erinnern, jemals von einem lagereigenen Friedhof gehört zu haben. Höchstwahrscheinlich verstreute die SS die Asche der Toten oder nutzte sie als Düngemittel in der lagereigenen Gärtnerei. „Den ‚Untermenschen‘“, so der Historiker und Wewelsburg-Experte Karl Hüser, „verweigerte die SS ein Grab und damit einen Ort individuellen Gedenkens durch die Angehörigen.“[395]

Um das Massensterben in Wewelsburg noch besser vor der Öffentlichkeit zu verbergen, bemühte sich die Kommandantur, einer zentralen Anordnung nachzukommen und etwa zeitgleich mit dem Bau des Krematoriums ein lagereigenes Standesamt einzurichten. Zuvor hatten normale Zivilbeamte für jeden Toten, auch aus den KZ, Sterbeurkunden auszustellen.[396] Der Landrat des Kreises Büren sowie der Stadt- und Amtsbürgermeister von Büren halfen mit klugen Ratschlägen beim Aufbau des neuen „Standesamts Niederhagen in Wewelsburg, Kreis Büren (Westf.)“. In Abstimmung mit dem WVHA besetzte es Haas mit dem Leiter der Politischen Absteilung sowie mit dem Rapportführer. Nach einer Einführung durch die zivilen Standesbeamten manipulierten die beiden SS-Männer nun die Sterbeurkunden verstorbener und ermordeter Häftlinge: „Die Todesursache am unteren Rande der Urkunde ist so zu wählen, daß nicht auf eine Freiheitsentziehung geschlossen werden kann.“[397] Die neuen Standesbeamten hatten beispielsweise bereits eingetragene Wörter wie „Häftling“, „im Häftlingslager“ oder „im KL Häftlingslager“ aus dem Sterbebuch zu streichen und stattdessen „wohnhaft in Wewelsburg“ zu vermerken.[398]

Paradoxerweise war es nach dem Zweiten Weltkrieg gerade durch das neu geschaffene Standesamt möglich, durch die archivierten Akten zum Teil genau das zu rekonstruieren, was die SS unbedingt vertuschen wollte: das Massensterben in Haas‘ Konzentrationslager. Obgleich gefälscht und wahrscheinlich nicht vollständig, bezeugen die Sterbeurkunden eine grausame

Bilanz, besonders für das Jahr 1942: Bevor Adolf Haas das Kommando in Wewelsburg übernommen hatte, waren unter seinem Vorgänger Plaul von September 1939 bis Juni 1940 den Sterbebüchern zufolge vier Häftlinge gestorben, danach während der Zeit des Außenlagers bis August 1941 bereits 44. Seit der Umwandlung in ein Hauptlager im September 1941 und mit der wachsenden Häftlingszahl waren die Todeszahlen rapide angestiegen. Allein bis Jahresende 1941 starben weitere 80 Menschen. 1942, im Jahr des Massensterbens, verloren 868 Häftlinge ihr Leben, das heißt siebenmal so viele wie in den anderthalb Jahren zuvor. Im ersten Quartal 1943 kamen noch einmal 287 Sterbeurkunden dazu. Von den insgesamt etwa 3900 Häftlingen in Wewelsburg starben nachweislich mindestens 1285, also jeder Dritte – sei es durch Erschöpfung, Hunger, Kälte, Krankheiten, Gewalt, Exekution oder Suizid. Abgesehen von den vier Opfern aus der Zeit seines Vorgängers war Adolf Haas als Lagerkommandant für 1281 Tote verantwortlich, davon allein 734 sowjetische Häftlinge.[399]

Ganz gleich ob nun durch eine von oben verordnete Vernichtungsabsicht oder seine eigene willkürliche Gleichgültigkeit – Adolf Haas war ein Massenmörder. Wie viele andere wurde er dafür sogar 1942 belohnt. Die SS-Führung kümmerte es durchaus, wie sich das Morden auf das Gemüt der Henker im besetzten Osten wie auch an der Heimatfront auswirkte. Einerseits sorgten sie dafür, dass die „Last" von möglichst vielen gemeinsam getragen wurde, andererseits lockten sie mit Geld, Urlaub und Ehre. Die meisten Massenmorde belohnte man nicht mit dem Eisernen Kreuz, sondern mit dem neu geschaffenen Kriegsverdienstkreuz. Bereits 1941 „häuften sich die Ordensvorschläge von SS- und Polizeidienststellen, die mit Leistungen im ‚Vorgehen' gegen Polen und Juden begründet wurden", schreibt der Historiker Dieter Pohl.[400] „Von 1942 an, dem entscheidenden Jahr der ‚Endlösung', regnete es dann Verdienstkreuze auf die Massenmörder herab." Im Unterschied zu den Schreibtischtätern bekamen nur kämpfende Einheiten das Kriegsverdienstkreuz mit Schwertern. Da die Lager-SS offiziell zur Waffen-SS gehörte, hatte sie Glück. Die SS-Angehörigen, die in KZ mordeten, verdienten in Himmlers Augen die gleiche Tapferkeitsmedaille.[401] Oswald Pohl, der als Chef des SS-Wirtschafts- und Verwaltungshauptamt das Sterben zugunsten der Kriegswirtschaft koordinierte, bekam ebenfalls eine. Und auch Adolf Haas. Im Oktober 1942 meldete er dem SS-Oberabschnitt Rhein, man solle die Verleihung des Kriegsverdienstkreuzes II. Klasse mit Schwertern in seiner Personalkartei vermerken.[402]

Die Auszeichnung gab wohl Anlass, dass man Haas kurz vor seinem 49. Geburtstag im November 1942 in der Allgemeinen SS nach mehr als sechs Jahren wieder für eine Beförderung vorschlug.[403] Dort war er immer noch offiziell der hauptamtliche Führer des III. Sturmbannes der 78. SS-Standarte im Range eines Sturmbannführers. Er sei ein „guter Kommandant, der sich im praktischen Dienst bewährt, im theoretischen sich noch weiterbilden kann", hieß es in einem Personal-Bericht vom 26. November 1942. Zum SS-Obersturmbannführer der Allgemeinen SS reiche es aus, für höhere Dienstränge nicht.[404] Rückwirkend zum 30. Januar 1943, dem Jahrestag der „Machtübernahme", bestätigte Himmlers Büro schließlich im Februar 1943 die Beförderung.[405] Knapp eineinhalb Monate später konnte sich Haas, dank des SS-WVHA, außerdem über eine satte Gehaltsnachzahlung von insgesamt 2969,70 RM freuen. Im März 1943 rutschte er, rückwirkend zum Jahresbeginn 1942, in eine neue Besoldungsgruppe und bezog nun monatlich 721,20 anstatt 493 RM. Obendrauf gab es noch den Wehrsold von 96 RM.[406]

Nicht Sadismus oder ein radikaler Hass auf „fremdvölkische" Häftlinge motivierten Adolf Haas, sich am Massenmord zu beteiligen, sondern schlicht Macht, Geld, Orden und die Möglichkeit, sich privat zu amüsieren und zu bereichern.

4.4 Der Kunstliebhaber: Freizeit, Affären und KZ-Kunst

Nicht alle litten im KZ Niederhagen/Wewelsburg. Den Tätern ging es verhältnismäßig prächtig, vorausgesetzt, sie verkrafteten emotional das, was sie täglich taten oder sahen. Ihr Lagerkommandant half ihnen dabei, mit gutem Essen, Alkohol und Festen die eigenen Verbrechen zu verdrängen, solange die Lagerdisziplin im Rahmen blieb. Zwar verhängte er einmal für „uns Neuankömmlinge für einige Wochen Ausgangssperre, da wir bei unserer Ankunft größere Mengen Alkohol genossen hatten", erinnerte sich ein ehemaliger SS-Mann.[407] Ansonsten scheint Haas seine Männer an der lockeren Leine gehalten zu haben. Vor allem er selbst versuchte sich das Leben in Wewelsburg so angenehm wie möglich zu gestalten, genau so, wie er es von seinem ehemaligen Befürworter Hans Loritz gelernt hatte. Er ließ sich reihenweise Kunstgegenstände anfertigen und verbrachte viel Zeit mit Tieren, ritt zum Beispiel gerne aus.[408]

Der Bibelforscher Paul Buder stand ihm bei seinen Zerstreuungen oft zur Seite und gewann so über die Zeit Haas' Vertrauen. In seinem Überlebensbericht erzählte er unter anderem detailliert von der kleinen Viehzucht des Kommandanten auf dem KZ-Gelände. Er hatte zwei große Schweine und eine Kuh. Die Kuh kam aus einem großen Stall, „döste Tag für Tag vor sich hin, wurde ganz trübsinnig" und gab „immer weniger Milch", schrieb Buder und fügte zynisch hinzu: „Sie war halt auch in einem Konzentrations-Lager."[409] Bei einem Kameradschaftsabend machten sich Haas' Männer einen Spaß daraus, eine Zeichnung von einer Kuh im Speisesaal aufzuhängen und darunter zu dichten: „Unser Kommandant hat eine Rinderherde | Sie besteht aus einer Kuh | Hoffentlich kommt da noch ein Kälbchen dazu!" Haas nahm es offenbar mit Humor, denn das Bild blieb hängen.

Um seine beiden Schweine zu mästen, ließ Haas sogar einmal die ganze Tagesration der Häftlinge unter dem Vorwand einer Bestrafung streichen und stattdessen an seine Tiere verfüttern, erinnerte sich Leopold Engleitner.[410] Als die Schweine von Läusen befallen wurden, bot sich Paul Buder an, das Problem zu lösen. Der „Alte" sollte lediglich das damals populäre Läusemittel „Cuprex" besorgen. Fasziniert habe er dem Häftling dabei zugeschaut, wie dieser die Schweine damit einrieb, und sei dann „zufrieden" davongestapft.[411] Einige Zeit später holte er Buder, drückte ihm erneut das „Cuprex" in die Hand und wies ihn an, damit neue Häftlinge zu bestreichen. „Alles entkleiden, rauf auf den Tisch, bücken, Beine breit, einmal rechts, einmal links, einmal durch die Kimme", befahl er und höhnte lachend am Abend: „Was du alles streichen mußt, hast du dir wohl nie erträumen lassen."[412] Als das Schlachtfest bevorstand, freute sich die ganze SS-Wachmannschaft „auf Wellfleisch und frische Wurst". Doch der Fleischer, auch ein SS-Mann, schlachtete aus Versehen die Zuchtsau und nicht das Mastschwein. „Oh, war der Alte sauer!", erinnerte sich Buder, denn „zum Schaden kam der Spott noch hinzu." Seine Männer schrieben unter das Gedicht im Speisesaal zwei neue Zeilen: „Es kam sogar vor | daß man schlug die falsche Sau hinter's Ohr!"[413]

Doch auch der Kommandant trieb seine Späße mit seinen SS-Männern. An einem warmen Sommerabend ließ er Paul Buder in die Kommandanturbaracke kommen. Es war gegen 22 Uhr, nach dem Zapfenstreich, die Offiziere ruhten „friedlich in ihren Betten". Buder sollte nun einen schmutzigen Öllappen in einem Topf anzünden, ihn in den Korridor stellen und die Tür wieder schließen. Haas machte es sich vor seinem Quartier in einem Lehnsessel gemütlich, während aus „allen Ritzen dicker schwarzer Qualm" drang. „Nun lauf, klopfe an die Fenster, und Wände, und rufe: Feuer! Feuer! Mal sehen, was die zuerst retten!", befahl er Buder. Kurz darauf sprang ein Offizier aus dem Fenster, ein großes Stück Speck unterm Arm. „Das hat er gehamstert!", schrie Haas. Andere SS-Führer stürzten hinterher, einige „mit den Hosen in der Hand". Der Kommandant lag „schräg im Sessel, rot angelaufen vom vielen Lachen. Tagelang waren die SS Offiziere sauer."[414]

Das klingt alles nach heiteren Anekdoten. Es mischt sich jedoch ein bitterer Beigeschmack unter, sobald man sich erinnert, in welcher brutalen Umgebung sie stattfanden, inmitten von hungernden, kranken und sterbenden Menschen. Ganz anders als damals Rudolf Höß, der Erste Schutzhaftlagerführer und sein Vorgesetzter in Sachsenhausen, nahm Haas in Wewelsburg das Lagerleben sehr locker, verteilte allerdings leichthin Prügelstrafen. Nach dem verpatzten Schlachtfest schaffte er sich eine neue Sau und ein kleines Ferkel an, um das sich der Häftling Max Loschwitz kümmern sollte. Als ihm das Ferkel in ein Wasserbecken fiel und ertrank, ließ ihn Haas auf den Bock schnallen und auspeitschen. Ähnlich erging es dem Vorarbeiter Brosowski, der das bestattete Ferkel wieder ausgrub und von Haas erwischt wurde, wie er es sich heimlich über einem kleinen Feuer braten wollte. Auch Brosowski kam auf den Bock, „vor seiner Nase lag quer das Ferkel, dann gab es 25 Stockschläge. Bei jedem Schlag aber sollte er sagen: ‚Herr Kommandant, ich werde mich bessern!' Viermal sagte, schrie und wimmerte er diesen Satz, dann schrie er nur noch."[415]

Paul Buder selbst hatte im Umgang mit Tieren mehr Glück und konnte damit Haas offenbar noch mehr für sich einnehmen – obwohl dieser ihm ebenfalls bei Missgeschicken mit Prügel drohte. Etwa als Buder vorschlug, einem gefangenen Wiesel eine Ratte vorzusetzen, „die beste Nahrung für ein Wiesel". 25 Stockschläge gäbe es, wenn das Wiesel stirbt, warnte Haas und ließ alle Offiziere zu diesem Schauspiel antreten. Während er die Häftlinge in notdürftig ausgebauten Baracken zusammenpferchte, hatte er für das Wiesel eine große Kiste mit Schlafkabine und Leiter bauen lassen. Da hinein setzte man nun die Ratte, schnell biss sich das Wiesel in ihrem Nacken fest. „Kleiner tapferer SA-Mann", staunte Haas voller Bewunderung.[416]

Ein großes Gehege ließ der Kommandant auch für eine Reihe von Vögeln bauen. Buder beschrieb, wie er eine junge Elster auf der Burg auflas und so konditionierte, dass sie bald „der Liebling aller Häftlinge und SS Männer" wurde. Sie habe nur auf seinen „besonderen Pfiff" gehört: „Ich sage dem Kommandant, er solle auch mal so pfeifen wie ich, und prompt sitzt ‚Schaka' auf seiner Mütze! Die SS Männer wiehern vor Freude! Haas aber sagte, ich bekäme 25 Hiebe, wenn ‚Schaka' ihm auf den Kopf scheißt!" Der Kommandant kam aber auf den Geschmack, holte sich für ein Vogelgehege „Eulen, Bussarde, eine Gabelweihe" und befahl aber im Winter, nicht mehr zu füttern: „Er will sehen, wer der stärkste ist! Ein erbärmliches Jagen und Zerfleischen beginnt. Wir waren ja im Konzentrationslager, da sollte man sich über nichts mehr wundern."[417] Mit ähnlichen Methoden scheint die SS auch deutsche Schäferhunde abgerichtet zu haben, um sie bei Fluchtversuchen auf Häftlinge zu hetzen. Bald waren sie aber so aggressiv, dass sie sowohl auf Bewachte als auch Bewacher losgingen, berichtete Leopold Engleitner. Haas, arrogant wie er war, wollte seinen Männern demonstrieren, wie lächerlich ihre Angst sei, und stieg selbst in den Zwinger. „Die Hunde stürzten sich wie wilde Bestien auf ihn, verbissen sich in seinen Oberarm und rissen ihm Teile der Uniform vom Leib. Der geschockte Kommandant konnte sich nur mehr mit zwei Schüssen aus seiner Pistole retten."[418]

Solange Paul Buder in der Gunst des Kommandanten stand, hatte er gute Chancen, in Wewelsburg zu überleben. Hatte Haas die Fähigkeiten des gelernten Anstreichers bereits ausgenutzt, den Mord an einem Sozialdemokraten zu vertuschen, so entdeckte er in der Zeit zwischen Mitte und Ende 1942 ein größeres Talent: Das Bild „Sonne im Tannenwald" von einem „Professor Lammert" sollte der Häftling eigentlich nur einrahmen. Zu höherer Kunst sei er nicht fähig, höhnte Haas. „Kannst nur Scheißhäuser und Waschräume kälken!"[419] Buder aber fühlte sich wohl bei seiner Ehre gepackt. Als der Kommandant nach ein paar Tagen zurück in die Werkstatt kam, sah er sein Bild ohne Rahmen und drohte Buder mal wieder „25 Schläge über den Arsch" an. Doch damit hatte der Häftling gerechnet und holte schnell ein zweites, gerahmtes Gemälde mit demselben Motiv hervor. Mit einem Taschenmesser hatte er die Spachtelarbeit täuschend echt kopiert. Nun fragte er frech den Kommandanten, welches Bild denn wohl das Original sei. „Teufel nochmal! Hast du das gemalt?", fragte Haas fassungslos. „Du bist mir zu schade zum Verrecken! Wirst bei mir der alte Rembrandt!" Der nächste Auftrag kam sofort: zwölf Kopien des Gemäldes „Lüneburger Heide". Die Bilder wolle er zu Weihnachten an höhere Offiziere verschenken, sagte er seinem neuen Auftragskünstler. Dann werde er auch befördert. Ob sich diese Anekdote genauso filmreif abgespielt hat, wie es Buder beschrieb, muss offenbleiben. Sie ist jedoch so weit glaubwürdig, als dass Haas Ende 1942 nach vielen Jahren tatsächlich wieder von seinen Vorgesetzten in der Allgemeinen SS zur Beförderung vorgeschlagen wurde, die dann im Februar 1943 kam.

Der Kommandant war keineswegs der einzige SS-Führer im Wewelsburg-Komplex, der die handwerklich und künstlerisch begabten Häftlinge, vor allem die Zeugen Jehovas, für eigene Zwecke ausnutzte. Der Werkstättenleiter Georg Klohe berichtete, wie ihn Haas ohne Grund „20 und 25 Schläge mit dem Ochsenziemer" spüren ließ. Erst dann fragte er ihn, was sich der Burghauptmann der Wewelsburg, Siegfried Taubert, anfertigen ließ – zweifelsfrei, um sich mit Geschenken bei ihm einzuschmeicheln.[420] Das KZ Niederhagen/Wewelsburg war längst Teil des großen Netzwerkes, das Unmengen an KZ-Kunst produzierte. Um die Selbstbereicherung und Korruption zu verschleiern, wurden die kunsthandwerklichen Gegenstände oft als Geschenke innerhalb der SS hin und her gereicht. Das geschah „zu allen möglichen Anlässen, etwa zu Geburtstagen, zur Hochzeit oder zur Geburt eines Kindes", bestätigt Tilman Taube.[421] Er recherchiert zur Vergangenheit seines Großvaters Heinz Baumkötter, der Lagerarzt in Mauthausen, Natzweiler-Struthof, im Sommer 1942 auch kurzzeitig in Wewelsburg und danach in Sachsenhausen war und zahlreiche pseudomedizinische Experimente an Häftlingen durchgeführt hat.

Als Dr. Baumkötter 1943 in Sachsenhausen zum Beispiel seinen 31. Geburtstag feierte, fand er in seinem Dienstzimmer im Krankenbau einen „großen Gabentisch": Vorgesetzte, Kameraden und Funktionshäftlinge schenkten ihm neben sechs großen Blumenkörben unter anderem eine Truhe, ein „großes farbiges und gerahmtes Bild von mir", eine „festgerahmte Aquarellfederzeichnung", einen „sehr schönen Ahornteller" und „kunstvoll angefertigte Glückwunschschreiben".[422] Zur Hochzeit bekam er eine Bonbonniere mit einem geschnitzten Pferd auf dem Deckel, ein Holzkästchen mit Intarsien, einen reich verzierten Holzteller und ein Nähkästchen. Fast alle Geschenke hatten Häftlinge im Lager angefertigt. Baumkötters Enkel, Tilman Taube, hat einige von diesen Stücken und viele andere vererbt bekommen. Er vermutet, dass heute noch unzählige Gegenstände aus der Hand ehemaliger Häftlinge in deutschen Wohn- und Schlafzimmern ihren Platz gefunden haben – ohne dass die meisten Nachkommen oder neuen Besitzer überhaupt eine Ahnung von der Herkunft haben.[423]

Diese aus Holz gefertigte Bonbonniere bekam der SS-Arzt Heinz Baumkötter ca. 1943/1944 vom Schutzhaftlagerführer in Sachsenhausen geschenkt. Das geschnitzte Pferd, das den Deckel zierte, ist abgebrochen.

In den Konzentrationslagern saßen die Lagerkommandanten direkt an der Quelle. Nach Belieben konnten sie Handwerker und Künstler von anderen Kommandos abziehen und für sich arbeiten lassen. In Wewelsburg kam Adolf Haas offenbar erst recht auf den Geschmack, nachdem er das Talent von Paul Buder erkannt hatte. „Haas war durch das Malen der Bilder auf die Idee gekommen, daß ich ihn malen könnte", erinnerte sich Buder:

„Kurt Hüter aber, Rotfrontkämpfer in Spanien gewesen, von Beruf Kunsttischler, sollte dann nach meiner Zeichnung eine 50 Zentimeter hohe Figur aus Lindenholz schnitzen, die ich kunstvoll bemalen sollte. Eine Holzplastik sollte dann auf seinem Schreibtisch stehen. Ich hielt mich also an seine Körpermaße, und wütend fragte er, ob er so dick wäre? Ich ließ den Bauch weg, und so zufrieden gestellt, stand seine Figur dann auf dem Schreibtisch. Die SS Offiziere aber schüttelten den Kopf."[424]

Der Kommandant war mit Kurt Hüters Arbeit so „zufrieden", dass er ihn im Winter 1942 mit weiteren Holzarbeiten beauftragte – wahrscheinlich als Weihnachtsgeschenke für seine Familie gedacht. Hüter baute für ihn unter anderem eine kleine Kommode mit kunstvoller Intarsienverzierung und zusammen mit Otto Preuss einen runden Tisch mit etwa eineinhalb Metern Durchmesser. Diese und andere Möbel sowie Kinderspielzeug schickte Haas nach Hachenburg.[425] Allerdings wusste er nicht, dass Preuss zwischen den beiden Holzschichten des Tisches „einen Bericht über die Lagerverhältnisse in Wewelsburg“ versteckt hatte. In den Lagerwerkstätten durften sich auch Haas‘ SS-Offiziere bedienen. Um „Weihnachten rum wurden Spielzeuge für die SS-Leute gemacht“, erzählte ein Überlebender, der ein gelernter Zimmermann war.[426] Einer seiner Mithäftlinge „machte aus abgelagertem Holz Schmuckdosen, die auch die SS-Leute gern mitnahmen“.

Kurt Hüter fertigte Ende 1942 für den Kommandanten diese kleine Kommode mit kunstvoller Intarsienverzierung an. Noch in den 1990er-Jahren war sie im Besitz von Haas' Nachfahren. Sein Enkel entdeckte auf der Unterseite die Signatur: „angefertigt im Nov. 1942 Kurt Hüter Tischlermeister".

Als im Winter die Toten in der Leichen-Baracke einen Fuchs anlockten, der „im elektrischen Draht sein Ende“ fand, wollte sich Haas von einem Häftling das Fell gerben lassen. Ohne Respekt für die Toten befahl er, einen verstorbenen Häftling an den Zaun zu legen, „damit noch mehr Füchse angelockt würden", erinnerte sich Paul Buder. Doch „es kam keiner mehr. Die Aktion wird abgeblasen."[427] Zwar nicht mit Respekt im engeren Sinne, aber immerhin ohne Schikanen behandelten der Kommandant und die SS die Häftlinge auf dem Industriehof, ob sie nun Kunstgegenstände anfertigten oder Autos reparierten.[428] Paul Buder erwähnte dagegen nur noch ein Bild, das er für Haas anfertigen musste, obwohl es wahrscheinlich noch mehr waren. Es ging einmal mehr um einen Spaß, den sich Haas mit einem seiner Offiziere machen wollte. Dieser war, so seltsam es klingt, vor dem Eintritt in die SS evangelischer Pfarrer gewesen und „konnte unheimlich essen". Obwohl Haas selbst einen Bauch vor sich hertrug, wollte er seinen Kameraden damit aufziehen:

„Haas brachte mir ein Foto von diesem SS Offizier. Ich solle einen langen Tisch malen, rundum SS Offiziere, aber in der Mitte des Bildes den Pfarrer im Talar, auf der Gabel einen Kartoffelkloß, den er in den Mund schiebt. Wichtig aber sei, er muß nach dem Foto gemalt werden, und zwar so genau, daß die Frau, die zu Besuch kommt, ihren Mann darin erkennt!"[429]

Der Scherz ging nach hinten los. Die Frau ärgerte sich keineswegs, sondern freute sich so über das originelle Bild, dass sie es mit nach Hause nahm. „Hast du viel zu schön gemalt", ärgerte sich Haas.

Paul Buder aber blieb einer seiner bevorzugten Häftlinge. Während Haas mehr als tausend Menschen sterben ließ, schützte er einige Ausgewählte. Er erlaubte Buder zum Beispiel nicht nur, sich relativ frei im Lager innerhalb der Postenkette zu bewegen und Essensreste mitzunehmen, sondern sorgte sich auch um dessen Gesundheit. Als Buder einmal „Furunkeln am Knie" bekam, sagte Haas, er solle sich im Krankenrevier melden und dort „mal die Hose herunter lassen". Die Sorge des Kommandanten rührte allerdings weniger von Menschlichkeit her. Es war eher Gnade aus Gier. In erster Linie sorgte er sich um seine Unterhaltung und Bereicherung. Wie kurzlebig seine Gunst sein konnte, zeigte das Schicksal des chinesischen Häftlings Lih. Für Haas war der 50-Jährige eine lebendige Erinnerung an seine Zeit als Soldat in Tsingtau, der deutschen „Musterkolonie" an der chinesischen Ostküste. Daher wollte er wohl auch, dass Lihs „Haar wächst, damit man einen Zopf flechten kann", erinnerte sich Buder.[430] „Dann sollte er einen Kimono bekommen, und alle hohen Offiziere mit gekreuzten Armen auf chinesisch begrüßen." Doch das

Haar wuchs nicht. Wie auch bei der Mangelernährung im Lager? Für den Kommandanten verlor damit Lih an Unterhaltungswert und damit auch seine Sonderstellung. „Als dann Transporte zum ‚Kräutergarten' nach Dachau gehen, war Lih dabei."

Paul Buder dagegen sicherte sich über die Jahre Haas' Wohlwollen, indem er ihn nicht nur mit Malereien beglückte, sondern mit immer neuen Ideen und Ratschlägen. Eines Tages zeigte Buder ihm ein paar Pilze, die er und andere Häftlinge beim Brennholzschlagen gefunden hatten. Geschmort seien sie „eine Delikatesse", sagte er. „Du willst mich wohl vergiften!", erwiderte Haas skeptisch, ließ sich aber überzeugen, als Buder sie selbst aß. „Nun wollte er auch Pilze essen! Also zogen wir beide los." Sie fanden „einen ganzen Korb voll" und das Pilzgericht habe ihm so gut geschmeckt, dass sie „nun öfter gingen".[431] Er habe die günstige Gelegenheit sofort genutzt, schrieb Buder, und gefragt, „ob wir für uns auch mal Pilze holen könnten?" Haas stimmte zu. „Ach, was haben die Brüder gefuttert!"[432] Paul Buders Kollaboration war nicht nur eine Strategie, um selbst zu überleben, sondern er nutzte das Wohlwollen des Kommandanten auch, um seinen Glaubensbrüdern zu helfen. Er habe öfter aus der SS-Küche Essensreste in das Lager geschmuggelt, schrieb er, wunderte sich aber irgendwann, warum er nie kontrolliert werde. „Ja Buder, der Alte will dat nich hann!", erklärte ihm der SS-Posten Friedsam aus Köln.[433] Nachdem Haas vergeblich versucht hatte, an den Wehrdienstverweigerern im Strafkommando „Waldsiedlung" ein Exempel zu statuieren, ließ er die Zeugen Jehovas im Gegensatz zu anderen Häftlingsgruppen im Allgemeinen in Ruhe. Das und ihre bemerkenswerte Gruppensolidarität, die Haas mit den Privilegien für Paul Buder und andere „nützliche" Bibelforscher unterstützte, erklärt die geringen Todeszahlen unter ihnen. Unter den 306 bekannten Zeugen Jehovas gab es nachweislich „nur" 19 Tote, während von den etwa 900 deutschen Häftlingen anderer Häftlingskategorien mehr als jeder Dritte starb und von rund 1200 sowjetischen sogar 63 Prozent.[434] Das habe auch der Lagerkommandant erkannt und an einem kalten Wintertag den frierenden Häftlingen auf dem Appellplatz verkündet, wie sich Leopold Engleitner erinnerte: „Ich habe festgestellt, dass unter den Bibelwürmern weniger Häftlinge sterben." Zynisch habe Haas hinzugefügt: „Das beweist eigentlich, dass die Verhältnisse in unserem Lager gar nicht so schlecht sind."[435]

Haas' Schutz für Paul Buder führte so weit, dass er ihn regelrecht als seinen Besitz betrachtete. „Es war wohl Silvester 1942", erinnerte sich der Bibelforscher. „Haas hatte im Saal eine Feier, auch Damen der SS waren zugegen. Ich sollte baden, rasieren, mich sauber einkleiden, und meine alte Gitarre mitbringen." Er trug einige Jodel-Lieder vor und bekam viel Beifall. Eine elegante Dame sagte zu Haas: „Den kannst du mir nachher mitgeben!" Verdutzt fragte der Kommandant, was sie denn mit dem Häftling wolle? Sie erwiderte mitfühlend, er könne „bei ihr baden, und danach tüchtig essen". „Und danach bei ihnen schlafen?", meinte Haas gehässig. Das habe sie nicht gesagt, antwortete die Dame. Haas aber rief „voll Wut den Posten, der mich sofort abführen mußte".[436] Buder sollte nur ihm dienen, keinem anderem. Tatsächlich traf er die Dame nach Kriegsende wieder und fragte sie, ob es denn nicht „gefährlich war, damals so zu sprechen". Sie entgegnete, daß sie von Adolf Haas so viel gewusst habe, daß er „ein paarmal" hätte verhaftet werden können.[437] Seine von Selbstbereicherung und Korruption durchsetzte Lagerführung war wie schon bei Hans Loritz auch bis über die Grenzen des Lagers kein Geheimnis mehr gewesen. Im Vergleich zu anderen Kommandanten war Haas' Gier offenbar noch im Rahmen. Immerhin stand sie im wahrsten Sinne im Schatten von Himmlers geheimen gigantischen Privatprojekt. Maßregelungen durch seine Vorgesetzten sind wohl auch daher nicht bekannt, weil die Wewelsburg bewusst nicht allzu viel Aufmerksamkeit bekommen sollte.

Auch Haas' moralische Verfehlungen im Privatleben, die sowohl bei der SS als auch bei den Häftlingen bekannt waren, machten ihm zu dieser Zeit noch keine Probleme. Haas' Ehefrau und seine jüngste Tochter, 1942 sechs Jahre alt, besuchten Haas einmal im Jahr, erinnerte sich Buder. Ein größeres Mädchen, „eine schöne Blondine, vielleicht 25 Jahre alt", kam zu Festtagen und Feiern.[438] Als Buder in der Nähe des Speisesaals der SS zu tun hatte, beobachtete er, wie Haas die „Blonde" fest am Arm packte. Wo sie gewesen sei, fragte er wütend.

„Ich war nur auf der Toilette, laß mich los, Papa, du tust mir weh!"

„Wage es nicht, hier irgendwo hinzugehen!"

„Nein Papa, ich bleibe immer bei dir!", beruhigte ihn seine Tochter – oder eher seine vermeintliche Tochter. Adolf Haas' älteste Tochter war 1942 gerade einmal sechzehn Jahre alt, nicht 25. Das konnte Paul Buder nicht wissen, war aber trotzdem damals schon misstrauisch. „Später erfuhr ich, was ich schon geahnt hatte, es war seine Geliebte." Womöglich hatte ihn Heinrich Himmler indirekt zu einer Affäre ermutigt: Wie alle SS-Führer gehörte Haas dem staatlich geförderten SS-Verein „Lebensborn" an.[439] Mit diesem perversen Zeugungsprogramm für eine „arische Herrenrasse" ermunterte Reichsführer-SS Heinrich Himmler vor allem nach Kriegsbeginn seine Männer, ihrer „völkischen Verpflichtung" nachzukommen und sich auch außerehelich fortzupflanzen – vor allem mit hochgewachsenen blonden „arischen" Frauen.[440] Ob Adolf Haas in Wewelsburg seine Ehefrau mit der blonden 25-jährigen Frau aus „Verpflichtung" oder aus privatem Vergnügen betrog, ist nicht bekannt. Dagegen aber, dass es nicht bei einer einzigen Affäre blieb.

Ehemalige Häftlinge und SS-Angehörige erklärten nach dem Krieg, Haas habe mit einer verheirateten Frau namens Luise Lehmann ein Verhältnis gehabt.[441] „Die Lehmann habe einen energischen Eindruck gemacht und oft Häftlinge bei Haas angeschwärzt, die dann von Haas bestraft worden seien", erinnerte sich ein Überlebender.[442] Die knapp 40-Jährige versuchte es auch bei seinem Glaubensbruder Max Hollweg. Haas hatte ihn in die Wohnung der Lehmanns geschickt, „um einen Räucherschrank im Keller anzuschließen", erzählte er in seinen Memoiren.[443] Er war damals abgemagert wie ein „Klappergerüst" und kam „natürlich nicht so zügig voran wie erwartet. Grund genug für Frau Lehmann, im Lager anzurufen, um sich über den langsamen Häftling zu beschweren." Haas nutzte den Vorwand und kam persönlich vorbei. Seine gute Laune war Hollwegs Glück. Haas besah sich die Arbeit, drehte sich zu seiner Geliebten um und erklärte ihr: „Das geht nicht schneller." Obwohl sie durch die Ausbeutung von Haas' Häftlingen ein sehr gutes Leben führte – einer wusch ihre gesamte Wäsche –, fehlte dieser „wohlgenährten Frau", so Hollweg, „ganz einfach das Verständnis für ihre Mitmenschen". Ihr Verhältnis zu Haas nannte er ein „offenes Geheimnis". Wie ein anderer Häftling später andeutete, bot sie sich Haas aber auch deswegen an, damit ihr Mann eine bessere Stellung bekam: Adolf Lehmann habe einen eher „simplen" Eindruck gemacht. „Lehmann sei Angehöriger der ‚Allgemeinen SS' gewesen und habe das Transportwesen auf der Wewelsburg unter sich gehabt. Diese Stellung sei dem Lehmann von Haas ‚zugeschanzt' worden."[444] Womöglich war es auch Haas, der dafür sorgte, dass Lehmann im September 1942, also etwa zeitgleich mit ihm selbst, mit dem Kriegsverdienstkreuz II. Klasse ausgezeichnet wurde – jedoch „ohne Schwerter".[445]

Die Affären und die Selbstbereicherung hatten Anfang 1943 ein Ende. Während die eingeschlossene 6. deutsche Armee in der Schlacht um Stalingrad kurz vor einer vernichtenden Niederlage stand, erging am 13. Januar 1943 ein Erlass, wonach alle „kriegsunwichtigen Bauarbeiten" in Wewelsburg sofort eingestellt werden sollten. Selbst Heinrich Himmler konnte den Baustopp seines Privatprojekts, des geplanten „Mittelpunkts der Welt“, nicht mehr aufhalten. Mitte März 1943 schickte WVHA-Chef Oswald Pohl eine Expertenkommission in Haas‘ Lager. Sie sollte prüfen, ob man es für die Rüstungsproduktion ausbauen könne, kam aber nicht weit und wurde bald zurückgerufen. Der Beschluss der SS-Führung stand fest: Das KZ Niederhagen/Wewelsburg sollte aufgelöst werden. Am 23. März verwies ein Runderlass auf den Einweisungsstopp nach Wewelsburg. Am 5. April forderte Adolf Haas noch einmal die Gestapoleitstelle Düsseldorf auf, keine weiteren Häftlinge mehr einzuweisen. Am 12. April trugen seine Männer im Standesamt den letzten offiziellen Toten in das Sterbebuch ein. Bis Mai ließ Haas das Lager räumen. Die meisten Häftlinge kamen, je nach Gesundheitszustand, in andere Konzentrationslager, darunter Buchenwald, Ravensbrück und Dachau.[446] Kurz vor der Abfahrt eines Transports nach Ravensbrück befahl Haas den Häftlingen, zum Abschied noch ein letztes Mal das „Wewelsburglied“ zu singen, erinnerte sich ein Überlebender. „Das wollte er hören.“[447]

Als am 30. April 1943 das Konzentrationslager offiziell aufgelöst wurde, befanden sich noch rund 150 bis 200 Häftlinge im Lager, darunter auch Paul Buder. „Haas sortiert“ immer noch. „Handwerker der Zeugen Jehova’s stellt er abseits“, dann sei er direkt zu ihm gekommen. Der Transport ging an diesem Tag nach Dachau. „Fast väterlich“ sagte er zum Abschied noch einmal: „Du bist mir zu schade zum Verrecken! Glaube mir, es ist besser für dich, wenn du hier bleibst.“[448]

Am 7. Mai 1943 stieg Haas in einen Zug Richtung Nordosten. Er nahm einen Teil seiner Wachmannschaft mit und einen der letzten Häftlingstransporte mit etwa 100 bis 150 Menschen, darunter überwiegend Zeugen Jehovas.[449] Paul Buder wollte er nicht dabeihaben. Wahrscheinlich wusste er bereits, dass dieser in seinem alten Lager besser aufgehoben war als in seinem neuen.

5. Der bequeme Kommandant

Willkür und Auftragsmalerei im Konzentrationslager Bergen-Belsen

1943–1944
Bergen bei Celle

5.1 Der „Unqualifizierte": Der Aufbau des „Aufenthaltslagers Bergen-Belsen"

Entführer töten ihre Geiseln normalerweise erst, wenn ihre Forderungen nicht erfüllt oder sie in die Enge getrieben werden. Die Nazis machten es anders: Erst als sie bereits über eine Million Juden aus ganz Europa ermordet hatten, entschieden sie sich, Geiseln zu nehmen. Diese wenigen, so glaubten sie, nutzten ihnen lebendig mehr als tot. Da in ihrer weltverschwörerischen Überzeugung jüdische Politiker und Finanziers die „Feindstaaten" beherrschten, dachten führende Nationalsozialisten schon lange über jüdische Geiseln nach. Während der Völkermord in der zweiten Jahreshälfte 1942 neue Dimensionen erreichte, reifte diese Idee vor allem bei Heinrich Himmler. Im Herbst gab der Reichsführer-SS zwar den Befehl, alle jüdischen Häftlinge aus dem Reich zu entfernen. Im Dezember 1942 wies er allerdings das Reichssicherheitshauptamt (RSHA) an, etwa 10.000 „wertvolle Geiseln" in einem Sonderlager zusammenzufassen.[450] Seine Bürokraten im Zentrum des Unterdrückungsapparats sollten den staatlichen Menschenhandel planen und umsetzen. Tatkräftige Hilfe bekamen sie vom Auswärtigen Amt (AA), das die SS bereits auf verschiedene Weise im Rahmen der „Endlösung der Judenfrage" bei Mordaktionen und Deportationen unterstützte und bei dem Austauschprogramm sogar an 30.000 Geiseln dachte.[451]

Gemeinsam einigten sich die Schreibtischtäter auf eine Gruppe von Juden mit der Staatsangehörigkeit von besetzten oder feindlichen Staaten, mit einflussreichen Positionen oder Beziehungen sowie anderen, „die als Geiseln und als politische oder wirtschaftliche Druckmittel brauchbar sein können".[452] Mit diesen

„Austauschjuden" sollten allerdings nicht nur im Ausland internierte Deutsche wieder die „Freiheit" erlangen. Angesichts der Wende im Krieg war die NS-Führung vielmehr daran interessiert, die Geiseln auch gegen Waffen, Rohstoffe und Devisen einzutauschen.[453] „Sollten die erwähnten Austauschverhandlungen zu keinem Ergebnis führen, so kann die Abschiebung dieser Juden immer noch erfolgen", schlug das Auswärtige Amt Anfang März 1943 vor.[454]

Um die menschliche „Ware" bis zum Austausch sicher zu „verwahren", baute man mitten in Deutschland ein neues Lager. Ein Lager, dass zur „Anomalie im KL-System" wurde: Innerhalb der deutschen Vorkriegsgrenzen war es 1943 nicht nur das einzige große Lager für Juden, es war auch das einzige Lager für Juden überhaupt, in dem ihr Tod keine Priorität hatte.[455] Mit Zustimmung von Hitler ließ Himmler im Frühjahr nach einem geeigneten Ort suchen. Im April 1943 wurde die SS in der Lüneburger Heide fündig: Im Ortsteil Belsen der Gemeinde Bergen im Kreis Celle (heute Niedersachsen) stand das Kriegsgefangenenlager Bergen-Belsen (Stalag 311) größtenteils leer. Während die 6. deutsche Armee im 2800 Kilometer entfernten Stalingrad seit Ende 1942 einer desaströsen Niederlage entgegenblickte, ließen die Deutschen in denselben Monaten Tausende sowjetische Kriegsgefangene – etwa 17.000 in Bergen-Belsen – verhungern oder durch Seuchen umkommen. Nur noch ein kleiner Lazaretteil war belegt. So erreichte das SS-Wirtschafts- und Verwaltungshauptamt (WVHA), dass der Chef des Kriegsgefangenenwesens etwa die Hälfte der 55 Hektar für die „Austauschjuden" abtrat.[456] Bereits Ende April kam der erste große Häftlingstransport aus Buchenwald für die ersten Baumaßnahmen. Noch mehr Häftlinge, Baumaterial, erfahrenes Wachpersonal und nicht zuletzt der neue Lagerkommandant kamen aus einem anderen, viel näheren Lager, kaum 180 Kilometer entfernt: aus Niederhagen/Wewelsburg.

Nach dem Baustopp von Himmlers Privatprojekt „Wewelsburg" standen nicht nur Häftlinge zur Verfügung, die bereits in verschiedenen Baukommandos eingesetzt worden waren, sondern auch „eine über mehrere Jahre eingespielte und zusammengewachsene Gruppe von SS-Angehörigen, die schon einmal ein Konzentrationslager aufgebaut hatte", so die Historikerin und Bergen-Belsen-Expertin Alexandra-Eileen Wenck.[457] Seit etwa Mitte April unterstand das neue Lager in der Lüneburger Heide verwaltungsmäßig als „Arbeitslager" zunächst dem KZ Niederhagen/Wewelsburg, aus dem nun etwa 90 SS-Angehörige nach und nach eintrafen. Weitere Männer kamen bis Mitte Mai mit insgesamt rund 600 Häftlingen aus den Konzentrationslagern

Buchenwald und Natzweiler-Struthof im besetzten französischen Elsass nach Bergen-Belsen, um das neue Lager aufzubauen.[458]

Am 7. Mai 1943 traf Adolf Haas mit einem Häftlingstransport aus Wewelsburg ein. Dort hatte er bewiesen, dass er ein Lager führen konnte. Doch in Bergen-Belsen sollte keineswegs ein typisches Konzentrationslager entstehen. „Bergen-Belsen war die große Ausnahme von der Regel", sagt Thomas Rahe, der wissenschaftliche Leiter der Gedenkstätte Bergen-Belsen. „Die Regel hieß Massenmord."[459] Warum also wählte WVHA-Chef Oswald Pohl gerade Adolf Haas für die verantwortungsvolle Aufgabe aus, ein „Vorzugslager" zu bauen, in dem die „Austauschjuden" zwar konzentriert, aber keineswegs reihenweise sterben sollten? Die hohen Todesraten in Wewelsburg waren ja in Pohls Behörde kein Geheimnis gewesen. Der Historiker Eberhard Kolb findet in der ersten Gesamtdarstellung zum KZ Bergen-Bergen von 1962 eine simple, aber einleuchtende Antwort:

„Wenn Pohl einen Mann wie Haas zum Lagerkommandanten von B[ergen-]B[elsen] ernannte, tat er es nicht deshalb, weil Haas ihm für diese Aufgabe besonders ‚geeignet' erschien, sondern weil er im Augenblick niemand anderes hatte [...] Wie bei der Wahl des Kriegsgefangenenlagers B[ergen-]B[elsen] als Ort für das AL [Aufenthaltslager] scheint auch bei der Wahl des ersten Lagerkommandanten der Gesichtspunkt maßgebend gewesen zu sein, ohne Rücksicht auf Qualität und Eignung das zu nehmen, was im Augenblick zur Verfügung stand."[460]

Außerdem wollte Pohl, so Kolb, diesem „ebenso primitiven wie zur Leitung eines ‚Austauschlagers' völlig unqualifizierten SS-Führer" nach der Auflösung seines KZ in Wewelsburg „wieder mit einer ‚angemessenen' Stellung versehen".[461] Zwar fällt Haas' Beschreibung etwas einseitig aus. Eberhard Kolb hat aber insoweit recht, als dass Haas' zweites Lager, wie bereits sein erstes, weit unten auf der Prioritätenliste von Pohl und dessen WVHA stand, wie sich schnell nach der Gründung und auch später zeigen sollte. „Völlig" unqualifiziert war Haas aus der Sicht seiner Vorgesetzten aber nicht. Für die „Austauschjuden" reichte es offensichtlich.

Am 10. Mai 1943, drei Tage nach Haas' Ankunft, wurde das „Zivilinterniertenlager Bergen-Belsen" offiziell gegründet. Und er wurde Lagerkommandant.[462] Selbst die Briefbögen stammten zunächst aus Niederhagen, erinnerte sich der Luxemburger Pierre Petit, der im Lager einige Zeit als Schreiber tätig war. Die alte Lagerbezeichnung wurde mit schwarzer Tusche und dann mit einem Stempel überdeckt – allerdings nicht mit „Zivilinterniertenlager Bergen-Belsen".[463] Im Juni 1943 bekam das Lager noch einmal einen neuen Namen. „Diese Änderung ist erforderlich, da Zivilinterniertenlager gemäß der Genfer Konvention internationalen Kommissionen zur Besichtigung zugänglich sein müssen", bemerkten die juristisch geschulten Beamten im Reichssicherheitshauptamt. Solche Unannehmlichkeiten müsse man „aus taktischen Gründen" möglichst vermeiden. Schließlich einigten sich die SS-Funktionäre auf den völkerrechtlich unverbindlichen Namen „Aufenthaltslager Bergen-Belsen".[464]

Das Reichssicherheitshauptamt hatte in Bergen-Belsen tatsächlich weit mehr mitzureden als in anderen Konzentrationslagern. Es entschied in Abstimmung mit dem Auswärtigen Amt, welche Geiseln „wertvoll" genug waren für einen Austausch. Dass der Menschenhandel auch wirklich funktionierte, sollten die „Politische Abteilung" im Lager und ihr Leiter Dr. Siegfried Seidl sicherstellen. Sie unterstanden nicht wie üblich dem Lagerkommandanten, sondern direkt dem Reichssicherheitshauptamt. Genau diese ungewöhnlich starke Stellung des RSHA in einem Konzentrationslager führte zu Kompetenzstreitigkeiten, die sich katastrophal auf das Lagerleben auswirkten: Das RSHA entschied zwar über das Schicksal der „Austauschjuden", fühlte sich aber nicht für ihre Behandlung zuständig. Für die Verwaltung war schließlich das SS-Wirtschafts- und Verwaltungshauptamt verantwortlich. Oswald Pohls leistungsorientierte Behörde vernachlässigte wiederum die Versorgung der Geiseln, da sie nicht bis zum Tod ausgebeutet werden durften.[465]

Lagerkommandant Haas schien sich nach seiner Ankunft nicht oder kaum bemüht zu haben, sein neues Lager aus dem provisorischen, miserablen Zustand herauszuholen. Die SS ließ vor allem die eigenen Mannschaftsunterkünfte auf- und ausbauen, während die Unterkünfte des „Baukommandos", das „Häftlingslager", der am schlechtesten ausgestattete Lagerabschnitt wurde. Die Häftlinge behandelte die SS wie in anderen Konzentrationslager auch, brutal und rücksichtslos. Doch auch die restlichen Baracken, die für die jüdischen Geiseln bestimmt waren, ließ die SS kaum besser instand setzen. Als im Juli 1943 die ersten Transporte mit polnischen „Austauschjuden" kamen, gab es noch nicht einmal sanitäre Anlagen.[466]

Ein interner Inspektionsbericht des Legationsrats Eberhard von Thadden, „Judenreferent“ im Auswärtigen Amt und SS-Mitglied, zeugt eindrücklich von der damaligen katastrophalen Lage in Bergen-Belsen – und von Haas‘ Talent, die Schuld von sich abzulenken und sich selbst als eifrigen, aber im Stich gelassenen Lagerkommandanten zu inszenieren. Gemeinsam mit dem Oberregierungsrat Rudolf Kröning vom RSHA kam Thadden am 30. Juli 1943 in die Lüneburger Heide und ließ sich von Haas persönlich durch das Lager führen. Er war entsetzt.

Laut Eberhard von Thaddens Bericht[467] befanden sich im Lagerteil für die Austauschhäftlinge bereits etwa 2300 polnische Juden. „Da z. Zt. ein Transport mit 370 spanischen Juden und kleinere Transporte mit etwa 250 polnischen Juden im Anrollen sind, ist das derzeitige Fassungsvermögen des Lagers Bergen-Belsen bereits erschöpft.“ Thadden erkundigte sich nach den Sanitäranlagen, den Unterkünften für die Juden, ihrer Verpflegung – und wie viel Geld sie dabeihatten. Die „sanitären Verhältnisse“ seien „bisher denkbar unerfreulich“, befand er. Es gäbe lediglich „behelfsmässige Waschmöglichkeiten“ und Latrinen, „die auch für Frauen und Kinder lediglich auf spezifisch soldatische Weise benutzbar sind“. Lagerkommandant Haas überzeugte ihn, dass er und die Kommandantur „die Unmöglichkeit dieser Verhältnisse von sich aus eingesehen“ und sogar ohne Baugenehmigung angefangen hätten, „zwischen den Wohnbaracken in einfachster Form Waschbaracken zu errichten“ sowie eine Kanalisation zu legen für den „Bau vernünftiger Toiletten“. Er hoffe, betonte Haas, „diesen Teil seines Verbesserungsprogramms in etwa 14 Tagen bis spätestens 3 Wochen durchgeführt zu haben“.

Als der „Judenreferent“ die Unterkünfte der Internierten begutachtete, stellte er fest, dass es sich „ausschliesslich um Sommerbaracken“ handelte, die „einwandig und mit einfachen Fenstern versehen sind“. Haas war optimistisch. Er versicherte, „dass der Aufenthalt in den Baracken trotzdem im Winter möglich sein wird. Öfen für jeden Raum sind beantragt, Holz als Brennmaterial stehe ausreichend zur Verfügung.“ Der Diplomat widersprach nicht. Er ließ sich auch von Haas überzeugen, die Verpflegung der Geiseln werde „in sehr sauberen und ordentlich aussehenden Gemeinschaftsküchen hergestellt“ und erfolge „nach Zivilsätzen“ – hätte er an dem Tag das Essen mit den Internierten geteilt, wäre er hungrig und angeekelt nach Hause gefahren. Da er von Haas hörte, die meisten Juden verfügten über „grosse Geldbeträge“ von insgesamt etwa zwei Millionen Reichsmark, sah er wohl kein Problem darin, dass sich die Internierten in der „Kantine“ ihre Verpflegung aufbesserten. Dort könnten „Marketenderwaren, darunter auch Zigaretten, sowie Bier vom Fass käuflich erworben werden". So habe das Lager „in den wenigen Tagen, die das Lager besteht", bereits 26.000 Reichsmark eingenommen. Zum Ressentiment des „reichen" Juden gesellte sich beim Austausch von Haas und Thadden noch das des „kriminellen" und „faulen" Juden.[468] Aus „Sorge vor Diebstahl untereinander" würden sie „ihre Sachen in den Koffern belassen" und „zu einem erheblichen Teil sogar nachts auf ihren Koffern, die sie unter die Strohsäcke legen, schlafen", spottete der Kommandant. Obwohl er sie nicht arbeiten lasse, mokierte er sich, dass die Juden keinen Sport trieben oder sich anderweitig beschäftigten – sie ergingen sich lediglich „im Faulenzen und im Minnespiel". Wie vielseitig und kulturell sich die polnischen Juden angesichts ihrer eingeschränkten Möglichkeiten in Wahrheit ihr Lagerleben gestalteten, übersah Haas. Ganz abgesehen von der Tatsache, dass die Internierten nach tagelangen Fahrten in engen Waggons ohne ausreichend Wasser und Nahrung vollkommen erschöpft ankamen.

Eberhard von Thadden kam nicht aus humanitären Beweggründen nach Bergen-Belsen. Das zeigt sein Bericht ganz deutlich. Er sorgte sich weniger um das Wohl der jüdischen Geiseln, schon gar nicht um das der KZ-Häftlinge des „Baukommandos" oder der sowjetischen Kriegsgefangenen. Im Interesse des Auswärtigen Amts befürchtete er vielmehr, dass die später ausgetauschten Juden von den schlechten Verhältnissen, aber auch vom Leid der anderen erzählten. Immerhin trennten nur ein Stacheldraht und eine Straße die verschiedenen Lagerabschnitte.

„Ich halte es nicht für möglich, Juden Wand an Wand mit Konzentrationslager-Häftlingen und tuberkulösen kriegsgefangenen Russen unterzubringen, wenn man die Absicht verfolgt, die Juden demnächst ins Ausland ausreisen zu lassen. Hinzu kommt, dass den Juden hierdurch geradezu Material für Greuelpropaganda in die Hand gespielt wird."

Doch Thadden forderte nicht das Ende des Elends. Er deutete nur an, dass es nicht mehr so sehr sichtbar sein sollte. Der Kommandant erkannte den Wink mit dem Zaunpfahl und ordnete an, „daß neben diesen Stacheldrahtzaun sofort noch ein zweiter Zaun aus Brettern gestellt wird". Das Massensterben im „Russenlager" dürfte dennoch den jüdischen Internierten „nicht unbekannt bleiben", schrieb der Diplomat. Noch mehr sorgte er sich wohl, dass polnische

„politische“ Häftlinge aus dem „Baukommando“ nicht nur von ihrer brutalen Behandlung berichteten, sondern auch vom Ausmaß der „Endlösung der Judenfrage“ im Osten. Ausländische Anfragen oder gar Proteste aufgrund solcher „Greuelpropaganda“ zu verhindern, lag auch in Thaddens eigenem Interesse. Denn für die Antworten war seine ohnehin schon überarbeitete Abteilung im Auswärtigen Amt zuständig.[469]

In „seiner heutigen Form“ sei Bergen-Belsen für den Austauschplan „völlig ungeeignet“, resümierte Thadden am Ende seines Berichts. Die Aufnahmefähigkeit für die „Bereitstellung von 20 bis 30 Tausend Juden“, wie es dem AA vorschwebe, reiche bei Weitem nicht aus. Man müsse auch das Reichssicherheitshauptamt überzeugen, das Lager „entspräche nicht dem gedachten Zweck, sondern gefährde diesen geradezu“ – damit war insbesondere Adolf Eichmann adressiert, Leiter des „Judenreferats“ im RSHA, das die Vertreibung und Deportation der Juden organisierte. Für den Fall, dass „überhaupt das Lager Bergen-Belsen zur Unterbringung von Juden herangezogen“ werden sollte, hatte Thadden einige Vorschläge, die er auch Eichmann vorlegte: Um die „Aufnahmefähigkeit“ schnell zu erhöhen, sollten weitere Baracken aufgebaut, das Kriegsgefangenenlager in das „Judenlager“ integriert, die „politischen Häftlinge“ so schnell wie möglich „entfernt“ und auch das Kleiderlager der Waffen-SS geräumt werden. Kommandant Haas vertraute er offenbar, die „bereits angeordneten Verbesserungen sanitärer Art“ auch wirklich durchzuführen. Dieser habe bereits „mit dankenswerter Initiative den Bau von Waschbaracken und der Kanalisation in die Wege geleitet“, betonte Thadden in einem zweiten Bericht, den er direkt für Adolf Eichmann schrieb.[470]

Eberhard von Thadden erreichte immerhin, dass das Reichssicherheitshauptamt das Lager Ende August 1943 zunächst für nicht mehr „aufnahmefähig“ erklärte. Seine Vorschläge am Ende des Berichts nahm dagegen niemand wirklich ernst, weder seine Vorgesetzten im AA noch Eichmanns Abteilung im RSHA und schon gar nicht Adolf Haas. Thadden überzeugte sich später nicht noch einmal, ob der Lagerkommandant seinen Versprechen nachgekommen war. Im Oktober 1944 log er sogar gegenüber einem Schweizer Diplomaten, der um eine Besuchserlaubnis für das Lager bat: Er sei erst „kürzlich in Bergen-Belsen gewesen und habe feststellen können, dass die Insassen sehr human behandelt werden, und dass Bergen-Belsen ein gutes Lager sei“.[471] Mit „kürzlich“ meinte er anderthalb Jahre. In dieser Zeit hatte Haas kaum etwas an den miserablen Zuständen der Baracken, der Sanitäranlagen oder der Verpflegung geändert. Selbst Monate nach dem Besuch des „Judenreferenten" entsprachen die hygienischen Einrichtungen nicht einmal den Mindestanforderungen eines NS-Interniertenlagers.[472]

Kommandant Haas, „ein finsterer, undurchsichtiger Mann, schaltete und waltete also dort nach Gutdünken", erinnerte sich kurz nach Kriegsende Rudolf Höß, Haas' ehemaliger Vorgesetzter in Sachsenhausen. „In Bergen-Belsen änderte er an dem gesamten baulichen Zustand, an den trüben hygienischen Verhältnissen dieses von der Wehrmacht übernommenen Kriegsgefangenenlagers gar nichts, gab sich darum keine Mühe."[473] Höß gab allerdings zu, dass sich Haas' Weisungsbefugte in der Amtsgruppe D „Konzentrationslagerwesen" im WVHA bis Ende 1944 um das „Aufenthaltslager" ebenfalls „nicht gekümmert" hatten.[474] Er musste es wissen. Im November 1943 hatte ihn das WVHA als Kommandant in Auschwitz ab- und nach Berlin zum Stab der Amtsgruppe D berufen, wo er das Amt D I (Zentralamt) leitete.[475] Höß zufolge galt das Lager „vorwiegend dem RSHA für die sogen. heiklen Juden und war auch nur vorübergehend gedacht".[476] Da die WVHA-Funktionäre wohl davon ausgingen, dass das Lager nur kurze Zeit bestehen werde, lohnte es sich in ihren Augen offenbar ebenso wenig, die Stelle des Kommandanten wohlüberlegt zu besetzen wie ausreichend in den Aufbau und die Versorgung des Lagers zu investieren. Letzteres musste auch Haas gewusst und gespürt haben. Wie bereits bei der Inspektion des Legationsrates Thadden konnte Haas auch innerhalb der SS von seiner eigenen Schuld am chaotischen Lageraufbau ablenken. Er schob sie einfach auf seine Vorgesetzten im WVHA und behauptete, er selbst habe sich „seit längerer Zeit vergeblich um die Anlieferung von Material für den notwendigen Barackenbau" bemüht – dabei hatte er davon ausreichend aus Wewelsburg mitgebracht.[477]

Seine Weisungsbefugten im WVHA waren dagegen so weit mit ihm zufrieden, dass sie noch im September 1943 seine Beförderung zum Sturmbannführer der Reserve der Waffen-SS vorschlugen. Richard Glücks, Chef der Amtsgruppe D im WVHA, segnete erneut eine übertriebene Beurteilung ab:

„Haas ist ein energischer, umsichtiger SS-Führer, der sich als Reserveführer überraschend gut in die Spezialaufgaben des K.L. Dienstes hereingefunden hat. Er baut nun schon das zweite Lager in vorbildlicher Form auf. H. ist charakterlich einwandfrei und ohne Schwächen".[478]

Adolf Haas wurde daraufhin nicht nur am 9. November 1943, dem „Gedenktag für die Bewegung" („Hitlerputsch"), mit der Beförderung zum SS-Sturmbannführer belohnt – ein schönes Geschenk zu seinem bevorstehenden 50. Geburtstag.[479] Ein paar Wochen später verteilte WVHA-Chef Pohl anlässlich des „Julfestes" unter allen Kommandanten auch noch eine „Weihnachtszuwendung" von 500 RM für ihre „treue Mitarbeit", für Haas beinahe ein ganzes Monatsgehalt.[480]

Solche Belohnungen mochten andere zu mehr Engagement motivieren. Adolf Haas verleiteten sie eher dazu, sich auf seiner Machtposition auszuruhen. Wie bereits in Wewelsburg lautete seine Devise: so viel Aufwand wie nötig, so viel Annehmlichkeiten wie möglich.

5.2 Kein „Judenfresser"? Die Teillager des „Aufenthaltslagers" und die Willkür des Kommandanten

Diese Aufnahme, auf der der Lagerkommandant Adolf Haas in die Kamera lächelt, stammt vermutlich von Ende 1943/1944 aus dem Lager Bergen-Belsen. Der Kragenspiegel verrät seinen neuen Rang eines SS-Sturmbannführers der Waffen-SS.

Der Kommandant des „Aufenthaltslagers Bergen-Belsen" wusste wohl am besten, dass sein Lager nicht mehr „aufnahmefähig" war. Dafür hätte er die Benachrichtigung des Reichssicherheitshauptamtes Ende August 1943 nicht gebraucht. Neu waren Adolf Haas dagegen die „Richtlinien zur Durchführung der Verlegung von Juden in das Aufenthaltslager Bergen-Belsen", die als Anlage beigefügt wurden. Diese „Richtlinien" stammten vom RSHA-Chef Ernst Kaltenbrunner höchstpersönlich und sollten nicht nur die „Verlegung" aus anderen Lagern regeln, sondern auch die „Behandlung der Juden im Aufenthaltslager".[481] Es sollte ihnen deutlich besser gehen als jenen, die in den Augen von Hitlers Menschenhändlern nicht „wertvoll" genug waren für einen Austausch. Kaltenbrunner wies Haas und dessen SS-Personal an, ihre Geiseln als „Insassen" und nicht als KZ-Häftlinge zu behandeln, also anders als in einem gewöhnlichen Lager sie mit ihren Namen anzureden, sie zu siezen und ihnen damit etwas ihrer menschlichen Würde zu lassen.[482] Auch erlaubte der RSHA-Chef den „Austauschjuden", ihre Zivilkleidung zu behalten, sich über einen jüdischen Ältestenrat selbst zu verwalten, Briefe unter der Zensur zu schreiben und Essenspakete von Angehörigen oder vom Roten Kreuz zu empfangen. Zu arbeiten brauchten sie nur „in normalen Bahnen" und auch nur innerhalb des Lagers. Kurzum, sie sollten in gutem physischen und psychischen Zustand ausgetauscht werden. Für die SS hieß das: keine Schikanen, keine Gewalt, keine brutale Zwangsarbeit, kein Mord.[483] Das Problem war nur, dass der Lagerkommandant und seine Männer nicht Kaltenbrunners RSHA unterstanden, sondern Pohls SS-Wirtschafts- und Verwaltungshauptamt. Daher legten sie die „Richtlinien", die für das KZ-System ohnehin recht ungewöhnlich waren, ganz nach eigenem Ermessen aus. Meist taten sie es willkürlich und mangelhaft, aber auch abhängig von Herkunft bzw. Staatsangehörigkeit der „Austauschjuden" und ihrem „Verhandlungswert", den wiederum das RSHA signalisierte.

Kaltenbrunners Behörde und das Auswärtige Amt waren im Spätsommer 1943 gerade erst dabei, die Verhandlungen mit verschiedenen ausländischen Regierungen und jüdischen Hilfsorganisationen aufzubauen. Die Teillager im „Aufenthaltslager Bergen-Belsen" waren das „Resultat dieser Verhandlungslinien", erklärt die Historikerin Alexandra-Eileen Wenck.[484] Nach dem vorläufigen Abschluss der „Baumaßnahmen" entstanden in den nächsten Monaten im Lager vier zentrale, voneinander isolierte Abschnitte für die „Austauschjuden": das „Sonderlager" für Juden aus Polen, das „Neutralenlager" für Juden aus neutralen oder verbündeten Staaten, das „Sternlager" für Juden aus besetzten Ländern (vor allem den Niederlanden) sowie das „Ungarnlager". Je nachdem in welchem Teil sie eingesperrt waren, berichteten die „Insassen" in ihren Tagebüchern oder später in ihren Memoiren extrem unterschiedlich über den Alltag in Bergen-Belsen – und über den Lagerkommandanten Adolf Haas.

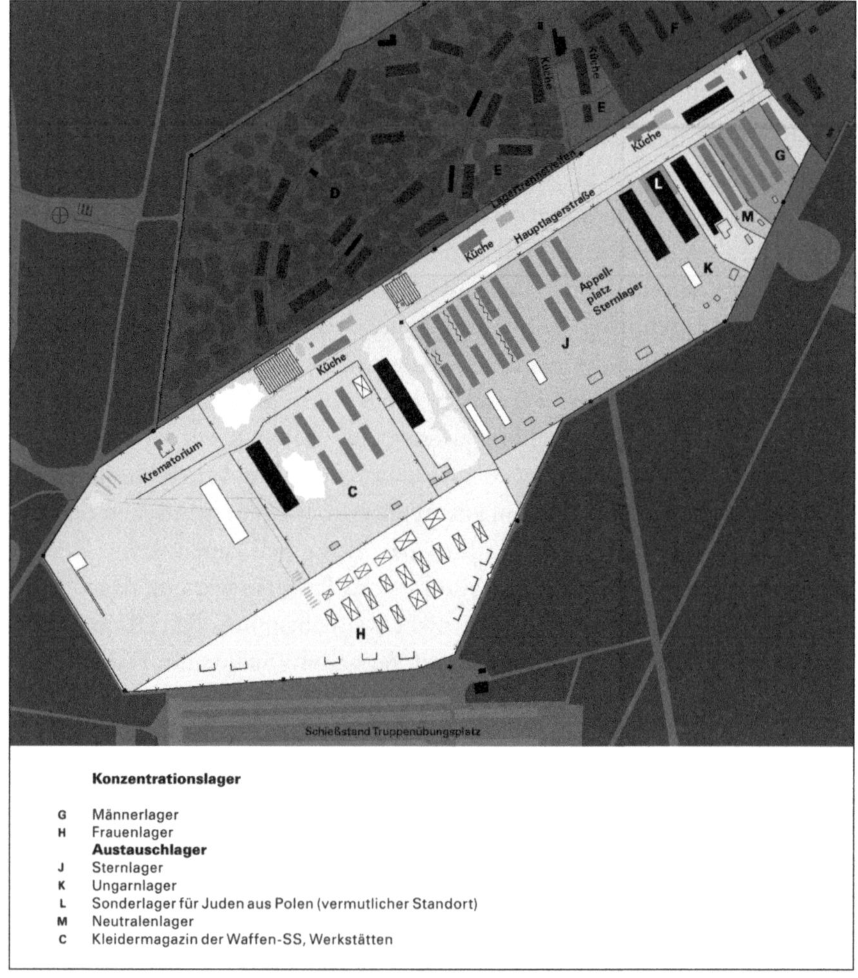

Die Übersichtskarte zeigt die Teillager des Konzentrationslagers Bergen-Belsen im Zeitraum September 1944.

Im „Sonderlager“ kamen seit Juli 1943 die ersten „Insassen“ unter: Juden aus Polen mit US- bzw. lateinamerikanischer Staatsbürgerschaft oder einem Einreisezertifikat für Palästina, aber auch guten Kontakten nach Großbritannien. In diesem Teillager nahm die SS Kaltenbrunners „Richtlinien“ zunächst noch ernst. Die Geiseln im „Sonderlager“ mussten in den ersten drei Monaten nur wenige Stunden das Lagergelände aufräumen und konnten sich, abgesehen von den Zählappellen, frei die Zeit vertreiben. Sie lasen, übten für ihr erhofftes neues Zuhause Englisch oder Spanisch, organisierten Gottesdienste sowie Vorträge über Literatur, Architektur und religiöse Themen. Unter ihnen war Heinrich Schönker, der als zwölfjähriger Junge mit seinen Eltern im Frühsommer 1943 nach Bergen-Belsen gekommen war. „Wir trugen Zivilkleidung", erinnerte er sich, manche andere dagegen „waren sogar elegant gekleidet".[485] Einige „Insassen" waren von ihren Privilegien so überzeugt, dass sie es wagten, von der Lagerverwaltung weitere zu erbitten, angeblich sogar ein Klavier und einen Tennisplatz.[486] Mit der Zeit wuchs jedoch der Hunger. Und auch der Zweifel, ob sie wirklich ausgetauscht werden würden. Lagerkommandant Haas inspizierte anfangs oft die Baracken der polnischen Juden. „Ich wäre euch schon gern los", sagte er einmal, „aber die verdammten Engländer wollen euch nicht."[487]

Nicht alle polnischen „Austauschjuden", die im Juli 1943 in Bergen-Belsen eingetroffen waren, kamen in das „Sonderlager". Für eine kleine Gruppe mit einem argentinischen Pass stand ein gesonderter Lagerabschnitt bereit, das „Neutralenlager".[488] Hierher kamen bald weitere Juden aus neutralen oder verbündeten Staaten, vor allem aus Spanien, aber auch aus Griechenland, Portugal und der Türkei. Die Lebensbedingungen im „Neutralenlager" ähnelten anfangs den vergleichsweise erträglichen im „Sonderlager", verschlechterten sich allerdings ebenfalls ab Herbst 1943, als das Lager immer voller wurde. Rudolf Levy, ein Jude aus den Niederlanden mit türkischer Staatsangehörigkeit, kam mit etwa tausend anderen Häftlingen im Januar 1944 in Bergen-Belsen an: „Der Lagerkommandant Haas, ein großer untersetzter Mann mit finsterem Blick, betrachtete das Schauspiel des Ausladens mit großem Interesse."[489] Auf die neuen Transporte hatte er das Lager kaum vorbereitet. Als Levy sein krankes Kind in das Krankenrevier im „Neutralenlager" brachte, fand er dort „außer einem Untersuchungstisch und einem Instrumentenschrank mit drei verrosteten Scheren buchstäblich nichts, sodass der Arzt sich meine Taschenschere" ausleihen musste. Ein „Mülleimer diente als Klosett".

Von den griechischen Juden hatte die SS 74 besonders einflussreiche in einem weiteren, dritten Teillager abgesondert. Kommandant Haas ernannte unter ihnen Jacques Albala, ehemals Vorsitzender des Judenrats von Saloniki, zum „Judenältesten" und dessen Freunde zu Mitgliedern des Ältestenrates. Diese kleine Gruppe einflussreicher Männer galt unter der Mehrheit der „Insassen" als korrupt, bildete allerdings selbst dann noch die Lageraristokratie im „Albala-Lager“, als Züge aus den Niederlanden ab Mitte September 1943 eine weitaus größere Gruppe nach Bergen-Belsen brachte. Das Lager galt nun wieder als „aufnahmefähig“, ohne dass sich viel geändert hatte. Das Auswärtige Amt und Adolf Eichmanns Abteilung im RSHA zogen für die verschiedenen Austauschpläne nun die Geiseln aus den Niederlanden vor, vermutlich weil diese im Gegensatz zu den polnischen Juden nicht von der eigentlichen Hauptarbeit des „Judenreferats“ aus eigener Erfahrung berichten konnten – dem Holocaust. Der neue Lagerabschnitt wuchs schnell zum größten im „Aufenthaltslager Bergen-Belsen“.[490] 1944 kamen weitere Nationalitäten hinzu, darunter im Frühjahr 14 ungarische Juden aus Belgien und im Sommer etwa 400 albanische Juden und etwa 200 Ehefrauen jüdischer Kriegsgefangener aus Frankreich, die sich am 14. Juli 1944, ihrem Nationalfeiertag, stolz, trotzig und „unter den wütenden Blicken und Bemerkungen der SS“ in den Farben der Trikolore kleideten.[491]

Obwohl die insgesamt 4350 Juden aus den Niederlanden für das RSHA und das AA einen hohen „Verhandlungswert“ hatten, waren die Lebensbedingungen in ihrem Teillager deutlich härter als in den anderen. Für dieses Paradox war vermutlich eine besondere Regelung verantwortlich: Anders als im „Sonder-“ und „Neutralenlager“ zwang die SS-Führung hier die „Insassen“, auf ihrer Zivilkleidung den „Judenstern“ zu tragen. So bekam das Teillager einen neuen Namen: „Sternlager“. Für die Lager-SS war der „Judenstern“ ein vertrautes, wenngleich missverständliches Symbol, an dem sie sich orientierte: Wer den „Judenstern“ trug, war für die Vernichtung vorgesehen und bis dahin vogelfrei.

Die meisten SS-Männer in Bergen-Belsen hatten zuvor im KZ Sachsenhausen die brutale „Dachauer Schule“ absolviert und danach in Wewelsburg bewiesen, was sie gelernt hatten. So auch der Lagerkommandant. In seinem zweiten Lager versagte Adolf Haas auf ganzer Linie, den mühsam eingehämmerten Gewaltpraktiken ausnahmsweise Einhalt zu gebieten, ja, offensichtlich seinen Untergebenen überhaupt einzubläuen, wie wichtig Kaltenbrunners „Richtlinien“ und unversehrte Geiseln für den Austauschplan waren: „Diesen war es zum großen Teil unbekannt, dass ihre Gefangenen nach der Absicht der Berliner Behörden [RSHA und Auswärtiges Amt, Anm. JS] zu bestimmten Zwecken in Bergen-Belsen gehalten wurden“, erinnerte sich Simon Heinrich Herrmann, ein Überlebender des „Sternlagers“. „Ihnen war es gleichgültig, ob die Juden sich dort über Wasser hielten, oder durch zu harte Befehle oder unzulängliche Hilfsmöglichkeiten zugrunde gingen."[492] Höchstwahrscheinlich hatte der Kommandant nicht einmal selbst begriffen, was die Bürokraten in Berlin von ihm wollten. Wäre es anders gewesen, hätte er mit Leichtigkeit die ihm anvertrauten „Austauschjuden" schützen können. Allein er hatte dafür die Macht im Lager.

Mit den großen Transporten aus den Niederlanden stiegen ab Herbst 1943 nicht nur die Häftlingszahl in Bergen-Belsen, sondern auch die Aufgaben im und außerhalb des Lagers. Zwar gab es keine kriegswichtigen Produktionsstätten in der Gegend. Man brauchte allerdings vor allem mehr Essensrationen und mehr Heizmaterial. Während die ersten beiden Teillager ihre Privilegien weitestgehend behielten, lockerte Kommandant Haas die „Richtlinien" des RSHA für das „Sternlager" so weit, dass die „Heranziehung zur Arbeit" keineswegs mehr „in normalen Bahnen" verlief: Er verhängte zunächst einen Arbeitszwang selbst für 75- und 80-jährige Greise, dann für alle Männer zwischen 15 und 65 sowie alle Frauen zwischen 15 und 55 Jahren. Kamen höhere SS- oder Wehrmachtsführer zu Besuch, ließ er die Zahl der schuftenden „Insassen" schnell von 1800 auf 600 reduzieren.[493] Die meisten weiblichen „Insassen" bereiteten für das gesamte „Aufenthaltslager" die tägliche Suppe vor, für die sie kaum genügend nahrhafte oder gar genießbare Zutaten bekamen. Wie schon in Wewelsburg behielten der Kommandant und seine Mannschaft die besten Vorräte für sich. Ihren Geiseln ließen sie oft nicht mehr übrig als „Kopfsalat in Litern von Wasser gekocht, ohne die geringste Spur einer Kartoffel oder auch nur von Kartoffelschalen" – oder wie es die Französinnen im „Sternlager" nannten: „le plus grand Mist de Bergen-Belsen".[494]

Junge Männer aus dem „Sternlager" arbeiteten unter anderem im „Stubbenkommando". Dort war es „am schlimmsten", berichtete Walter Guttmann.[495] Bei allen Temperaturen und mit kaum ausreichenden Werkzeugen gruben sie in den Wäldern Baumstümpfe (Stubben) aus und zerkleinerten sie zu Brennmaterial. Alte Männer mussten dagegen Anfang Januar 1944 zum Beispiel „bei ca. 12 Grad unter null im eisigen Winde der Lüneburger Heide Jutesäcke mit Häksel stopfen", ohne Mäntel und unter Schlägen.[496] Einmal habe ein SS-Mann geschrien, erinnerte sich ein Überlebender: „Was, nur 2 Tote!! Ich muss von heute an täglich wenigstens 25 Tote hier haben! Verstanden, ihr Saujuden!!"[497]

Im größten Arbeitskommando im „Sternlager", dem „Schuhkommando", zertrennten sowohl Frauen als auch Männer in staubigen, schlecht geheizten

Baracken Tausende von gebrauchten Schuhen.[498] Das Tagespensum waren 40 Schuhe, aus denen sie noch brauchbare Lederstücke herausschneiden sollten. Kommandant Haas zeigte sich bemüht, die Auflagen zu erfüllen: Als Mitte Juni 1944 eine Militärkommission das „Schuhkommando" begutachtete, schlug er einen „Insassen", wie der jüdische Arzt Felix Hermann Oestreicher in sein Tagebuch notierte.[499] Dieser Vorfall ist der einzige überlieferte, bei dem der Lagerkommandant in Bergen-Belsen selbst gewalttätig wurde. Wie im Konzentrationslager Niederhagen/Wewelsburg überließ er das sonst eher seinen SS-Männern. Als Kommandoführer im „Schuhkommando" setzte er unter anderem SS-Oberscharführer Fritz Gaus ein, der besonders Frauen quälte. Er zwang sie beispielsweise, „sich auf den schmutzigen Boden zu legen, um dann mit ledernen Riemen auf sie einzuschlagen", berichtete Pierre Petit.[500] Auch habe Gaus ihnen morgens und mittags nur je zehn Minuten Pause für die Latrine gewährt: „Was allein diese ‚Latrinenvorschrift' an Qualen und Pein für Menschen bedeutete, die fast ausnahmslos an ständigem Durchfall litten, läßt sich kaum ausdenken." Selbst unter diesen Bedingungen leisteten Frauen wie die Amsterdamer Jüdin Renata Laqueur trotzigen Widerstand. „Durch unseren Fleiß soll Deutschland siegen!", höhnte sie in ihrem Lager-Tagebuch.[501] Sie und andere nutzten bei der Arbeit „unsere einzige Möglichkeit der Sabotage: brauchbares Leder unbemerkt in kleine Stücke zu zerschneiden" und sie dann wegzuwerfen.

Im „Sternlager" zwang die SS ihre „Insassen" zu wöchentlich mindestens 72 Stunden Arbeit, auch an den meisten Sonntagen.[502] Die Arbeitsdienstführer konnten die Arbeitszeit allerdings noch beliebig mit Schikanen in die Länge ziehen. Besonders verhasst war Fritz Rau. Nach dem Kommandanten sei er der „mächtigste Mann im Lager" gewesen, berichtete der stellvertretende Judenälteste im „Sternlager", Joseph Weiss – zweifelsfrei aber auch der größte Sadist „von allen SS-Leuten".[503] Ohne Anlass bestrafte Rau unter anderem manche „Insassen" mit drei oder mehr Tagen Brotentzug oder zwang mit Vorliebe sogar kranke Häftlinge zur Arbeit oder zum Morgenappell und ließ sie dabei stundenlag in sengender Hitze oder klirrender Kälte stehen. Als sich die „Judenältesten" bei Kommandant Haas beschwerten, ordnete dieser zwar an, dass Schwerkranke sich morgens beim Arzt zu melden hätten. „Der Arzt kam aber viel später, als diese Menschen sich melden mussten", durchschaute Josef Weiss diese Farce:

„Und so hatte Rau Gelegenheit, jeden Morgen mit seinen Kumpanen diese halbtoten Menschen aus dem Krankenhaus herauszuschlagen, um sie zur Arbeit zu zwingen. Es ist nicht zuviel gesagt, wenn behauptet wird, dass von den 974 Toten, die im Sternlager in Bergen-Belsen verstorben sind, mehr als 50% auf das Konto von Rau kommen."[504]

Fritz Rau war, so der „Judenälteste", der „Liebling von Haas". Er musste ebenso wenig eine Bestrafung durch den Kommandanten fürchten wie SS-Unterscharführer Arthur Müller. Beide hatten unter ihm bereits in Wewelsburg Häftlinge gequält.[505] Der „Rote Müller", wie ihn die Häftlinge wegen seiner Haarfarbe nannten, war nicht nur wegen seiner Grausamkeit gefürchtet, sondern wegen seines perversen Charakters, den er als Blockführer im „Sternlager" auslebte. „Wenn der sein Nachmittagsvergnügen suchte, nahm er sich zwei hübsche Mädchen mit ins Badehaus und ließ sie unter seiner ‚Aufsicht' duschen!", notierte Renata Laqueur voller Abscheu in ihrem Tagebuch.[506] Auch viele andere SS-Männer demütigten weibliche Häftlinge auf diese Weise. „Jede Gelegenheit und jeder noch so schäbige Vorwand wurden benutzt, um die Frauen zu zwingen, sich vor den SS-Leuten nackt auszuziehen", schrieb Pierre Petit. „Diese standen dann rudelweise herum, mit schwimmenden Augen und feuchtem Mund, überschütteten die wehrlosen Opfer mit der Jauche ihrer schweinischen Phantasie und suhlten sich in der Obszönität ihrer eigenen Entartung."[507] Adolf Haas beteiligte sich an den Misshandlungen zwar nicht, hielt seine Männer aber auch nicht zurück. Während Gestalten wie Fritz Rau oder Arthur Müller im Lager für Angst und Schrecken sorgten, versuchte er sich als verständnisvollen und verantwortungsbewussten Kommandanten zu präsentieren. Die meisten Häftlinge täuschte er damit nicht.

Der „Kommandant selbst, à la Göring geschmückt, war meistens anwesend", wenn auf dem Appellplatz Männer, Greise, Frauen und Kinder „je nach Willkür des betr.[effenden] schwer bewaffneten SS-Mannes Tritte in den Bauch, Faustschläge auf die Brust u. ins Gesicht" erhielten, berichtete ein Häftling.[508] Viele brachen dabei zusammen, auch ohne die Schläge. Als an einem Freitag im Februar 1944 bei Temperaturen um den Gefrierpunkt nach drei Stunden Stehen am Vormittag und beinahe vier Stunden am frühen Nachmittag eine Frau ohnmächtig wurde, hörte Mirjam Bolle, eine holländische Jüdin, Kommandant Haas trocken sagen: „Lass sie kaputtgehen, bei uns gehen so viele kaputt."[509]

Rührte diese menschenverachtende Äußerung und überhaupt Adolf Haas' willkürliche, brutale Lagerführung von einer antisemitischen Grundhaltung, wie sie für die SS typisch war? Der Niederländer Louis Tas schrieb in seinem Lager-Tagebuch unter dem Pseudonym Loden Vogel, der Kommandant sei „der größte Bandit von allen, auch der grundsätzlichste Antisemit", nachdem er 60 Frauen mit Butterentzug bestraft hatte.[510] Andere Überlebende widersprachen diesem Befund. Simon Heinrich Herrmann schrieb 1944 über den Kommandanten:

„Auf dem Tisch des gemütlich eingerichteten Raumes [in der Kommandantur] wartete schon das Frühstück auf den Kommandanten; es war unter den SS-Männern berühmt, da seine Zusammensetzung bereits verriet, wie hoch der Kommandant über seinen Untergebenen stand. 1 Kanne Kaffee, 1 Kanne Milch, weisses Brot mit Butter, Rühreier, dazu Fleisch und Gemüse. Sturmbannführer Haas hatte Gefallen an gutem Essen und einigen Gläschen Wein, mehr als an seinen Juden. Er gehörte zu jenen Typen, die wenig tun, aber immer den Eindruck zu erwecken verstehen, als litten sie sehr unter der Last der Arbeit. Die 4 Sterne an seinem Rockkragen gaben ihm die Legitimation für den Besitz eines dicken Bauches. Er war kein Judenfresser, dazu fehlte ihm das Temperament. Die Juden betrachtete er als notwendiges Übel, er hatte mit ihnen nur Arbeit und Ärger. Seine Flüche fanden in seinem schweren Körper einen mächtigen Resonanzboden. Schimpfworte gegen Juden gebrauchte er jedoch nicht; alles was einen gelben Stern trug, war für ihn Luft. Seiner warteten wichtigere Dinge, wurde z. B. im Lager ein Schwein für die SS-Küche geschlachtet, so behielt er sich die Auswahl des Tieres höchstpersönlich vor. Seinen Beinen mutete er nicht viel zu, man sah ihn nur entweder in seinem Fiat oder auf einem kleinen Motorrad, dessen schwacher Motor keine beneidenswerte Aufgabe hatte."[511]

Auch wenn Simon Heinrich Herrmann den Lagerkommandanten etwas verharmlost, wie der Historiker Eberhard Kolb bemerkt,[512] ist seine Beschreibung von Adolf Haas doch aufschlussreich: Der Kommandant hatte ja bereits in Wewelsburg Gefallen daran gefunden, vor den Augen der Häftlinge seine Schweine zu mästen. Dies ließ er sich offenbar auch in Bergen-Belsen nicht nehmen, während bei den „Insassen", so Herrmann, der quälende Hunger Tag für Tag „unser Fühlen, unser Denken, unsere Gespräche und unser Handeln" beherrschte.[513] Dass Haas „den Eindruck zu erwecken" verstand, als litte er „sehr unter der Last der Arbeit", hatte er zuletzt eindrucksvoll bewiesen, als er den erfahrenen und hochgebildeten Diplomaten Eberhard von Thadden von seiner Tüchtigkeit überzeugt hatte.

Am bedeutendsten ist allerdings Herrmanns Aussage, Adolf Haas sei „kein Judenfresser" gewesen. Tatsächlich erinnerte sich kein „Insasse", auch nicht Loden Vogel, dass der Kommandant die „Austauschjuden" wie seine Männer mit antisemitischen Bezeichnungen wie „Saujude" beschimpft hatte. Haas behandelte seine Geiseln nicht generell schlecht, weil sie Juden waren, sondern genau dann, wenn sie ihm zu viel „Arbeit und Ärger" einbrachten. Manchmal war er auch einfach in schlechter Stimmung: Als die SS die „Insassen" des „Sternlagers" im Februar 1944 stundenlang in der Kälte stehen ließen und es dem Kommandanten egal war, ob jemand daran „kaputt" ging, hatten er und die anderen eine „Sch-laune", erinnerte sich Mirjam Bolle – „denn vorgestern und in der Nacht wurde ständig Luftalarm gegeben".[514] Auch einige seiner Taten sprechen dafür, dass Haas von anderen Motiven stärker getrieben wurde als von einem radikalen Antisemitismus.[515] Vielen jüdischen Persönlichkeiten zollte er bis Mitte 1944 einen gewissen Respekt. Er befahl beispielsweise einem seiner Soldaten, der dem Lagerältesten des „Sonderlagers", Elijahu Solowiejczyk, ins Gesicht geschlagen hatte, sich bei ihm zu entschuldigen.[516] Er mochte ansonsten ein gleichgültiger und willkürlicher Kommandant sein, zeigte aber in einigen seltenen Momenten sogar einen Rest Mitgefühl. Vor allem für Kinder.

Im Januar 1944 sorgte sich die tschechoslowakische Jüdin Hilde Huppert mehr denn je seit ihrer Ankunft in Bergen-Belsen um ihren achtjährigen Sohn Thomas. Es war bitterkalt und ihr „Tommy" war aus seinen Schuhen herausgewachsen. „Seine Zehen schauten vorne heraus und steckten in Schlamm oder Schnee", während sie morgens und abends Appell standen, schrieb sie in ihren Memoiren. „Ich ermahnte den Jungen immer wieder, die Zehen zu bewegen, damit sie nicht erfrören."[517] Als der Junge eine schwere Erkältung bekam und sie um sein Leben bangte, schickte sie ihn während eines Morgenappells zum Lagerkommandanten. „Herr Kommandant, bitte geben Sie den Kindern in unserer Baracke Schuhe!", hatte sie ihm eingebläut zu sagen – auf Deutsch natürlich. Haas hörte dem kranken Jungen zu, schaute auf seine zerrissenen Schuhe und fragte: „Woher kannst du Deutsch, Junge?" Sie seien aus der Tschechoslowakei, bei ihnen zu Hause werde aber Deutsch gesprochen, antwortete er. „Aber wo soll ich denn Schuhe hernehmen?“ Auch auf diese Frage hatte die Mutter ihren Sohn vorbereitet. „In der Baracke, in die die ‚Neuen‘ kommen, gibt es haufenweise Schuhe“, sagte Tommy. „Das ist eine Idee“, brummte Haas und ließ von einem SS-Mann einen Sack Schuhe holen. „Such dir ein Paar aus!“ Der Junge stürzte sich auf den Haufen und entschied sich für ein Paar schwarze, glänzende Gummistiefel. „Danke“, brachte er gerade noch hervor und rannte dann „wie von Sinnen“ zurück zu seiner Mutter. Noch knapp 50 Jahre später konnte sich Shmuel Thomas Huppert in einem Interview lebhaft an diese Begegnung erinnern: „Vielleicht haben mir diese Gummistiefel von Adolf Haas das Leben gerettet.“[518]

In der Baracke von Hilde Huppert konnte eine Frau nicht länger verbergen, dass sie schwanger war. Während sie in anderen Lagern um ihr Leben und das ihres Kindes hätte bangen müssen, ließ sie Kommandant Haas zur Entbindung in das Krankenhaus nach Celle bringen. Trotz der Gefahr riskierte sie, Briefe anderer „Insassen“ aus dem Lager zu schmuggeln. Als die Gestapo die Briefe entdeckte, war Haas „wütend und aufgebracht“, berichtete Hilde Huppert.[519] „Ihr habt mein Vertrauen mißbraucht, das werdet ihr noch bedauern.“ Kaum zurück aus dem Krankenhaus musste die junge Mutter mit ihrem Neugeborenen auf dem Appellplatz erscheinen, wo man sie als „Verräterin“ behandelte:

„Ein Gestapooffizier trat sie mit dem Fuß und zwang sie, die Namen der Briefsender bekanntzugeben. Sie schwieg und drückte ihr Kind fester an sich. Der Offizier hatte schon seinen Revolver gezückt, als sich Kommandant Haas einmischte: ‚Das sind Geiseln, ich bin für ihr Leben verantwortlich.‘ Widerwillig steckte der Gestapomann seine Waffe weg. ‚Und ihr alle hier, bleibt stehen, bis ich den Befehl gebe, wieder in die Baracken zu gehen, und noch etwas, morgen gibt‘s kein Essen.‘ So standen wir [die Häftlinge] noch bis zum Abend, müde, aber dankbar, daß der jungen Mutter das Leben gerettet war.“[520]

Auch Heinrich Schönker, damals nur fünf Jahre älter als Hupperts Sohn, erinnerte sich 2017 im Alter von 86 Jahren an diese und andere Taten, in denen er eine „menschliche Regung“ erkannte.[521] Den „größten Eindruck“ habe bei ihm allerdings Haas‘ „Mitleid“ mit einem Kind im „Sonderlager“ hinterlassen. Ende Oktober 1943 war das Lager für die polnischen „Austauschjuden“ zum ersten Mal in „große Aufregung“ geraten, schrieb Schönker in seinen

Memoiren.[522] „Endlich hatte jemand an uns gedacht. Unsere Brüder im Ausland hatten uns nicht vergessen!" Von den etwa 2500 Personen verließen 1870 Bergen-Belsen. Eine zweite Gruppe sollte ihnen im Februar 1944 folgen. Alle im „Sonderlager" wollten auf diesen Transport in die erhoffte Freiheit. Die Familie Gletzer wurde aufgerufen und stellte sich am Tor auf. An der Hand der Eltern war ihr kleiner Sohn Ignacy, kaum zwei Jahre alt, „ein hübsches und fröhliches Kind mit blondem Kraushaar":

„Plötzlich fiel dem Jungen sein Ball aus der Hand, rollte langsam auf den Lagerkommandanten Haas zu und blieb vor dessen Füßen liegen. Noch bevor die Eltern reagieren konnten, lief der Kleine seinem Ball hinterher, sah Haas' glänzende Schaftstiefel, hob sein schönes Köpfchen und blickte den dicken Offizier eine Weile an. Niemand regte sich oder sagte etwas. Doch bevor der Adjutant mit dem Megafon weitere Namen vorlesen konnte, unterbrach Haas ihn: Die Familie musste wieder an ihren Platz zurückkehren. Die Gletzers waren sehr enttäuscht, dass sie wegen dieses kleinen Zwischenfalls nicht zum Austausch fahren durften."[523]

Die Familie Schönker bedauerte ebenfalls, dass sie „nicht zu den Glückspilzen gehörten, die ausreisen durften". Erst viel später wurde ihnen klar, dass sie und die Familie Gletzer die „Glückspilze" gewesen waren und nicht jene, die damals auf Transport gingen. Denn diese Züge fuhren keineswegs in die Freiheit – sondern nach Auschwitz. Im Mai 1944 folgte ein dritter Transport mit 147 Personen. Die Verhandlungen mit süd- und mittelamerikanischen Staaten hatten zu keinem Ergebnis geführt, unter anderem auch weil viele „Insassen" aus Polen gefälschte Einreisepapiere besaßen. Ohnehin bevorzugten mittlerweile die Organisatoren des „Austauschplans" andere Geiselgruppen, vor allem die aus den Niederlanden, da sie keine Augenzeugen der deutschen Verbrechen im Osten waren. Und so schickte das Reichssicherheitshauptamt Hunderte polnische Familien in den Tod. Heinrich Schönker und seine Familie gehörten nicht zu den Todgeweihten, da sie Palästina-Zertifikate besaßen und als „Austausch-Reserve" im „Sonderlager" blieben, gemeinsam mit polnischen Juden US-amerikanischer Staatsangehörigkeit.[524]

Die Familie Gletzer aber, die bereits auf der Todesliste stand, schien tatsächlich nur durch das Einlenken des Lagerkommandanten dem Tod entkommen zu sein. „Adolf Haas hat die Familie gerettet. Ich bin der Zeuge", sagte

Heinrich Schönker in einem Interview.[525] „Er war so ein Grobian. Aber er hat auch gezeigt menschliche Seite." Selbstverständlich war der Kommandant vollkommen im Bilde, wohin die Transporte aus seinem Lager gingen. Als Hilde Huppert etwa im Herbst 1944 erneut ihren Sohn zu Haas schickte, um ihn zu fragen, ob er sie nicht auf die Liste für einen angeblichen Austauschtransport nach Palästina zu seinem Vater setzen könne, antwortete er: „Sag deiner Mutter, es ist besser, wenn ihr hierbleibt."[526] Die Namensliste stellte zwar nicht der Kommandant zusammen, sondern die politische Abteilung im Lager in enger Abstimmung mit dem Reichssicherheitshauptamt. Dass er sie aber oft selbst verlas bzw. bei der Verlesung anwesend war, bestätigen mehrere Zeugen. So war es ihm ein Leichtes, bestimmte Namen auszulassen, zum Beispiel wenn ein kleiner Junge sein Mitleid erregte.

„Ich bin überzeugt, dass Mitleid mit einem Juden und Nazi-Ideologie nicht zusammenpassen", meinte Heinrich Schönker.[527] „Auch deshalb glaube ich, dass Adolf Haas kein einwandfreier Nazi war." Auf jeden Fall sei er kein „überzeugter Antisemit" gewesen. Schönker war zwar damals noch ein Kind, stützte sich aber in seinen späteren Erinnerungen auf die Erzählungen seines Vaters: Leon Schönker hatte höchstwahrscheinlich von allen „Insassen" und Häftlingen im Lager den engsten Kontakt mit dem Lagerkommandanten. Denn Adolf Haas behandelte nicht nur Kinder auffällig besser, sondern auch – wenn auch kaum verwunderlich – jene „Austauschjuden", von deren Fähigkeiten er profitieren konnte.

5.3 Der „große Angeber": Tanzvergnügen, Gaumenschmaus und Auftragsmalerei

„Haas liebte Frauen, guten Wein und Kunst", schrieb Shmuel Huppert und auch Heinrich Schönker meinte: „Sein Interesse waren Karriere und womöglich ein bequemes Leben."[528] In Bergen-Belsen hatte sich Adolf Haas von Anfang an darauf konzentriert, seinen Lageralltag möglichst stressfrei zu gestalten. Immerhin war er als Kommandant auf der Karriereleiter der Lager-SS bereits an der Spitze angelangt und war sich wohl bewusst, dass er in der Waffen-SS kaum noch über den Rang eines SS-Sturmbannführers hinauskommen würde. An der Kriegsfront wollte sich der über 50-Jährige zweifelsfrei keine Lorbeeren verdienen. Er hatte regelmäßig „andere SS Größen im Lager zu

Gast", erinnerte sich Shmuel Huppert, und bemühte sich, „den Aufenthalt seiner Besucher so angenehm wie möglich zu gestalten, damit er selbst nicht an die Front geschickt wurde."[529] Unbegründet waren Haas' Sorgen nicht, wie sich noch zeigen sollte. Noch genoss er allerdings die Privilegien eines Lagerkommandanten.

Während seine „Insassen" auf harten Holzbetten eng zusammengedrängt schliefen, wohnte Haas komfortabel in einem Gasthaus im nächstgelegenen Dorf. Im Gegensatz zu vielen SS-Kameraden hatte er seine Familie immer noch nicht nachgeholt – und wollte es auch bis zum Schluss nicht. Am Wochenende lud sein Gasthaus zu Tanzabenden ein, an denen sich Soldaten und Dorfbewohner gemeinsam vom Krieg ablenkten.[530] Vor allem die SS-Männer lockten mit ihren „schicken Uniformen die Mädchen der Umgebung" an, erinnerte sich ein Wehrmachtssoldat aus dem nahe gelegenen Winsen, der damals auf Genesungsurlaub war.[531] Freilich war es den SS-Angehörigen verboten, über ihre Arbeit im Lager zu reden. Der Großteil der Bevölkerung schien sich auch nicht besonders für das Schicksal der Häftlinge zu interessieren, die sie durchaus zu Gesicht bekamen. Der Förster Modrow lernte einen Scharführer aus dem Lager kennen, als dieser mit einigen Jüdinnen vorbeikam, um Holz abzuholen. Er konnte und könne sich nicht vorstellen, dass ein so „fröhlicher und freundlicher Mensch" fähig war, Kriegsverbrechen zu begehen, sagte Modrow nach dem Krieg.[532] Auch andere Augenzeugen schauten weg und relativierten nach 1945 – ganz im Zeitgeist – die Schuld der SS und ihre eigene.[533]

Im Lager hatten die „höher Gestellten" ihre persönlichen Bediensteten, erzählte später ein Bauunternehmer aus Winsen, der Haas persönlich gekannt hatte.[534] In den Offiziersgebäuden arbeiteten unter anderem rund ein Dutzend junge Frauen aus dem „Sternlager", zwei von ihnen putzten die Räume des Kommandanten.[535] Von seinem für Kriegszeiten äußerst luxuriösen Frühstück berichtete bereits Simon Heinrich Herrmann. Der Kommandant, der ja „Gefallen an gutem Essen und einigen Gläschen Wein" hatte, hielt sich zudem nicht nur Schweine, sondern schickte auch Häftlingskommandos für Leckereien in den Wald. Zwar brachten sie ihm keine Pilze, wie Paul Buder und die Zeugen Jehovas in Wewelsburg, aber dafür schmackhafte Preiselbeeren.[536]

Die SS und ihr voran der Kommandant fanden außerdem schnell andere Wege, auch „Austauschjuden" auszubeuten, die nicht aus dem „Sternlager" stammten. Ihr Geld und ihre Wertsachen nahmen sie ihnen nach und nach ab, anfangs vor allem im scheinlegalen Tausch gegen Lebensmittel. Auch die Pakete vom Roten Kreuz, für die hungernden „Insassen" gedacht, waren eine „bequeme Einnahmequelle" für die SS-Männer, „die sich an diesen wohlgemeinten Hilfsaktionen der freien Welt maßlos bereicherten", schrieb Pierre Petit.[537] Neben ihrem Vermögen brachten die jüdischen Familien außerdem Instrumente, Schreib- und Zeichenmaterial in das Lager. Durch ihren Sonderstatus und den hohen Anteil von Häftlingen mit kulturellem und akademischem Hintergrund entwickelte sich in Bergen-Belsen ein, wenn auch eingeschränktes, kulturelles Leben, das die SS weitgehend tolerierte.[538]

Gegen Ende 1943 besichtigte Adolf Haas mit einigen Offizieren im „Sonderlager" für die polnischen Juden die Baracke, in der auch Heinrich Schönker und sein Vater untergebracht waren. Leon Eliezer Schönker war ein begabter Maler, der im Lager oft „mit anderen mehrere Stunden täglich mit Pastellfarbe" malte. Im Gegensatz zu den Bitten der Lagerältesten um mehr Essen und Heizmaterial weckte Schönkers Talent sehr wohl das Interesse des Lagerkommandanten, schrieb sein Sohn später:

„Als er an der Pritsche meines Vaters vorbeiging, bemerkte er zwei Porträts, die mein Vater gemalt und dort aufgehängt hatte. Er betrachtete sie. Dann gab er den Befehl, dass mein Vater am nächsten Tag um acht Uhr morgens beim Tor warten solle, bis er von einem Soldaten abgeholt würde. Von da an wurde Vater jeden Morgen von einem Soldaten ins Offiziersgebäude außerhalb des Lagers gebracht, wo er im Kasino Bilder an die Wände malte."[539]

Die Auftragsarbeiten waren für Leon Schönker und seine Familie ein Glücksfall. Er nahm nun die Rolle von Paul Buder in Wewelsburg als Haas' Lieblingskünstler ein, einschließlich vieler Privilegien. Er bekam ein „Mittagessen mit zwei Gängen und ein großes Stück Brot mit Margarine" und konnte manchmal auch seine Liebsten mit Essen aufpäppeln.[540]

An den Wandmalereien konnten sich Haas' Männer in ihrer Freizeit erfreuen – aber es machte sie nicht reicher. Vor allem der Kommandant selbst wollte etwas, das er besitzen konnte. Seine Sammlung von Kunstgegenständen, die ihm unter anderem der Maler Paul Buder und der Kunsttischler Kurt Hüter in Wewelsburg angefertigt hatten, sollte sich in Bergen-Belsen vergrößern. „Laut meinem Vater hat Haas von Kunst keine Ahnung gehabt", meinte Heinrich Schönker. „Er war ein großer Angeber und glaubte, es ge-

Die Familie Schönker, Oświęcim (Auschwitz) 1946: Der Maler Leon Schönker (Bildmitte), neben ihm sein Sohn Heinrich, seine Frau und seine Tochter. Nach der Befreiung kehrten die Schönkers zurück in ihre Heimatstadt Oświęcim (Auschwitz). 1955 zwang sie die kommunistische Regierung, Polen zu verlassen. Heinrich Schönker zog nach Israel und gründete dort eine Familie.

höre sich für einen großen und wichtigen Mann, Porträts von sich zu haben." So bekam Leon Schönker einen neuen Auftrag. Haas ließ Ölfarben, Blendrahmen, Leinwände und andere Malutensilien besorgen und wies Schönker an, ihn und andere Offiziere zu porträtieren. Bis Januar 1944 schuf er 14 Bilder, darunter fünf oder sechs allein vom „großen Angeber". „Auf Haas' Verlangen waren alle Porträts groß und er darauf in pompösen Stellungen. Einmal hat er ihn mit einem großen Hund gemalt und einmal den Hund allein."[541]

Die Werke schienen dem Kommandanten so gut gefallen zu haben, dass er seinem Lieblingskünstler vieles durchgehen ließ. Wie bereits Paul Buder in Wewelsburg nutzte Leon Schönker seinen Sonderstatus, um den anderen „Insassen" zu helfen. Für ihre Moral waren Nachrichten aus der Welt außerhalb des Lagers von großer Bedeutung, vor allem diejenigen über den Kriegsverlauf. Aus Mangel an normalem Papier hingen auf den Toiletten der Offiziersbaracke zerschnittene Zeitungen, die Leon Schönker „unter dem Jackenfutter oder im Hut" schmuggelte, wie es sein Sohn später erzählte:[542]

„Doch eines Tages sagte Kommandant Haas, der in einem Sessel für ein Porträt Modell saß, ruhig, als gehe es um eine Lappalie, zu meinem Vater: ‚Herr Schönker, tun Sie mir den Gefallen und hören Sie auf, Klopapier zu stehlen.' Mein Vater verstummte vor Schreck. Dann besann er sich und erklärte, er nehme manchmal Papier aus der Toilette, um die Paletten zu reinigen, aber wenn dies störe, werde er es unterlassen. Von diesem Tag an steckte eine unsichtbare Hand die Zeitung Das Reich und manchmal auch den Völkischen Beobachter vom Vortag in die Tasche seines Mantels."[543]

Wie bei Paul Buder wies Haas den Wachposten an, nichts zu melden, wenn er die Taschen des Malers untersuchte. Ermuntert durch die Gnade des Kommandanten, traute sich Leon Schönker eines Tages, während er Haas malte, ihn auf den Hunger im Lager anzusprechen. Heinrich Schönker beschreibt das Gespräch so: Adolf Haas erklärte nüchtern, die Tagesrationen seien so berechnet, dass ein Mensch von ihnen leben könne. „Die Berechnung ist falsch", entgegnete Leon Schönker mutig. „Der Beweis sind diejenigen, die schon gestorben sind, und diejenigen, die Hungerödeme haben und jeden Tag an ihnen zugrunde gehen können. Herr Kommandant, Sie sind der einzige Mensch in diesem Lager, der diesen Zustand ändern kann." Doch wie immer wälzte Haas die Verantwortung auf andere ab. „Glauben Sie mir, dass ich auch meine Anweisungen habe. Außerdem bekommt euer ‚Aufenthaltslager' größere Lebensmittelrationen als die anderen Lager hier." Nach einer kleinen Pause appellierte der Maler noch einmal an die Vernunft. „Sie selbst, Herr Kommandant, haben das Wort ‚Aufenthaltslager' als Bezeichnung für unser Lager verwendet. Es soll also ein Lager sein, in dem man sich aufhält. Der Aufenthalt ist jedoch schnell zu Ende, weil wir alle verhungern. Unser Aufenthalt verfehlt also seinen Zweck." Der Kommandant winkte geringschätzig mit der Hand ab und lächelte seinen Auftragskünstler zum ersten Mal an. „Heute sind die Zeiten so, dass man keine langfristigen Pläne machen kann. Was meinen Sie dazu, Herr Schönker?" Er überlegte und antwortete dann besonnen, ohne das Malen zu unterbrechen: „Ich denke, wer am Leben bleiben will, muss an die Zukunft denken." Damit war das Gespräch beendet.[544]

„Unsere Lebensmittelrationen änderten sich nicht, aber von diesem Tag an wurden unsere Suppen zum Mittagessen etwas dicker, und manchmal schwammen in ihr sogar wieder kleine Stückchen Fleisch. Die Kinder erhielten wieder verdünnte Milch mit Nudeln (aber nur zweimal in der Woche). Außerdem enthielt unsere Tagesration jetzt mehr Mehl und weniger Wasser."[545]

Die Anekdote erinnert an die von Paul Buder über die Auflösung des grausamen „Strafkommandos" in Wewelsburg. Seinen eigenen Worten zufolge überzeugte Buder damals Haas mit der Logik, dass tote Zeugen Jehovas ihm keine Vorteile einbrächten – zum Beispiel eine prächtige Torte.[546] Nach den Erinnerungen von Heinrich Schönker erreichte sein Vater in Bergen-Belsen mit klugen Worten das, was die Organisatoren des „Austauschplans" nicht geschafft hatten. Haas' Reaktionen auf Leon Schönkers Argumentationen zeigen jedoch deutlich, dass wohl bei ihm keineswegs der Appell an seine Verpflichtung gefruchtet hat, die „Austauschjuden" gemäß den „Richtlinien" des Reichssicherheitshauptamtes gut zu behandeln – die hatte er von Anfang an sehr willkürlich ausgelegt. Auch das Mitgefühl hatte sich bei ihm nicht geregt. Erst als Schönker ihm zu bedenken gab, er müsse „an die Zukunft denken", hatte er Erfolg.

Mit „Zukunft" hatte der Maler unmissverständlich auf eine mögliche deutsche Niederlage und die Zeit danach angespielt. Seit der Niederlage der Wehrmacht in Stalingrad Anfang 1943 begann die Stimmungslage in der deutschen Bevölkerung deutlich zu kippen – da halfen auch Goebbels Sportpalastrede am 18. Februar und sein Aufruf zum „totalen Krieg" langfristig nicht viel. Dass die SS in Bergen-Belsen immer nervöser wurde, konnten die „Insassen" deutlich spüren. Leon Schönker deutete dem pragmatischen Kommandanten einen Ausweg an. Indem er sich für die bessere Versorgung der Geiseln einsetzte, konnte er sich alle Optionen offenhalten: Gewönne Deutschland den Krieg, wäre er seiner Aufgabe vorbildlich nachgekommen. Verlöre Deutschland den Krieg, könnte er sich darauf berufen, im Rahmen seiner vermeintlich eingeschränkten Möglichkeiten Juden gut behandelt zu haben. Eine solche Logik war in den letzten Kriegsjahren selbst in der Lager-SS nicht unüblich.

Doch nicht die sich abzeichnende deutsche Kriegsniederlage beendete die Auftragsmalerei in Bergen-Belsen, sondern ein Brief einer erzürnten Ehefrau und der Neid eines SS-Mannes. Rache, Missgunst und „Weibergeschichten" sorgten dafür, dass Leon Schönker nach wenigen Monaten seine Stellung als Haas' Lieblingskünstler verlor – und damit jede Hoffnung, weiter auf den Kommandanten beschwichtigend einzuwirken.

5.4 Der Gemaßregelte: „Schmutzige Verleumdungen" und der Bilderskandal

SS-Oberscharführer Kurt Riedl gefiel es gar nicht, dass er gerade am Neujahrstag 1944 in die Verwaltung des Konzentrationslagers Kauen (Kaunas) in Litauen versetzt wurde. Noch weniger seiner Ehefrau. Am 7. Januar 1944 beschwerte sich Frau Riedl ausführlich in einem vierseitigen Brief an das SS-Wirtschafts- und Verwaltungshauptamt. Da sie sich nicht nur über die Versetzung erregte, sondern vor allem über den Lagerkommandanten von Bergen-Belsen, gelangte das Schreiben ein paar Tage später auf den Tisch von Richard Glücks, als Amtsgruppenchef D im WVHA zuständig für die Konzentrationslager. Glücks wiederum bat seinen „lieben SS-Kamerad", den Hausjuristen Dr. Kurt Schmidt-Klevenow, sich der Sache anzunehmen: „Ich schlage vor", schrieb er, „dass Sie SS-Sturmbannführer Haas zu sich bestellen und ihn zu dem Schreiben hören." Glücks vermutete, dass die Versetzung ihres Mannes nach Litauen „das Schreiben der Frau Riedl ausgelöst" habe, obwohl auch ihm die Zusammenhänge nicht ganz klar waren.[547] Seit November 1941 hatte Kurt Riedl als Verwaltungsführer im KZ Niederhagen/Wewelsburg gearbeitet, also unter Haas' Kommando. Ob er aber mit seinem Lagerkommandanten nach Bergen-Belsen ging, ist nicht ganz klar. Weder ist das in seiner Akte aus dem Bundesarchiv erwähnt, noch taucht sein Name in der umfangreichen Datenbank der heutigen Gedenkstätte Bergen-Belsen auf. Allerdings wohnte Frau Riedl Anfang 1944 mit ihrer etwa einjährigen Tochter offenbar in der Nähe von Haas' neuem Lager.[548] Sie hatte einiges über den Kommandanten aufgeschnappt und schwärzte ihn nun bei seinen Vorgesetzten an.

Der Brief, der Adolf Haas so viel Ärger bereitete, ist nicht in seiner Personalakte überliefert, dafür aber das Protokoll seines Gesprächs mit dem Gerichts-SS-Führer in Berlin am 25. Januar 1944. Die „Vernehmungsniederschrift" zeugt wieder einmal von seiner Begabung, sich aus jeder problematischen Situation herauszureden. Bevor er sich zu den Vorwürfen äußerte, ging er zunächst in die Gegenoffensive: Er habe eines Abends in einem vom Lager nicht weit entfernten Lokal gehört, „wie ein Soldat sich darüber aufregte, daß Frau Riedel [Riedl] den ganzen Tag Romane lese und seine Schwester ihre Kinderwäsche waschen müsste".[549] Da ihm bereits in Wewelsburg derartige Klagen der Bauern zu Ohren gekommen seien, habe er seinen Männern aufgetragen, ihre Frauen zu ermahnen, sie sollten für ihr „Wohlergehen selbst sorgen". Weder habe er damals den Namen der Frau Riedl erwähnt, noch eine gewisse „Fräulein Bildstein" vor ihr gewarnt.

Nun kam er zu den Vorwürfen. Es sei „eine Verleumdung, noch dazu eine sehr schmutzige", dass er mit jener „Fräulein Bildstein" ein Verhältnis habe. Mit der Familie – eine 70-jährige Mutter, ein Sohn und ebenjene unverheiratete 40-jährige Tochter – sei er bekannt. „Ich habe mich um die Familie besonders deshalb gekümmert", behauptete er, „weil der Sohn als SS-Rottenführer an der Front steht. Ich habe auch Fräulein Bildstein nicht mit dem Dienstwagen nach Hause fahren lassen, es ist höchstens vorgekommen, daß ich sie selbst einmal auf dem Wege mit nach Hause genommen habe." Sonstige „Urlaubsfahrten" mit dem Dienstwagen stritt er jedoch ab. Frau Riedl waren zudem offenbar Geschichten aus Wewelsburg zu Ohren gekommen. „Bei der Frau, mit der ich angeblich früher ein Verhältnis gehabt haben soll", erklärte Haas, „handelt es sich um die Frau des SS-Untersturmführers Lehmann. Ich verkehre in der Familie des SS-Untersturmführers Lehmann. Es ist eine schmutzige Verleumdung, zu behaupten, daß ich mit der Frau Lehmann ein Verhältnis gehabt hätte."

Eine Verleumdung war das keineswegs. Denn bei der Frau Lehmann handelte es sich zweifelsfrei um keine andere als Luise Lehmann, die Ehefrau des SS-Mannes Adolf Lehmann, mit der Haas während seiner Zeit in Wewelsburg eine Affäre hatte. Das hatten sowohl Häftlinge als auch ehemalige SS-Kameraden bezeugt. Paul Buder hatte berichtete, dass Haas seine eigene Ehefrau mindestens noch mit einer weiteren, viel jüngeren Frau betrogen habe, die sich als seine Tochter ausgeben sollte. Ein weiteres Verhältnis mit „Fräulein Bildstein" scheint daher nicht abwegig. Dass seine „Weibergeschichten" mitunter für seine Versetzung Ende 1944 verantwortlich waren, bemerkte auch Rudolf Höß in seinen Aufzeichnungen.[550] Höchstwahrscheinlich war der Brief von Frau Riedl auch durch Höß' Hände gegangen. Seit November 1943 war er nicht mehr Kommandant in Auschwitz, sondern unter Glücks neuer Chef des Amtes D I, des „Zentralamts", das unter anderem den Großteil des Schriftverkehrs mit den Lagern bewältigte.[551]

Dass Haas zudem in seinem Lager nichts gegen Prostitution von weiblichen Häftlingen unternahm, bestätigt der ehemalige Häftlingsschreiber Pierre Petit. In Bergen-Belsen feierten seine SS-Wachen manche Abende deutlich freizügiger als in Haas' Gasthaus. Einige „dieser ‚reinrassigen Arier' hatten sich im Anschluß an ihre turbulenten ‚Kameradschaftsabende' einen ganz ‚unarischen' Tripper geholt", berichtete Petit, der die Männer damals auf Gonorrhö (Tripper) und andere sexuell übertragbare Krankheiten untersuchen sollte.[552] Den Kommandanten selbst erwähnte er nicht. Dieser untersagte seinen Männern die „unarischen" Sex-Partys allerdings auch nicht.

Adolf Haas mochte vor dem Gerichts-SS-Führer die „Weibergeschichten" abstreiten – den letzten Vorwurf von Frau Riedl überraschenderweise jedoch nicht:

„An dem ganzen schmutzigen Schreiben ist lediglich das eine richtig, daß ich alle Führer des Lagers von einem allerdings jüdischen Häftling habe malen lassen. Diese Bilder waren als Weihnachtsgeschenk gedacht. Selbstverständlich sind die Unkosten der Materialien von jedem Führer bezahlt worden. Die Materialien sind von uns außerhalb des Lagers beschafft worden."[553]

Der Kommandant bestritt weder, dass er der Auftraggeber für die 14 Porträts war, noch dass der Maler ein Jude war. Er betonte beides sogar ausdrücklich. Ganz unschuldig fühlte er sich allerdings nicht. Seinem ehemaligen Patron Hans Loritz hatte die maßlose Selbstbereicherung im Sommer 1942 die Stellung als Lagerkommandant gekostet. Um dem Vorwurf zuvorzukommen, behauptete Haas scheinheilig wie viele andere gierige SS-Führer in den Lagern, die Bilder seien Geschenke und man habe die Materialien „selbstverständlich" selbst bezahlt. Tatsächlich berichtete später der ehemalige SS-Mann Albert Petry, der selbst aus dem Westerwald kam, er sollte „im Auftrage von Haas im Nov. 1944 seine Ehefrau in Hachenburg aufsuchen, um dieser ein Ölgemälde, das Haas von sich malen ließ, zu überbringen".[554] Dass Haas auch die anderen Abteilungsleiter malen ließ, mag durchaus Kalkül gewesen sein. Heinrich Schönker, der Sohn des Malers, überlegte 2017:

„Ich glaube, dass Haas deshalb meinem Vater auch befohlen hat andere Offiziere zu malen, weil er wusste, dass es ideologisch nicht in Ordnung war, sich von einem Juden malen zu lassen. Deshalb wollte er, dass auch andere an dieser Sache beteiligt waren. Im Falle eines Falles werde man das als eine kleine Lappalie ansehen und nicht als großes Vergehen. Man könne doch nicht alle Offiziere entlassen."[555]

Für den Gerichts-SS-Führer und den Amtsgruppenchef Glücks waren die Bilder wirklich nur eine „kleine Lappalie" – nicht jedoch für den Chef des SS-Wirtschafts- und Verwaltungshauptamtes Oswald Pohl.

Zunächst schien der „Fall Riedl" für Adolf Haas glimpflich auszugehen. Seine Verteidigungsrede beendete er mit den Worten: „Ich bitte, die Briefschreiberin zur Verantwortung zu ziehen wegen ihrer schmutzigen Behauptungen über meine angeblichen Verhältnisse." Und Dr. Schmidt-Klevenow tat ihm den Gefallen. Noch am selben Tag tippte er an Amtsgruppenchef Glücks, das Schreiben von Frau Riedl sei „offenbar ein Racheakt". „SS-Sturmbannführer Haas hat zum Ausdruck gebracht, daß dieser Brief vielleicht eine Folge der ausgesprochenen Versetzung ihres Ehemannes gewesen ist." Ein „Racheakt" ist durchaus denkbar, da die Versetzung ihn von seiner Ehefrau und seiner erst einjährigen Tochter trennte. Den Beschuldigungen der jungen Mutter, die sehr viel gebildeter als Haas war, glaubte der Jurist allerdings nicht.[556] Haas müsse „hinsichtlich der weiteren schmutzigen Bemerkungen" eine „Genugtuung" erhalten, meinte er. Mit solchen Vorwürfen musste er sich in dieser Zeit offenbar sehr viel beschäftigen: Drei Tage später mahnte er in einem Rundschreiben, dass er dem Reichsführer-SS mehrere Akten von SS-Angehörigen vorlegen musste, denen man „Ehebruch mit Soldatenfrauen" vorwarf, und dass Himmler so ein unkameradschaftliches Verhalten aufs Schärfste verurteilte.[557]

Dass sich die Spitze des Lagerpersonals in Bergen-Belsen von einem jüdischen „Insassen" Bilder anfertigen ließ, thematisierte Dr. Schmidt-Klevenow überhaupt nicht. Trotzdem war Haas vorsichtig genug, die künstlerischen Auftragsarbeiten im Lager zu beenden, nachdem er aus Berlin zurückgekehrt war. Leon Schönker verlor seinen geschützten Arbeitsplatz und alle seine Privilegien. Doch Haas' Kritiker ließen nicht locker.

Wenige Tage nach der Anhörung nutzte ein SS-Mann seinen Urlaub im sächsischen Tannenbergsthal, um Adolf Haas und fünf weitere SS-Führer aus dem Lager Bergen-Belsen zu denunzieren. Wir wissen nicht, wer es war, denn er ließ sich zuvor versprechen, dass er anonym bliebe, und erzählte dann dem Führer der 7. SS-Standarte von den Porträts. Er wusste gut Bescheid und nannte neben Haas alle Beteiligten mit Namen und Rang, darunter alle anderen Abteilungsleiter des Kommandanturstabs, auch den Vertreter des Reichssicherheitshauptamtes, Siegfried Seidl, sowie den Führer der Wachkompanie.[558] Der anonyme Denunziant wusste, dass sich zumindest ein Porträt von Haas bei dessen Frau in Hachenburg befand. Der Standartenführer sah sich sofort in der Pflicht, alles an seinen Vorgesetzten weiterzuleiten. „Irgend welche Anfragen an das Lager, ob das den Tatsachen entspricht, sind völlig zwecklos", schrieb er, „weil wahrscheinlich die ganze Lagerführung es nicht unter ihrer Würde findet, sich von einem Juden in Öl malen zu lassen. Es handelt sich bestimmt um ein außerordentlich unwürdiges Verhalten von SS-Führern. Wahrscheinlich würde der Reichsführer für ein derartiges Verhalten absolut kein Verständnis aufbringen."[559] Schließlich landete die Angelegenheit am 20. März im SS-Wirtschafts- und Verwaltungshauptamt wieder bei Gerichts-SS-Führer Schmidt-Klevenow, der bereits von den Bildern wusste, aber keine Disziplinarmaßnahmen für nötig gehalten hatte.[560] Ganz anders dachte darüber Oswald Pohl. Erzürnt schrieb der WVHA-Chef seinem Lagerkommandanten am 30. März 1944:

„Ich habe festgestellt, daß Sie sich mit einer Reihe anderer SS-Führer im Aufenthaltslager Bergen-Belsen von einem jüdischen Häftling haben malen lassen. Diese Tatsache, die von Ihnen nicht bestritten wurde, ist eines SS-Führers so unwürdig, daß es einem fast die Sprache verschlägt. Entweder haben Sie noch nie eine weltanschauliche Schulung genossen oder aber Sie haben von dieser nur sehr wenig mitbekommen. Ich habe für Ihr und Ihrer SS-Führer Verhalten nicht nur kein Verständnis, sondern bin im höchsten Grade empört. Ich spreche Ihnen und Ihren Führern meine schärfste Mißbilligung aus und ordne hiermit an, daß die von dem Juden gemalten Bilder samt und sonders sofort verbrannt werden. Ich befehle Ihnen, den Inhalt dieses Schreibens den beteiligten SS-Führern als meine Meinung zu dieser Angelegenheit bekanntzumachen. Über die Verbrennung der Bilder geben Sie mir bis zum 30. April 1944 Vollzugsmeldung. Für die Vernichtung sämtlicher Bilder mache ich Sie persönlich verantwortlich."[561]

Wenige Tage vor Ende der Frist meldete Haas kleinlaut die „angeordnete Vernichtung sämtlicher hier im Lager angefertigten Bilder, durch Verbrennen derselben".[562] Doch warum ahndete Oswald Pohl diesen Bilderskandal so streng, während Selbstbereicherung und Korruption in anderen großen Konzentrationslagern und auch in der KZ-Verwaltung normal waren? Auch sein Mordspezialist und Vertrauter in Auschwitz, Rudolf Höß, billigte „Schwarzarbeiten" für die SS-Führer und ihre Ehefrauen. „Was gab es da nicht alles!", erinnerte sich der Häftling Jerzy Rawicz: „Lederbezogene Sessel und Kronleuchter, Akten- und Damenhandtaschen, Koffer, Schuhe, Möbel, die verschiedensten Gegenstände aus Leder und Metall, Spielzeug für Kinder und Teppiche."[563] Kommandant Höß selbst hatte sich 1941 sogar ein offizielles „Lagermuseum" eingerichtet.[564] Dort ließen sich er und andere SS-Führer unter anderem reihenweise Kunstwerke anfertigen – aber eben nur von polnischen „politischen" Häftlingen, nicht von polnischen Juden. Und das war genau die Grenze, die Adolf Haas übertreten hatte. Nicht in Wewelsburg, wo vor allem Zeugen Jehovas für ihn gearbeitet hatten, sondern in Bergen-Belsen mit den Aufträgen für den jüdischen Maler Leon Schönker. Geld, Devisen, Wertgegenstände, Möbel, ja sogar Kleidung – das Vermögen der Juden gehörte aus der Sicht des Regimes dem Reich. Was diese allerdings anfertigten, konnte in den Augen radikaler Antisemiten wie Hitler, Himmler und Pohl nur „entartete" Kunst sein. Selbst wenn die Bilder die Gesichter von SS-Führern zeigten.

Dennoch war es pure Heuchelei, wenn Oswald Pohl behauptete, ihm habe Haas' Verhalten „fast die Sprache" verschlagen. So „unwürdig" schien es ihm immerhin nicht, dass er Haas im Frühjahr 1944 bestrafte oder gar entließ. Zwar hatten Pohl und Himmler seit 1942 einige Male zum Schlag gegen die Schiebereien in den Lagern ausgeholt und einzelne ranghohe Kommandanten wie Hans Loritz, Alex Piorkowski, Karl Otto Koch, Hermann Florstedt und Amon Göth sowie einige SS-Männer ihrer Posten enthoben, jedoch ohne flächendeckend und konsequent im KZ-System vorzugehen. „Schließlich war Korruption der Kitt, der half, das Ganze zusammenzuhalten", meint der Historiker Nikolaus Wachsmann.[565] „Andere NS-Größen kannten die Vorwürfe von Korruption in den Konzentrationslagern nur allzu gut, und so bot sich des Reichsführers Bereitschaft, ein paar Übeltäter der Lager-SS zu züchtigen, als Beweis für Reinheit, Strenge und Anstand in der SS dar." Im Vergleich zu Himmler, der sich unter anderem eine ganze Burg samt Einrichtung von Häftlingen aufbauen ließ, sei Pohls Engagement gegen die Korruption sogar noch „doppelzüngiger" gewesen. Er „torpedierte die Antikorruptions-Kampagne wiederholt mit der Klage, sie unterminiere Häftlingsdisziplin und Kriegsproduktion", während er gewaltig vom NS-Terror profitierte und einen „feudalen Lebensstil" genoss. Pohl führte sich „wie ein Gott und Kaiser" auf und behandelte Gefangene wie sein persönliches Eigentum, erinnerte sich der Dachauer Häftling Karel Kašák.[566]

Der Bergen-Belsener Bilderskandal war somit vor allem eine Möglichkeit für Oswald Pohl, sich als tugendhaften SS-Führer zu inszenieren, blieb aber für Adolf Haas und die anderen beteiligten SS-Führer ohne Konsequenzen. Zwar versetzte Pohls WVHA zwei von ihnen einige Tage vor bzw. nach seiner schriftlichen Abmahnung in andere Konzentrationslager, doch in keiner ihrer Akten wird der Vorfall auch nur erwähnt.[567] Hätten Pohl und Richard Glücks im Frühling 1944 tatsächlich in Bergen-Belsen einen vermeintlich „besseren", ideologisch gefestigteren Kommandanten einsetzen wollen, hätten sie beispielsweise Josef Kramer, Haas' späteren Nachfolger, bereits im Mai dorthin schicken können. Dessen „Qualitäten der Gefühllosigkeit und des bedingungslosen Gehorsams"[568] brauchte Rudolf Höß aber viel dringender in Auschwitz-Birkenau. Auch alle anderen Kommandanten, die in der Zeit zwischen März und Dezember 1944 „frei" wurden[569] und nicht belastet waren[570], setzten die KZ-Organisatoren mit wenigen Ausnahmen[571] lieber in Vernichtungslagern bzw. Konzentrationslagern ein, deren Häftlinge für die Rüstungsindustrie ausgebeutet werden konnten. Bergen-Belsen stand in dieser KZ-Hierarchie zum Zeitpunkt des Bilderskandals ganz unten. Das änderte sich im Laufe des Jahres 1944.

5.5 Der Gestresste: Als sich Bergen-Belsen in ein „typisches" Konzentrationslager verwandelte

Alle KZ-Häftlinge hofften auf eine Niederlage der Deutschen. Doch je näher diese rückte, desto elender erging es ihnen. Auch in Bergen-Belsen wurden die Versorgung und Behandlung 1944 immer schlechter. Seit dem Aufbau des Lagers im Mai 1943 bis Ende Februar 1944 starben im „Aufenthaltslager" und „Häftlingslager" insgesamt 65 Menschen. Allein im März 1944 vermerkten die Sterbebücher dagegen schon 32 Tote und ab April stiegen die Zahlen drastisch an, bis in den dreistelligen Bereich.[572] Was änderte sich in Bergen-Belsen? Sah der Lagerkommandant ein weiteres Mal einem Massensterben zu?

Als sich abzeichnete, dass der „Aufenthalt" der „Austauschjuden" länger dauern würde als erwartet, verwandelten die pragmatischen Funktionäre im SS-Wirtschafts- und Verwaltungshauptamt Bergen-Belsen doch noch in ein

„typisches“ Konzentrationslager, in dem sie – unabhängig vom Reichssicherheitshauptamt und Auswärtigen Amt – schalten und walten, ausbeuten und morden konnten, wie es ihnen beliebte. Ab März 1944 wurden hier nicht mehr nur „Austauschjuden“ aufgenommen, sondern auch kranke und erschöpfte männliche Häftlinge aus anderen Lagern. Die Rote Armee rückte seit Frühjahr 1944 weiter in Richtung Deutschland vor und machte es der SS schwierig, die nicht mehr arbeitsfähigen Arbeitssklaven in die Lager im besetzten Osten abzuschieben. So ließ das WVHA das „Häftlingslager“ in Bergen-Belsen, in dem das „Baukommando“ untergebracht war, Ende Februar räumen und erklärte es mit dem NS-typischen Zynismus fortan zum „Erholungslager“.[573]

Der erste Krankentransport aus dem Lager Dora bei Nordhausen (Harz) mit etwa tausend, meist an Tuberkulose erkrankten Häftlingen traf am 27. März ein. Darauf folgten in unregelmäßigen Abständen weitere, allerdings kleinere Transporte.[574] Mit einem von ihnen kam Ende Juni 1944 der Luxemburger Widerstandskämpfer Pierre Petit von Dachau nach Bergen-Belsen. „Das Lager machte einen unheimlichen Eindruck, man hörte keinen Laut, und doch war die Blockstraße voller Menschen“, schrieb er später über seine Ankunft.

„Zwischen Haufen von Dreck und Unrat kauerten sie in kleinen Gruppen am Boden, oder lagen mit den Rücken an die Baracken gelehnt und schliefen. Verschiedene waren tot; nur an ihren offenen Augen, die voller Mücken saßen, konnte man sie von den Lebenden unterscheiden. Ganz wenige waren auf den Beinen, sie torkelten wie Betrunkene, stelzten über die am Boden Liegenden hinweg, um sich einen besseren Platz zu suchen, und hockten sich wieder hin. Niemand redete, sie dösten apathisch vor sich hin, ausgelaugt, erschöpft, Menschen ohne Hoffnung.“[575]

Von einem „Erholungslager“ konnte keine Rede sein. Ganz im Gegenteil. Wer die Fahrt überlebt hatte, den pferchten Haas‘ SS-Männer tagelang in leere Baracken ohne Nahrung und Decken.[576] Das WVHA, allen voran das für das Sanitätswesen in den Konzentrationslagern zuständige Amt D III, bemühte sich zudem kaum, die Häftlinge gesund zu pflegen. Mit den tausend Kranken des ersten Transports schickte man zunächst keinen einzigen Arzt – auch keinen Häftlingsarzt – nach Bergen-Belsen. Dafür kriminelle Häftlinge, die als Kapos und „Pfleger“ die kranken Menschen terrorisierten.[577] Es wurden auch nicht ausreichend Medikamente, Instrumente oder Material für den Bau weiterer Krankenbaracken bereitgestellt. Im Lager selbst sorgte der Kommandant weder für die Rekrutierung von ausreichend Häftlingsärzten, noch änderte er etwas an der unzureichenden Unterbringung und Versorgung sowie den katastrophalen sanitären Verhältnissen, die das Ausbrechen von Krankheiten und Seuchen nur noch begünstigten.[578] „Die Böden der Waschräume schwammen ständig in Wasser und Fäkalien; der fürchterliche Gestank nahm uns den Atem", erinnerte sich Pierre Petit.[579]

War es Haas bereits schwergefallen, seinen SS-Männern den Sonderstatus der „Austauschjuden" einzubläuen, so ließ er sie im neuen Teillager frei gewähren. Da sie die jüdischen Geiseln nicht misshandeln durften, hielten sie sich nun „lieber an uns Häftlinge, an denen sie ihre aufgestaute Wut wegen dieser unverständlichen Befehle ungehindert austoben konnten", erinnerte sich Pierre Petit.[580] Er berichtete detailliert, wie mit Haas' Billigung „die sadistische Grausamkeit der SS" das „Erholungslager" zu einer „erbarmungslosen Hölle, zum Todeslager für die ‚Ausgesonderten'" machte.[581] Ausgerechnet die „Erholungshäftlinge" mussten die „schwersten Arbeiten und schmutzigsten Arbeiten" verrichten, oft vollkommen zwecklos.[582] Ständig gab es Schläge und Tritte, stundenlanges Appellstehen, sinnloses „Strafexerzieren" und willkürliche Prügelstrafe ohne „bürokratischen Krimskram".[583] Anstatt die kranken Häftlinge zu behandeln, verordnete der Lagerarzt, SS-Obersturmführer Dr. Wilhelm Jäger, eine „Luft-und-Sonne-Therapie eigener Konzeption und Erfindung". Nach diesem schikanösen „Frühsport" zitterten die Häftlinge oft so sehr vor Erschöpfung, dass sie „ihre karge Mittagssuppe nicht mehr schlucken, die Hände die Schüssel nicht mehr halten" konnten.[584]

Von März 1944 bis Januar 1945 kamen etwa 5500 kranke Männer in das „Erholungslager". Diejenigen, die einigermaßen gesund und kräftig waren, behielt Arbeitsdienstführer Fritz Rau für seine eigenen Kommandos, sodass nur ein einziges Mal eine Gruppe von 200 angeblich erholten Häftlingen Ende Juli 1944 zurück nach Buchenwald geschickt wurde.[585] Von den Übrigen überlebten nur die wenigsten die „Schonung". Pierre Petit, der im Lager als Schreiber arbeitete und sich später die Sterbebücher anschaute, sprach von 177 bis 188 Toten pro Monat.[586] Die SS gab sich keine große Mühe mehr, die Gewalt vor den Augen der „Austauschjuden" zu verbergen, schoss sogar manchmal ohne Grund von den Wachtürmen auf die Häftlinge.[587] Heinrich Schönker beobachtete damals vom benachbarten „Sonderlager" aus, wie „Kapos jede

Nacht Häftlinge mit Brettern aus den Pritschen" erschlugen.[588] Zunächst im Auftrag, dann mit Duldung der SS ermordete der als Pfleger eingesetzte Kapo Karl Rothe im Sommer 1944 mit Phenolinjektionen ins Herz auch etwa 200 Menschen, die der Lagerführung oder ihm nicht mehr genesungsfähig erschienen.[589]

Der Lagerkommandant interessierte sich nicht für die kranken Häftlinge, tat nichts gegen das Massensterben trotz täglicher Meldungen und hielt sich lieber von diesem Lagerabschnitt fern. „Nur manchmal brauste er mit seinem schweren Motorrad durch das Lager und rannte alles über den Haufen, was nicht schnell genug zu Seite sprang", erinnerte sich Pierre Petit. „Bei diesen Gelegenheiten trug er stets einen langen, grauen Ledermantel und Stulphandschuhe. Wenn er so in eine Häftlingsgruppe hineinfuhr, schlug er wild um sich, behielt aber die Handschuhe an, um sich die Finger nicht an ‚solchem Aas' zu beschmutzen."[590]

Dieses Gruppenfoto wurde Ende 1944 vor einer Baracke im Konzentrationslager Bergen-Belsen aufgenommen. Adolf Haas steht im langen, grauen Ledermantel in der Mitte.

Ab Sommer 1944 wurde die Stimmung in Bergen-Belsen noch angespannter, zum einen wegen des Kriegsverlaufs und zum anderen wegen zwei weiterer großer Teillager. Bereits in den Monaten zuvor hatte es einen alliierten Luftangriff auf das Lager gegeben. Der ständige Luftalarm verlängerte die quälenden

Zählappelle und machte die SS „äußerst nervös", notierte Mirjam Bolle in ihrem Tagebuch.[591] „Der Kommandant hat ein Fernglas und tut nichts anderes, als nach oben zu schauen." Nachdem die Westalliierten am 6. Juni 1944, dem „D-Day", in der Normandie gelandet waren und mit einer zweiten Kriegsfront im Westen die Rote Armee im Osten entlasteten, nahmen die Luftangriffe auf Deutschland weiter zu. Die Unterbrechungen ihrer „Arbeit", die unruhigen Nächte im Luftschutzkeller sowie die Todesmeldungen aus der bombardierten Heimat reizten Adolf Haas und seine Mannschaft.[592] Hinzu kamen mehrere Tausend weitere Häftlinge, die sie bewachen mussten.

Zwar durften Ende Juni 1944 222 Jüdinnen und Juden aus dem „Sternlager" nach langem Bangen Bergen-Belsen verlassen und nach Palästina ausreisen, dennoch wuchs die Häftlingszahl im gesamten Lagerbereich in den nächsten Monaten um ein Vielfaches. Im Juli 1944 wurde im „Aufenthaltslager" für neue „Austauschjuden" ein gesonderter Bereich eingerichtet. Sie kamen aus Ungarn, wo seit dem Einmarsch der Wehrmacht im März Adolf Eichmann die Ermordung der ungarischen Juden unterstützte, unter anderem zusammen mit dem wieder eingesetzten Auschwitz-Kommandanten Rudolf Höß und Siegfried Seidl, dem ehemaligen Leiter der Politischen Abteilung in Bergen-Belsen. Parallel verhandelten der Rechtsanwalt Rudolf Kasztner und sein Partner Joel Brand als Vertreter eines jüdischen Hilfskomitees in Budapest über die Rettung von Juden – man einigte sich auf 1000 Dollar für ein Menschenleben. So gelangten 1684 Juden aus Ungarn nach Bergen-Belsen. Für den „Zwischenaufenthalt" hatte Kasztner genaueste Richtlinien für die Unterbringung und Behandlung ausgehandelt, an die sich die SS tatsächlich weitestgehend hielt. Obwohl die Geiseln ebenfalls hungerten und an Entbehrungen litten, war ihr Leben im „Ungarnlager" im Vergleich zu den anderen Teillagern am erträglichsten.[593]

Das erklärt, warum der Lagerkommandant den meisten Überlebenden der „Kasztner-Gruppe" so positiv im Gedächtnis geblieben ist. „Wir hatten keine Angst vor Haas", erinnerte sich Herrmann Adler aus Sládkovičovo (Diosek), „natürlich wir respektierten ihn, gerade weil er relativ anständig war."[594] Nur selten störte Adolf Haas das kulturelle und religiöse Leben im „Ungarnlager". Einmal verbot er einen Vortrag von Mitgliedern der sozialistisch-zionistischen Jugendorganisation und Widerstandsgruppe „Hashomer Hatzair", die unter anderem den Aufstand im Warschauer Ghetto angeführt hatte, ein anderes Mal eine Bilderausstellung des Werbegraphikers Istvan Irsai. Der begeisterte Kunstlaie Haas war jedoch nachsichtig. „Der Kommandant kam, erklärte mit ruhiger Stimme, das sei verboten, und gebot die Ausstellung zu räumen", berichtete Herrmann Adler.[595] Weder beschlagnahmte er die Bilder, die immerhin auf ironische Weise das Lagerleben darstellten, noch bestrafte er den Künstler. Je schlechter die Kriegslage aussah, desto mehr schien sich der Kommandant sogar bei den ungarischen Juden einzuschmeicheln, wohl als Absicherung im Falle einer Strafverfolgung nach Kriegsende: Als Rudolf Kasztner Mitte November 1944 eine Nachricht an seine Frau ins Lager schickte, gab Haas diese nicht nur wohlwollend weiter, sondern fügte noch eigene Grüße hinzu und versprach: „In zwei Wochen wird sie wieder bei ihrem Ehemann sein."[596]

Ganz anders erging es den 9000 jüdischen und nicht jüdischen Frauen aus Polen und später aus Ungarn, darunter auch einige Sinti und Roma, die zwischen August und Ende November 1944 ankamen. Bergen-Belsen diente nun auch als „Durchgangslager" für weibliche Arbeitssklaven, die aus den umkämpften Ostgebieten „evakuiert" wurden. Die meisten von ihnen transportierte die SS schließlich weiter zur Zwangsarbeit in andere Konzentrationslager sowie in drei neue Außenlager des KZ Bergen-Belsen.[597] Bis dahin brachte sie die Lagerverwaltung in einem improvisierten Lager aus rund einem Dutzend großer Schützenfestzelte unter. Hier herrschten bald die „fürchterlichsten Zustände", berichtete Pierre Petit: Die Zelte waren überbelegt und außer dünnen, faulenden Strohmatten „gab es nichts in den Zelten: kein Licht, kein Wasser, keine Betten, keinen Schrank und keine Bank; von Toiletten und Waschanlagen gar nicht erst zu reden".[598]

Anfang November 1944 brachten Züge aus Auschwitz Hunderte Frauen nach Bergen-Belsen.[599] Unter den Frauen mit eingebrannter Auschwitz-Nummer war die Niederländerin Mirjam Blits. Am Morgen nach ihrer Ankunft sah sie zum ersten Mal den Lagerkommandanten. „Prima war dieser Sturmbannführer", schrieb sie voller Sarkasmus in ihren Memoiren.[600] „Wie sie sehen können, ist dieses Lager hier nicht wirklich ein Lager", sagte er zu ihnen auf dem Appellplatz. „Wir haben absolut nicht die Mittel, hier Tausende und Abertausende von Mädchen unterzubringen. Die Küche, die Hygiene und der Standort reichen nicht aus und trotzdem senden sie jedes Mal Transporte aus Auschwitz. Wir wissen wirklich nicht, was wir hier tun sollen." Wie sonst vor seinen Vorgesetzten oder Vertretern des RSHA und AA präsentierte er sich als der hilfsbereite Kommandant, der sich um seine Häftlinge sorgte, vor allem um die weiblichen. „Ich habe die Küchen angewiesen, Tag und Nacht zu arbeiten. Ihr seht, meine Damen, meine Absichten sind gut", log er. „Seid also guten Mutes, habt Geduld und benehmt euch gut. Meinen Männer habe ich befohlen, euch anständig zu behandeln und vor allem nicht zu schlagen."

Wie ernst Adolf Haas seine Worte meinte, spürten die Frauen, als heftige Novemberstürme über das Lager fegten. Immer wieder mussten nachts Häftlingskommandos aus dem „Erholungslager" zusammengebrochene Zelte wieder aufrichten. Haas und seine SS griffen keineswegs ein, als einige Funktionshäftlinge die Not der hungernden und frierenden Frauen schamlos ausnutzten. „Manche der ausgehungerten Frauen waren um den Preis eines Kantens Brot zu allem bereit", auch zur Prostitution, erinnerte sich Pierre Petit.[601] In der Nacht vom 7. November zerstörte ein besonders starker Sturm das Zeltlager vollends und begrub viele Frauen unter den herabstürzenden Teilen. Als der Kommandant die Zeltruine sah, „schlug er die Hände zusammen" und war vollkommen ratlos, erinnerte sich Mirjam Blits.[602] Erst nach Stunden in bitterer Kälte ließ er sie, völlig durchnässt und halb erfroren, von seinen SS-Männern unter Beschimpfungen und Schlägen in ein Küchenzelt und ein Stiefellager treiben. Zwischen alten Schuhen und Lumpen fragte ein 15-jähriges Mädchen auf Niederländisch: „Warum wollen sie, daß wir wie Tiere leben?" Ihr Name war Anne Frank. „Weil sie selbst Raubtiere sind", antwortete ihr eine Freundin.[603]

Die talentierte junge Autorin, ihre Schwester Margot und all die anderen Frauen blieben zwei Tage im Stiefellager eingesperrt, bis Adolf Haas sie in hastig geräumte Baracken unterbrachte, unter anderem im „Sternlager". Deren „Insassen" hatten bereits Anfang September angesichts der erwarteten Transporte neue Baracken bauen müssen. Dabei hatte der stellvertretende Judenälteste des „Sternlagers", Josef Weiss, den Kommandanten noch einmal um die dringend benötigten Latrinen und Waschgelegenheiten gebeten. Doch der hatte abgelehnt, obwohl sich ausreichend Material in den Depots befand. Selbst die defekten Wasserhähne ließ er nicht reparieren.[604] In die neuen Baracken ohne Licht, Betten und Toiletten zogen jedoch nicht die erschöpften Frauen, sondern die „Austauschjuden" selbst – und das im reinsten Chaos. „In den kommenden Wochen gab es ein unbeschreibliches Durcheinander, ganz Bergen-Belsen geriet in Aufruhr", berichtete Pierre Petit. „Die SS hatte völlig den Kopf verloren, ständig wurde ‚verlegt' und umdisponiert."[605] Für Adolf Haas seien diese brutalen Umzüge sogar ein „beliebter Sport" gewesen, meint der Historiker Eberhard Kolb.[606] Sie waren jedoch wohl eher die Folge eines komplett überforderten Lagerkommandanten.

Die neuen Funktionen, die seine Vorgesetzten im SS-Wirtschafts- und Verwaltungshauptamt seinem Lager seit Frühjahr 1944 zugewiesen hatten, überstiegen die Kapazitäten von Bergen-Belsen und seiner Mannschaft vor allem seit Sommer bei Weitem. Die Zahl der Häftlinge, Ende Juli etwa 7300, verdoppelte sich innerhalb von vier Monaten.[607] „Der mangelnde Ausbau des Lagers und die unerhörte Vernachlässigung aller Einrichtungen rächte sich bitter", so Pierre Petit, „leider nicht an den Verantwortlichen, sondern an den unglückseligen Opfern" – egal ob „Austauschjude" oder Arbeitssklave.[608] In jedem Lagerteil hungerten die Häftlinge, weil die SS weder für ausreichende Rationen noch für genügend Geschirr oder Suppenkessel sorgte. Sie froren, weil es nicht genug Kleidung gab, und sie erkrankten zu Hunderten, weil irgendwann das „Baden" und die „Entlausung" für die meisten ganz eingestellt wurden. So stieg die Zahl der Toten im gesamten Lager von 93 im August stetig auf 338 im November 1944 – und noch weiter.[609]

Der Stress, die schlechte Kriegslage, die Abmahnung durch WVHA-Chef Pohl – all das sorgte dafür, dass sich die Stimmung von Adolf Haas seit Frühjahr 1944 immer weiter verdüstert hatte. Im April hatte er noch auf Bitten aus dem „Sternlager" „im Freien eine Waschgelegenheit bauen" lassen.[610] Nach einer jüdischen Legende der ultraorthodoxen „Chassidim" habe Haas zur selben Zeit – wenn auch mit Spott – ein Gesuch weitergeleitet, mit der die Vertreter des „Sonderlagers" um das Backen von Matze zum Pessachfest gebeten hatten. Als die Genehmigung aus Berlin eintraf, habe er sogar ein paar Häftlinge angewiesen, beim Bau eines kleinen Ofens zu helfen, damit sie ihr „religiöses Brot" backen und ihren jüdischen Feiertag angemessen feiern konnten.[611] Im Juni hatte er einmal persönlich das Essen im „Sternlager" geprüft, es für ungenießbar erklärt und wenigstens kurzfristig dafür gesorgt, dass es etwas reichhaltiger wurde, heißt es in zwei Tagebüchern.[612] Damit wollte sich Haas höchstwahrscheinlich bei den jüdischen Diamantschleifern aus Amsterdam einschmeicheln, die seit Mitte Mai mit ihren Familien im „Sternlager" in einer gesonderten Baracke untergebracht wurden. Auf Anordnung Himmlers sollten sie für das Deutsche Reich Rohdiamanten schleifen und hatten sich aus ihrer Position heraus bei Haas über den Spinat voller Würmer beschwert. Haas hoffte wohl, er könne selbst von ihren Fertigkeiten profitieren. Er verbesserte nicht nur die Versorgung, sondern erließ ihnen jegliche schwere körperliche

Arbeit und bot ihnen bei Gesprächen in seiner Kommandantur sogar seine Zigarren an.[613]

Die verschiedenen Tagebücher der Überlebenden dokumentieren, dass der Kommandant spätestens ab Juli 1944 mit mehr und mehr Härte durchgriff, aus Angst, seine privilegierte Stellung zu verlieren: Mitte Juli sahen Haas und seine Männer „mit größter Aufregung" dem Besuch eines hohen Offiziers aus Berlin entgegen, berichtete Arieh Koretz in seinem Häftlingstagebuch.[614] „Es war ihnen nämlich gesagt worden, wenn der hohe Offizier nicht zufrieden sei, würden sie alle, einschließlich des Lagerkommandanten Haas, an die Front geschickt. Davor fürchteten sich die SS-Leute, die das Lager bewachten, am meisten." Tatsächlich bemühte sich Haas seitdem, mit einer Flut von Strafen für „Disziplin" zu sorgen. Am 18. Juli fuhr er „mit seinem Auto bis vor die Damentoilette der Seidenraupenzucht und schrieb sechzig Damen auf, die dort saßen. Diese bekamen keine Butter", zur Strafe für die gemeinsame lange Pause, schrieb Louis Tas alias Loden Vogel.[615] Wenige Tage später notierten er sowie Arieh Koretz und Renata Laqueur, Haas habe das ganze Lager mit zwei Tagen Brotentzug bestraft. Ein paar Jugendliche hatten bei Aufräumarbeiten die „verfaulten Strohsäcke, die voller Mäuse waren, hinter die Latrine gebracht" und anstatt nur einen hatte ein „Dummkopf" gleich alle Strohsäcke angezündet. „Das ganze Lager soll wissen, was es heißt, Sabotage zu üben", schimpfte der Kommandant.[616] Nicht einmal Kinder und Kranke verschonte er mit seiner Strafe. In den Zeiten des ewigen Hungers wurde Brotentzug zu seiner beliebtesten Kollektivstrafe. Er verhängte sie, als er Mitte September eine Gruppe albanischer Jungen erwischte, wie sie aus der Häftlingsküche ein paar Stückchen Rüben klauten, und noch einmal neun Tage später, als er von einem großen Brotdiebstahl im „Sternlager" erfuhr.[617] Als die jüdische Selbstverwaltung die Diebe selbst verurteilen wollte, stimmte Haas begeistert zu und forderte eine öffentliche Gerichtssitzung auf dem Appellplatz. „Wo tausende Leute zusammen sitzen, muss mal was passieren!"[618]

Seit Herbst 1944 wuchs bei den Häftlingen die Hoffnung auf eine baldige Befreiung. „Wir hatten verstanden, daß die Deutschen große Verluste und Niederlagen an den Fronten [erlitten] hatten", erinnerte sich Hilde Huppert.[619] „Das konnten wir an den Gesichtern der Wärter ablesen." Doch diese rächten sich an den Häftlingen. „Ihr glaubt wohl, wegen der kleinen Frontverschiebung könnt ihr alle sabotieren! Ich schneide euch den Hals ab", schrie der Kommandant, als er höchstpersönlich im „Sternlager" erschien und alle zur Arbeit schickte, Männer bis zu 80 Jahren, Kranke mit hohem Fieber.[620] „Er fängt an etwas von der Situation zu begreifen. Goebbels‘ Propaganda hilft nicht mehr“, erkannte Abel Herzberg. Seinen Männern gegenüber tat der Kommandant gewiss noch so, als sei er vom „Endsieg“ überzeugt: „Wir ziehen uns zurück, um dort die Schlacht zu liefern, wo wir das wollen!“

Nicht alle fielen auf die Durchhalteparolen herein. Mit Alkohol betäubten sie abends ihre Gewissensbisse und die Angst vor der Niederlage. „Die edlen Ritter des schwarzen Ordens hatten die Gewohnheit, sich mit Bier und Schnaps bis oben volllaufen zu lassen und dann ihr allzu üppiges Abendbrot einfach auf den Boden zu kotzen“, schrieb Pierre Petit, der am nächsten Morgen den „stinkenden Unrat“ entfernen musste.[621] Am 12. September leerte ein SS-Mann in der Funktion eines „Sanitäters“ ganz allein eine große Flasche Rum, hielt sich seinen Revolver gegen den Kopf und drückte ab.[622] So verzweifelt war Haas nicht. Mitte Oktober beobachtete ihn Józef Gitler-Barski, wie er demonstrativ mit einem Maschinengewehr über der Schulter herumlief.[623]

Im November 1944 ignorierte Haas einen Runderlass von WVHA-Chef Pohl, der forderte, „die Zählappelle im Freien in den Wintermonaten auf die kürzeste Zeitspanne herabzumindern“, „um Erkältungskrankheiten bei weniger gut eingekleideten Häftlingen unter allen Umständen zu vermeiden“.[624] Die Häftlinge des „Erholungslagers“ standen „nach wie vor durchschnittlich fünf bis sechs Stunden auf dem Appellplatz“, bestätigt Pierre Petit, „und in den andern Teillagern war es in dieser Hinsicht nicht viel besser“.[625] Genau an Haas‘ 51. Geburtstag, am 14. November 1944, notierte Arieh Koretz: „Der Lagerkommandant ist überreizt“.[626] Haas entließ in diesen Tagen nicht nur den Judenältesten des „Sternlagers“, sondern ahndete auch jeden noch so kleinen Regelverstoß in allen Teillagern.

Je mehr die Häftlinge hungerten, desto größere Ausmaße nahm der verbotene Handel unter den Häftlingen sowie zwischen ihnen und der SS an, welche die Not schamlos ausnutzten. Gehandelt wurde mit Zigaretten, Geld, Schmuck und Juwelen, aber auch mit selbst gefertigten Gegenständen wie detailgetreuen Modellbooten aus dem Blech alter Konservendosen, Kinderspielzeug aus Holz, reich verzierten Zigarettenspitzen und gestrickten Kleidungsstücken. „Das Risiko lag dabei einseitig bei den Häftlingen, die stets auf der Hut sein mußten, um nicht bei irgendeiner Kontrolle von einem uneingeweihten SS-Mann erwischt zu werden“, so Pierre Petit.[627] Einen Pullover, von einem italienischen Mithäftling aus verschiedenen Stoffresten gestrickt, besaß er noch 1966.

Ein ähnlicher Pullover hing Ende November 1944 über dem Stacheldrahtzaun, der das „Ungarnlager" vom „Sonderlager" trennte. Hilde Huppert hatte ihn für einen ungarischen Juden gestrickt, der ihr eine „astronomische Bezahlung" angeboten hatte: sieben Zigaretten. Dafür konnte sie für sich und ihren kleinen Sohn Tommy „sehr viele Scheiben Brot eintauschen".[628] Der Zaun war der Umschlagplatz. Zu ihrem Unglück lief Kommandant Haas vorbei, entdeckte den Pullover und befahl einem seiner Soldaten, ihn mit dem Gewehr herunterzuangeln. Dabei fielen einige Zigaretten aus den Taschen. „Wem gehört das", fragte er. Der Ungar meldete sich. „Und diese Zigaretten?", hakte Haas nach. Zögerlich trat Hilde Huppert vor und erklärte ihm, die Zigaretten seien die Bezahlung für den Pullover, damit sie etwas zu Essen für ihren Tommy besorgen könne. Der Kommandant, der noch im letzten Winter ihren Sohn mit warmen Schuhen ausgestattet hatte, hatte dafür kein Verständnis mehr. Wütend schickte er den Ungarn in Einzelhaft und wandte sich dann an die Mutter. „Und was Sie betrifft, Hilde Huppert, um Ihren Fall kümmere ich mich später!", versprach er erbost. „Ich war sicher, Tommy wäre schon bald Waise", erinnerte sie sich später. Doch sie hatten Glück. „Die Zeiten änderten sich: Adolf Haas wurde bald abgesetzt und die Sache vergessen."[629]

5.6 Der Abgeschobene: Kommandantenwechsel und Inferno, Ende 1944

„Es besteht solch ein Bedürfnis nach Nachrichten, dass man auch jene Nachrichten will, von denen man weiß, daß sie unzuverlässig sind", notierte der Amsterdamer Rechtsanwalt Abel Herzberg im Sommer 1944 nach einem halben Jahr Gefangenschaft in Bergen-Belsen.[630] Im Konzentrationslager, vollkommen abgeschottet von der Außenwelt, waren diese „Nachrichten" meist nichts anderes als Gerüchte. Die Häftlinge sprachen daher „mit dem Selbstspott, der Juden eigen ist, von IPA, was soviel bedeutet wie ‚Jüdische Presse Agentur'". Am 30. November 1944 war die IPA jedoch erstaunlich gut informiert. An diesem Tag schrieb Herzberg in sein Tagebuch: „IPA sagt, daß der Kommandant verschwindet."[631]

Einen Tag zuvor war Josef Kramer von Auschwitz nach Berlin-Oranienburg gefahren. Er war ein abgebrühter KZ-Veteran der ersten Stunde, hatte mit der Förderung durch Hans Loritz im KZ Esterwegen, Dachau, Sachsenhausen und Mauthausen gearbeitet, war zum Adjutant von Rudolf Höß in Auschwitz aufgestiegen und hatte schließlich als Kommandant das KZ Natzweiler-Struthof geleitet. Im Mai 1944 hatte Höß dafür gesorgt, dass Kramer neuer Kommandant von Auschwitz-Birkenau wurde, damit er ihm als enger Vertrauter und Tötungsexperte bei der Vernichtung von mehr als 350.000 ungarischen Juden, der „Ungarn-Aktion", zur Seite stehen konnte – der Gipfel des Holocaust in Auschwitz.[632] Als die grausame „Arbeit" getan war und der Komplex geräumt wurde, hatte Richard Glücks, Amtsgruppenchef D (Konzentrationslager) im SS-Wirtschafts- und Verwaltungshauptamt, Ende November 1944 eine neue Aufgabe für ihn. Er sollte neuer Kommandant in Bergen-Belsen werden. Glücks habe ihm in aller Kürze und sehr vage erklärt, welche Arten von Häftlingen es dort gebe und dass er sich insbesondere um die „Wiederherstellung" der kranken Arbeitssklaven kümmern solle, berichtete Kramer im Bergen-Belsen-Prozess 1945.[633] Das sei „eine sehr große Aufgabe". Nachdem sie sich noch beide höflich nach den Familien des anderen erkundigt hatten und Kramer mit drei befreundeten SS-Offizieren geplauscht hatte, fuhr er in die Lüneburger Heide zu seiner neuen Arbeitsstelle.[634]

Adolf Haas war aus Berlin bereits unterrichtet worden. Als Josef Kramer am 2. Dezember 1944, einem Samstag, eintraf, war Haas gern bereit, ihn persönlich durch das Lager zu führen. „Bei diesem Rundgang wies er auf Veränderungen und Verbesserungen hin, die er noch vornehmen lassen wollte", erinnerte sich Kramer.[635] Dass Haas solche Lügen bereits vor anderthalb Jahren dem Legationsrat Eberhard von Thadden aufgetischt hatte, konnte er nicht wissen. Noch am selben Tag übernahm Kramer die Lagerführung und die Verantwortung für 15.257 Häftlinge. „Die IPA hatte recht", notierte Abel Herzberg am 2. Dezember. „Es kam ein neuer Kommandant."[636] Der alte zeigte keine Eile, zu seinem neuen Einsatzort an der Front zu fahren. Er blieb mindestens noch drei Tage, bis er Bergen-Belsen verließ.[637]

Warum musste Adolf Haas gehen? Das ist unter Historikerinnen und Historikern sowie Zeitzeugen bis heute umstritten. Rudolf Höß schrieb 1946/47 in der Krakauer Untersuchungshaft, Haas sei im Herbst 1944 wegen „Vernachlässigung des Lagers" und „Weibergeschichten" nicht mehr „tragbar" gewesen.[638] Er habe ohnehin „nicht viel Ahnung vom KL" gehabt, seit der Übernahme 1943 an den „trüben hygienischen Verhältnissen" nichts geändert und „sich darum gar keine Mühe" gegeben. Höß habe daher zum Jahresende nach Bergen-Belsen fahren müssen, um persönlich Kramer einzuweisen. „Das Lager bot ein trostloses Bild. Die Unterkünfte, die Wirtschaftsbaracken, auch die Mannschaftsunterkünfte vollkommen verwahrlost. Die hygienischen Verhältnisse bei Weitem schlimmer als in Auschwitz." Was es mit den „Weibergeschichten" auf sich hatte, erläuterte er nicht, bezog sich aber höchstwahrscheinlich auf das Schreiben von Frau Riedl, der Ehefrau des versetzten SS-Oberscharführers, die sich im Januar 1944 ausführlich über Haas beschwert und ihm unter anderem zwei Affären vorgeworfen hatte. Den Bilderskandal erwähnte Höß allerdings nicht.

In seinen Aufzeichnungen stellte Rudolf Höß zwar sowohl seine Geschichte als auch die der Konzentrationslager äußerst detailliert dar. Doch gerade die Personalentscheidungen, an denen er in den letzten Kriegsmonaten erheblich mitwirkte, seien „mit Vorsicht aufzunehmen", meint der Historiker Eberhard Kolb.[639] Einerseits seien „Weibergeschichten" an sich im KZ-System „nie die Ursache für die Absetzung eines Lagerkommandanten" gewesen, nur wenn es zu großes Aufsehen gab, also die Gefahr eines Imageschadens.[640] Andererseits war bereits 1943 deutlich gewesen, „daß Haas kein fähiger Mann war und beim Ausbau des Lagers versagt hatte", ohne dass sich darum im WVHA jemand geschert hätte. Vielmehr hätten ihn, wie es Höß beschrieb, die höchsten KZ-Funktionäre als Außenseiter betrachtet, da er erst mit Kriegsbeginn zum KZ-Dienst gekommen war. Außerdem sei Haas mit dem Bilderskandal beim WVHA-Chef Pohl Anfang 1944 dermaßen in Ungnade gefallen, dass seine Abberufung nur noch eine Frage der Zeit gewesen sei – und dieser Zeitpunkt war gekommen,

„als aufgrund der Evakuierung des Lagers Auschwitz-Birkenau ein ‚bewährter' Konzentrationslagerkommandant für die Aufgabe in Bergen-Belsen zur Verfügung stand: SS-Hauptsturmführer Josef Kramer, ein langjähriger, skrupelloser Konzentrationslagerfunktionär, hemmungslos und brutal gegenüber den Häftlingen, subaltern und willfährig gegenüber seinen Vorgesetzten".[641]

Die Historikerin Alexandra-Eileen Wenck stimmt zu, dass Haas' Außenseiter-Rolle ausschlaggebend war und „mit Josef Kramer im Urteil seiner Vorgesetzten ein weit ‚zuverlässigerer' und ‚kompetenterer' KL-Kommandant für die Leitung Bergen-Belsens zur Verfügung" stand.[642]

Vieles spricht dafür, dass der Bilderskandal für den Kommandantenwechsel in der bisherigen Forschung überbewertet wurde. Weder fanden sich in den

Akten der anderen beteiligten SS-Führer irgendwelche Hinweise, noch hatte es für den Kunstliebhaber Haas unmittelbare Konsequenzen. In erster Linie wollte Oswald Pohl mit der Abmahnung vom 30. März seine Macht und angebliche Integrität demonstrieren – konsequent gegen Korruption vorzugehen, lag aus Selbstschutz nicht in seinem Interesse. Wenn wir den Aussagen einer seiner SS-Männer Glauben schenken, traute sich Haas sogar, mindestens ein Ölgemälde nicht zu verbrennen und es im November 1944 von diesem persönlich nach Hachenburg zu seiner Frau in Sicherheit bringen zu lassen – wahrscheinlich wohl wissend, dass seine Tage in Bergen-Belsen gezählt waren.[643]

Tatsächlich ließ Kommandant Haas den begabten „Insassen" Leon Schönker trotz des Verbots zwischen Ende September und Anfang Dezember 1944 weitere Porträts anfertigen, allerdings nicht mehr von ihm selbst, sondern von einem hohen Gestapo-Offizier aus Berlin. „Er war derjenige, der darüber entschied, wer auf einen Transport ging und wer blieb", erinnerte sich Schönkers Sohn Heinrich.[644] Den Namen des Offiziers kannte er nicht. Höchstwahrscheinlich handelte es sich aber um SS-Hauptsturmführer Ernst Moes, der sich als „Fachmann des RSHA" unter anderem um „Juden- und Mischlingseinzelfälle" im Ghetto Theresienstadt und in Bergen-Belsen kümmerte.[645] Moes besuchte regelmäßig das Lager und verstand sich offenbar auch gut mit Adolf Haas. „Heute stand er mit dem Kommandanten am Zaun und besah sich die ‚Arier' unter uns", notierte Renata Laqueur am 18. April 1944.[646] In der Zeit, als Leon Schönker wieder anfing zu malen, bezeugten sie, Arieh Koretz und Józef Gitler-Barski, dass Ernst Moes am 12. und 18. November sowie am 11. Dezember im Lager war, also meistens während der Wochenenden.[647] Heinrich Schönker bestätigt das: „Der Offizier reiste einmal die Woche an und wollte immer ein neues Bild." Sein Vater malte ihn im Stehen, in einem Sessel, mit einer riesigen Dogge und einmal nur den Hund – „der Offizier war entzückt".[648]

Viele Jahre später formulierte Heinrich Schönker einen interessanten Gedanken: Indem Haas dem Gestapo-Offizier gestattete, sich von seinem ehemaligen Lieblingskünstler porträtieren zu lassen, anstatt ihn zu melden, habe es der Kommandant auf einen zweiten Bilderskandal ankommen lassen. „Er wollte sich ein wenig distanzieren von diesem Lager. Er hat gesehen, wohin das Ganze ging", schätzte Schönker.[649] Abwegig ist das nicht. Adolf Haas war nicht der typische SS-Fanatiker, der sein Leben für eine Ideologie gegeben hätte. Er wusste, dass das „Dritte Reich" unterging und ihm auf jeden Fall der

Galgen drohte, wenn er Lagerkommandant blieb. Dieses Schicksal überließ er gerne seinem Nachfolger. In dem Bericht von Josef Kramer wirkte Haas nicht erbost über seine Ablösung – eher erleichtert. Womöglich sah er in den chaotischen letzten Kriegsmonaten nun doch eine bessere Chance, seine Haut zu retten, selbst wenn er an die Front musste.

Sosehr Haas vielleicht seinen Rausschmiss provoziert haben mochte, so unbedeutend war er doch letztlich für die großen Personalentscheidungen im KZ-System während der letzten Kriegsmonate. Diese „Kriegsendphase" zeichnete sich weniger, wie lange angenommen, durch „Desorganisation, Chaos und Willkür" aus, sondern vielmehr durch „Ordnung und Inferno", so der Leiter der Gedenkstätte Mittelbau-Dora, Stefan Hördler, in seinem gleichnamigen Buch.[650] Eine „umfängliche Reorganisation des KZ-Systems sowie die systematische Ermordung von Häftlingen" liefen seit Frühjahr 1944 parallel und eng miteinander verbunden. Die mörderische „Rationalisierung" zielte zum einen auf die forcierte Ausbeutung der Häftlinge für die Kriegsproduktion ab und zum anderen darauf, das Lagersystem angesichts des Vormarschs der Alliierten und steigender Häftlingszahlen zu stabilisieren, und zwar einerseits durch Umstrukturierungen und andererseits durch planmäßigen Massenmord vor allem an den Arbeitsunfähigen. Von den über 700.000 im Januar 1945 registrierten Häftlingen starben bis Kriegsende mehr als 250.000. „Über die Zusammensetzung der Mordspezialisten und ihren fortgesetzten Einsatz bei Vernichtungsaktionen entschieden mehrheitlich zwei Faktoren", so Hördler: „Patronage durch Vorgesetzte und alte Netzwerke sowie der Wille und die Befähigung zur massenhaften Tötung von Menschen".[651]

Der erste Kommandant von Bergen-Belsen spielt in den beachtlichen Forschungen von Stefan Hördler, die sich auf mehrere Zehntausend Männer und Frauen im KZ-System erstrecken, nur eine durchschnittliche Rolle. Und doch bietet er in seinem Buch die schlüssigste Erklärung für Haas' Ablösung im Dezember 1944: Er war schlichtweg nicht einflussreich genug, um seinen Posten zu behalten.

Kein Lager habe die Entwicklung so sehr geprägt wie Lichtenburg in Sachsen und Dachau bei München, so Hördler. „Sie fungierten als wichtige überregionale Ausbildungsstätten und Karrieresprungbretter für SS-Führer, die in den neu zu gründenden und europaweit geführten Konzentrationslagern zum Einsatz kamen."[652] Einer der aktivsten und auch erfolgreichsten „Netzwerker" unter den Kommandanten, die aus dem Dachauer Kreis hervorgingen, war Rudolf Höß. Schon bevor er Amtschef D I wurde, übte er im WVHA großen Einfluss auf die Personalpolitik aus und scharte in Auschwitz zahlreiche Führungskader um sich, die früher mit ihm in Dachau gedient hatten.[653] Diese Gruppe bewährte und festigte sich besonders im Sommer 1944 während der Vernichtung der ungarischen Juden und setzte sich schließlich im Machtkampf um die Posten in den verbliebenen Lagern durch, als die SS den Standort Auschwitz Ende 1944 aufgab:

„Pohl und Glücks, aber auch Höß entschieden sich beim letzten großen Personalrevirement im KZ-System dazu, die Kommandanten und Abteilungsleiter der relativ kleinen, spät gegründeten Lager mit wenig gefestigten Lagerstrukturen und Netzwerken zu opfern. Vor allem in Bergen-Belsen, Mittelbau und Natzweiler formierten sich die Auschwitzer Netzwerke neu."[654]

Alle drei abgesetzten Kommandanten waren verhältnismäßig spät in den Kommandanturstab gewechselt und verfügten kaum über einflussreiche Fürsprecher. Gegen das mächtige Auschwitz-Netzwerk hatten sie keine Chance.

Gemeinsam mordeten sie in Auschwitz und verbrachten ihre Freizeit im Erholungsheim Solahütte (von links nach rechts): Der SS-Arzt Josef Mengele, die Kommandanten Rudolf Höß und Josef Kramer sowie Schutzhaftlagerführer Anton Thumann posieren rauchend im Juli 1944 auf einem von 116 Fotos des „Auschwitz-Albums".

„Ordnung und Inferno", beides brachte Josef Kramer nach Bergen-Belsen und überschattete damit die Willkür seines Vorgängers – nicht zuletzt in den Erinnerungen der Überlebenden. Hilde Huppert konnte nur kurz aufatmen, dass Adolf Haas sie nicht mehr für den Handel mit dem gestrickten Pullover bestrafen konnte. Sie und andere Häftlinge erkannten in den Männern, die Kramer aus Auschwitz mitnahm, die „Leiter der Liquidierungen unserer Ghettos von Warschau und Krakau", „prächtig gekleidete wohlgenährte Herren, Mord und Totschlag in den Augen, mit denen sie uns hämisch musterten".[655] Erst später wurde aus ihrer Ahnung Gewissheit, dass diese Männer bereits viele ihrer Freunde und Verwandten grausam ermordet hatten. Der neue Kommandant ließ keinen Zweifel, dass es auch in Bergen-Belsen nun anders zugehen werde. „Bei mir werdet ihr nicht so verwöhnt werden, aus mit den guten Zeiten", habe Kramer während eines Appells kurz nach seiner Ankunft versprochen, erinnerte sich Hilde Huppert.[656] „Das Regime im Lager wird täglich schlimmer", notierte auch Hanna Lévy-Hass kurz nach dem Kommandantenwechsel.[657]

Zuerst beseitigte Josef Kramer die restlichen Privilegien der „Sternlager"-Insassen, ließ trotz des Erlasses von Oswald Pohl lange morgendliche Zählappelle abhalten, auch für Kranke, ließ die Häftlinge danach bis zur völligen Erschöpfung arbeiten und sie dabei von Kapos und SS terrorisieren und löste schließlich die jüdische Selbstverwaltung ganz auf. Zwar durften noch einige Hundert „Austauschjuden" ausreisen, ansonsten diente Bergen-Belsen unter Kramer vor allem dem einen Zweck, als Auffanglager für die zahlreichen „Evakuierungstransporte" und die Häftlinge der „Todesmärsche".[658] In gerade einmal acht Wochen wuchs ihre Zahl auf mehr als Doppelte, von 18.465 am 1. Januar 1945 auf 41.520 am 1. März, und damit auch Hunger, Krankheit und Tod. War im letzten Kriegswinter bereits jenseits des Stacheldrahts die Versorgungslage schlecht, so war sie im Lager katastrophal. Meist gab es nicht mehr als kleine Brotstückchen und einen drei viertel Liter „Steckrübenwasser", am Ende fast gar nichts mehr, sodass es sogar zu Kannibalismus kam.[659] Für die mehreren Zehntausend Häftlinge standen genauso viele Waschräume und Toiletten zur Verfügung wie ein Jahr zuvor für etwa 2000 Menschen – Kramer hatte die Versäumnisse von Adolf Haas nicht behoben.[660] Krankheiten grassierten und eine Fleckfieber-Epidemie brach aus. Schwer krank lagen Anne und Margot Frank in der Krankenbaracke. Als Freunde die beiden Schwestern dort fanden, kümmerte sich Anne trotz eigenem Fieber um ihre sterbende Schwester. Als sie Anne eindringlich baten mitzukommen, sagte sie schwach:

„Hier können wir zu zweit auf einer Pritsche liegen, wir sind beisammen und haben Ruhe."[661] Wenige Tage später lagen bereits andere auf ihren Pritschen.

Bergen-Belsen wurde zur größten Todeszone im gesamten KZ-System.[662] Es war das schlimmste Lager, das sie auf ihrer Inspektionsreise im März 1945 besuchten, sagten selbst Oswald Pohl und Rudolf Höß.[663] Von Januar bis Mitte April starben dort 35.000 Menschen, davon allein im März 18.168. „Nie in der Geschichte der KL starben so viele Häftlinge so rasch an Krankheit und Entbehrung wie in Bergen-Belsen im März 1945", schreibt der Historiker Nikolaus Wachsmann.[664] „Die Führer der Lager-SS hatten das Desaster in Bergen-Belsen nicht geplant. Sie erwarteten natürlich, dass geschwächte Häftlinge starben, aber nicht in diesem Ausmaß." Am 1. März berichtete Kommandant Kramer in einem Brief an Richard Glücks im WVHA sachlich und emotionslos von den Zuständen, die er selbst als „Katastrophe" bezeichnete: „Gruppenführer! Ich darf Ihnen versichern, daß von hier aus alles getan wird, die gegenwärtige Krise zu meistern", schrieb er und bat, „soweit es Ihnen möglich ist, um Ihre Unterstützung."[665] Besonders ernst meinte er es nicht.

„Die verantwortlichen Mitglieder des Kommandanturstabes überließen die sich stetig vergrößernde Häftlingsgesellschaft ihrem Schicksal, ohne mehr als ein Minimum an Infrastruktur und Versorgung aufrechtzuerhalten", urteilt die Historikerin Karin Orth.[666] Im März 1945 ließen sich Kramer und seine Männer kaum noch im Lager blicken, auch aus Angst, sich anzustecken. Mit dem Brief habe Kramer versucht, so Nikolaus Wachsmann, „sich als verantwortungsbewusster Funktionär darzustellen, nicht nur gegenüber seinen SS-Vorgesetzten, sondern auch gegenüber künftigen alliierten Richtern".[667] Nicht zuletzt hinterließ er einen Durchschlag des Briefes in seiner Privatwohnung. Mit ähnlichem Kalkül schrieb Rudolf Höß in seinen Aufzeichnungen, die „Sünden von Haas konnte Kramer nicht mehr beseitigen, obwohl er sich die größte Mühe gab".[668] Seinem ehemaligen Adjutanten und Vertrauten konnte Höß 1946/47 mit dieser Lüge nicht mehr helfen, der war bereits seit Dezember 1945 tot. Indem er aber hervorhob, die hygienischen Verhältnisse seien in Bergen-Belsen „bei weitem schlimmer als in Auschwitz" gewesen, und Adolf Haas anstatt Kramer für das „Inferno" verantwortlich machte, versuchte er von seiner eigenen Verantwortung als Kopf des Auschwitz-Netzwerkes und als WVHA-Funktionär abzulenken. Er landete trotzdem am Galgen, genauso wie Josef Kramer, obwohl dieser der einzige KZ-Kommandant war, der nicht vor den Alliierten floh.

Am 11. April 1945 gab Himmler seine Vollmacht, Bergen-Belsen als einziges Hauptlager formell den Alliierten zu übergeben – offiziell als großzügige Geste mit Hoffnung auf einen Sonderfrieden, inoffiziell eher aus Sorge, bei einer Räumung deutsche Truppen und Bevölkerung mit Fleckfieber anzustecken. Einige Hundert „Austauschjuden" hatte die SS in den letzten Tagen vor der Befreiung dennoch auf „Evakuierungstransporte" geschickt, ein verzweifelter Versuch, sie als Geiseln bis zum Schluss in ihrer Gewalt zu behalten. Unter den Häftlingen, die am 13. April auf dem Weg nach Theresienstadt befreit wurden, waren auch Estera Gletzer und ihr Sohn Ignacy, der kleine Junge, der mit seiner kindlichen Unschuld auf dem Appellplatz das Herz von Adolf Haas erwärmt und so, ganz unbewusst, seine Familie vor dem Transport nach Auschwitz bewahrt hatte.[669] Als man die Familie Schönker zum Bahnhof trieb, vorbei an Leichenbergen, sagte der Cousin von Heinrich Schönker zu ihm: „Dreh den Kopf nicht weg. Sieh dir die Leichenberge an, Heniek, und merk sie dir gut, denn sie sind das Ergebnis des Krieges und der nationalsozialistischen Ideologie."[670] Die übereinandergestapelten Toten sollten die Alliierten ebenso wenig sehen wie die bürokratischen Beweise des Massenmordes. Während Kramer und die Lager-SS auf Befehl Himmlers die Akten der Lagerregistratur vernichteten,[671] zwangen sie rund 2000 Häftlinge, die Leichenberge zu beseitigen: vier Tage lang, von 6 bis 20 Uhr, begleitet von zwei Häftlingskapellen, nur mit einem viertel Liter Suppe am Abend als Stärkung. Es war unmöglich.

Am 15. April 1945 empfing Kramer am Lagertor den Feind. Als die britischen Soldaten das Lager betraten, waren sie zutiefst schockiert: Auf dem Gelände lagen mehr als 13.000 Leichen und überall menschliche Exkremente. Von den etwa 60.000 Überlebenden befanden sich die meisten in einem erbärmlichen Zustand.[672] „Kein Bericht und keine Fotografie kann den grauenhaften Anblick des Lagergeländes hinreichend wiedergeben", meldete der britische Militärarzt Glyn Hughes.[673] Dennoch haben sich die grauenhaften Foto- und Filmaufnahmen der folgenden Tage „dem kollektiven Gedächtnis der Menschheit unauslöschlich eingebrannt", schreibt der Historiker Eberhard Kolb.[674] Vor allem für viele Briten, die damals bereits kurz nach der Befreiung erstmals die Fotos der Leichenberge und ausgemergelten, halb toten Häftlinge in der Presse sahen, ist Bergen-Belsen bis heute Symbol für die Verbrechen des Nationalsozialismus.

Aufnahme von Frauen und Kindern in einer überfüllten Baracke in Bergen-Belsen kurz nach der Befreiung des Lagers im April 1945.

Von den mindestens 14.600 „wertvollen Geiseln", die zwischen Juli 1943 und Dezember 1944 nach Bergen-Belsen gebracht wurden, waren 2560 durch Austauschtransporte dieser Hölle entkommen, darunter die 1684 Juden aus Ungarn, für die sich Rudolf Kasztner eingesetzt hatte.[675] Obwohl Kasztners Rettungsaktion die wohl erfolgreichste während des Holocaust war, stellte sich den Überlebenden und den Angehörigen der Opfer die Frage, warum nicht generell mehr Menschen gerettet werden konnten – bis heute eine schwierige Frage. Immerhin lag es nicht nur an den Deutschen, die oft mit übertriebenen, zum Teil kaum erfüllbaren Forderungen die Verhandlungen verzögerten oder ganz unmöglich gemacht hatte. Auch die Alliierten, vor allem Großbritannien und die USA, sowie die lateinamerikanischen Staaten trugen durch ihre mangelnde Aufnahmebereitschaft eine Mitschuld. Das fatale Desinteresse, das bereits auf der Konferenz von Évian 1938 deutlich geworden war und an dem sich trotz des späteren Wissens vom Massenmord nicht viel änderte, fasst der israelische Historiker Yehuda Bauer überspitzt, aber treffend zusammen: „Himmler wäre, unter bestimmten Voraussetzungen, bereit gewesen [Juden] zu verkaufen. Doch es gab keine Käufer."[676]

In Bergen-Belsen bewiesen die britischen Befreier binnen weniger Tage, mit welch einfachen Maßnahmen das Inferno zu beheben war. Trotzdem starben noch etwa 14.000 Menschen an den Folgen der grausamen Behandlung und Lebensbedingungen. Als die Verbrechen in ihrem ganzen Ausmaß ans Licht traten, verhafteten die britischen Soldaten Josef Kramer und das restliche SS-Personal. Anfangs interessierten sie sich auch dafür, wer noch für das „Inferno" verantwortlich war. Wenige Tage nach der Befreiung machten sie sich zusammen mit ein paar Häftlingen auf den Weg, den ersten Kommandanten von Bergen-Belsen zu suchen. Unter seiner Leitung waren mindestens 1745 Menschen durch unterlassene Hilfsmaßnahmen an Hunger, Krankheit und Erschöpfung oder durch Gewalt, Mord oder Suizid gestorben.[677] Um Hygiene und wetterfeste Baracken hatte er sich kaum geschert. Damit trug er eine große Mitschuld an dem Massensterben, das er selbst nicht mehr erleben musste. Während Tausende starben, machte er offiziell sogar Urlaub.

6. Der alte Soldat

Die letzten Kriegstage

1944–1945
Hachenburg, Hamburg, Konzentrationslager Neuengamme

6.1 Der beurlaubte Panzergrenadier: Das SS-Panzer-Grenadier-Ersatz-Bataillon 18 als Sammelbecken der Lager-SS und Abschied in Hachenburg

Festungen sollen Belagerungen standhalten, Städte sind dafür jedoch kaum geeignet. Das sah Adolf Hitler anders. „Die ‚Festen Plätze' sollen die gleichen Aufgaben wie die früheren Festungen erfüllen", hieß es im „Führerbefehl" vom 8. März 1944. „Sie haben sich einschließen zu lassen und dadurch möglichst starke Feindkräfte zu binden." Obwohl fast alle Oberbefehlshaber im Osten dagegen waren und die Wehrmacht durch Einkesselungen große Verluste erlitt, hielt der „Führer" an dem fragwürdigen Konzept fest. Im Herbst 1944 erklärte er auch die völlig unbefestigte Stadt Breslau zur „Festung".[678]

Zu den Einheiten, die die „Festung Breslau" bis zum Letzten verteidigen sollten, gehörte das SS-Panzer-Grenadier-Ersatz-Bataillon 18, zuständig für die 18. SS-Freiwilligen-Panzergrenadier-Division „Horst Wessel". Der Truppengeschichte dieses unbedeutend wirkenden Ersatz-Bataillons widmeten sich in der Nachkriegszeit vor allem die Mitglieder der „Hilfsgemeinschaft auf Gegenseitigkeit der ehemaligen Soldaten der Waffen-SS e. V." (HIAG).[679] Seit seiner Gründung 1951 setzte sich der Verein für die Rehabilitierung der Soldaten der Waffen-SS ein, die mit den NS-Verbrechen angeblich nichts zu tun gehabt hätten.[680] Zwar füllen die Forschungen der HIAG-Mitglieder einige Lücken in der Geschichte der Waffen-SS, deren Schriftgut nur bruchstückhaft erhalten ist. Ganz im Sinne der Legendenbildung um die untadelige Waffen-SS verschweigen allerdings die Autoren einen wichtigen Teil in der Truppengeschichte des SS-Panzer-Grenadier-Ersatz-Bataillons 18.

„Bis 1945 wechselten Tausende zwischen dem KZ-System und den Feldeinheiten der Waffen-SS und verübten auf beiden Seiten beispiellose Verbrechen gegen die Menschlichkeit", schreibt der Historiker Stefan Hördler. In den letzten Kriegsmonaten wurden „zahlreiche SS-Führer und Unterführer der Kerngruppe aus dem KZ-System zum SS-Panzergrenadier-Ersatz-Bataillon 18 nach Breslau versetzt, das als Sammelbecken der Lager-SS für einen künftigen Fronteinsatz fungierte".[681] In dieser Einheit sollten die SS-Führer zusammengefasst, ausgebildet und von da verteilt werden. Zu den prominenten Angehörigen, wenn auch zum Teil nur für kurze Zeit, zählt Hördler mehrere hochrangige KZ-Funktionäre wie Adam Grünewald, den ehemaligen Kommandanten des KZ Herzogenbusch.[682] Nicht selten schien die Versetzung einherzugehen mit einer Disziplinarstrafe.[683] Grünewald wurde beispielsweise im März 1944 zu dreieinhalb Jahren Gefängnis verurteilt, weil er zehn Häftlinge in einer kleinen Zelle ersticken ließ, von Himmler aber begnadigt und im April „nach kurzer Ausbildung" beim SS-Panzergrenadier-Ersatz-Bataillon 18 „zur Frontbewährung als SS-Mann in die SS-Panzer-Division ‚Totenkopf'" versetzt.[684] Zwei weitere Namen sind zu nennen, die zeigen, dass dem Ersatz-Bataillon keineswegs nur harmlose Soldaten angehörten: Der Erste war Karl Fritzsch, der unter anderem Schutzhaftlagerführer in Auschwitz und Flossenburg war, sich damit brüstete, Zyklon B als Mordmittel eingeführt zu haben, und wegen Korruption und Mord zu einer Bewährungsstrafe verurteilt wurde, bevor man ihn strafversetzte.[685] Der Zweite war kein anderer als Adolf Haas, der abgeschobene Kommandant von Bergen-Belsen.

Nachdem ihn Josef Kramer Anfang Dezember 1944 abgelöst hatte, schied Haas nach fast fünf Jahren in drei verschiedenen Lagern aus dem KZ-Dienst aus. Er war 51 Jahre alt. Laut einer Personalverfügung wurde er „mit Wirkung vom 20. Dezember 1944 vom SS-Wirtschafts-Verwaltungshauptamt, Amtsgr. D zum SS-FHA [SS-Führungshauptamt], SS-Pz.Gren.Ers.Btl.18" versetzt, „Dienstantritt: Bereits befohlen".[686] Die Verfügung wurde in der Vergangenheit häufig missinterpretiert, dass Haas das Bataillon „kommandiert" habe. In Wahrheit wurde er aber nur dorthin kommandiert.[687]

Zahlreiche weitere Männer aus Bergen-Belsen wurden im Januar 1945 ebenfalls an die Front versetzt.[688] Allerdings gibt es keine Hinweise, dass Haas tatsächlich nach Breslau fuhr, um bei der Verteidigung der „Festung" zu helfen. Das galt auch für die meisten anderen SS-Führer aus dem KZ-System. Wie sie war Haas dem Bataillon wahrscheinlich nur formal zugeordnet, so wie er laut der SS-Dienstaltersliste bis Ende 1944 immer noch als Führer seines alten Sturmbannes in der 78. SS-Standarte gemeldet war, trotz seiner Tätigkeit als Lagerkommandant.[689] Das letzte bekannte SS-interne Schriftstück vermerkte am 15. Januar 1945 lediglich: „Die monatliche Aufwandsentschädigung von RM 100,- an SS-Sturmbannführer Haas entfällt mit Wirkung vom 1.1.1945, da SS-Stubaf. Haas als Lagerkommandant ausgeschieden ist."[690] Ab dieser Stelle gibt die Personalakte keine Auskunft mehr über seinen weiteren Lebenslauf, dafür aber einige Zeitzeugenaussagen.

Albert Petry, der SS-Mann aus dem Oberwesterwald, der unter Adolf Haas sowohl in Wewelsburg als auch in Bergen-Belsen gedient hatte und in dessen Auftrag eines seiner Porträts nach Hachenburg gebracht hatte, konnte sich 1970 noch erstaunlich gut erinnern:

„Wo er verblieben ist, weiß ich nicht. Mir ist noch in Erinnerung, daß er am 1. Dezember 1944 einer SS-Panzer-Grenadier-Division in Breslau zugeteilt wurde. Er dürfte in Breslau aber nicht mehr angekommen sein, denn ich habe im Jahr 1948 hier zu Hause erfahren, daß er nach dem 1. Dez. 1944 verschiedene Male in Hachenburg gewesen war. Er soll aber noch kurz vor Kriegsende in Hamburg stationiert gewesen sein. Dieses alles, was ich im Jahre 1948 über Haas gehört habe, war damals Gerücht."[691]

An den Gerüchten war viel Wahres dran. Haas' Ehefrau bezeugte ebenfalls 1970, dass ihr Mann im März 1945 zu Hause auf Urlaub gewesen sei.[692] Ein ruhiger Besuch war es freilich nicht. Seine Heimatstadt Hachenburg war bis Ende 1944 von Kampfhandlungen verschont geblieben. Dann wandelte sich der Westerwald vom Aufmarschgebiet zum Rückzugsraum der Wehrmacht. Immer häufiger wurde nun auch Hachenburg bombardiert. Einen der heftigsten alliierten Luftangriffe erlebte die Stadt am 15. März 1945. Das Ziel der amerikanischen Bomber waren weniger die Bürger und ihre Häuser, sondern die V2-Raketenstellungen bzw. Verladestellen im Westerwald. „Hitlers Wunderwaffen" wurden per Bahn transportiert und von Gehlert und Kirburg abgefeuert, seit Ende 1944 für mehrere Monate fast täglich auf Lüttich und Antwerpen. Im benachbarten Hachenburg war zwar im Haus „Westend", der ehemaligen Gastwirtschaft von Adolf Haas und seinem Vater, das Hauptquartier der Luftwaffenabteilung untergebracht, aber es gab im Ort keine Abschussvorrichtungen oder Verladestellen. Dass bei dem Angriff dennoch 18

Hachenburger starben, „lag wohl vor allem daran, dass die deutsche Wehrmacht in Unnau/Korb, wo in der Tat die V2-Raketen verladen wurden, keine Flugabwehrkanone aufgestellt hatte, sondern auf Eisenbahnwaggons in den Bahnhöfen Erbach und Hachenburg", schreibt Stadtchronist Stefan Grathoff. „Diese Stellungen lockten die feindlichen Flugzeuge geradezu an."[693]

„Die Trümmer der einzelnen Häuser bedeckten meterhoch die Straße", erinnerte sich der gebürtige Hachenburger Eberhard Mauer, damals neun Jahre.[694] Er verlor an jenem Tag seinen Großvater. „Wie lange es gedauert hat, bis man alle Opfer gefunden hat, weiß ich nicht mehr. Gut erinnern kann ich mich allerdings an den Auftritt von Adolf Haas." Selbst im Anblick der Opfer und Trümmer habe er laut getönt: „Das wird alles von uns nach dem Endsieg wieder aufgebaut!" Zu Hause habe abends sein anderer Großvater gesagt: „Habt Ihr den Goldfasan gesehen und gehört, er kann selbst heute seine Nazisprüche nicht lassen." Seitdem habe er Adolf Haas nie mehr gesehen, bezeugte Eberhard Mauer, der mit Haas' Tochter zur Schule ging und noch heute in Hachenburg wohnt. Ein anderer Hachenburger, Gerhard Latsch, war damals mit Haas' Sohn befreundet und gemeinsam in der Hitlerjugend. Auch die Eltern kannten sich. Noch am Tag des Bombenangriffs habe sein Vater den beurlaubten SS-Führer getroffen und gefragt: „Adolf, gehst du wieder in dein Lager hin?"[695] „Da geh ich net mehr hin", habe Haas geantwortet. „Ich geh jetzt zur kämpfenden Truppe, zu einer Panzer-Einheit." Gemeint war das SS-Panzer-Grenadier-Ersatz-Bataillon 18. Das war im März 1945 allerdings nicht mehr in Breslau stationiert.

Auch Haas' Ehefrau erklärte, sie habe „ihren Mann letztmalig am 15. März 1945 gesehen".[696] Er müsse nach Hamburg, habe er ihr gesagt, bevor er sie, seine Familie und Hachenburg verließ. Für den aussichtslosen Kampf um die „Festung Breslau" hatte das SS-Panzer-Grenadier-Ersatz-Bataillon 18 schließlich nur eine kleine Kampfgruppe gestellt. Kurz bevor die Rote Armee Mitte Februar den Belagerungsring geschlossen hatte, war der große Rest des Bataillons seinem zugehörigen Ausbildungs-Bataillon nach Hamburg-Langenhorn gefolgt.[697] Als sich Adolf Haas auf den Weg machte, folgte er nicht nur einem Befehl, sondern auch seinem Überlebensinstinkt. Die lokalen Hachenburger „Nazi-Größen" flüchteten zehn Tage später im Schutz der Dunkelheit mit einem Bus in Richtung Osten, kamen aber nicht weit. Am Abend des folgenden Tages, am 26. März 1945, rückten amerikanische Einheiten kampflos in die Stadt ein.[698]

Ende April fuhren zwei britische Soldaten mit einem Jeep durch die Straßen von Hachenburg. „Hinten drin hatten die vier Häftlinge mit Sträflingskleidung“, erinnerte sich Gerhard Latsch, der damals zwölf Jahre alt war.[699] Am 19. April 1945, nur vier Tage nach der Befreiung von Bergen-Belsen, hatten englische Zeitungen bereits die grauenhaften Bilder aus dem Lager mit großen Schlagzeilen abgedruckt und die Briten zutiefst schockiert. „In den Schrei des Entsetzens über die ‚Greuel von Belsen‘ mischte sich schon bald der Ruf nach Bestrafung der Schuldigen“, schrieb der ehemalige Häftling Pierre Petit, der für die Briten bereits kurz nach der Befreiung einen ausführlichen Bericht verfasst hatte – den Namen Adolf Haas hatte er darin nicht vergessen.[700] Das war höchstwahrscheinlich der Anlass für die Jagd nach ihm in Hachenburg. Die Häftlinge auf dem Jeep hielten „ein großes Transparent, so breit wie eine Tür“, erinnerte sich Gerhard Latsch.[701] Darauf stand: „Haas, Haas, wir suchen dich! Haas, Haas, wir finden dich! Haas, Haas, wir schneiden dich in Riemen!“ Finden konnten sie ihn nicht. „Sie wussten durch die Häftlinge, wo Haas her kam und dachten, dass er sich in Hachenburg versteckt hatte. Aber das war nicht wahr.“

Adolf Haas war längst in Hamburg angekommen. Dort war sein SS-Panzer-Grenadier-Ersatz-Bataillon 18 und das zugehörige Ausbildungs-Bataillon zum SS-Panzergrenadier-Ausbildungs-und-Ersatz-Bataillon 18 „Horst Wessel“ vereinigt worden. Haas und die anderen Soldaten kamen mit ausländischen SS-Freiwilligen in der überfüllten SS-Kaserne Langenhorn unter, heute der Standort des Heidberg-Krankenhauses. Genesene aus dem Lazarett stießen dazu sowie eine Reihe von halb ausgebildeten, aber größtenteils fanatisierten Jugendlichen, einige gerade einmal 16 Jahre alt.[702]

Am 25. März 1945, dem Palmsonntag, befahl Hitler, alle Heimatkräfte in der „Gotenbewegung“ an die Front zu werfen, also auch alle Ausbildungs- und Ersatztruppenteile. Zwischen dem 27. und 29. März fuhren die etwa 1500 Soldaten des SS-Panzergrenadier-Ausbildungs-und-Ersatz-Bataillons 18 bis nach Bremen, das als Schlüssel für Hamburg und Schleswig-Holstein galt – dem Rückzugsgebiet für die letzte Regierung des NS-Staats unter Großadmiral Karl Dönitz und weite Teile der Führung von SS und Polizei.[703] Das Bataillon sollte trotz der westalliierten Übermacht die Orte Sudweyhe, Kirchweyhe, Leeste, Erichshof, Seckenhausen, Hörden und Brinkum verteidigen. „Durchhalteparolen hat es bei uns nie gegeben“, schrieb ein Angehöriger der 5. Kompanie später. „Wir Jüngeren waren jedoch kampfentschlossen;

nicht nur das, wir waren alle der Meinung, daß die Briten nun keinen Schritt mehr vorankommen würden. Daß wir den Krieg gewinnen würden, war für uns eine klare Sache."[704] Nach etwa drei Wochen waren von den 1500 Soldaten etwa zwei Drittel gefallen, verwundet oder in Gefangenschaft. Ende April ergaben sich 400 und am 8. Mai, dem Tag der bedingungslosen Kapitulation der Wehrmacht, die letzten Reste. „Das war das Ende des SS-Pz.Gr.A.u.E.Btl. 18 ‚Horst Wessel'", schreiben Alfred Hofman und Wilhelm Tieke in ihrer Bataillons-Laudatio in der HIAG-Zeitschrift „Der Freiwillige".[705] Doch weder in ihrem Artikel noch ihrem Buch erwähnen sie den Waffen-SS-Reserveführer Adolf Haas, der laut eigener Aussage „zur kämpfenden Truppe" stoßen wollte. Hatte er an den Kämpfen um Bremen überhaupt teilgenommen?

„Die Vorgesetzten waren im allgemeinen harte SS-Führer mit großer Kasernen- und Fronterfahrung; sie forderten rücksichtslosen Einsatz", schreibt der Bremer Stadthistoriker Herbert Schwarzwälder über das SS-Panzergrenadier-Ausbildungs-und-Ersatz-Bataillon 18.[706] Obgleich Adolf Haas als SS-Führer in der Allgemeinen SS und später im KZ mehrere Hundert Männer kommandiert hatte, lag seine tatsächliche Kasernen- und Fronterfahrung 1945 mehr als 30 Jahre zurück. Er taucht in Schwarzwälders umfangreichen Forschungen zu „Bremen und Nordwestdeutschland am Kriegsende 1945" ebenso wenig auf wie im Nachlass des HIAG-Archivars Wolfgang Vopersal, der intensiv zum Bataillon recherchierte. Keiner der ehemaligen Kameraden vermerkte später auf den HIAG-Fragebögen seinen Namen unter dem Feld „Gefallenen-/Vermißtenschicksale" oder in den „Vermißtenbildlisten" des Vereins. So ist es auch mit anderen Führern aus dem KZ-System. Alles deutet daraufhin, dass das Bataillon nur formal ein „Sammelbecken der Lager-SS" blieb, nachdem es Breslau verlassen hatte. Was machte Adolf Haas allerdings in Hamburg, wenn er nicht den Zug nach Bremen bestiegen und das Schicksal seiner Bataillons-Kameraden geteilt hatte?

6.2 Der Gerichtsbeisitzer: Schauprozess im KZ Neuengamme und das Ende des „Dritten Reiches", April bis Mai 1945

Die Kriegsniederlage des Deutschen Reiches stand im Frühjahr 1945 längst fest. Nur die größten Fanatiker in der NS-Führung glaubten noch an einen „Endsieg" und ließen die verbliebenen Gebiete verbissen verteidigen. Adolf

Haas hatte zwar in Bergen-Belsen und Hachenburg lautstark Durchhalteparolen von sich gegeben, allerdings überhaupt keine Fronterfahrung im Zweiten Weltkrieg. Für den 51-jährigen Reserveführer hatte der Höhere SS- und Polizeiführer (HSSPF) im Wehrkreis X (Hamburg), Georg-Henning Graf von Bassewitz-Behr, im April 1945 aber noch Verwendung – zwar in einem Bereich, der Haas vollkommen unbekannt war, aber immerhin in einem Konzentrationslager.

SS-Gruppenführer Georg-Henning Graf von Bassewitz-Behr war „Himmlers Mann in Hamburg", ein loyaler, leistungsbereiter, skrupelloser Schreibtischtäter mit weitreichenden Kompetenzen, so sein Biograf Tino Jacobs. Von 1943 bis Kriegsende koordinierte HSSPF Bassewitz-Behr für den norddeutschen Raum unter anderem die SS- und Polizeiaktivitäten, den Luftschutz sowie später mit „mörderischer Gleichgültigkeit" die Räumung der Konzentrationslager, gab Anweisungen zum verschärften Umgang mit der ausländischen Bevölkerung und Zwangsarbeitern, unterstützte den Aufbau und die Gewaltexzesse der „Werwolf"-Organisation und war nicht zuletzt oberster regionaler Gerichtsherr der Sondergerichtsbarkeit der SS und Polizei.[707]

Kurz nach dem Überfall auf Polen hatte Himmler im Oktober 1939 nach dem Vorbild der Militärjustiz eine schon lange geplante eigene SS- und Polizeigerichtsbarkeit eingeführt. Keine andere Justizbehörde außer den SS- und Polizeigerichten hatte sich nun mit Straftaten seiner Männer zu beschäftigen, gerade wenn es sich um Kriegsverbrechen handelte. Himmler, natürlich der oberste SS-Gerichtsherr, behielt so die absolute Kontrolle über die SS und Polizei und konnte seine Prinzipien von Tugend, Anständigkeit und Disziplin durchsetzen. Meist waren jedoch weniger juristische Grundsätze entscheidend, sondern vielmehr, ob die Straftat der SS-Gemeinschaft schadete oder nicht.[708] Nicht selten nutzten SS-Führer die Gerichte für ihren Machtkampf untereinander und zur Abschreckung. Am 14. April 1945 spielte Adolf Haas als Gerichtsbeisitzer eine Nebenrolle in einer regelrechten Intrige im KZ Neuengamme bei Hamburg, kaum 35 Kilometer von seiner SS-Kaserne in Langenhorn entfernt.

Hauptakteure beim inszenierten Schauprozess waren der Höhere SS- und Polizeiführer Bassewitz-Behr sowie der kaltblütige Lagerkommandant von Neuengamme, Max Pauly. Beide waren gut miteinander bekannt und wollten das Deutsche Reich bis zum letzten SS-Mann verteidigen. Kurz vor Kriegsende planten sie, an drei SS-Führern wegen angeblicher „Wehrkraftzersetzung" ein Exempel zu statuieren. Auf einen von ihnen hatte es Kommandant Pauly ganz besonders abgesehen: 1944 hatte man SS-Hauptsturmführer Theodor Breuing von der Wehrmacht zur Waffen-SS überstellt, in das KZ Neuengamme versetzt und dort als Lagerführer des Außenlagers Salzgitter-Watenstedt eingesetzt. Seine SS-Kameraden und Max Pauly verachteten Breuing, weil er immer wieder versuchte, zur Wehrmacht zurückzuwechseln, sich beharrlich weigerte, aus der katholischen Kirche auszutreten, und sein Lager sehr untypisch führte.[709] „Übergriffe der SS-Wachmannschaft hat Herr Breuing niemals geduldet", bezeugte später ein ehemaliger Häftling.[710] „Wenn überhaupt ein Lagerführer ein Lob verdiente, dann war es Herr B., der uns Häftlingen als Mensch gegenübertrat", bestätigte ein anderer Überlebender.[711]

Als Kommandant Pauly Anfang April 1945 die Neuengammer Außenlager mit mehr als 8000 Häftlingen räumen ließ, bot sich ihm die Gelegenheit, Theodor Breuing loszuwerden. Dieser sollte wie alle Lagerführer seine Häftlinge ausgerechnet in das Lager „evakuieren", in dem seit Jahresanfang ein mörderisches „Inferno" wütete: Bergen-Belsen, das ehemalige Lager von Adolf Haas. Keiner von Breuings Transportzügen kam jedoch dort an. Der eine geriet bei Celle in einen alliierten Bombenangriff, die anderen beiden irrten beinahe eine ganze Woche durch das verbliebene deutsche Territorium – mehr als tausend Häftlinge kamen dabei um.[712] Max Pauly machte Breuing dafür verantwortlich. Als der Kommandant auch noch erfuhr, dass dieser mit zwei anderen Lagerführern „total betrunken" und „in Damengesellschaft" in einem Gasthaus in der Nähe von Neuengamme verweilte, anstatt sich direkt dort zu melden, beschuldigte er alle drei der Fahnenflucht.[713] Er meldete den Fall beim obersten Gerichtsherrn in Hamburg, dem Höheren SS- und Polizeiführer Bassewitz-Behr, und forderte die Todesstrafe.

Für den kleinen Schauprozess am 14. April 1945 schickte Bassewitz-Behr seinen Chefrichter Dr. Hans Wendt, der für harte Urteile bekannt war. Obwohl es nach 1945 sehr widersprüchliche Aussagen von Beteiligten und Zeugen gab, scheint Wendt die Verhandlung voreingenommen, unsachlich und völlig überhastet geleitet zu haben.[714] So warf er Theodor Breuing vor, er habe es offenbar vorgezogen, „zu fressen und zu saufen, anstatt sich um seinen Transport zu kümmern".[715] Entlastungszeugen ließ Wendt nicht anhören. Die beiden Mitangeklagten bezeugten später, dass auch ihr Verteidiger sie keineswegs unterstützt habe.[716] Nur einer der beiden Gerichtsbeisitzer habe sich noch zu Wort gemeldet.

Als Gerichtsbeisitzer, also als nichtberuflicher Richter, sollten nach Himmlers Vorstellungen „nur solche Angehörige der SS und Polizei ausgewählt werden, die bewiesen haben, daß sie besonders ehrenhaft, charakterlich einwandfrei" seien.[717] Zum Offiziersbeisitzer für das inszenierte Verfahren in Neuengamme hatte Bassewitz-Behr gerade den abgesetzten Kommandanten Adolf Haas bestimmt, dessen Verhalten in Bergen-Belsen vor einem Jahr als „unwürdig" bezeichnet worden war. Im Gegensatz zum Kameradenbeisitzer kam Haas im Prozess allerdings zumindest einmal seiner beratenden Funktion nach. „Bis auf den Sturmbannführer Haas, der zwischendurch in meiner Verhandlung die Bemerkung machte, dass meine Massnahmen alle richtig gewesen waren, sind von den anderen Gerichtsmitgliedern keine Äusserungen gefallen", bezeugte einer der zwei Mitangeklagten.[718] Ihre Anklagen wurden tatsächlich bald fallen gelassen, weil ihre Transporte immerhin ordnungsgemäß Bergen-Belsen erreicht hatten – ganz im Gegensatz zu denen von Theodor Breuing. Nun wurde nur noch über sein Schicksal entschieden.

Nach knapp einer Stunde Verhandlung zog sich der Gerichtsvorsitzende Wendt mit dem Anklagevertreter, Adolf Haas und dem zweiten Beisitzer zur Beratung zurück. Den anderen Gerichtsmitgliedern war es beim Urteil prinzipiell möglich, den vorsitzenden Richter zu überstimmen. Alle standen allerdings unter dem Druck, mit ihrer Stimme Himmlers persönlichen Gerechtigkeitssinn zu treffen. Kam dem Reichsführer-SS ein Urteil zu milde vor, verhängte er als Disziplinarmaßnahme gern Beförderungssperren, verdonnerte die SS-Führer zum „Bandenkampf" und verurteilte einmal sogar einen Beisitzer selbst zum Tod.[719] So war es wohl kein Wunder, dass sich das Gericht in Neuengamme nach einer halben Stunde für das härteste Strafmaß entschied: Theodor Breuing wurde „wegen Vernachlässigung der Dienstaufsicht gegenüber Untergebenen", „Misshandlung von Untergebenen" (gemeint waren die KZ-Häftlinge) und „unerlaubter Entfernung von der Truppe" zum Tode verurteilt, konnte Hans Wendt noch 1948 aus dem Gedächtnis referieren. Noch immer hielt er das damalige Todesurteil für „notwendig".[720]

Ob Adolf Haas in seiner Funktion als Beisitzer damals genauso dachte und bei der Beratung für den Tod von Theodor Breuing stimmte, geht aus den verschiedenen Aussagen nicht eindeutig hervor. Anders als bei den beiden Mitangeklagten schien er sich allerdings nicht für Breuing eingesetzt zu haben. Der Verteidiger der drei Angeklagten, der sich später selbst sehr offensichtlich ins gute Licht zu rücken versuchte, empfand das Urteil als „ungerecht und übertrieben".[721] Er war sich äußerst sicher, dass der Neuengamme-Kommandant Max Pauly die beiden Beisitzer so beeinflusst habe, dass sie für ein Todesurteil stimmten: „Ich hatte den Eindruck, daß Pauly dieses Todesurteil recht kam, um unter den SS-Führern ein Exempel zu statuieren." Tatsächlich hielt Kommandant Pauly dem befreundeten Richter Wendt nach dem Prozess bei einer geselligen Abendrunde vor, nicht alle drei Angeklagten zum Tode verurteilt zu haben.[722] Der oberste Gerichtsherr in Hamburg, Graf Bassewitz-Behr, bestätigte in den nächsten Tagen das Todesurteil und lehnte ein Gnadengesuch von Breuing ab – auch er wollte die Disziplin bis zum bitteren Ende aufrechterhalten.[723] Am 24. April 1945 ließ Kommandant Pauly zur Mittagszeit alle dienstfreien SS-Männer in Neuengamme antreten. Nach einer mahnenden Ansprache gab er um 13 Uhr den Befehl zur Exekution einer der erschreckend wenigen SS-Männer, die ihre Häftlinge nicht wie Tiere, sondern wie Menschen behandelt hatten.

Der Tod von Theodor Breuing war die nächsten Tage das Gesprächsthema unter Paulys Männern – den Krieg gewannen Max Pauly und Bassewitz-Behr mit ihrem Exempel trotzdem nicht mehr. Sechs Tage nach der Exekution beging ihr „Führer" am 30. April in seinem Bunker in Berlin Selbstmord und am 8. Mai endete mit der bedingungslosen Kapitulation der Wehrmacht der Zweite Weltkrieg in Europa. Hatte ihn Adolf Haas überlebt?

Die beiden Mitangeklagten von Breuing, die einer Bestrafung entkommen waren, sagten 1948 aus, „dass sie von Haas nichts mehr gehört haben".[724] Auch fast alle anderen Zeugen des Prozesses oder der Hinrichtung bezeugten 1950, „daß ihnen der frühere Wohnort und auch der jetzige Aufenthalt von Haas" nicht bekannt sei.[725] Sowohl sein Aufenthalt in Neuengamme als auch seine Tätigkeit als Gerichtsbeisitzer waren wohl einmalig gewesen. Der damalige Verteidiger konnte sich zwar 1961 nicht mehr an den Namen des Offiziersbeisitzers erinnern, hatte aber noch einen anderen, wenn auch sehr vagen Hinweis: „Er gehörte nicht zum Personal des KL Neuengamme, sondern hatte in Hamburg-Bergedorf den Werwolf aufzubauen."[726]

Im Herbst 1944 hatte Reichsführer-SS Himmler den „Werwolf" ins Leben gerufen, eine geheime Guerillatruppe, deren Mythos dank Goebbels Propaganda bis heute in der Neonazi-Szene überlebt hat. Im Falle einer Besetzung sollte der „Werwolf" im Rücken des Feindes mit Sabotage- und Mordanschlägen den Vormarsch der Alliierten, aber auch die „Welle des Verrats" stoppen. Vor allem in den letzten Kriegstagen richtete sich der Terror gegen die eigenen „Volksgenossen", die man der Kollaboration beschuldigte. Zwar blieb die große Erhebung der Deutschen aus und die Untergrundorganisation für das Kriegsgeschehen letztlich unbedeutend. Dennoch standen etwa 5000 Männer und Frauen, darunter viele unerfahrene, aber fanatisierte Jugendliche, unter dem Kommando des „Reichs-Werwolf", SS-Obergruppenführer Hans Prützmann, dem ehemaligen Vorgesetzten und HSSPF-Vorgänger von Georg-Henning Graf von Bassewitz-Behr. Der Graf selbst unterstützte in seinem Wehrkreis tatkräftig „Himmlers letztes Aufgebot" (Volker Koop), mit Mordaufträgen, Waffen, Munition und Sprengstoff.[727] Ende November ließ er den „Werwolf" im Gebiet Weser-Ems aufbauen. Als diese Truppe am 1. Mai 1945 von Hitlers Tod erfuhr, machte sie sich auf nach Flensburg, wo Großadmiral Karl Dönitz mit der letzten Reichsregierung residierte. Auf dem Weg ermordeten sie in Wilhelmshaven drei „Verräter", einen Friseur, einen Kriminaldirektor und einen angeblichen „Kommunisten", bevor sie in Hamburg in Kriegsgefangenschaft gerieten.[728]

Da es in Hamburg „Werwolf"-Lehrgänge gegeben hat, hätte es durchaus auch eine Einheit in Hamburg-Bergedorf geben können. Der Stadtteil gilt seit Mitte der 2000er-Jahre als eine „Hochburg der organisierten Naziszene" – 2013 beobachtete die Antifa „Aktivitäten" der mittlerweile verbotenen Neonazi-Gruppe „Weisse Wölfe Terrorcrew" (WWT).[729] Ob Adolf Haas 1945 tatsächlich dabei half, in Bergedorf den „Werwolf" aufzubauen und damit den Nährboden für spätere rechtsextreme Glorifizierungen schuf, kann nicht belegt werden. Sein Name taucht in keinen weiteren Dokumenten oder Aussagen zum „Werwolf" auf, wenngleich ihn HSSPF Bassewitz-Behr dahin genauso hätte beordern können wie zu einem SS- und Polizeigericht.

Es lohnt, einen Blick auf die SS-Männer zu werfen, mit denen Adolf Haas im Frühjahr 1945 zuletzt zu tun hatte: Wenige Tage nachdem er als Beisitzer des SS- und Polizeigerichts im KZ Neuengamme aufgetaucht war, begann die SS hastig die Spuren der Verbrechen zu beseitigen und das Lager zu räumen. HSSPF Bassewitz-Behr und der Hamburger Gauleiter beschlossen, die etwa 9000 KZ-Häftlinge nach Lübeck zu bringen und sie dort auf zwei Schiffe zu verladen, wohl wissend, dass die Alliierten sie für Truppentransporter halten könnten. Die beiden SS-Hauptsturmführer Gustav Seifert, ebenfalls Mitglied des damaligen SS-Gerichts, und Kurt Klebeck, einer der beiden freigesprochenen Angeklagten, begleiteten unter anderem die Transporte. Nach dem Selbstmord Hitlers und angesichts der bevorstehenden Niederlage Deutschlands erschoss sich Seifert am 2. Mai 1945.[730] Einen Tag später überlebte Klebeck eine der größten Schiffskatastrophen der Geschichte, die er selbst mitverschuldet hatte. Am 3. Mai versenkten britische Bomber bei einem Großangriff auf die Lübecker Bucht auch die KZ-Schiffe „Cap Arcona“ und „Thielbeck“. Etwa 6600 Häftlinge starben, während die meisten SS-Männer, Marinesoldaten und Besatzungsmitglieder überlebten.[731] Danach tauchte Kurt Klebeck in Hamburg unter.[732] Währenddessen hatten sich weitere Angehörige des Kommandantur-Stabs von Neuengamme in Richtung Schleswig-Holstein abgesetzt, darunter der Kommandant Max Pauly. Sie nutzten wie so viele Nazis in den letzten Kriegstagen die „Rattenlinie Nord“.

Heinrich Himmler hatte es mit weiten Teilen der Führung von SS und Polizei nach Flensburg gezogen. Mit seinen Versuchen, skandinavische KZ-Häftlinge freizulassen und mit den Westalliierten einen Separatfrieden auszuhandeln, hatte er die Gunst seines „Führers“ verspielt. Nun hoffte er einerseits auf einen Platz in der neuen und letzten Reichsregierung von Großadmiral Karl Dönitz und andererseits auf die Anerkennung der Alliierten für seine „Rettungsaktion“. Jenseits jeder Realität verdrängte er, „dass er selbst mit dem Terrorapparat des NS-Regimes identifiziert wurde“, und suchte „die Nähe zu den in seinen Augen unbelasteten Führern“, schreibt der Historiker Stephan Linck.[733] Diejenigen, die seinem Bild als Ordnungshüter schadeten, verabschiedete er schnell. Dazu zählten vor allem die Angehörigen der Amtsgruppe D (Konzentrationslager) in Oswald Pohls Wirtschafts- und Verwaltungshauptamt. Zusammen mit Pohl waren nachweislich Amtsgruppenchef Richard Glücks, Abteilungsleiter wie Rudolf Höß sowie einige KZ-Kommandanten nach Flensburg gekommen. Seinen KZ-Spezialisten verschaffte der Reichsführer-SS persönlich falsche Papiere: „Von Kämpfen war nicht mehr die Rede. Rette sich, wer kann, war die Parole des Tages“, schrieb Rudolf Höß später in seinen Memoiren. „Taucht unter in der Wehrmacht! Das war der Abschied von dem Mann, zu dem ich so hoch hinaufsah“.[734]

Zwischen 2000 und 3000 falsche Ausweise gab das Flensburger Polizeipräsidium in der ersten Maihälfte heraus. Hochrangige SS-Offiziere nahmen die Identitäten von Feldpolizisten, Unteroffizieren der Wehrmacht oder Maaten der Marine an.[735] Der Auschwitz-Kommandant Rudolf Höß tauchte als Bootsmaat „Franz Lang“ unter, der Reichsführer-SS selbst als Feldpolizist „Heinrich Hitzinger“, als ihm Dönitz eine Position im Kabinett verweigerte. Seine zu neuen Papiere ließen Himmler schließlich auffliegen. Während die

Briten am 23. Mai Dönitz und die letzte Reichsregierung festnahmen, biss Himmler auf eine versteckte Zyankalikapsel und nahm sich das Leben. Auch Männer wie Richard Glücks oder die KZ-Kommandanten Eduard Weiter und Arthur Rödl wählten, so wie Tausende Deutsche, den Freitod. Doch die meisten SS-Offiziere, auch die aus der Lager-SS, wollten überleben – einige wie der Kommandant Max Koegel gaben sich sogar als KZ-Häftlinge aus. Einige Tausend als Wehrmachtssoldaten verkleidete SS-Männer konnten die Briten zwar an der deutsch-dänischen Grenze enttarnen. „Dennoch blieb der größere Teil der Mitarbeiter vom RSHA und SS-Hauptämtern verschwunden", schreibt Stephan Linck.[736] Viele hatten sich wie Rudolf Höß festnehmen lassen, gaben sich als Landwirte aus, wurden vorzeitig entlassen und fanden Beschäftigung auf Bauernhöfen in Norddeutschland.[737]

Verschwunden blieb auch Adolf Haas. Höß erwähnte ihn in seinen Memoiren nicht, als er von seiner Flucht berichtete – allerdings auch keinen der anderen Kommandanten, die nachweislich über die „Rattenlinie Nord" entkamen. War das auch Haas gelungen? Hatte er wie Höß die Identität eines Bootsmaats angenommen? Immerhin war er im Gegensatz zu vielen Kameraden ja tatsächlich in der Marine gewesen. Dass Haas wie Tausende andere Nazi-Verbrecher in den Tagen des Untergangs untergetaucht war, hielten die Alliierten nach Kriegsende und später auch einige deutsche Beamte für möglich. Egal ob „Mittäter oder Anstifter an Kriegsverbrechen, Massenmorden oder Hinrichtung", man werde „jeden Schuldigen bis in den letzten Winkel der Erde verfolgen und vor seinen Ankläger bringen, auf dass Gerechtigkeit geschehe", hatten die Alliierten regelmäßig über Radio verkündet.[738] Das änderte sich, als sich die Siegermächte langsam gegeneinander wandten. Auch die Suche nach Adolf Haas musste sich der Logik des Kalten Krieges beugen.

7. Der Gesuchte

Die Nachkriegsjustiz und die erfolglose Fahndung nach dem verschwundenen KZ-Kommandanten

1945–heute

Eine halbe Million. So viele Menschen begingen im Nationalsozialismus Morde oder Kriegsverbrechen, schätzen Historiker heute. Etwa jeder zweite NS-Täter, zwischen 200.000 und 250.000, beteiligte sich am größten Verbrechen der Deutschen: dem Holocaust.[739] Zwar hatten die Alliierten während des Krieges angesichts ihrer Möglichkeiten kaum etwas unternommen, um den Massenmord an den europäischen Juden aufzuhalten, mitunter hatten sie sogar Berichterstattungen unterdrückt. Die Bestrafung der NS-Verbrecher hatten sie sich jedoch bereits Ende 1943 als wichtiges Kriegsziel gesetzt. Neben Hitlers Führungselite waren vor allem auch die Bewacher der „Orte des Terrors" im Visier. Kaum waren die letzten großen Konzentrationslager im Frühjahr 1945 befreit, begannen Ermittler Beweise für die zahlreichen Verbrechen zu sammeln – ohne allerdings die Strafverfolgung frühzeitig vorbereitet zu haben.[740]

Der erste Lagerkommandant, den die Alliierten nach Kriegsende 1945 verurteilten, war der ehemalige Kommandant von Bergen-Belsen – aber nicht Adolf Haas. Noch vor dem Nürnberger Hauptkriegsverbrecherprozess klagte ein britisches Militärgericht 48 Mitglieder der Lagerverwaltung im „First Belsen Trial" wegen gemeinschaftlich begangener Kriegsverbrechen an. Prozessort war Lüneburg, dort, wo sich Heinrich Himmler am 23. Mai 1945 mit einer Zyankalikapsel seiner Strafverfolgung entzogen hatte. „Mit den Männern und Frauen auf der Lüneburger Anklagebank erhielt der Terror ein Gesicht", schreibt der Historiker John Cramer.[741] Drei Personen wurden jedoch noch vor Verhandlungsbeginn am 17. September für „nicht verhandlungsfähig" erklärt, ein Vierter schied aus demselben Grund während des Prozesses aus. Von den verbliebenen 17 SS-Männern, 16 SS-Aufseherinnen und 11 Funktionshäftlingen plädierten alle auf „nicht schuldig" und verteidigten sich, wie Tausende nach ihnen, mit dem Argument, sie hätten nur Befehle „von oben" befolgt. So argumentierte auch der angeklagte Lagerkommandant. Am 17. November sprach das Gericht 14 Angeklagte frei und verurteilte 19 zu einer Haftstrafe und 11 zum Tod – eine unter den damaligen Umständen „faire“ Verhandlung, so der Historiker Eberhard Kolb.[742] Im Vergleich zum folgenden Dachau-Prozess unter US-amerikanischer Militärgerichtsbarkeit war das Urteil insgesamt aber äußerst milde, meint die Historikerin Alexandra-Eileen Wenck.[743]

Das internationale Interesse am Bergen-Belsen-Prozess war groß, ebenso die Kritik der Zeitgenossen. Bemängelt wurde weniger die Verhandlungsführung, sondern vielmehr die überhastete Voruntersuchung und die Auswahl der Angeklagten. „Die Vorbereitung der Anklage hat wohl *alles* zu wünschen übriggelassen“, berichtete der holländische Prozessbeobachter Jan Goderie.[744] Erst zwei Wochen nach der Befreiung hatte im Lager ein „War Crimes Investigation Team“ mit der Arbeit begonnen, unterbesetzt, unerfahren, ohne ausreichend qualifizierte Übersetzer und einen geeigneten Fragenkatalog – viele Häftlinge hatten bereits das Lager ohne Angabe einer Verzugsadresse verlassen.[745] Warum für das Inferno von den insgesamt mindestens 450 SS-Angehörigen, die zwischen 1943 und 1945 in Bergen-Belsen gedient haben, nur so wenige auf der Anklagebank saßen, erklärt Eberhard Kolb: „Wer vom SS-Personal des Lagers Bergen-Belsen angeklagt wurde und wer nicht, hing einzig und allein von dem zufälligen Moment ab, ob der oder die Betreffende am 13. April das Lager verlassen hatte oder nicht. Keiner derjenigen, die am 13. April abgerückt waren, wurde gesucht, gefaßt und angeklagt“, nicht zu reden von jenen, die viel früher versetzt wurden. Ein „Sachverhalt, der ziemlich unbegreiflich ist, denn der Untersuchungskommission waren schon früh die Namen aller maßgeblichen Angehörigen des Kommandanturstabs des Lagers Bergen-Belsen bekannt.“[746]

Der ehemalige Häftling Pierre Petit hatte nur zwei Tage nach der Befreiung des Lagers einen detaillierten Bericht verfasst. Höchstwahrscheinlich waren daraufhin zwei britische Soldaten und vier befreite Häftlinge nach Hachenburg gefahren, um den ersten Kommandanten Adolf Haas zu finden.[747] Doch ihre Jagd, die der damals zwölfjährige Gerhard Latsch beobachtet hatte, war erfolglos geblieben und sie nahmen sie auch nicht wieder auf. Noch 1985 erregte sich Pierre Petit: „Zu diesen im Lüneburger Prozeß nicht Angeklagten gehörten – um nur einige besonders krasse Beispiele zu nennen –: der frühere Kommandant, SS-Sturmbannführer Adolf HAAS, der das Lager von Anfang

Mai 1943 bis zum 1. Dezember 1944 leitete – und völlig verlottern ließ" sowie viele weitere SS-Angehörige und Kapos und nicht zuletzt die Entscheidungsträger im SS-Wirtschafts- und Verwaltungshauptamt.[748] Die angeklagten Männer und Frauen mit eher niedrigem Rang stellten weder einen repräsentativen Querschnitt durch alle Funktionsebenen des Lagerpersonals dar, noch waren sie für sämtliche Straftaten seit dem Aufbau des Lagers verantwortlich. Tatsächlich waren alle erst nach November 1944 nach Bergen-Belsen gekommen, einige sogar erst wenige Tage vor der Befreiung. Viele hatten vorher in Auschwitz gedient, so wie Adolf Haas' Nachfolger, Josef Kramer, der durch die britischen Medien als „Beast of Belsen" bekannt wurde. Er gehörte zu den elf zum Tode Verurteilten, die am 13. Dezember 1945 in Hameln gehängt wurden.[749]

Die Briten hatten gehofft, mit dem ersten Kriegsverbrecherprozess auf deutschem Boden vorbildhaft „durch eine Mischung aus Schock und Aufklärung" eine juristische und moralische „Läuterung" der Deutschen anzuregen – „die Voraussetzung für ein neues, demokratisches Deutschland", so John Cramer.[750] Das stellte sich als Trugschluss heraus. Bis auf die ersten Verhandlungstage und den Tag der Urteilsverkündung blieben die 400 Sitzplätze zum größten Teil leer. Die meisten konnten oder wollten sich nicht mit ihrer eigenen oder der kollektiven Schuld auseinandersetzen. „Es ist eher eine Stimmung, als ob man nach so furchtbarem Leid gleichsam belohnt, jedenfalls getröstet werden müsste, aber nicht noch mit Schuld beladen werden dürfte", schrieb der Heidelberger Philosoph Karl Jaspers Ende 1945.[751] Für die wahren Opfer, die Überlebenden der Konzentrationslager, war der „First Belsen Trial" eine bittere Enttäuschung. Teilweise sogar mit antisemitischen Äußerungen hatten die Verteidiger ihre Glaubwürdigkeit infrage gestellt.[752]

Nicht zuletzt hätten die aufwendigen Vorbereitungen und der langwierige Prozess in den britischen Behörden selbst den Widerwillen gegen allzu umfangreiche weitere Strafverfahren geschürt, meint Cramer. Spätestens seit dem Kräftemessen der USA, Großbritannien und der Sowjetunion auf der Potsdamer Konferenz im Sommer 1945 hätten die Entscheidungsträger in London erkannt, „der zukünftige Feind werde nicht der Nationalsozialismus, sondern der Kommunismus sein, und eine allzu rigide Strafverfolgungspraxis könne sich als politisch unklug erweisen".[753] Für den Kampf gegen den neuen Feind war man bald bereit, die Verbrechen des alten zu vergessen. Beinahe alle, die im ersten „Belsen Trial" zu einer Haft verurteilt wurden, entließen die britischen Besatzer vorzeitig wegen guter Führung oder Begnadigungen.[754]

1946 und 1948 folgten zwei weitere, sehr viel kleinere Bergen-Belsen-Prozesse. Doch auch hier spielte der erste Kommandant von Bergen-Belsen keine Rolle. Dabei stand sein Name auf den Fahndungslisten der „United Nations War Crimes Commission" (UNWCC) und der „Central Registry of War Criminals and Security Suspects" (CROWCASS). Die Kriegsverbrecherkommission der Vereinten Nationen sammelte bereits seit Oktober 1943 gerichtsverwertbare Beweise, allerdings keine brauchbaren zur Strafverfolgung von Adolf Haas.[755] Im Mai 1945 hatte US-General Dwight D. Eisenhower dann die alliierte Zentralerfassungsstelle CROWCASS ins Leben gerufen, die Listen mit insgesamt 60.000 Namen flüchtiger mutmaßlicher Kriegsverbrecher oder wichtiger Zeugen erstellte und sie mit den mehr als acht Millionen Menschen verglich, die in Kriegsgefangenen- und Displaced-Persons-Lagern registriert waren. Nummer eins auf der Liste war Adolf Hitler. Die Amerikaner nutzten die Steckbriefe nicht nur für die Strafverfolgung, sondern auch, um ehemalige Nazis als Agenten und Informanten für den amerikanischen Geheimdienst zu rekrutieren. Ihre Namen sollten bald nicht mehr im Verzeichnis auftauchen, so wie der von Reinhard Gehlen, ehemaliger Generalmajor der Wehrmacht, SS-Mitglied und nach 1945 Begründer des Bundesnachrichtendienstes.[756]

Viel stand nicht zum gesuchten Kriegsverbrecher Adolf Haas auf der CROWCASS-Fahndungsliste von 1947, Nummer „139791": „Rank/Occupation/Unit/Place/Date of Crime: *Officer, Waffen SS, Wewellsburg (Ger.)*; Reason Wanted: *Torture*; Wanted by: *U.S.*"[757] US-Soldaten hatten das Konzentrationslager Niederhagen/Wewelsburg am 2. April 1945 befreit, zwei Tage nachdem Himmler einem SS-Kommando befohlen hatte, das Zentrum seines ehemaligen, gigantischen Bauprojekts „Wewelsburg" zu sprengen. Von den befreiten Häftlingen, darunter Haas' ehemaliger Auftragskünstler Paul Buder, erfuhren die Soldaten vom ersten und letzten KZ-Kommandanten und von der folterähnlichen Behandlung (torture) der Wehrdienstverweigerer im Strafkommando „Waldsiedlung". Wegen Mordes suchte man Haas 1947 nicht, obwohl er als Kommandant für mehrere Tausend Todesopfer verantwortlich war.

Zwischen 50.000 und 60.000 NS-Verbrecher wurden im Ausland verurteilt. Etwa 45.000 Verfahren gab es in der sowjetischen Besatzungszone, von denen die meisten im Schnelldurchgang mit einer Verurteilung endeten. In den westlichen Besatzungszonen wurden dagegen gerade einmal 5025 Personen verurteilt, von 806 Todesurteilen wurden 486 vollstreckt.[758] Die meisten untergetauchten Mitarbeiter von Reichssicherheitshauptamt und SS-Hauptämtern überstanden die Besatzungszeit und nahmen bald wieder Führungspositionen in der westdeutschen Verwaltung, Polizei und Justiz ein.[759] Bei den leitenden Männern der Lager-SS sah die Bilanz der Strafverfolgung etwas besser aus: Die meisten Spitzenfunktionäre des WVHA erhielten mehrjährige Haftstrafen. Ihr Chef Oswald Pohl wurde hingerichtet. Von den insgesamt rund 50 Lagerkommandanten waren vor Kriegsende bereits elf gestorben. Von den übrigen wurden immerhin 33 verhaftet. 14 von ihnen wurden zwischen 1945 und 1950 von Militärgerichten zum Tod verurteilt und hingerichtet, darunter der Neuengamme-Kommandant Max Pauly, Adolf Haas' früherer Vorgesetzter Rudolf Höß sowie Haas' Nachfolger in Bergen-Belsen, Josef Kramer. Hans Loritz, Haas' ehemaliger Patron, erhängte sich selbst in britischer Gefangenschaft. Allerdings wurden vier Kommandanten verurteilt, aber vorzeitig entlassen, bei einem sogar trotz des Todesurteils. Drei wurden überhaupt nicht verurteilt und zwei erst Jahre später von deutschen Gerichten. Zwei Mördern, darunter dem Kommandanten der Vernichtungslager Sobibor und Treblinka, Franz Stangl, gelang die Flucht aus Deutschland über die „Klosterrouten" über Italien oder Spanien nach Lateinamerika bzw. in Länder der arabischen Welt – wie Adolf Eichmann und Josef Mengele entkamen sie mit Pässen des Roten Kreuzes, die ihnen hochrangige Vertreter der katholischen Kirche besorgt hatten.[760] Das gab auch Anlass für Gerüchte in Haas' Heimatstadt Hachenburg: „Es wurde gemunkelt, er sei in Spanien", erinnerte sich der Hachenburger Gerhard Latsch, der als Kind mit Adolf Haas' Sohn befreundet gewesen war.[761] Über Spanien seien ja viele „mit päpstlichen Pässen nach Argentinien gekommen. Eine ganze Menge von Nazis sind so geflüchtet, nicht die ganz Großen, aber die Mittelgroßen."

Obwohl die Akten der UNWCC und CROWCASS erst gegen Ende der 1980er-Jahre auch für die deutsche Justiz frei zugänglich wurden, begannen Staatsanwälte in den westlichen Besatzungszonen bereits wenige Wochen nach Kriegsende mit der eigenen Strafverfolgung von NS-Verbrechen. Gab es 1945 bereits 382 Verfahren, so stieg die Zahl in den nächsten Jahren erheblich an, bis über 4000 in den Jahren 1947 und 1948. Aufgrund rechtlicher Beschränkungen durch die Alliierten ging es zunächst vor allem um innerdeutsche Straftaten. Zahlenmäßig an erster Stelle standen Verfahren wegen Denunziation (38 Prozent), an zweiter Verbrechen an politischen Gegnern und der sogenannten Reichskristallnacht 1938 (je 15 bis 16 Prozent).[762]

An die führende Rolle von Adolf Haas bei der Demolierung der jüdischen Synagoge in Mogendorf am 10. November 1938 konnten sich noch viele Westerwälder Bürger erinnern, als Polizeibeamte im Auftrag der Staatsanwaltschaft Koblenz 1947 begannen, Zeugen zu vernehmen. Der Westerwald gehörte mittlerweile zum Gebiet der französischen Besatzungsmacht, die Anfang 1946 dem Aufbau kommunaler Polizeidienststellen zugestimmt hatte, nachdem die neuen Gendarmen „entnazifiziert“ worden waren.[763] Von den damaligen Tätern der „Judenaktion in Mogendorf“ erwischte man jedoch zunächst nur einen ehemaligen SS-Mann. „Falls einer abwesend ist, sind Personalien so genau festzustellen, dass Fahndung erfolgen kann“, ordnete der Oberstaatsanwalt in Koblenz im April 1948 an.[764] Das erwies sich bei Haas und anderen beteiligten SS- sowie SA-Mitgliedern als schwierig. Ende Mai 1948 beauftragte der Gendarmerie-Kreischef des Oberwesterwaldkreises die Kollegen in Hachenburg mit „Nachforschungen über den derzeitigen Aufenthalt des SS-Sturmbannführers Adolf Haas“.[765] Im Herbst 1946 hatte man den Hinweis bekommen, der Gesuchte sei im Interniertenlager 77 Ludwigsburg gewesen – erst ein Jahr später meldete die dortige Polizeidirektion, Haas sei in Ludwigsburg „nicht interniert“, also dort wohl nie gewesen.[766] Am 20. Juni 1948 tippte der Wachtmeister in Hachenburg seinen Ermittlungsbericht:

„Der SS Sturmbannführer Adolf Haas war ein fanatischer Nazi. Als solcher war er in Hachenburg gefürchtet. Dieses dürfte aber nach den getroffenen Ermittlungen zum großen Teil auf seine beschränkte Intelligenz zurückzuführen sein. Er hat alle Befehle und Anordnung der Nazis gewissenhaft und rabiat durchgeführt. Auch soll er sich an den Judenaktionen im Jahre 1938 beteiligt haben. Wo dieses nun war, konnte nicht ermittelt werden. Auch soll Haas, an dem fraglichen Tage der Judenaktion, mit einem Trupp seiner SS Männer, deren Namen trotz angestrengter Ermittlungen nicht festgestellt werden konnten, in einem anderen Kreis tätig gewesen sein.

Haas soll seit dem Jahre 1945 Hachenburg verlassen haben und ist jede weitere Spur seit dieser Zeit von ihm verloren [sic]. Auch seine Angehörigen geben an, dass sie im Zweifel darüber sind, ob Haas überhaupt noch lebt. Sein derzeitiger Aufenthaltsort ist daher unbekannt.

Sollte Haas in Hachenburg auftauchen, so wird eine sofortige Festnahme erfolgen, da an seinem Erscheinen die franz.[ösische] sowie deutsche Gendarmerie interessiert ist."[767]

Nach der Gründung der Bundesrepublik Deutschland 1949 war nur noch die deutsche Polizei an Adolf Haas interessiert. Mitte September 1949 schickte der Hachenburger Wachtmeister einen zweiten Ermittlungsbericht an die Staatsanwaltschaft in Koblenz, allerdings ohne neue Erkenntnisse:

„Haas, Adolf, geb. am 14.11.1893 ist bei der Ortspolizeibehörde als vermisst gemeldet. Über seinen Aufenthalt konnten bisher noch keine näheren Angaben ermittelt werden. Trotz wiederholter unverhoffter Kontrollen der Wohnung des Haas, durch die deutsche u. franz. Gendarmerie konnte bis jetzt der Aufenthalt desselben nicht in Erfahrung gebracht werden."[768]

Noch gab der Koblenzer Oberstaatsanwalt nicht auf. Vier Jahre nach Kriegsende erwirkte er für Adolf Haas endlich einen „Haftbefehl wegen Verbrechens gegen die Menschlichkeit".[769] Er berief sich damit auf Artikel II 1 c des Alliierten Kontrollratsgesetzes Nr. 10 vom 20. Dezember 1945, bis Anfang der 1950er-Jahre einer der wichtigsten, wenn auch vielfach abgelehnten Rechtsgrundlagen für eine einheitliche und zonenübergreifende Strafverfolgung von NS-Verbrechen. Mit dem Haftbefehl vom 31. Oktober 1949 war der frühere SS-Sturmbannführer umgehend „zur Untersuchungshaft zu bringen. Er wird beschuldigt, an der Aktion gegen Juden und Synagogen am 9/10.11.38 in Mogendorf teilgenommen zu haben." Er sei „dieser Straftat dringend verdächtig und auch fluchtverdächtig". Es half nichts. Adolf Haas tauchte nicht auf.

Zwei Monate später stellte der Oberstaatsanwalt das Ermittlungsverfahren gegen Haas und drei weitere ehemalige Kameraden „vorläufig" ein, da ihr gegenwärtiger Aufenthalt „unbekannt" geblieben war.[770] Das Urteil gegen die restlichen Verdächtigen im Herbst 1950 ist ein gutes Beispiel für die Praxis der NS-Strafverfolgung in der jungen Bundesrepublik: Der angeklagte SS-Mann überzeugte die Richter, er habe sich „nur widerstrebend unter dem Befehl" von Haas an der Zerstörung der Mogendorfer Synagoge beteiligt, ihn aber überredet, sie nicht in Brand zu stecken. Auch wegen „tiefer Reue" hielten sie eine Haftstrafe von anderthalb Jahren für eine „angemessene und ausreichende Sühne", die er bereits in Internierungshaft verbüßt habe. Auch einem früheren SA-Sturmführer attestierte das Gericht, er habe nur „auf Befehl" gehandelt und während der Ausschreitungen am 10. November 1938 ein jüdisches Ehepaar auf deren Bitten in „Schutzhaft" gebracht. Die Haftstrafe von einem Jahr musste er nicht antreten. Sie fiel unter die „Anwendung der erweiterten Amnestie des § 2 des Gesetzes über die Gewährung von Straffreiheit vom 31.12.1949".[771]

Das Straffreiheitsgesetz von 1949 gehörte zu den ersten Gesetzen überhaupt, die Konrad Adenauers Regierung mit großer Zustimmung durch den Bundestag gebracht hatte. Es amnestierte alle vor dem 15. September 1949 – dem Tag von Adenauers Wahl zum ersten Bundeskanzler – begangenen Straftaten und Ordnungswidrigkeiten, die mit bis zu einem halben Jahr Gefängnis bzw. bis zu einem Jahr auf Bewährung geahndet worden wären, auch wenn es sich um NS-Täter handelte. Der Bundeskanzler war kein ehemaliger Nationalsozialist, hatte sich sogar Ende 1944 für zwei Wochen in Adolf Haas' Heimatstadt Hachenburg versteckt.[772] Um seine Macht zu festigen, richtete er sich aber pragmatisch nach dem Willen des deutschen Volkes. Die „wirklich Schuldigen" an den NS-Verbrechen sollten „mit aller Strenge bestraft", die große Masse der ehemaligen NS-Anhänger aber in die Gesellschaft wieder eingegliedert werden – nicht zuletzt zu Tausenden in die Bonner Bundesministerien und zahlreich in die Justiz und Sicherheitsbehörden, wie in den letzten Jahren grundlegende Studien gezeigt haben.[773] Auch wenn unter den etwa 800.000 Amnestierten letztlich nur relativ wenige NS-Verbrecher waren, leitete Adenauers Regierung mit dem Straffreiheitsgesetz von 1949 und einem zweiten 1954 symbolisch das Ende der Entnazifizierung ein. Die schwere Aufgabe der Vergangenheitsbewältigung fiel nun vor allem den Gerichten zu, schreibt der Historiker Andreas Eichmüller. Da sie nicht selten mit alten NS-Juristen besetzt waren und sich die Bevölkerung nach Sicherheit, Frieden und „Normalität" sehnte, war es allerdings kein Wunder, dass zahlreiche Urteile wie im Fall „Mogendorf" den Mittätern „allzu bereitwillig gesetzeskonformes Verhalten oder Befehlsnotstand zubilligten".[774]

Als die junge Bundesrepublik nach Wiederaufbau, Existenzsicherung und nach einem Platz an der Seite des Westens im Kalten Krieg strebte, richtete auch Adolf Haas' Ehefrau den Blick nach vorn. Als eine der 240.000 SS-Ehefrauen hatte sie das NS-Regime auf ihre Weise mitgetragen.[775] Das gab sie nach Kriegsende während ihrer „Entnazifizierung" offen auf mehreren Fragebögen zu: Seit 1938 hatte sie dem Deutschen Frauenwerk angehört. Als 1940 der KZ-Dienst ihres Mannes begonnen hatte, war sie ihm zwar im Gegensatz zu vielen anderen Frauen nie zu einem Einsatzort gefolgt, dafür aber als „Parteigenossin“ in die NSDAP.[776] Auf „Wunsch meines Mannes“ sei sie sogar aus der evangelischen Kirche ausgetreten. Wie es die „SS-Sippengemeinschaft“ erwartet hatte, hatte sie ihren Gatten entlastet, indem sie beispielsweise während seiner Abwesenheit als „Frau Adolf Haas“ mit Krankenkassen korrespondierte und sich auch um andere Finanzen kümmerte.[777] Ihre Familie hatte enorm von seiner SS-Karriere profitiert. Seit 1938 besaßen sie ein Eigenheim in „Hachenburg, Siedlung“ in der Liegnitzer Straße.[778] Mehrmals hatte Adolf Haas Kunstgegenstände, Möbel und Kinderspielzeug aus den KZ-Werkstätten nach Hause geschickt. Am Ende des Krieges hatte die Familie Haas allerdings nicht nur ihre privilegierte soziale Stellung verloren, sondern gleich zwei Mitglieder. Von ihrem Mann habe Lina Haas seit dem 15. März 1945 nichts mehr gehört, bezeugte sie mehrmals. Ihr zwölfjähriger Sohn wurde am 24. Januar 1946 noch Opfer des Krieges, der längst vorbei war.[779] „Der Sohn ist leider umgekommen bei einer Explosion von Munition, die entschärft werden sollte“, erzählte sein ehemaliger Freund Gerhard Latsch.[780]

Ein halbes Jahr nach Inkrafttreten des „Verschollenheitsgesetzes“ im Juli 1949 ging Lina Haas am ersten Montag nach Neujahr 1950 zum Amtsgericht Hachenburg und beantragte, ihren Ehemann „gemäß § 4 Abs. 1 Verschollenheitsgesetz für tot zu erklären“.[781] „Mein Mann war im März 1945 das letzte mal zu Hause im Urlaub“, erklärte sie. Nachdem er nach Hamburg „zur Aufstellung einer Panzerdivision“ gefahren war, habe sie „von ihm kein Lebenszeichen mehr erhalten. Seine Eltern sind tot. Geschwister hat er keine mehr.“ Wie Bruno Struif von der GeschichtsWerkstatt Hachenburg herausfand, sorgte das Amtsgericht Hachenburg dafür, dass Haas‘ Name auf die 29. „Verschollenheitsliste für die britische und die amerikanische Besatzungszone und die Länder Rheinland-Pfalz und Württemberg-Hohenzollern“ kam.[782] Die Verschollenen wurden darauf aufgefordert, sich spätestens bis zu einer Frist (bei Haas der 1. August 1950) zu melden. „Alle, die Auskunft über eine der bezeichneten Personen geben können“, wurden aufgefordert, Anzeige zu machen.[783] Dabei hätte das „Zentral-Justizamt für die britische Zone“ in Hamburg als Herausgeber der Liste selbst Auskunft geben können. Auf dessen Anweisung ermittelte die Oberstaatsanwaltschaft in Hamburg seit 1946 zu dem fragwürdigen Todesurteil eines SS-und Polizeigerichts gegen den SS-Führer Theodor Breuing im KZ Neuengamme am 14. April 1945. Als die Verschollenheitsliste im Februar 1950 herauskam, war mehreren beteiligten Hamburger Justiz- und Polizeibeamten längst bekannt, dass Adolf Haas damals als Beisitzer in Neuengamme anwesend und in der Nähe stationiert gewesen war. Ein Informationsaustausch fand aber offenbar nicht statt. So vermerkten die Mitarbeiter des Zentral-Justizamts auf der „Verschollenheitsliste" unter „letzte bekannte Truppenanschrift" lediglich „unbekannt".

Als die Meldefrist ohne irgendeine Rückmeldung abgelaufen war, beschloss das Amtsgericht Hachenburg am 17. August 1950:

„Der am 14.11.1893 in Siegen geborene, zuletzt in Hachenburg (Oberwesterwaldkreis) wohnhaft gewesene Emil Gustav Ludwig Tillmann Hermann Adolf Haas wird für tot erklärt. Als Zeitpunkt des Todes wird der 31. März 1945, 24 Uhr festgestellt."[784]

Den Beschluss übermittelte das Amtsgericht sowohl der Familie als auch diversen Behörden. Lina Haas bekam nun eine Witwenrente und erreichte nach ihrer eigenen „Entnazifizierung" 1951, dass ihr Vermögen entsperrt und die Eigentümerrechte des Wohnhauses in der Liegnitzer Straße auf sie übertragen wurden.[785] Die Hamburger Ermittler dagegen, die als Einzige wussten, dass Haas zumindest noch am 14. April 1945 am Leben gewesen war, erfuhren von der Todeserklärung nicht vom Zentral-Justizamt in Hamburg, sondern erst im Dezember 1961 von der Kriminalpolizei in Siegen, Haas' Geburtsort.[786] Obwohl die Hamburger Beamten darauf aufmerksam machten, dass der 31. März 1945 als Todestag nicht stimmen konnte, war eine Änderung des amtlichen Datums aus juristischen Gründen nicht mehr möglich – bis heute hat sich daran nichts geändert.[787]

Für verschiedene Staatsanwaltschaften war der Beschluss in den nächsten Jahren Grund genug, das Todesdatum nicht zu hinterfragen und nicht weiter nach dem verschollenen KZ-Kommandanten zu ermitteln. „Ich muss daher annehmen, dass sie an der Fahndung nach Haas kein Interesse mehr haben und lasse die Ausschreibung im Deutschen Fahndungsbuch nunmehr löschen", schrieb ein Beamter des Bundeskriminalamtes in Hamburg Anfang 1952, nachdem sich die Staatsanwaltschaft Koblenz nicht mehr wegen einer Fristverlängerung gemeldet hatte.[788] Seit der Gründung der Bundesrepublik war die Zahl der jährlichen Verfahren gegen NS-Verbrechen von mehr als 3000 auf 162 im Jahr 1954 zurückgegangen.[789] Das lag nicht zuletzt daran, dass die Bundesrepublik in den 1950er-Jahren intensiv und rabiat vor allem „Verfassungsfeinde" von links bekämpfte. Kommunisten wurde nicht nur der NS-Opferstatus nachträglich aberkannt, sie wurden auch besonders von ehemaligen NS-Juristen und SS-Führern aus Himmlers Polizei verfolgt. Diese versuchten, „die einzige politische Gruppierung von Relevanz mundtot zu machen", die öffentlich ihre Belastung anprangerten, schreibt der Historiker Dominik Rigoll.[790] Der Widerstand der rehabilitierten NS-Beamten richtete sich ab Mitte der 1950er-Jahre allerdings auch insbesondere gegen den neuen hessischen Generalstaatsanwalt Fritz Bauer und seinen selbstaufopfernden Kampf für Recht und Gerechtigkeit in der vernachlässigten NS-Strafverfolgung.[791] Durch ihn kam sie langsam wieder in Fahrt.

Noch im Jahr seines Amtsantritts 1956 sorgte Generalstaatsanwalt Fritz Bauer dafür, dass der Bundesgerichtshof seiner Frankfurter Staatsanwaltschaft ein Ermittlungsverfahren übertrug, mit dem er endlich den Organisator des Holocaust vor Gericht zu bringen hoffte: Adolf Eichmann.[792] Zusammen mit den Akten des verschwundenen Massenmörders gelangten auch die des verschollenen Adolf Haas auf die Schreibtische von Fritz Bauers Staatsanwälten. Das Material kam allerdings nicht von anderen bundesdeutschen Strafverfolgungsbehörden, sondern aus Österreich. In Wien hatte die Polizeidirektion bereits im August 1945 ein Verfahren gegen den Österreicher Eichmann und weitere SS-Angehörige eingeleitet, darunter viele seiner ehemaligen Mitarbeiter im Reichssicherheitshauptamt, aber auch Adolf Haas. Man nahm an, dass er Eichmann beim Massenmord unterstützt hatte. Ein Jahr später gab die Staatsanwaltschaft Wien mehrere Steckbriefe zur Fahndung heraus. Bei Haas hieß es: „Beruf Bäcker, Größe 1,80, Haarfarbe dunkel, buschige Augenbrauen, Figur kräftig".[793] Nach § 3 Abs. 3 des Kriegsverbrechergesetzes lautete für ihn als Lagerkommandant von Bergen-Belsen das „Höchstmass der angedrohten Strafe: Todesstrafe". Viel wussten die Wiener nicht über ihn, machten sogar beim Alter, „etwa 25 Jahre alt", einen fatalen Zahlendreher. Die Informationen, samt dem richtigen, relativ genauen Alter „52 Jahre", stammten von Siegfried Seidl, dem ehemaligen KZ-Kommandanten von Theresienstadt, Leiter der politischen Abteilung in Bergen-Belsen und zuletzt Mitarbeiter Eichmanns.[794] Seidl war bei Kriegsende in Wien untergetaucht und im Sommer 1945 verhaftet und verhört worden. 1947, als Seidl bereits hingerichtet war, kam eine weitere belastende, wenn auch sehr vage und zum Teil falsche Aussage einer ehemaligen „Insassin" über Adolf Haas hinzu. Sie warf dem „schlimmste[n] von allen Kommandanten“ die Ermordung von etwa 350 Menschen in Bergen-Belsen vor, darunter „70% Akademiker vor allem Rechtsanwälte und Ärzte“.[795]

Mehr als die NSDAP- und SS-Nummer von Adolf Haas konnten die österreichischen Behörden in den nächsten acht Jahren nicht ermitteln. Bei den anderen Gesuchten sah es nicht besser aus, bei einigen waren nicht einmal die Namen korrekt. Von Adolf Eichmann glaubte die Staatsanwaltschaft Wien fälschlicherweise sogar, er sei „auch einige Zeit Lagerkommandant des Vernichtungslagers Auschwitz gewesen“.[796] Ohne konkrete Hinweise mutmaßten die Beamten im Oktober 1955: „Es besteht die Möglichkeit, dass die Beschuldigten nach dem Zusammenbruch 1945 sich nach Deutschland begeben haben und sich dort noch aufhalten.“ Ein willkommener Grund, um die Ermittlungen abzugeben. „Nach zehn Jahren ergebnisloser Bemühungen sandte die österreichische Regierung ‚zuständigkeitshalber‘ den Aktenbestand an das Bundesjustizministerium in Bonn. Dort leitete man den Aktenvorgang dem Bundesgerichtshof zu, der seinerseits die Staatsanwaltschaft in Frankfurt am Main für zuständig erklärte“, resümierte Fritz Bauer später gewohnt zynisch. „Mit dieser Odyssee eines Aktenbandes durch die Zimmerfluchten von Ministerien, Staatsanwaltschaften und Gerichten, bei der sich Unberechenbares an Unberechenbares reihte, begann das Verfahren, das schließlich in Jerusalem mit der Verurteilung Eichmanns endete.“[797] Was Fritz Bauer damals nur ahnte, bestätigte sich 2011: Die „Organisation Gehlen“, der Vorgänger des Bundesnachrichtendienstes, wusste bereits 1952 von Eichmanns Decknamen und seinem Aufenthalt in Argentinien – meldete es aber nur 1958 der CIA und wahrscheinlich auch der Bundesregierung, von denen keiner etwas unternahm.

So blieben in Frankfurt bis zur Festnahme von Adolf Eichmann alias „Ricardo Klement“ viele Fragen offen. Auch zu Adolf Haas, dessen Name auf der Liste mit den 13 Verdächtigen wegen Mordes bzw. Beihilfe zum Mord gleich unter dem Eichmanns stand. Immerhin war Haas der Einzige von den 13 NS-Verbrechern, gegen den deutsche Behörden bisher überhaupt ermittelt hatten, wenn auch erfolglos.[798] Das stellte 1956 das Bundeskriminalamt fest, das selbst mit für dieses Manko verantwortlich, aber gerade in seinen Anfangsjahren erheblich auf dem rechten Auge blind war – noch 1958 waren 33 von 47 leitenden Beamten ehemalige SS-Angehörige.[799] Nach ihrem Kameraden aus alten Zeiten hatten die BKA-Beamten selbst offenbar keine eigenen Nachforschungen angestellt und vermerkten nur, dass Adolf Haas „nicht ermittelt werden“ konnte und seit Oktober 1950 ohnehin „für tot erklärt“ worden war. Als Fritz Bauers Staatsanwälte Ende 1956 mit ihren Ermittlungen begannen, ließen sie sich von der Todeserklärung nicht abhalten. Sie baten bei mehreren Archiven und Behörden, darunter dem Berlin Document Center in Berlin (BDC, heute Bundesarchiv Berlin-Lichterfelde), um „nähere Anhaltspunkte über die Personalien und den derzeitigen Aufenthaltsort der Beschuldigten sowie über die diesen zur Last gelegten Straftaten“.[800] Ein Historiker vom Institut für Zeitgeschichte in München (IfZ) bot Anfang 1957 sogar an, „sich im Zusammenhang einer wissenschaftlichen Arbeit“ mit den 13 Verdächtigen „ausführlich zu beschäftigen“.[801] Zwar konnte man im April 1957 immerhin die Verhaftung von Hermann Krumey bekannt geben, Eichmanns Stellvertreter in Ungarn. Krumey kam jedoch bereits im Juni wieder frei, da „kein Fluchtverdacht“ bestand.[802] Ansonsten führten im Fall Adolf Haas weder die Forschungen im IfZ noch die Personalakte aus dem BDC zu irgendwelchen neuen Erkenntnissen. Auch nicht dazu, dass er als Kommandant von Bergen-Belsen nur indirekt durch die Austauschverhandlungen über die ungarischen Juden mit Adolf Eichmann zu tun gehabt hatte, aber keineswegs mit den Mordaktionen. Erst nach drei Jahren kamen die Ermittlungen wieder in Gang.

Mit dem Hinweis des ehemaligen KZ-Häftlings Lothar Hermann[803] und der heimlichen Hilfe von Fritz Bauer identifizierte der israelische Geheimdienst Mossad den untergetauchten Adolf Eichmann im Frühjahr 1960 endlich in Argentinien, überwachte seitdem ihn und seine Familie und entführte ihn im Mai nach Israel. Ohne von der Geheimoperation oder der Beteiligung seines Generalstaatsanwalts zu wissen, ergriff zur selben Zeit der neue Oberstaatsanwalt beim Landgericht Frankfurt am Main, Heinz Wolf, ähnlich scharfe Maßnahmen, um Adolf Haas zu finden. Dabei war er selbst belastet: Wolf war NSDAP-Mitglied und SA-Angehöriger und während des Zweiten Weltkrieges als Staatsanwalt unter anderem in Danzig „für zahlreiche Blut- und Gesinnungsurteile verantwortlich“, so der Publizist und ehemalige Kriminaldirektor im BKA Dieter Schenk.[804] Bei seiner Entnazifizierung täuschte Wolf erfolgreich vor, „ein intensiv Verfolgter des Naziregimes und ein Freund jüdischer Familien gewesen zu sein“, wurde als „Entlasteter“ eingestuft und 1949 im hessischen Justizdienst wieder eingestellt.[805] Obwohl er als Oberstaatsanwalt 1959 widerwillig und nur auf Druck von Fritz Bauer mit den

Vorbereitungen des Ersten Frankfurter Auschwitz-Prozesses begann, nahm er die Ermittlungen ernst. Parallel ließ Wolf seine Mitarbeiter seit März 1960 so intensiv wie kein anderer zuvor nach Adolf Haas ermitteln. Der sachbearbeitende Staatsanwalt sollte sich einerseits erneut bei der „Deutschen Dienststelle für die Benachrichtigung der nächsten Angehörigen von Gefallenen der ehemaligen deutschen Wehrmacht" (WASt) erkundigen, „in welchem Raum und evtl. bei welcher Einheit er zuletzt war" – bis heute hat die WASt jedoch keine Informationen, die über jene der Personalakte im Bundesarchiv hinausgehen.[806] Andererseits bat man den Leiter des Landeskriminalamtes Rheinland-Pfalz persönlich um Hilfe:

„Haas ist verdächtig, sich als Kommandant von KL-Lagern in einer unbestimmten Anzahl von Fällen des Mordes schuldig gemacht zu haben. Das gegen Haas bei der Staatsanwaltschaft Frankfurt (Main) anhängige Ermittlungsverfahren soll erst eingestellt werden, wenn ein hinreichendes Maß an Gewißheit dafür erlangt werden kann, daß Haas nicht etwa nach Kriegsende untergetaucht ist, daß er also nicht mehr lebt. Die Angaben der Ehefrau im Todeserklärungsverfahren, die offenbar nicht weiter nachgeprüft worden sind, vermitteln diese Überzeugung nicht. Ich bitte, durch vertrauliche, möglichst unauffällige Überprüfung die persönlichen Verhältnisse der in Hachenburg wohnhaften Familie Haas festzustellen."[807]

Den Oberstaatsanwalt Wolf und seine Mitarbeiter interessierte vor allem, ob und von wo Haas' Ehefrau Rente beziehe, welchen Umgang und Bekanntenkreis sie pflege und ob und wohin die Familie Reisen unternähme oder Post versenden würde. Falls Adolf Haas tatsächlich untergetaucht sei und Kontakt zu seiner Familie habe, war Vorsicht geboten. „An Frau Haas oder Angehörige der Familie bitte ich vorerst nicht heranzutreten", auch nicht an die örtlichen Polizei- oder Verwaltungsbehörden.

Gerade einmal einen Monat später tippte ein Kriminalobermeister des LKA Rheinland-Pfalz am 4. April 1960 seinen Ermittlungsbericht: Er hatte Lina Haas in ihrem Eigenheim in Hachenburg ausfindig gemacht, wo sie mit ihrem kranken Vater und ihrer unverheirateten Schwester lebte. Zwar sei keiner von ihnen mehr erwerbstätig, der Hausgemeinschaft stehe aber ein ausreichendes Einkommen aus Invaliden-, Versorgungs- und Witwenrente zur Verfügung. Der Bekanntenkreis scheine sich nur auf die engere Nachbarschaft zu beschränken:

„Es dürfte in diesem Zusammenhang bemerkenswert sein, daß der in Hachenburg als vermißt geltende Ehemann Adolf HAAS sowohl in Hachenburg selbst als auch im weiteren Umkreis sehr gehaßt wurde und auch heute noch wird. Dem Vernehmen nach soll die Ursache hierzu darin liegen, daß HAAS bis etwa 1930 ein fanatischer Kommunist gewesen sei und später, als er eine radikale Schwenkung zum Nationalsozialismus hin vollzogen hatte, seine ehemaligen Gesinnungsgenossen in brutalster Weise bekämpft habe. Schon aus diesem Grunde dürfte es HAAS, falls er den Krieg überlebt haben sollte, niemals wagen, nach Hachenburg oder überhaupt in den Westerwald zurückzukehren, da man seine Handlungsweise dort auch heute noch nicht vergessen hat."[808]

Wie oft oder wie lange er die Familie vor Ort und ihre Post überwacht hatte, schrieb der Kriminalobermeister nicht. Er habe allerdings nicht feststellen können, dass die Familienmitglieder regelmäßig oder überhaupt verreisten, vor allem wegen des schlechten Gesundheitszustands des Vaters. Auch einen auffälligen Briefwechsel habe er nicht beobachten können. „Man lebt im allgemeinen sehr zurückgezogen und unterhält nur wenig Verbindungen zur Umwelt. Eingehende Post kommt regelmäßig nur von den Töchtern der Eheleute HAAS." Die eine lebe in Wiesbaden, die andere in Frankfurt. „Ob eine Verbindung zu seinen beiden Töchtern besteht, vorausgesetzt, daß er überhaupt noch lebt", müßte „gegebenenfalls durch Ermittlungen" in Hessen überprüft werden. Obwohl im LKA Rheinland-Pfalz viele ehemalige SS-Angehörige arbeiteten, sei der damalige Bericht „einigermaßen gründlich und glaubhaft" zu beurteilen, meint der ehemalige Kriminaldirektor im BKA Dieter Schenk. „Viel mehr kann man von Hintergrundinformationen, die nur vertraulich gewonnen werden sollen, nicht erwarten."[809]

Nachdem sich Oberstaatsanwalt Heinz Wolf Ende April 1960 bei seinen Mitarbeitern über den neusten Stand informiert hatte, beantragte er unter anderem Haftbefehle gegen zwei weitere Beschuldigte im Verfahren zum „Zwecke der Unterbrechung der Verjährung" – 1960 ließ der Bundestag die Verjährungsfrist für alle Delikte außer Mord und Totschlag in schweren Fällen verstreichen.[810] Einer der beiden Haftbefehle galt Ernst Moes, dem „Fachmann" in Eichmanns „Judenreferat", der sich höchstwahrscheinlich Ende 1944 in Bergen-Belsen von Adolf Haas' Auftragskünstler Leon Schönker hatte porträtieren lassen. Obwohl auch Moes verschollen und nachträglich für tot erklärt worden war[811], entschied sich der Oberstaatsanwalt, dass nur für Adolf Haas das Verfahren „Erledigung durch Tod" gefunden hatte. Aus den überlieferten Akten geht nicht hervor, warum sein Interesse für Adolf Haas plötzlich, nicht einmal zwei Monate nach seinem energischen Vorstoß, erlosch – von der Todeserklärung hatte er ja von vorneherein gewusst.

Einen neuen Vorstoß wagte die Frankfurter Staatsanwaltschaft erst Ende 1961. Die neue Initiative kam vermutlich eher von Hanns Großmann, der Heinz Wolf kurz darauf als neuer Oberstaatsanwalt folgte.[812] Im Auftrag von Fritz Bauer führte Großmann seit Beginn der Auschwitz-Ermittlungen eine kleine Gruppe von Staatsanwälten an, die nicht in NS-Verbrechen verstrickt und hoch motiviert waren, vor allem nach der Nachricht über die Festnahme von Adolf Eichmann im Mai 1960 und seit dem Beginn seines international verfolgten Prozesses im April 1961, in dem er im Dezember zum Tode verurteilt wurde.[813]

Anderthalb Jahre nachdem das LKA Rheinland-Pfalz die Wohnadressen von Haas' beiden Töchtern ermittelt hatte, bat die Oberstaatsanwaltschaft in Frankfurt am Main Ende Oktober 1961 das LKA Hessen, durch „geeignete" Ermittlungen „Klarheit über das Schicksal des Beschuldigten Haas zu gewinnen".[814] Wie bereits in Hachenburg empfahl man nur eine „vertrauliche Überwachung" und zeigte sich bereit, wenn nötig eine „Postbeschlagnahme und Postkontrolle" mit einem Gerichtsbeschluss zu unterstützen. Den Auftrag übernahm die „Sonderkommission Nationalsozialistische Gewaltverbrechen" (SOKO NSG). Die LKA-Beamten machten sich schnell einen Überblick über die Lebensverhältnisse und Berufe der Töchter. Beide waren verheiratet und hatten Kinder. Die eine Familie lebte noch in Wiesbaden-Biebrich, die andere nicht weit entfernt in Kelkheim (Taunus) bei Frankfurt. In Kelkheim begann ein Polizeimeister im November 1961, „unauffällig die Lebensführung der Eheleute" zu überwachen. Geeignet war er dafür nicht. Der Bericht verschwieg nicht, dass der Polizeibeamte den Ehemann von Haas' Tochter „bereits aus der Jugendzeit"[815] kannte, also befangen war – nicht auszuschließen, dass er seinen alten Freund warnte oder schützte. Nach nur zehn Tagen meldete er, die Überwachung sei „ergebnislos" verlaufen, das Ehepaar lebe „sehr zurückgezogen".[816] Einerseits waren seine Ergebnisse angesichts seines besonderen Vertrauensverhältnisses äußerst dürftig. Andererseits war generell der „Einsatz eines der Familie bekannten Kriminalbeamten über einen Zeitraum von nur zehn Tagen eher ungeschickt bzw. unzweckmäßig", urteilt aus heutiger Sicht Wolfgang Wörner, Erster Kriminalhauptkommissar und Leiter des Sachgebiets Ermittlungen PMK (politisch motivierte Kriminalität) „Rechts" und NSG (Nationalsozialistische Gewaltverbrechen) im Landeskriminalamt Hessen.[817]

In Wiesbaden übernahm Ende 1961 ein Kriminalobermeister die Observation, der „als Einwohner des Stadtteils Biebrich mit den örtlichen Gepflogenheiten vertraut" war. Die hessische Hauptstadt wäre in der Tat ein guter Zufluchtsort für Adolf Haas gewesen, sollte er überlebt haben und untergetaucht sein. Die Stadt war ihm erstens gut bekannt: Er hatte hier seit ca. 1908 drei Jahre lang seine Ausbildung zum Konditor absolviert und später 1936 als SS-Führer für einige Zeit gearbeitet und samt Familie gewohnt. Zweitens bot die Stadt die Möglichkeit für schützende Netzwerke ehemaliger Kameraden aus dem SS-Oberabschnitt „Rhein" (später „Rhein-Westmark") und der 78. SS-Standarte. Wiesbaden war nicht zuletzt Sitz des Bundeskriminalamtes, das von SS-Angehörigen und NS-Verbrechern aufgebaut worden war und bis weit in die 1960er-Jahre geleitet wurde – einige Beamte hatten wie Haas in Konzentrationslagern gedient.[818] Drittens hätte Adolf Haas seine beiden Töchter in der Nähe gehabt. Tatsächlich findet sich im Adressbuch von Wiesbaden für die Zeit der LKA-Überwachungsmaßnahmen ein Eintrag für „Haas, Adolf, Rentner" in der Äppelallee 52 im Stadtteil Biebrich, in dem auch seine Tochter nicht weit entfernt wohnte.[819] Den überlieferten Berichten zufolge entdeckten das die Beamten damals nicht. Haas wäre Ende 1961 mit 68 Jahren durchaus im Rentenalter gewesen. Leider stellte sich diese Spur als Sackgasse heraus. Das Stadtarchiv Wiesbaden bestätigte mithilfe der Einwohnermeldekartei sowie der Heirats- und Sterbekurkunden, dass es sich bei „Haas, Adolf, Rentner" um eine ganz andere Person handelte, die 15 Jahre älter war als der Hachenburger Adolf Haas und bereits seit 1925 in der Äppelallee 52 wohnte.[820]

Das schließt natürlich nicht aus, dass Adolf Haas unter falschem Namen in Wiesbaden oder woanders gemeldet war. 1954 mutmaßte das Bundesfamilienministerium in einem internen Vermerk, dass bis zu 60.000 Menschen in der Bundesrepublik unter falschem Namen leben könnten – die meisten wegen NS-Verbrechen. Nur rund 1300 Personen hatten die beiden Amnestiegesetze von 1949 und 1954 genutzt und wieder ihre echte Identität angenommen. Andere Spekulationen gingen von bis zu 250.000 illegalen Nazis aus.[821] Zu den prominenten Fällen untergetauchter SS-Offiziere gehörten unter anderem der Mediziner Werner Heyde (alias „Fritz Sawade"), der Literaturwissenschaftler Hans Erich Schneider („Hans Schwerte") oder der ehemalige KZ-Kommandant Anton Burger („Wilhelm Burger"), der bis zu seinem Tod 1991 mit schlecht gefälschten Papieren unerkannt lebte.[822] Die braune Solidarität unter den SS-Veteranen unterstützten seit 1951 maßgeblich die beiden Vereine „Hilfsgemeinschaft auf Gegenseitigkeit der ehemaligen Angehörigen der Waffen-SS e. V." (HIAG) und „Stille Hilfe für Kriegsgefangene und Internierte".[823]

Ob Adolf Haas unter falschem Namen untergetaucht war, überprüfte das LKA Hessen Ende 1961 nicht. In Biebrich führten die Ermittlungen zu keinem Ergebnis. „Obwohl sein schriftlicher Bericht noch aussteht, so darf jetzt schon gesagt werden, daß auch diese Überwachung negativ verlaufen ist", hieß es in einem internen Vermerk vom 3. Januar 1962. Eine Kopie samt der anderen Berichte schickte das LKA ein paar Tage später an den Oberstaatsanwalt beim Landgericht Frankfurt und bat „um entsprechende Weisung zur evtl. Fortführung der Ermittlungen". Allerdings findet sich in den Akten der Staatsanwaltschaft und auch sonst im Hessischen Landesarchiv weder eine solche „Weisung" noch der versprochene nachgereichte LKA-Überwachungsbericht. Beide Behörden kamen offenbar überein, die Ermittlungen ruhen zu lassen. War die „SOKO NSG" lange eher wenig von einem „Willen der Aufklärung" geprägt, so änderte sich das grundlegend unter der neuen Leitung des Kriminalhauptkommissars Rolf Walther ab 1962, so der ehemalige Kriminaldirektor im BKA Dieter Schenk.[824] „Allerdings haben das Hessische Innenministerium und Walthers Vorgesetzte alles getan, ihm Knüppel zwischen die Beine zu werfen und seine Tätigkeit zu sabotieren", habe ihm Walther selbst erzählt.[825]

Dass 1962 nicht weiter nach Haas gefahndet wurde, lag allerdings womöglich auch an einem rhetorischen Fauxpas. Die Frankfurter Staatsanwaltschaft erfuhr im April 1962 erstmals über ihre Kollegen aus Hamburg von Adolf Haas' letztem bekanntem Aufenthaltsort. Die Hamburger Beamten formulierten ihre wichtige Erkenntnis allerdings als vage Vermutung, obwohl sie bereits seit 1948 genau wussten, dass Haas am 14. April 1945 im KZ Neuengamme gewesen und dort zuletzt gesehen worden war.[826] Daher nahm man in Frankfurt diese Information nicht für voll und antwortete:

„Die von hier aus (ungeachtet der Todeserklärung) geführten Fahndungsmaßnahmen nach Adolf Haas sind erfolglos geblieben. Es ist nicht bekannt geworden, daß der wegen Mordverdachts (nsG) [nationalsozialistische Gewaltverbrechen] gesuchte frühere SS-Führer sich im April 1945 in dem KL Neuengamme befunden hat."[827]

Keiner verfolgte die Spuren von seinem SS-Panzergrenadier-Ausbildungs- und Ersatzbataillon 18 oder von den SS-Männern aus seinem Umfeld in Bergen-Belsen, Neuengamme, Hamburg oder Flensburg, von denen es einigen mehr oder weniger erfolgreich gelungen war unterzutauchen. Auch dass sich beide Töchter beim Schicksal ihres Vaters widersprachen, nahm man nicht zum Anlass für weitere Ermittlungen oder eben eine direkte Befragung. Auf Fragebögen für die Einwohnermeldekartei hatte die eine wahrheitsgemäß angegeben, ihr Vater sei „seit April 1945 verschollen", die andere jedoch, dass er in China gefallen sei. Das fand das LKA Hessen lediglich „interessant".[828]

Das komplexe Ermittlungsverfahren gegen Adolf Haas und andere wurde „teilweise eingestellt, teilweise vorläufig eingestellt", meldete die Staatsanwaltschaft Frankfurt im Juli 1962.[829] Die Beschuldigten konnten entweder nicht ermittelt werden oder wurden für tot befunden. Nachdem Adolf Eichmann in Israel mit großem, internationalem Interesse der Prozess gemacht worden war, konzentrierten sich Fritz Bauer und seine Staatsanwälte vor allem auf den ersten großen NS-Prozess auf deutschem Boden, der im Dezember 1963 begann. Mit dem Ersten Frankfurter Auschwitz-Prozess gelang es ihnen mit bisher kaum bekannten Details der industriellen Massenvernichtung, die Deutschen mit ihrer Vergangenheit und Mitschuld zu konfrontieren. Es war ein wichtiger Schritt auf dem langen, keineswegs geradlinigen Weg der Vergangenheitsbewältigung in Deutschland und erst viele Jahre nach seinem Tod ehrte man auch Fritz Bauer für sein Engagement.[830]

Derweil ließen sich andere Staatsanwaltschaften von den ergebnislosen Frankfurter Ermittlungen zu Adolf Haas nicht beirren. In Köln hatte man Anfang 1962 mit einer Voruntersuchung gegen Haas wegen Mordverdacht während seiner Zeit im KZ-Sachsenhausen begonnen. In den Aufzeichnungen von Rudolf Höß hatte die Staatsanwaltschaft die Passagen zu dem ersten Bergen-Belsen-Kommandanten entdeckt und wollte sich nun die beiden Bücher besorgen, die in den Fußnoten angegeben waren, darunter „Trial of Josef Kramer and Forty-four Others. The Belsen Trial" (1949) und von Gerald Reitlinger „Die Endlösung. Hitlers Versuch der Ausrottung der Juden Europas 1939-1945" (Original 1953, dt. Ausgabe 1956). Die Zentrale Stelle der

Landesjustizverwaltungen zur Aufklärung nationalsozialistischer Verbrechen in Ludwigsburg half, die Bücher anzuschaffen und den Kontakt zu den Frankfurter Kollegen herzustellen. Die hatten zwar das Buch „The Belsen Trial" bisher „nicht durchgesehen", gaben aber knappe Auskunft über die fragwürdige Todeserklärung und die Lebensverhältnisse der Angehörigen.[831] Man tauschte sich auch mit der Staatsanwaltschaft in Lüneburg aus, die nach den Schuldigen für das „Inferno" in Bergen-Belsen ermittelten. Nach dem KZ-Kommandanten habe man in Lüneburg aber „nicht weiter geforscht, weil die Staatsanwaltschaft Frankfurt mitgeteilt hatte, Haas sei für tot erklärt worden, es werde aber weiter versucht, seinen Verbleib zu ermitteln".[832] Der Lüneburger Staatsanwalt lieh seinem Kölner Kollegen aber gern seine Ausgabe von „The Belsen Trial" und schickte gleich noch die erste, frisch erschienene, maßgebende Bergen-Belsen-Monografie von Eberhard Kolb mit. Kolbs Buch fand zwar in Köln große Beachtung, half aber letztlich nicht bei der Suche. Auch eine Zeugenaussage brachte die Nachforschungen in Lüneburg nicht weiter: „Ich glaube noch in Schwerin habe ich im Jahre 1945 einer englischen Bildzeitung entnommen, daß Haas wegen seiner Verbrechen von den Alliierten zum Tode verurteilt worden war", erinnerte sich im Oktober 1964 ein ehemaliger Sachsenhausen-Häftling.[833]

Vom Bericht eines anderen Häftlings, der sich 1965 noch genau an Adolf Haas zu erinnern schien, nahm je eine Staatsanwaltschaft Notiz. Der Luxemburger Widerstandskämpfer Pierre Petit hatte das Lager Bergen-Belsen überlebt und begann anlässlich des 20. Jahrestages der Befreiung seinen detailreichen Erinnerungsbericht „Das war Bergen-Belsen" über zwanzig Jahre in der luxemburgischen Zeitschrift „Rappel" zu veröffentlichen. Bei vielen Hintergrundinformationen stützte er sich auf das Buch von Eberhard Kolb – was er in der Oktober-Ausgabe von 1965 schrieb, war jedoch neu und hätte jeden Ermittler verblüfft, vor allem die bei der Kölner Staatsanwaltschaft:

„Ich weiß nicht, ob Haas seine Abberufung als Kommandant von Bergen-Belsen und den geharnichten Brief, in dem Pohl ihn wegen der Bilderaffäre verdonnert hatte, später dazu benutzte, seine ‚Gegnerschaft zum Regime' zu dokumentieren, sich als Antinazi, gar als ‚Opfer des Faschismus', als Kunstmäzen und als Protektor jüdischer Maler auszugeben; möglich wäre es schon! Fest steht auf jeden Fall, daß er am 2. Februar 1950 starb, ohne jemals wegen seiner Tätigkeit als Kommandant eines der fürchterlichsten Konzentrationslager Deutschlands gerichtlich belangt worden zu sein. […] aber er, als einer der Hauptverantwortlichen dafür, daß Tausende von Menschen an Hunger, Krankheit, Seuchen, Dreck und Verzweiflung elend und verlassen zugrunde gingen, starb friedlich und unbehelligt in seinem Bett, beweint von Frau und Kind, betrauert von ‚alten Kameraden', von Nachbarn und Bekannten!"[834]

Woher wusste Pierre Petit so genau, dass Haas am 2. Februar 1950 „friedlich" in Hachenburg verstorben war? Eine Quelle für diese wichtige Information nannte er nicht. Als er in seinem letzten Beitrag 1985 von seiner Enttäuschung schrieb, dass beim Bergen-Belsen-Prozess viele Angehörige der Lager-SS wie Haas vollkommen außer Acht gelassen wurden, erwähnte er dessen vermeintlichen Tod nicht mehr. So blieb Petits Aussage von 1965 auch für Thomas Rahe lange ein Rätsel. Der wissenschaftliche und stellvertretende Leiter der Gedenkstätte Bergen-Belsen meint, der Historiker Eberhard Kolb habe sich in seinen späteren Veröffentlichungen mehrfach auf Petits Bericht gestützt, den angeblichen Tod von Haas aber nicht übernommen.[835] Der erst Ende 2018 erschlossene Nachlass von Pierre Petit erklärt, warum: Im Dezember 1966 fragte Kolb in einem Brief Pierre Petit nach genau jener Passage. „Meine Angabe über den Tod des Kommandanten Haas geht indirekt auf ein Schreiben" der Staatsanwaltschaft in Köln zurück, antwortete Petit im Januar 1967.[836] Es handelte sich um genau jene Staatsanwaltschaft, die seit 1962 gegen ehemalige SS-Angehörige in Sachsenhausen wegen Mordverdachts ermittelte. Dafür hatte sie auch den ehemaligen Häftlingen in Luxemburg eine lange Personalliste mit der Bitte um Zeugenaussagen geschickt. Einer von ihnen hatte Pierre Petit berichtet, dass unter der Nummer 86 Adolf Haas mit dem Vermerk der Todeserklärung von 1950 stand. „Auf Grund Ihres Briefes muss ich aber jetzt feststellen, dass mein Gewährsmann die Angabe der besagten Liste falsch interpretiert hat", gab Petit zu. Sein Informant hatte das Aktenzeichen „II 1/50 – AG Hachenburg" des Amtsgerichts Hachenburg (AG) „irrtümlich als Todesdatum angesehen" und daraus den Tod von Adolf Haas am 2. Februar 1950 in Hachenburg abgelesen – den Rest hatte sich Petit dramatisch ausgemalt. Er „bedauere den mir so unterlaufenen Schnitzer", schrieb Petit, „aber an der weit wesentlicheren Tatsache, dass Haas niemals wegen seiner Tätigkeit in BB zur Rechenschaft gezogen wurde, ändert er nichts."

Andere Aussagen zu Haas' Tod wurden 1965 sehr wohl wahrgenommen. Während der Deutsche Bundestag die Verjährungsfrist für Mord verlängerte und der wegweisende Erste Auschwitz-Prozess endete, begann die Staatsanwaltschaft Köln mit den Vorermittlungen für den Zweiten Wewelsburg-Prozess. Es ging um mehrere Gewaltverbrechen im Lager Niederhagen/Wewelsburg, darunter auch die Misshandlungen der Wehrdienstverweigerer im Strafkommando „Waldsiedlung", die Haas als Kommandant angeordnet hatte. Erneut suchte man nach Zeugen. Er habe von anderen Häftlingen gehört, Haas sei angeblich in Bergen-Belsen erschlagen worden, sagte ein Überlebender.[837] „Vor drei bis vier Wochen habe ich im Fernsehen gehört, daß er in Breslau oder Berlin gefallen sei", berichtete ein anderer und fügte hinzu: „Der Vorname war möglicherweise Josef."[838] Da die Aussagen jeder Grundlage entbehrten, kam die Staatsanwaltschaft erst im Sommer 1970 auf Haas zurück. Der Überlebende Otto Preuss hatte berichtet, was er alles für den Kommandanten in der Tischlerei hatte anfertigen müssen. Unter den Kunstgegenständen und Möbeln, die Haas nach Hause geschickt hatte, war auch ein großer, runder Tisch – und in der Tischplatte ein versteckter „Bericht über die Lagerverhältnisse".[839] Den Tisch samt Bericht sollte das LKA Nordrhein-Westfalen unbedingt als Beweismittel besorgen, denn Akten zum Lager gab es kaum. Wie sich erst im Prozess herausstellte, hatte eine ältere Wewelsburgerin offenbar über all die Jahre mehrere Kisten mit Akten auf ihrem Dachboden gelagert, bis Anfang 1970. „Die Mäuse haben sich als einzige für die Akten interessiert und sich mit ihnen beschäftigt", kommentierte damals zynisch die Zeitschrift „Die Tat". „Als der Staatsanwalt jetzt in das Haus kam, erfuhr er von der Besitzerin, einer alten Bäuerin, daß es ihr vor ein paar Monaten zu bunt geworden sei mit den Mäusen und sie die Akten alle verbrannt habe."[840]

Am 14. Juli 1970 besuchte ein LKA-Beamter Haas' Witwe in Hachenburg, um die kostbaren Beweisstücke ausfindig zu machen. Sie sagte ihm, ihr Mann habe unter anderem Kinderspielzeug und einen Tisch geschickt, allerdings keinen runden, sondern einen rechteckigen mit weißen Kacheln. Von einem runden Tisch wisse sie nichts. Daher war sie wohl auch gern bereit, den rechteckigen Tisch untersuchen zu lassen. Sie half sogar „selbst beim Lösen der Kacheln". „Das erwähnte Schreiben konnte jedoch nicht vorgefunden werden", notierte der Kriminalhauptmeister. Als er nach dem Schicksal ihres Mannes fragte, antwortete sie das, was sie auch früher schon angegeben hatte. „Sie gab zu, noch im Besitz von Lichtbildern ihres Ehemannes zu sein. Eine freiwillig[e] Herausgabe eines Lichtbildes zwecks Reproduktion und Unterlage zur weiteren Fahndung lehnte sie jedoch ab."

Noch gab der LKA-Beamte nicht auf. Er überlegte, „ob Haas den Tisch nicht für eine andere Person“ hatte anfertigen lassen. Er erinnerte sich an die Zeugenaussagen, wonach „Haas in Wewelsburg eine Freundin namens Lehmann gehabt“ habe.[841] Über das Meldeamt erfuhr er im September 1970, dass für die aktuelle Adresse „nur die Eheleute Lehmann aufgeführt“ waren. „Weitere Personen sind nicht erfaßt.“[842] Offensichtlich hatte er nicht nur den Tisch ausfindig machen wollen, sondern auch gehofft, den vermeintlich untergetauchten Adolf Haas selbst aufzuspüren. Weiteren Tatendrang zeigte er jedoch nicht.

Bald darauf begann der Zweite Wewelsburg-Prozess. 1971 wurden alle vier Angeklagten freigesprochen. Wegen widersprüchlicher Zeugenaussagen konnte ihnen keine individuelle Schuld an Mordvergehen nachgewiesen werden. Andere Straftaten waren mittlerweile verjährt.[843] Dafür hatte der frühere NS-Richter und nun Leiter der Strafrechtsabteilung im Justizministerium, Eduard Dreher, mit einem gesetzgeberischen Trick im harmlos klingenden „Einführungsgesetz zum Ordnungswidrigkeiten-Gesetz“ von 1968 gesorgt – der größte, lang vergessene Rechtsskandal in der bundesdeutschen Geschichte: „Fehlen besondere persönliche Eigenschaften, Verhältnisse oder Umstände, welche die Strafbarkeit des Täters begründen, beim Teilnehmer, so ist dessen Strafe nach den Vorschriften über die Bestrafung des Versuchs zu mildern“, hieß es in einem neuen Paragraphen im Strafgesetzbuch. An dieser „verschleierten Amnestie“ scheiterte 1969 letztlich auch der große West-Berliner Prozess gegen ehemalige Angehörige des Reichssicherheitshauptamtes mit insgesamt 294 Angeklagten. Alle Vorwürfe wegen Beihilfe zum Mord, auch zum Massenmord an den europäischen Juden, waren ohne konkreten Tatnachweis mit dem „Dreher-Gesetz“ rückwirkend seit 1960 verjährt. Diese Rechtssprechungspraxis wurde erst mit der Verurteilung der SS-Männer Iwan Demjanjuk (2011) und Oskar Gröning (2015) korrigiert.[844] Das „Dreher-Gesetz“ sorgte unter anderem neben dem jahrzehntelangen Unwillen von ehemaligen NS-Beamten und deutscher Gesellschaft, nationalsozialistische Verbrechen aufzuklären, für die ernüchternde Bilanz der Strafverfolgung: Von den mehr als 170.000 Beschuldigten wurden vor west- und seit 1990 gesamtdeutschen Gerichten nicht einmal 7000 verurteilt, darunter gerade einmal knapp 1200 wegen Tötungsdelikten und etwa 180 wegen Mordes zum Tod oder zu lebenslanger Haft.[845]

Trotz der damaligen Rechtslage hätten die Ermittlungen nach Adolf Haas durchaus erfolgreicher sein können, urteilt heute der LKA-Beamte Wolfgang

Wörner. Die Behörden hätten „keinesfalls das zur Verfügung stehende Repertoire eingesetzt“:

„Alleine die notwendigen länderübergreifenden Ermittlungen erkenne ich hier nicht. Wir haben die Geschehensorte Hachenburg in Rheinland-Pfalz, Wewelsburg und Bergen-Belsen in Niedersachsen, Hamburg und Wiesbaden. Haas hat sich überall in einem längeren Zeitraum aufgehalten und hatte mit einer Vielzahl von Menschen zu tun, die sich an ihn hätten erinnern müssen. Ich meine hier ausdrücklich nicht die Lagerinsassen, sondern Menschen aus Bereichen, die jeder Mensch kontaktieren muss. Ärzte, Apotheker, Bankmitarbeiter, Kollegen (Kameraden) usw. Die Reihe ließe sich beliebig fortsetzen. Entsprechende Zeugenvernehmungen wurden offensichtlich nicht vorgenommen. Es wäre notwendig und möglicherweise auch erfolgversprechend gewesen, gut koordinierte, längerfristige Maßnahmen durchzuführen, zu denen natürlich auch die Überwachung von denkbaren Kontaktpersonen gehört hätte.“[846]

Dass solche Maßnahmen nicht ergriffen wurden, lag nicht allein an einzelnen Beamten, wie jenem, der Haas‘ Ehefrau 1970 in Hachenburg aufsuchte. Dieser verpasste damals jedoch die Chance, abgesehen vom Holztisch weitere KZ-Gegenstände zu beschlagnahmen. Genau einen Tag vor seinem Besuch hatte das LKA in Nordrhein-Westfalen von einem SS-Mann erfahren, dass sich womöglich noch mindestens ein Ölbild des jüdischen Häftlings Leon Schönker im Besitz von Haas‘ Angehörigen befand. Der ehemalige Kamerad hatte es selbst im Auftrag seines damaligen Kommandanten nach Hachenburg gebracht. Der LKA-Beamte fragte aber nicht danach, immerhin war das Porträt des Kommandanten in Bergen-Belsen entstanden und nicht in Wewelsburg. Zweifelsfrei hatte seine Frau das extravagante Porträt ihres verschollenen Mannes in SS-Uniform auch nicht offen in der Wohnung hängen. Womöglich ging der Beamte in der Wohnung aber an den Bildern „Sonne im Tannenwald“ und „Lüneburger Heide“ vorbei, ohne zu ahnen, dass sie der Wewelsburger Häftling Paul Buder für Haas angefertigt hatte. Zumindest diese beiden Ölgemälde samt einer kleinen Kommode mit kunstvoller Intarsienverzierung befanden sich noch Mitte der 1990er-Jahre im Familienbesitz.[847] Ein tragisches Unglück verhinderte, dass sie heute nicht an dem einzigen Ort zu sehen sind, wo sie hingehören: in der Erinnerungs- und Gedenkstätte Wewelsburg.

1982 zog Lina Haas zu ihrer Tochter und ihren Enkeln nach Wiesbaden. Zwei Monate später starb sie. Die Nachfahren erbten die wenigen Erinnerungsstücke von Adolf Haas, darunter sein Tagebuch aus dem Ersten Weltkrieg und mindestens drei Kunstgegenstände aus dem KZ Niederhagen/Wewelsburg. Etwa zehn Jahre später besuchte ein Enkel von Adolf Haas die Gedenkstätte Bergen-Belsen. Obwohl es offenbar in der Familie kein großes Thema gewesen war, wusste er bereits, dass sein Großvater bei der SS und KZ-Kommandant gewesen war. Nun erfuhr er zum ersten Mal detailliert, welche Verbrechen Adolf Haas begangen hatte.[848] Darauf reagierte er nicht mit Abwehr oder Verharmlosung, sondern stellte sich offen der Vergangenheit seines Vorfahren, den er nur von Fotos kannte.

Ende Oktober 1993 erkundigte sich der Enkel beim „Internationalen Suchdienst" in Bad Arolsen (ITS) nach dem Schicksal seines verschwundenen Großvaters. Aus seinem Familienkreis hatte er nicht viel erfahren, abgesehen von allgemeinen Personenangaben und dass er das letzte Mal „Ende April Anfang Mail 1945" in Hachenburg gesehen wurde.[849] Mit dem ausgefüllten Fragebogen schickte er eine kopierte Seite aus dem Standardwerk „Wewelsburg 1933 bis 1945. Kult- und Terrorstätte der SS. Eine Dokumentation" von Karl Hüser, darauf ein Bild von Haas in Uniform und ein kurzer Lebenslauf. Der ITS warnte ihn jedoch gleich, dass „wegen der bedeutenden Anzahl von Anträgen" die „Erledigung Ihrer Anfrage einen längeren Zeitraum beanspruchen wird" – vier Jahre später antwortete der Suchdienst, man sammele nur Informationen über NS-Opfer, aber nicht über SS-Angehörige, und empfahl daher eine Anfrage an das Bundesarchiv in Berlin und den Suchdienst des Roten Kreuzes in München.

In der Zwischenzeit hatte der Enkel Kontakt zu den Gedenkstätten in Bergen-Belsen und Wewelsburg aufgenommen, die mehr Material hatten. Zwar konnte er selbst keine neuen Erkenntnisse zur SS-Karriere seines Großvaters beisteuern, gab aber zu, dass sich mindestens noch zwei Ölbilder und eine reich verzierte kleine Kommode im Familienbesitz befänden (siehe Bild auf Seite 120).[850] Er hatte sogar die versteckte Signatur auf der Unterseite der Kommode entdeckt: „angefertigt im Nov. 1942 Kurt Hüter Tischlermeister". Haas' Enkel schickte Fotos von der Kommode an das Kreismuseum Wewelsburg und überlegte sogar, die KZ-Kunstgegenstände der Ausstellung zur Verfügung zu stellen. „Leider kam es nie zu einer Ausleihe", bedauert die Leiterin des Kreismuseums, Kirsten John-Stucke.[851]

Anfang der 2000er-Jahre kam der Enkel bei einem Verkehrsunfall ums Leben. Die Angehörigen lehnten seitdem jeden Kontakt zu den Gedenkstätten ab. 2004 meldete sich seine Mutter, also Adolf Haas' Tochter, allerdings bei Hans-Joachim Schmidt. Sie hatte von seiner Homepage „Die Verteidiger von Tsingtau und ihre Gefangenschaft in Japan (1914–1920)" erfahren und schickte ihm eine Kopie des Tagebuchs, das ihr Vater während des ersten Weltkriegs in japanischer Kriegsgefangenschaft geführt hatte. „Hätte ich damals schon von Adolf Haas' späterer ‚Karriere' gewusst, hätte ich vermutlich nachgefragt", meinte Hans-Joachim Schmidt 2017.[852] „Die Tochter hat aber mit Sicherheit nicht mehr gewusst als ihre Mutter, und die wusste so gut wie nichts (oder wollte nichts wissen)." Zwei Jahre später starb die Tochter.

Der Tod des Enkels ist umso tragischer, weil er bis heute der Einzige blieb, der das Schweigen brach. Als ich im September 2018 seinem Bruder schrieb und ihn um Hilfe bat, bekam ich zwar eine Zustellbestätigung, aber keine Antwort. Er habe kein Interesse an dem Buch, sagte er mir auf Nachfrage am Telefon.

Natürlich trug keiner von Adolf Haas' Angehörigen eine Mitschuld für seine Verbrechen, für die er nie vor Gericht gestellt werden konnte. Auch ist es ihr gutes Recht, sich nicht einer öffentlichen Konfrontation auszusetzen. Mit einer anonymen Rückgabe oder einer Leihgabe der erpressten KZ-Kunstgegenstände an das Kreismuseum Wewelsburg hätte seine Familie allerdings die einmalige Chance gehabt, zur Erinnerungskultur beizutragen – eine symbolische Geste, die sie weder etwas gekostet noch in eine Auseinandersetzung hineingezogen hätte. Die Nachfahren von Adolf Haas entschieden sich aber nach dem Tod des Enkels dagegen. Entweder schmücken die verzierte Kommode, die Ölbilder und womöglich weitere Gegenstände immer noch ihre Wohnungen oder sie wurden weggeworfen oder gar verkauft. Noch immer interessieren sich erschreckend viele für NS-Devotionalien, die unter den denkbar menschenunwürdigsten Bedingungen entstanden sind.[853]

Epilog: Der ganz „normale Nazi" – Adolf Haas als Warnung

Wenn ein Vortrag eine öffentliche Diskussion anstößt, hat er sein Ziel erreicht. Problematisch wird es nur, wenn Kritik von den Personen kommt, die den Vortrag gar nicht gehört haben. Am 13. November 2016 referierte ich in der Gedenkstätte Bergen-Belsen zum Thema „Vom Bäcker zum KZ-Kommandanten: Die ‚erstaunliche' Karriere von Adolf Haas". Der Saal war gut besucht, am Ende gab es kluge Fragen und zwei Tage später einen Artikel in der „Celleschen Zeitung". Doch bereits die Überschrift des Artikels sorgte für Aufregung: „Der Titel der Berichterstattung am 15. November in der Celleschen Zeitung ließ uns erschaudern: ‚KZ-Kommandant war faul – aber kein Judenhasser', war dort groß zu lesen", hieß es in einem Offenen Brief vom 20. November.[854] Unterschrieben hatten ihn mehrere Gruppierungen, darunter die Antifaschistische Linke Celle, die Vereinigung der Verfolgten des Naziregimes – Bund der Antifaschistinnen und Antifaschisten KV Celle, das Celler Forum gegen Gewalt und Rechtsextremismus sowie das Plenum des Bunten Hauses Celle. Angesichts der politischen Lage in Celle war ihre Empörung verständlich: Die Gruppen kämpfen seit vielen Jahren engagiert gegen die starke Neonazi-Szene im Raum Celle. Seit den 1990er-Jahren gibt es unter anderem auf dem Hof eines Bauern im benachbarten Eschede, kaum 30 Kilometer vom ehemaligen KZ Bergen-Belsen entfernt, regelmäßige „Nazitreffen", getarnt als „Brauchtumsfeiern", informierte Ende 2018 das Celler Forum gegen Gewalt und Rechtsextremismus.[855]

Leider war offenbar keiner der Aktivistinnen und Aktivisten, die den Offenen Brief unterschrieben hatten, bei meinem Vortrag anwesend gewesen. Sie hatten nur den Artikel gelesen, der meine Rechercheergebnisse zum Teil falsch wiedergab und ohne Erläuterung meine zugespitzte These stehen ließ: „Haas war kein Judenhasser." Da unter den mehr als 50.000 Toten von Bergen-Belsen auch viele Jüdinnen und Juden waren, „verbietet sich die Frage, ob Adolf Haas womöglich ein ‚Judenhasser' war", kritisierte der Brief:

„Diese Frage lenkt lediglich von seiner historischen Rolle ab: Er nahm als KZ-Kommandant eine leitende Funktion im organisierten Töten von Menschen ein. Adolf Haas war ein Täter, mitverantwortlich für den Tod von Tausenden. Diese Tatsache darf weder verschwiegen noch verharmlost werden. Im Artikel wird darüber kein einziges Wort verloren. […] Anstatt die Verbrechen des Kommandanten zu thematisieren, wird schlicht seine Eignung als Kommandant angezweifelt: Für die menschenverachtenden Aufgaben wäre er nicht fleißig genug gewesen. Diese Annäherung an Adolf Haas' Karriere folgt der faschistischen Logik der SS."

Die Verfasserinnen und Verfasser forderten eine Stellungnahme der Stiftung niedersächsische Gedenkstätten, der Celleschen Zeitung und von mir. Fest steht, dass sie, ihre Arbeit, ihre Zivilcourage großen Respekt verdienen. Deswegen antworteten wir damals gerne, um die Missverständnisse zu klären.[856] Andererseits zeigte ihre Kritik, wie Moral und Emotionen einer ertragreichen Täterforschung und einem präventiven Umgang mit Rechtsextremismus im Weg stehen können.

An den Verbrechen von Adolf Haas ist nichts zu rechtfertigen oder zu verharmlosen. Ich habe sie in diesem Buch detailliert und in meinem damaligen Vortrag in verkürzter Form beschrieben: Seit der „Machtübernahme" der Nationalsozialisten half er als aufsteigendes SS-Mitglied, alle Feinde des Regimes zu verfolgen, darunter offenbar auch seine ehemaligen kommunistischen Genossen. Er folgte keineswegs nur Befehlen, sondern zeigte Initiative, zum Beispiel als er den jüdischen Tuchhändler Karl Grünebaum 1933 zusammen mit anderen Komplizen entführte und von ihm 2700 Reichsmark erpresste. Weder die Akten noch die Zeitzeugenaussagen lassen erkennen, dass er bis zum Beginn seines KZ-Dienstes vor einer Gewalttat zurückschreckte. Im Frühjahr 1940 bestand er im KZ Sachsenhausen innerhalb kürzester Zeit die brutale „Dachauer Schule", wurde in die Reihen der Waffen-SS aufgenommen und mit der Führung seines ersten Lagers betraut. Auch wenn er kein Sadist war und als Lagerkommandant den Berichten zufolge offenbar nur äußerst selten selbst Häftlinge schlug, erließ er doch in seinen beiden Lagern zum Teil verhältnismäßig harte Strafen, unterließ Hilfsmaßnahmen, ließ Gewalt zu und Tausende Menschen umkommen.

Im KZ Niederhagen/Wewelsburg starb unter seiner Kommandantur etwa jeder dritte Häftling aufgrund der unerträglichen Lebensbedingungen, insgesamt mindestens 1281 Männer, davon allein 734 sowjetische Häftlinge. Während seiner Zeit in Bergen-Belsen gab es mindestens 1745 Tote.[857] Von Juni 1940 bis Dezember 1944 war der KZ-Kommandant Adolf Haas somit verantwortlich für den Tod von nachweislich 3026 Menschen – die Dunkelziffer ist wohl noch höher. Sie starben durch Hunger, Krankheit, Misshandlungen, Mord oder Suizid. Indem Haas sich kaum um den Auf- und Ausbau von Bergen-Belsen oder auch später um die Versorgung und Hygiene kümmerte, trug er maßgeblich zum „Inferno“ bei, das nach seiner Versetzung und sogar noch nach der Befreiung des Lagers Zehntausende Menschenopfer forderte.

Die Schuld für die Zustände in Bergen-Belsen hatte Haas bei mehreren Gelegenheiten stets auf andere geschoben. Wäre er 1945 gefangen genommen worden, hätte er sich gewiss wie Tausende andere SS-Kameraden mit der Behauptung verteidigt, alle Verbrechen nur aus „Befehlsnotstand“ getan zu haben. In Wahrheit gab es in den Zehntausenden Ermittlungs- und Strafverfahren keinen einzigen konkreten Fall, in dem ein Befehlsempfänger selbst erschossen oder auch nur bestraft worden war, wenn er einen verbrecherischen Befehl nicht befolgt hatte.[858] „Die Kommandanten waren durchaus nicht die biederen, vielgeplagten Verwaltungsmenschen, als die sie sich nach dem Krieg vor Gericht ausgaben, sie waren keine machtlosen Funktionäre“, schrieb der Überlebende Pierre Petit.[859] „Von Häftlingsseite her betrachtet, waren sie allmächtige Götter.“ Haas habe „die volle Verantwortung für alles“ getragen, „was während seiner Herrschaft in Bergen-Belsen geschah“. Auch die neuere Täterforschung geht längst nicht mehr von unselbstständigen „Befehlsempfängern“ aus, sondern von verantwortlichen Tätern mit eigenen Handlungsspielräumen, nicht nur bei den Massenerschießungen hinter der Front oder in den Vernichtungslagern.[860] Lagerkommandant Haas hatte zwar seine Befehle, war eingebunden in die institutionelle Handlungspraxis der Lager-SS und des SS-Wirtschafts- und Verwaltungshauptamtes, seine Verbrechen waren geprägt vom Handlungsraum und der Handlungssituation in seinen beiden Lagern. Und doch hatte gerade er in seinem Machtbereich weitreichende Möglichkeiten, die er auch wahrnahm – wenn auch vollkommen willkürlich, entweder zum Schlechteren oder Besseren der Häftlinge, so wie es ihm und seiner Laune gerade passte, mitunter auch zum Ärger seiner Vorgesetzten.

Er schickte die Wehrdienstverweigerer in Wewelsburg zum brutalen Strafkommando „Waldsiedlung“, um ein Exempel zu statuieren. Und er war es, der die Misshandlungen nach einem halben Jahr wieder abbrach. Er schonte Häftlinge wie Paul Buder, damit sie ihm und anderen SS-Führern Kunstgegenstände anfertigen und ihn unterhalten konnten. Er ließ sowohl die privilegierten „Austauschjuden“ als auch die normalen Häftlinge in Bergen-Belsen in primitiven, dreckigen Baracken leben und sie schlecht versorgen, obwohl ausreichend Bau- und medizinisches Material, Wasser und Lebensmittel vorhanden waren. Er ließ sie durch grausame und perverse SS-Männer und Funktionshäftlinge misshandeln, während er einige wenige Geiseln bevorzugt behandelte. Er besorgte dem frierenden Jungen Shmuel Thomas Huppert ein paar Gummistiefel, brachte eine schwangere Frau ins Krankenhaus, versorgte den Maler Leon Schönker mit gutem Essen und Zeitungen und rettete sogar offenbar die Familie Gletzer vor einem Transport nach Auschwitz, während ihm Tausende andere Schicksale egal waren.

Trotz dieser widersprüchlichen Handlungen nahm Adolf Haas „als KZ-Kommandant eine leitende Funktion im organisierten Töten von Menschen ein", wie die Aktivistinnen und Aktivisten im Offenen Brief vollkommen richtig schrieben. Dort hieß es weiter: „In unserer antifaschistischen Haltung muss die geschichtliche Aufarbeitung und Darstellung des NS immer zum Ziel haben, den Faschismus von der Wurzel an zu bekämpfen." Dieses Ziel treibt auch mich an. Um es zu erreichen, ist es ohne Zweifel wichtig, so exakt wie möglich über die Verbrechen der Täter aufzuklären. Es fehlt aber ein entscheidender Schritt, wenn man nur nach dem Was und Wie fragt und nicht nach dem Warum. Ich denke nicht, dass sich die Frage automatisch verbietet, „ob Adolf Haas womöglich ein ‚Judenhasser' war", weil in seinem Lager Tausende Jüdinnen und Juden umkamen. Und ich denke auch, dass diese Frage keineswegs von „seiner historischen Rolle" ablenkt. Im Gegenteil stellt die Frage, was den Kommandanten antrieb, dessen Taten erst in einen größeren Zusammenhang. Sie hilft, das zu verstehen, was eigentlich bereits für die Zeitgenossen außerhalb jeglicher Vorstellungskraft lag. Das heißt im Falle von Haas: Warum entschied sich ein Bäcker, seinen Beruf aufzugeben und im Namen eines Regimes Verbrechen zu begehen, bis hin zum Massenmord?

Wenn wir ernsthaft die Motive der Täter und Täterinnen hinterfragen wollen, dürfen wir sie nicht wie viele ergebnisarme Jahrzehnte nach 1945 kategorisch als Unmenschen abstempeln, sondern müssen sie als Menschen begreifen. Erstens, weil sie das selbst taten und zweitens, weil eine Verteufelung der gefährlichen Illusion auf den Leim geht, die Mörder seien in irgendeiner Weise „anders" veranlagt als „wir". Der Auschwitz-Kommandant Rudolf Höß, einer der größten Massenmörder der Geschichte und in Sachsenhausen für kurze Zeit Adolf Haas' direkter Vorgesetzter, schloss seine Memoiren im Februar 1947 angesichts des drohenden Todesurteils mit den Worten:

„Mag die Öffentlichkeit ruhig weiter in mir die blutdürstige Bestie, den grausamen Sadisten, den Millionenmörder sehen – denn anders kann sich die breite Masse den Kommandanten von Auschwitz gar nicht vorstellen. Sie würde doch nie verstehen, daß der auch ein Herz hatte, daß er nicht schlecht war."[861]

Der Sozialpsychologe Harald Welzer erklärt in seinem Buch „Täter. Warum ganz normale Menschen zu Massenmördern werden" (2005), wieso Rudolf Höß, Adolf Eichmann und die allermeisten NS-Täter nicht verstanden und sich dagegen wehrten, dass man sie als Unmenschen betrachtete:

„Das Problem der Be- und Verurteilung von Vernichtungstätern besteht darin, dass ein Referenzrahmen für die Beurteilung ihrer Taten herangezogen wird, der nicht in Kraft war, als sie ihre Taten begangen haben. [...] [Sie] haben erstens genau gewusst, was sie taten, und zweitens sahen sie sich dabei – gerade in ihrem gelegentlichen Gefühl, etwas Unangenehmes tun zu müssen – in prinzipieller Übereinstimmung mit einer sozialen Umwelt, die von ihnen erwartete, dass sie die als notwendig erachtete Tötungsarbeit übernehmen würden."[862]

Die halbe Million Täter und Täterinnen folgten durchaus einer Moral, nur eben einer nationalsozialistischen Moral, die ihren Taten einen Sinn gab. Ihre „scheinbar unwiderstehliche und durchaus nachhaltige Attraktivität" habe die NS-Diktatur nicht aus der „Formierung einer Gemeinschaft der Zugehörigen" gezogen, sondern vielmehr aus der „radikalen Definition der Nicht-Zugehörigen", fasst Harald Welzer die gemeinsame These einiger Historiker wie Raul Hilberg, Hans Mommsen, Götz Aly und Peter Longerich zusammen.[863] Mit ihrer rassistischen, vor allem antisemitischen Ausgrenzungspolitik gelang es den Nationalsozialisten, alle Lebensbereiche zu durchdringen und die deutsche wie österreichische Gesellschaft zu unterwerfen. Und das unter großer Zustimmung. Das bedeutete nicht, dass die große Mehrheit der Deutschen radikale Antisemiten gewesen waren. Das NS-Regime habe dagegen, so Welzer, auf eine spürbare Verknüpfung von Verbrechen und Belohnung gebaut, also auf eine Art schleichende Konditionierung der Massen:

„Die Angehörigen der Volksgemeinschaft erfreuten sich bis in die letzten Kriegsjahre einer zuvor ungekannten Prosperität, deren Kehrseite eben die immer fortschreitende Exklusion und Beraubung der Anderen war."[864]

Selbst der Massenmord an jüdischen und anderen ausgegrenzten Mitbürgern erschien schließlich innerhalb der „Zustimmungsdiktatur" (Götz Aly) nicht nur möglich, sondern auch vertretbar, weil die „Zugehörigen" davon sichtlich profitierten und die ausgegrenzten „Nicht-Zugehörigen" ohnehin nicht mehr Teil des „deutschen" moralischen, sozialen und juristischen Systems waren. Keine gesellschaftliche Gruppe hat sich immun gegen die Bereitschaft zum Töten gezeigt – und nach den bisherigen Erkenntnissen sind wahrscheinlich auch heute noch die meisten von uns unter bestimmten Bedingungen bereit zu töten, meint Harald Welzer. Er schlägt daher vor, „eine analytische Annäherung an die Täter und Täterinnen vorzunehmen, die sie grundlegend als nicht verschieden von uns wahrnimmt".[865] Womöglich ist das der Weg, ein Dilemma in der Täterforschung zu überwinden. Wenn man mit Welzer davon ausgeht, „daß es keine ‚Mörder' gibt, sondern nur Menschen, die Morde begehen"[866], dann braucht es ein gewisses Maß an Empathie, um ihre Biografien zu verstehen. Dem stehen jedoch moralische Zwänge entgegen, so der Historiker Mark Roseman: „Solange die Taten weiterhin unser moralisches Entsetzen hervorrufen, werden wir der Fähigkeit der Historiker Grenzen setzen, ihren Protagonisten mit Empathie zu begegnen."[867]

In diesem Sinne führt es auch in die Irre, Adolf Haas und die anderen KZ-Kommandanten als „Soldaten des Bösen" zu charakterisieren, wie es der Historiker Tom Segev tat, auch wenn die Titelwahl für seine wegweisende Kollektivbiografie verlagstechnisch gut gewesen sein mag. War Segev damals mit seinem psychohistorischen Ansatz der deutschen Geschichtswissenschaft weit voraus, so sind mittlerweile einige seiner Erkenntnisse überholt, zum Beispiel jene, dass die Kommandanten keine Initiativen gezeigt und dass sie sich stärker als andere Nazis mit „dem Bösen" identifiziert hätten.[868] Die neuere Täterforschung hat vielfach gezeigt, dass es kaum zielführend ist, alle Männer und Frauen der Lager-SS als notorisch „böse" oder eben als „Judenhasser" zu analysieren. Es hindert uns daran, andere Motive zu erkennen. Auch wenn der in der damaligen deutschen Gesellschaft vorherrschende Antisemitismus eine wichtige Voraussetzung für die nationalsozialistische Ausgrenzungspolitik und die Tötungsbereitschaft von vielen SS-Angehörigen war, so gab es im Falle des KZ-Kommandanten Adolf Haas weitaus wichtigere Triebfedern.

Er sei ein „fanatischer" und „überzeugter" Nazi gewesen, meinten viele Zeitgenossen nach 1945. Doch nur ein einziger ehemaliger Häftling bezeichnete Haas direkt als Antisemiten, und das sehr pauschal. Viele andere Überlebende sagten dagegen aus, er sei „kein Judenfresser" gewesen. „Sturmbannführer Haas hatte Gefallen an gutem Essen und einigen Gläschen Wein, mehr als an seinen Juden", hatte Simon Heinrich Herrmann 1944 geschrieben. „Die Juden betrachtete er als notwendiges Übel, er hatte mit ihnen nur Arbeit und Ärger" – und genau in solchen Augenblicken behandelte er sie auch schlecht, weniger aus Hass, sondern vielmehr aus Stress, Überforderung und einer generellen egoistischen, menschenverachtenden Einstellung. Anders als bei seinen SS-Männern erinnerte sich kein Häftling, dass der Kommandant antisemitische Beleidigungen wie „Judensau" benutzte, wenn er fluchte. Er zollte einigen Judenältesten Respekt und ließ sich mehrfach von einem jüdischen Häftling porträtieren. Andererseits waren unter seinen Opfern ja nicht nur jüdische Häftlinge. Schätzungsweise mehr als die Hälfte von den 3026 Toten waren vor allem politische Häftlinge aus Deutschland und den besetzten Ostgebieten sowie auch einige Zeugen Jehovas.[869] Diese Zitate und Erkenntnisse entschuldigen oder relativieren keineswegs seine Verbrechen, seine Unterlassungen, seine Beteiligung an Himmlers perversem „Austauschplan" und am Holocaust. Sie zeigen aber, dass Haas dafür nicht notwendigerweise eine gefestigte Ideologie brauchte. Gerade weil keine radikale antisemitische Überzeugung sein Denken beherrschte, waren seine Handlungen so oft willkürlich und widersprüchlich. Nicht zuletzt stellten die Prüfer auf dem Lehrgang für SS-Führer in Dachau Ende 1937 fest, Haas habe neben einem „begrenzten Auffassungsvermögen" nur durchschnittliche Kenntnisse „ohne sichere Grundlagen" von der nationalsozialistischen Weltanschauung.

Der Soziologe Stefan Kühl hat in seinem Buch „Ganz normale Organisationen. Zur Soziologie des Holocaust" (2014) am Beispiel des vielfach untersuchten Hamburger Reserve-Polizeibataillons 101[870] festgestellt, dass „ganz normale Männer" nicht unbedingt einer antisemitischen Überzeugung bedurften, um sich am Massenmord zu beteiligen. Die „Zustimmungsdiktatur" habe vielmehr auf einer „antisemitischen Konsensfiktion" basiert, die sich seit 1933 unter dem Einfluss von Propaganda immer weiter verfestigt habe. Gemeint ist eine damals verbreitete, ungeprüfte Annahme, dass die Mehrheit der Bevölkerung antisemitisch eingestellt war und der sich radikalisierenden Verfolgung der „Nicht-Zugehörigen" Schritt für Schritt größtenteils stillschweigend zustimmte.[871] Doch die „ganz normalen Männer" haben, so Kühls Hauptthese,

„erst im Rahmen von Organisationsmitgliedschaften die Bereitschaft entwickelt, einem in vielen Fällen vorhandenen latenten Antisemitismus auch eine konkrete Beteiligung an Deportationen, Ghettoräumungen und Massenerschießungen folgen zu lassen".[872]

Die sich verfestigende „antisemitische Konsensfiktion" war dabei „das Schmiermittel, mit dem die Umsetzung von ‚Potenz' zur ‚Tat' leichtgängiger gemacht wurde" – sie machte es moralisch leichter zu morden, sie bot neben der ebenso existierenden „antislawischen Konsensfiktion" eine sogenannte Zweckidentifikation.[873] Stefan Kühl zufolge gehört die Zweckidentifikation neben Zwang, Kameradschaft, Geld und Handlungsattraktivität zu den fünf Motivationsmitteln, auf die alle modernen Organisationen zurückgreifen und mit denen auch NS-Gewaltorganisationen ihre „Folgebereitschaft" im Arbeitsalltag und bei den Verbrechen sichergestellt haben.[874] Die „Folgebereitschaft" von Adolf Haas begann mit seinem Eintritt in die SS. Anfangs motivierten ihn wohl vor allem Kameradschaft, Handlungsattraktivität und Geld.

Mit Kameradschaft verbindet sich das starke menschliche Bedürfnis nach Zugehörigkeit. Haas' Selbstbewusstsein mag sich während seiner SS-Karriere, spätestens mit der prestigeträchtigen Ernennung zum Lagerkommandanten zu dem eines „großen Angebers" entwickelt haben, der sich immer ins beste Licht zu rücken wusste. Ende 1937 beschrieben ihn seine Prüfer in Dachau allerdings noch als einen „verbitterten" Mann, der sich seinen gleichrangigen Kameraden gegenüber „zurückhaltend" und vor seinen Vorgesetzten „abwägend" verhielt – also gerade nach einer Person, die sich zugehörig fühlen möchte. Nicht zuletzt hatte er während des Ersten Weltkrieges über Jahre in einer Gemeinschaft von männlichen Gefangenen gelebt. Die SS bot ihm in einer wirtschaftlichen Krisenzeit wieder das Gefühl, zu einer Gemeinschaft dazuzugehören und noch viel wichtiger zu etwas Großem, mit dem er seine persönliche Unsicherheit und auch seine Existenzangst kompensieren konnte. „Das Bedürfnis, Teil dieser Elite zu werden und zu bleiben", meint der Historiker Bastian Hein, „entfaltete eine hohe Mobilisierungs- und Bindungswirkung, die die SS zur Kerntätergruppe der NS-Verbrechen werden ließ."[875] Ohne ein Studium oder besondere Fähigkeiten konnte ein einfacher Bäcker in dieser „elitären" Gemeinschaft Karriere machen. „Adolf Haas hätte vielleicht trotz seiner beglaubigten Mängel seinen Platz in ‚normaler' Gesellschaft gefunden, wenn ihm nicht die SS die Chance geboten hätte, zum ‚Herrenmenschen' zu werden", schreiben die Wewelsburg-Historiker Andreas Ruppert und Wulff E. Brebeck.[876]

Für Zugehörigkeit und berufliche Chancen waren Haas und hunderttausend andere SS-Männer sogar bereit, sich vollkommen dem Führerprinzip unterzuordnen und damit ihre Selbstbestimmung aufzugeben. „Unser etwas naives Vertrauen in die Aufklärung hat uns allzu leicht übersehen lassen", bemerkt Harald Welzer, „dass Freiheit und Autonomie durchaus nicht nur als Entlastung empfunden werden können, sondern im Gegenteil als Belastung, Entscheidungsstress, Angst vor Verantwortung."[877] Die Aufgabe von Freiheit und Verantwortung würden viele daher als Entlastung begrüßen, umso mehr, „wenn man sich gegenüber den Nicht-Zugehörigen tatsächlich völlig verantwortungslos verhalten kann":

„Das Bedürfnis nach kollektivem Aufgehobensein und nach Verantwortungslosigkeit enthält, so scheint mir, das größte Potential zur Unmenschlichkeit; aus ihm resultiert die gefühlte Attraktivität einer klaren Aufteilung der Welt in Gut und Böse, Freund und Feind, zugehörig und nicht-zugehörig. Hier hat auf Seiten der Individuen die Eskalation der Vernichtungsgewalt ihren Anfang."[878]

Adolf Haas verhielt sich nicht allgemein „verantwortungslos", sondern nur im Dienste der SS gegenüber den ausgegrenzten Feinden des NS-Regimes. Seit der „Machtübernahme" motivierten ihn vor allem Handlungsattraktivität und Geld – damit befriedigte die SS sein Bedürfnis nach Macht und Existenzsicherheit. Auch wenn er kein treuer Ehemann war, sorgte er doch für seine Familie. Bis er 1935 seine Bäckerei aufgab und ein gutes regelmäßiges Gehalt als hauptamtlicher SS-Führer bezog, nutzte er mindestens einmal die Gelegenheit, sich am Vermögen eines jüdischen Mitbürgers zu bereichern – weitere Fälle sind nicht überliefert, aber nicht unwahrscheinlich. Die „antisemitische Konsensfiktion" bzw. die nationalsozialistische Moral gaben ihm scheinbar das Recht, Nichtzugehörige zu bedrohen und zu erpressen, und die SS schützte ihn, holte ihn aus der Untersuchungshaft und verhinderte eine Strafverfolgung. Als Lagerkommandant hatte Haas noch mehr Möglichkeiten, den Familienwohlstand zu vergrößern. Von den Häftlingen seiner späteren Lager erzwang er nicht nur Kunstgegenstände für ihn allein, sondern auch Möbel für das Hachenburger Heim und Spielzeug für seine Kinder. Obwohl er seine Familie in dieser Zeit selten besuchte, könnte man dennoch annehmen, dass er kinderlieb war – immerhin zeigte er gerade für einige Kinder in Bergen-Belsen Mitgefühl und bei ihrer „Rettung“ auch seine Handlungsmöglichkeiten als Kommandant.[879]

Dass ein Nationalsozialist liebender Familienvater und grausamer Massenmörder zugleich sein konnte, beweist nicht zuletzt die Biografie von Heinrich Himmler.[880] Privat- und Arbeitsleben waren zugleich in der SS-Gemeinschaft eng miteinander verknüpft: ohne Gehorsam und gemeinsam begangene Verbrechen keine Macht, kein Luxus – ohne Karriere, Geld, Selbstbereicherung, alltägliche Privilegien und Affären keine „Folgebereitschaft“. Die Zeitgenossen beschrieben Haas als „fanatischen“ und „überzeugten“ Nazi, nicht weil er ein durch und durch überzeugter radikaler Antisemit war. Er stand vor allem aus dem einfachen Grund fest hinter dem Nationalsozialismus, weil dieser ihm so viele persönliche Vorteile bescherte. „Er war ein überzeugter Karrieremacher“, meinte der Überlebende Heinrich Schönker.[881] „Er war ein Mann ohne Rückgrat.“ Adolf Haas hätte jederzeit Befehle oder den KZ-Dienst verweigern können. Stattdessen stellte er sich selbst, seine Karriere, sein privilegiertes Leben, aber auch das Wohl seiner Familie über das Schicksal von Tausenden unschuldigen Menschen. Nach einer aktuellen psychologischen Studie ist vor allem ein „übertriebener Egoismus“ der gemeinsame Nenner von „bösen“ Persönlichkeitseigenschaften.[882] So waren es meist auch egoistische Motive, die Adolf Haas dazu bewegten, erwachsene Häftlinge besser zu behandeln. Dabei machte er keinen Unterschied, ob sie jüdisch waren oder nicht, wohl aber, wie nützlich sie ihm waren und ob sie Deutsch sprachen. Zu Frauen schien er tendenziell gnädiger zu sein. Für Häftlinge aus den besetzten Ostgebieten und der Sowjetunion, die keine „Austauschjuden“ waren, hatte er sich dagegen wohl nie eingesetzt – womöglich empfand er eine größere Abneigung gegen die als „Barbaren“ verunglimpften Menschen aus dem Osten bzw. die „antislawische Konsensfiktion“ stärker als die antisemitische.

Um allen Missverständnissen vorzubeugen, noch einmal ganz klar: Adolf Haas als Menschen mit Gefühlen und Motiven zu begreifen, heißt nicht, seine Verbrechen zu entschuldigen oder Ausreden zu suchen, sondern ihn und andere Täter verstehen zu wollen. Schließlich geht es darum, „den Faschismus von der Wurzel an zu bekämpfen“. Die Aktivistinnen und Aktivisten in Celle meinten damit nicht nur die Gefahr von rechts in ihrer Wohngegend, sondern weltweit. „In Deutschland wie in zahlreichen anderen Ländern bedrohen derzeit maßlose Angriffe auf die demokratischen Institutionen die Grundlagen der politischen Ordnung“, heißt es auch in einer Resolution des

Verbandes der Historiker und Historikerinnen Deutschlands vom 27. September 2018.[883] „Als Historikerinnen und Historiker halten wir es für unsere Pflicht, vor diesen Gefährdungen zu warnen." Dem schließe ich mich im Kern trotz aller Kritik[884] an der Resolution an. Die Täterforschung leistet hier einen wichtigen Beitrag. Sie habe die Chance, so der Kulturhistoriker Bernd Hüppauf, „die Verbindung zur eigenen Gegenwart nicht zu verlieren. Die ordinary men sind uns nicht so fern wie etwa die Vertreter des Bösen, wie die Dämonen in schwarzer Uniform und Lederkoppel, wie die Charaktermasken, die 1945 in kürzester Zeit abgestreift wurden".[885]

Die Biografien von NS-Tätern durch ein schwarz-weißes Raster zu analysieren, sie in öffentlichen Darstellungen als bösartige Monster darzustellen, ist genauso realitätsfern und unergiebig, wie in heutigen Debatten alle Militärfanatiker, Nationalisten, Rechtspopulisten und Rechtsextreme plump als Nazis abzustempeln. Pegida-Anhänger, AfD-Wähler und andere „besorgte" Bürger zu verachten, stärkt auf lange Sicht nur ihre selbst zugeschriebene Opferrolle und damit ihre radikale Haltung. Viel wichtiger ist es, mit direkten Auseinandersetzungen und öffentlichen Debatten eine Gesellschaft zu formen, die den Protesten, der Demokratie- und Fremdenfeindlichkeit die Grundlage entzieht. Denn die Motive lassen sich damals wie heute oft auf dieselben sozialen Umstände zurückführen.

„Die Verlockung, sich persönliche Vorteile zu verschaffen oder eskapistischen Bedürfnissen nachzugehen, ist ja überhaupt nichts, was uns aus unserer pazifizierteren, harmloseren Wirklichkeit heraus fremd wäre", meint Harald Welzer.[886] Dass sich das „Bedürfnispotential ganz normaler Menschen" im Nationalsozialismus „so gegenmenschlich entfaltete", lag an der „Öffnung sozialer Handlungsräume, in denen plötzlich erlaubt oder sogar gefordert war, was zuvor als verboten galt". „Jeder hätte Täter werden können. Jeder ist gefährdet, wenn ein krimineller Staat die Schranken zwischen Recht und Unrecht bricht", schreibt auch der langjährige ZDF-Historiker Guido Knopp.[887] „Zu einem kriminellen Staat, der eine Organisation wie die SS ermöglicht, darf es gar nicht kommen. Insofern ist die Geschichte der SS vor allem eine Warnung der Geschichte." Die Geschichte von Adolf Haas ist ein Teil dieser Warnung.

Natürlich ist unser heutiger Rechtsstaat vor allem auch aus der Erfahrung der NS-Diktatur, des Holocaust und nicht zuletzt der eigenen Fehler und Versäumnisse bei der NS-Strafverfolgung stärker als je in der deutschen Geschichte. Dass seit einigen Jahren wieder NS-Verbrecher vor Gericht gestellt werden, auch wenn sie schon Greise sind, verbessert zwar nicht wesentlich die beschämende Bilanz der NS-Strafverfolgung – von den etwa 500.000 Deutschen, die an NS-Verbrechen beteiligt waren, wurden gerade einmal ein Prozent verurteilt.[888] Die heute wieder in Gang gekommenen Ermittlungen und Prozesse sind jedoch ein wichtiges Signal, nicht nur für die Opfer und ihre Angehörigen, sondern auch für andere oder potenzielle Täter. Ihre Verbrechen geraten nicht mehr in Vergessenheit und auch sie könnten eines Tages vor Gericht landen, lautet die Botschaft.[889]

Die Morde des Nationalsozialistischen Untergrunds, die Ausschreitungen in Chemnitz im Spätsommer 2018 oder die statistischen Zahlen zur rechten und rassistischen Gewalt zeigen jedoch, dass der Schutz des Staates oft nicht ausreicht. Keineswegs darf man vernachlässigen, dass auch linksextreme oder religiös-fundamentalistische Täter und Gruppen unsere Demokratie bedrohen. Die offizielle Statistik des Bundesinnenministeriums zur „Politisch Motivierten Kriminalität" belegen aber seit Jahren, dass die mit Abstand meisten gemeldeten politisch motivierten Straftaten von Rechtsextremen begangen wurden und werden.[890] Zwar haben laut Kriminalstatistik im Jahr 2017 die fremdenfeindlichen Straftaten um 28,4 Prozent abgenommen, dafür aber antisemitische Straftaten um 2,5 Prozent zugenommen – beinahe 95 Prozent der 1504 judenfeindlichen Delikte hatten einen rechten Hintergrund, ähnlich ist es bei „antiziganistischen" und islamfeindlichen Straftaten. Im Juni 2018 meldete die Bundesregierung, seit der Wiedervereinigung seien 83 Menschen durch rechte Gewalttaten gestorben. Der „Tagesspiegel" und „ZEIT Online" ermittelten mindestens 169 Todesopfer.[891]

Die deutsche rechtsextreme Szene ist national und transnational gut vernetzt und finanziert sich unter anderem durch Rechtsrock-Konzerte und Kampfsportveranstaltungen wie das jährliche Event „Kampf der Nibelungen", das „den Sport nicht als Teil eines faulenden politischen Systems" versteht.[892] Mit Boxen und Mixed Martial Arts rüsten sich Rechtsradikale offen zum Straßenkampf, für einen politischen Umsturz – einige erproben ihre Kampffähigkeit als Söldner im Ukraine-Konflikt beim rechtsextremen Freiwilligenbataillon „Asow", dessen Angehörige zum Teil Hakenkreuze und SS-Symbole tragen.[893] Die „taz" deckte Ende 2018 ohne große öffentliche Aufmerksamkeit oder weitreichende politische Reaktionen in Deutschland ein rechtes Netzwerk auf, in dem Polizisten, Bundeswehr-Soldaten (darunter auch der des rechten Terrors verdächtige Soldat Franco A.), Reservisten, Beamte und Mitarbeiter des Verfassungsschutzes konspirative Pläne für einen bewaffneten Umsturz schmieden.[894]

Sosehr sich die aktuelle politische Lage von der Zeit der nationalsozialistischen Machteroberung unterscheidet, zeigt sie doch, dass „Hitler und die Nazis" keineswegs „nur ein Vogelschiss in über 1000 Jahren erfolgreicher deutscher Geschichte" gewesen waren, wie es Alexander Gauland behauptete. Die rassistische, menschenverachtende NS-Ideologie und der verklärte SS-Mythos prägen bis heute die rechtsextreme Szene.[895] Um unsere Demokratie, uns und unsere Mitmenschen vor ihren Angriffen zu schützen, reicht es nicht, uns auf den Rechtsstaat zu verlassen. Bereits 2007 mahnte die Bundeszentrale für politische Bildung:

„Denn nur eine engagierte Gesellschaft, die fähig ist, in Vielfalt und Demokratie ihre Stärke zu erkennen, das heißt, nur eine Gesellschaft, die sich selbst angegriffen sieht, wenn ein Schwarzer, ein jüdischer Kindergarten, ein türkischer Imbiss oder ein Heim für Flüchtlinge angegriffen wird, nur eine solche Gesellschaft bleibt gegen rechtsextreme Ideologie immun."[896]

2018 äußerte sich auf deutschen Straßen nicht nur Hass, sondern auch Solidarität: Hunderttausende Menschen haben sich auch im Sinne der Erinnerungskultur gegen Fremdenfeindlichkeit, Rechtspopulismus- und Extremismus und für eine liberale Demokratie und eine multikulturelle, menschenwürdige Gesellschaft starkgemacht. Es gibt viele Möglichkeiten, Rechtsextremismus zu begegnen. Gedenkstätten wie in Wewelsburg und Bergen-Belsen leisten einen wichtigen Beitrag zur historischen und politischen Bildung. Besonders bewährt haben sich lokale Bündnisse von freien Trägern, Kommunalpolitik, Polizei und engagierten Bürgern.[897]

Um sich zu engagieren, sich mit unangenehmen Themen und Menschen auseinanderzusetzen, bedarf es Autonomie, also die Fähigkeit, selbstbestimmt zu denken und zu handeln. Für Harald Welzer scheint die Autonomie zudem in Bezug auf die Täterforschung „in der Tat als einziges der Verlockung entgegenzustehen, verantwortungslos Teil eines mörderischen Prozesses zu werden".[898] Dafür setzt er die „Erfahrung von Bindung und Glück" voraus. „Leider", so schließt Welzer sein Buch, „verfügen wir bislang über kein gesellschaftliches Konzept, Menschen jenes lebenspraktische Glück erfahren zu lassen, das sie davor schützt, zu Vollstreckern des Unglücks der anderen zu werden."

Ob der Bäcker Adolf Haas weniger gewalttätig und gierig gewesen, womöglich sogar nicht der SS beigetreten und nicht zum Massenmord bereit gewesen wäre, hätte er in seinem familiären und gesellschaftlichen Umfeld mehr Bindung und Glück erfahren – das muss ein reines Gedankenspiel bleiben. Das gilt auch für die anderen NS-Täter und -Täterinnen mit ihren ganz eigenen Motiven.

Wichtiger ist es daher, sich Gedanken um ein neues zukunftsweisendes gesellschaftliches Konzept zu machen, das eben jene Voraussetzungen für eine nachhaltige Kultur der Selbstbestimmung und Verantwortung schaffen könnte. Es muss uns befähigen, unser „Potential zur Unmenschlichkeit" soweit einzudämmen, dass es sich nie wieder so verbrecherisch entfalten kann. Vor allem nicht angesichts der Herausforderungen des 21. Jahrhunderts, etwa der Migration, des radikalen Wandels der Arbeitswelt durch die Digitalisierung und Automatisierung oder der wachsenden sozialen Ungleichheit.[899] Über solch ein Konzept nachzudenken, zu diskutieren und es schließlich auf demokratische Weise politisch umzusetzen, gehört zu den wichtigsten Aufgaben unserer gegenwärtigen Umbruchszeit.

Danksagung

„Die Arbeit von Forschern über Nazikriegsverbrechen ist auf den ersten Blick der von Kriminalisten sehr ähnlich. Beide versuchen Beweismaterial bezüglich bestimmter Verbrechen aufzufinden, um den Schuldigen vor Gericht zu bringen", schreibt Efraim Zuroff, Direktor des Simon Wiesenthal Centers in Jerusalem.[900] Während Zuroff, auch bekannt als „Der letzte Nazi-Jäger", noch mehrere NS-Verbrecher aufspüren konnte, wusste ich von vornherein, dass meine „Nazi-Jagd" erfolglos bleiben würde. Der verschollene Adolf Haas, Jahrgang 1893, konnte selbst zu Beginn meiner Recherchen im Jahr 2015 nicht mehr am Leben gewesen sein – ob er nun 1945 überlebt hatte oder nicht. Die jahrelange Suche nach seinen Spuren, nach Beweismaterial für seine Verbrechen war dennoch äußerst spannend und erfahrungsreich. Und nicht selten fühlte sie sich an wie die Arbeit eines Kriminalisten. Auch wenn Adolf Haas nie für seine Taten vor Gericht gestellt werden konnte, war es eine Genugtuung, erstmals ausführlich und öffentlich über sie aufzuklären. Nicht zuletzt sagt auch Efraim Zuroff: „Gerechtigkeit ist nicht allein die Verhängung von Strafe, sondern auch die Verbreitung von Wahrheit."[901]

Dass aus meinen historisch-kriminalistischen Recherchen dieses Buch entstand, verdanke ich einer Reihe von Menschen, denen ich von Herzen danken möchte. Nicht nur, weil sie mir während des langen Prozesses mit fachlichem Rat und sachlicher Kritik zur Seite standen, sondern auch im Alltag. Denn der Suche nach NS-Verbrechern mag von außen gesehen oft eine „Aura von Abenteuer und Dramatik" anhaften, um noch einmal mit Efraim Zuroff zu sprechen – die Arbeit in den Archiven ist jedoch „meistens alles andere als aufregend".[902] Wie jede Historikerin und jeder Historiker machte ich die Erfahrung, dass ich von tausenden durchgesehen Aktenseiten nur ein Bruchteil verwenden konnte. Nicht selten stellten sich Archivanfragen und -besuche als Sackgassen heraus.

Dass ich während der letzten fünf Jahre am „Fall Adolf Haas" dran geblieben und nicht den Mut verloren habe, verdanke ich vor allem meiner Freundin, meiner Familie und meinen Freunden. Meine Freundin Victoria Richter macht mir nicht nur jeden gemeinsam verbrachten Tag zu einem Geschenk, sondern hat für mich und meine Gedanken zur Weltgeschichte immer ein offenes Ohr. Mit ihrer Liebe und ihrem Lebensmut ist sie für mich zudem ein Vorbild, neben der Arbeit nicht das Leben zu vergessen. Einen ebenso großen Dank verdienen meine Eltern, Anna und Stephan Saß, die mir seit meiner Geburt das Gefühl der Geborgenheit geben, die Möglichkeit, mich auszuprobieren und zu verwirklichen, die Kraft, an mich selbst zu glauben, und die Motivation, kritisch zu denken und verantwortungsvoll zu handeln. Beide haben durch ihre Anregungen dieses Buch maßgeblich mitgeprägt. Für die gemeinsame Zeit sowie moralische und auch finanzielle Unterstützung in allen Lebenslagen danke ich außerdem meinen Großeltern und Tanten. Für Aufmunterung, Ablenkung und Abenteuer sorgte mein großartiger Freundeskreis. Besonders erwähnt seien diejenigen, die sich die Mühe machten, verschiedene Kapitel Korrektur zu lesen, darunter Verena Bartsch, Lara Büchel, Anna Corsten, Ruben Drews, Luisa Gerber, Robert Hauf, Tim Jantsch, Jonathan Knaut, Jennifer Leibersperger und Christian Schirrmeister. Seit meinem siebten Lebensjahr begleitet mich mein Aikido-Lehrer Horst Späthling. Er baute mein Selbstbewusstsein auf, machte mich geduldiger und lehrte mich, dass ein Ziel besser gemeinsam zu erreichen ist als im Kampf gegeneinander. All diesen geliebten Menschen danke ich auch für die Geduld, vor allem im letzten halben Jahr, in dem ich anstatt von Neuigkeiten nur wiederholt berichten konnte, dass das Buch bald wirklich (fast) fertig sei.

Dass es fertig wurde und dass ich überhaupt die Chance bekam, dafür danke ich meinem Verleger Dr. Alexander Schug, der mich motiviert hat, meine Forschungen auszuweiten. Weitere Historikerinnen und Historiker sind zu nennen, ohne die ich nicht so weit gekommen wäre: Meine Lehrer Brigitte Najorka, Uwe Prigann und Dr. Peter Stolz haben früh in mir die Begeisterung für Geschichte und Politik geweckt und mich ermuntert, einerseits selbst im Zusammenhang mit den Stolpersteinen auf historische Spurensuche zu gehen und andererseits mich im journalistischen Schreiben zu probieren. Prof. Dr. Uwe Puschner stand mir seit dem ersten Semester meines Geschichtsstudiums an der Freien Universität Berlin stets hilfsbereit zur Seite und schließlich auch bei der Ausarbeitung meiner Bachelorarbeit, in der ich bereits die Grundlage für dieses Buch legte. Über Sven Felix Kellerhoff von der WELT bekam ich nicht nur die Anregung zu diesem Thema, er lehrte mich auch anschaulich und geduldig, Geschichte in Geschichten zu erzählen, und unterstützte mich tatkräftig selbst nach meinem Praktikum im Sommer 2013. Ich danke zudem den Mitarbeiterinnen und Mitarbeitern am Zentrum für Zeithistorische Forschung Potsdam (ZZF) für die angenehme Arbeitsatmosphäre, darunter besonders dem ZZF-Direktor Prof. Dr. Frank Bösch, der immer wieder meinen Blick nach vorne richtet und mich in größeren Dimensionen denken lässt, Dr. René Schlott für seine Ratschläge und die Ermunterung, meinem journalistischen Schreibstil treu zu bleiben, sowie Dr. Irmgard Zündorf für die engagierte Koordination des Masterstudiengangs Public History. Prof. Dr. Nikolaus Wachsmann bot mir die wunderbare Gelegenheit, im Frühjahr 2018 als Research Assistant für kurze Zeit in meine zweite Heimat London zurückzukehren, und sonst auch stets seine Hilfe in fachlichen Fragen an.

Für die Antworten auf unzählige E-Mails und ihre nicht nachlassende Unterstützung danke ich außerdem ganz besonders Dr. Thomas Rahe, Diana Gring und Klaus Tätzler von der Gedenkstätte Bergen-Belsen sowie Kirsten John-Stucke und Norbert Ellermann vom Kreismuseum Wewelsburg. Mein Dank gilt auch den Mitarbeiterinnern und Mitarbeitern aller anderen besuchten Archive und Gedenkstätten.

Bruno Struif von der GeschichtsWerkstatt Hachenburg versorgte mich mit Informationen, Ratschlägen und Bildern und kommentierte meine ersten Forschungsergebnisse mit ergänzenden Beiträgen in der Vereinszeitschrift. Aus Haas' Heimatstadt bekam ich weitere Unterstützung vom Stadtarchivar Dr. Jens Friedhoff, der mit mir bereits 2016 eine kleine Publikation zu Adolf Haas herausgab,[903] sowie vom Bürgermeister Stefan Leukel.

Der Filmemacher Uli Pförtner half mir bei der Spurensuche nach dem verschollenen Adolf Haas und entwickelte die Idee einer TV-Dokumentation, die ich nach wie vor großartig finde.

Lob und Anerkennung verdienen die Aktivistinnen und Aktivisten, die sich in Celle gegen Rechtsextremismus stark machen und mit ihrem offenen Brief Ende 2016 eine Debatte um die Täterschaft von Adolf Haas anregten.

Kirsten John-Stucke, Dr. Markus Müller, Dr. Thomas Rahe, Dr. Dieter Schenk, Hans-Joachim Schmidt und Wolfgang Wörner halfen mit ihren kritischen Anmerkungen das Manuskript zu verbessern. Für sonstige Anregungen und Unterstützung danke ich Dr. Marc Buggeln, Ludwig Burwitz, Dr. John Cramer, Maximilian Horn, Dr. Stefan Hördler, Tino Jacobs, Dr. Christoph Kreutzmüller, Helmut Krohne, Jakob Mühle, Dr. Dirk Riedel, Dr. Tom Segev, Tilman Taube, Dr. Alexander Wäldner und Dr. Alexandra-Eileen Wenck.

Ein besonderer Dank gilt vier Zeitzeugen für ihren Mut, sich ihrer Vergangenheit zu stellen und von ihren Kindheitserinnerungen zu berichten: Eberhard Mauer und Gerhard Latsch erzählten mir eindrücklich von den letzten Tagen des „Dritten Reiches" in Hachenburg und die „child survivors"

Manfred Rosenbaum und Heinrich Schönker vom Lager Bergen-Belsen. Mit Heinrich Schönker stand ich seit 2017 in regelmäßigem Kontakt. Er antwortete mir immer liebenswert, schnell und ausführlich, steuerte Fotos und kluge Gedanken bei und hätte gerne ein Vorwort für dieses Buch geschrieben, wenn ihn nicht seine schwere Krankheit davon abgehalten hätte. Ich bedauere sehr, dass ich nicht mehr die Gelegenheit hatte, ihn persönlich kennenzulernen. Heinrich Schönker verstarb in der Nacht vom 15. zum 16. Januar 2019 in Tel Aviv im Alter von 87 Jahren. Dieses Buch ist ihm gewidmet. „Sein überzeugter Optimismus, sein wunderbarer Humor, seine tiefe Menschenliebe und unerschütterliche Lebensfreude waren ansteckend und beeindruckend", hieß es in einem Nachruf der Gedenkstätte Bergen-Belsen. In einer seiner letzten E-Mails schrieb Heinrich Schönker: „Genieße das Leben mit Freude!"

Ich danke zudem allen, die das Buchprojekt im Zeitraum vom 5. Dezember 2017 bis zum 3. März 2018 finanziell über die Crowdfunding-Aktion auf startnext.com unterstützt haben: Der Stadt Hachenburg, Dustin Stechow, Dirk Koch, Anja Bus, Ferdinand Möller, Inga Großmann, Marie-Luise Großmann, Katharina Kuse, Sascha Pommrenke, Heike Sommerfeld, Dieter Bus, Tyll Stammerjohann, Constanze Grahl, Dirk Kirchberg, Katja Großmann, Bettina Richter-Ulrich, Denys Shaydenfish, Jens Jeromin, Jasmin Schreiber, David Sturm, Anna Corsten, Dietmar Tochtermann, Raphael Cuadros, Eberhard Ott, Carmen Ries, Christian Mauerer, Michael Lhotzky, Gunnar Meyer, Daniel Burgio, Sabine Rosenberg, Tobias Rauser, Mario Teetzen, Uli Pförtner, Kristian Seidel, Ingo Hamm, Matthias Weber, Martin Schneider, der GeschichtsWerkstatt Hachenburg e. V., Dr. Sylvie Gasnier, Daniel Bauer, Thomas Bethe, Mickey Rönfeldt, Michael Benthin, Christoph Schäfer, Antje Großmann, Helena Becker, Manuel Pijorr, Tim Jantsch, Anna Saß, Bruno Struif, Mirjam Kauderer, Robin Conze, Gisela Huth, Johanna Büttner, Paul Wildner sowie 19 anonymen Spenderinnen und Spendern.

Jakob Saß
Berlin, Februar 2019

Abkürzungen

AA (Auswärtiges Amt)
AGBB (Archiv der Gedenkstätte Bergen-Belsen)
AKMW (Archiv des Kreismuseums Wewelsburg)
AL (Aufenthaltslager Bergen-Belsen)
ANLux (Luxemburger Nationalarchiv)
AS (Archiv der Gedenkstätte Sachsenhausen)
BArch/F (Bundesarchiv Freiburg)
BArch/L (Bundesarchiv Berlin-Lichterfelde)
BB (Bergen-Belsen)
BDC (Berlin Document Center, heute Bundesarchiv Berlin-Lichterfelde)
BdS (Beauftragter des Sicherheitsdienstes)
BK (Bundeskanzler)
bpb (Bundeszentrale für politische Bildung)
CROWCASS (Central Registry of War Criminals and Security Suspects)
DF („Der Freiwillige", Zeitschrift der HIAG)
DIJ (Deutsches Institut für Japanstudien)
GBB (Gedenkstätte Bergen-Belsen)
GWH (GeschichtsWerkstatt Hachenburg)
HHStaW (Hessisches Hauptstaatsarchiv, Wiesbaden)
HIAG (Hilfsgemeinschaft auf Gegenseitigkeit der ehemaligen Soldaten der Waffen-SS e. V.)
HSSPF (Höherer SS- und Polizeiführer)
HStuf. (SS-Hauptsturmführer)
IfZ (Institut für Zeitgeschichte München-Berlin)
IKL (Inspektion der Konzentrationslager / Inspekteur der Konzentrationslager)
IPA („Jüdische Presse Agentur", Nachrichten im KZ)
ITS (Internationaler Suchdienst, Bad Arolsen)
KHM (Kriminalhauptmeister)
KMW (Kreismuseum Wewelsburg)
KL / KZ (Konzentrationslager)
LASP (Landesarchiv Speyer)
LAV NRW R (Landesarchiv Nordrhein-Westfalen, Abteilung Rheinland, Duisburg)
LHAK (Landeshauptarchiv Koblenz)
LKA (Landeskriminalamt)
LKA-H (Landeskriminalamt Hessen)
LKA-NRW (Landeskriminalamt Nordrhein-Westfalen)
LKA-RP (Landeskriminalamt Rheinland-Pfalz)
NLA (Niedersächsisches Landesarchiv)
NSG (Nationalsozialistische Gewaltverbrechen)
o. A. (ohne Angabe/n)
OGruf. (SS-Obergruppenführer)
OStA (Oberstaatsanwalt)
OStubaf. (SS-Obersturmbannführer)
OStuf. (SS-Obersturmführer)
RFSS (Reichsführer-SS)
RSHA (Reichssicherheitshauptamt)
RvO (Rijksinstituut voor Oorlogsdocumentatie, heute NIOD Instituut voor Oorlogs-, Holocaust- en Genocidestudies)
SD (Sicherheitsdienst des Reichsführers-SS)
SS (Schutzstaffel)
SS-FHA (SS-Führungshauptamt)
StA (Staatsanwalt / Staatsanwaltschaft)
StAH (Staatsarchiv Hamburg)
StArchH (Stadtarchiv Hachenburg)
StArchS (Stadtarchiv Siegen)
Stubaf. (SS-Sturmbannführer)
UNWCC (United Nations War Crimes Commission)
UStuf. (SS-Untersturmführer)
VHA (Visual History Archive, USC Shoah Foundation)
WASt (Deutsche Dienststelle für die Benachrichtigung der nächsten Angehörigen von Gefallenen der ehemaligen deutschen Wehrmacht)
WL (Wiener Library)
WVHA (SS-Wirtschafts- und Verwaltungshauptamt)
ZStL (Zentrale Stelle der Landesjustizverwaltungen zur Aufklärung nationalsozialistischer Verbrechen, Ludwigsburg)

Anmerkungen

1 Anm. von J. Saß: In der Literatur hat sich durch die Forschung von Karin Orth die Zahl von 46 SS-Führern etabliert, die zwischen 1933 und 1945 als Lagerkommandanten fungiert haben. Sie führt aber nur 45 auf, vgl. Orth, Konzentrationslager-SS, S. 78-86: Aumeier, Baer, Baranowski, Chmielewski, Deubel, Eicke, Eisfeld, Florstedt, Förschner, Gerlach, Gideon, Goecke (Göcke), Göth, Haas, Hartjenstein, Hassebroek, Helwig, Herbet, Hoppe, Höß, Hüttig, Kaindl, Koch, Koegel, Kramer, Künstler, Liebehenschel, Loritz, Pauly, Piorkowski, Pister, Reich, Reiner, Rödl, Sauer, Schitli, Schmidt, Schwarz, Suhren, Tamaschke, Weiseborn, Weiß, Weiter, Ziereis und Zill. Sie erwähnt nicht Adam Grünewald, Franz Stangl, Eduard Roschmann, Arnold Büscher, Hilmar Wäckerle und Michael Lippert.

2 Thread „SS ID Quiz“, in: Axis History Forum, 3.6.2007, https://forum.axishistory.com/viewtopic.php?f=38&t=121712, S. 1.

3 Ebd., 19. u. 20.6.2017, S. 398.

4 Tom Segev, Soldaten des Bösen, Zur Geschichte der KZ-Kommandanten, Hamburg 1992, S. 18.

5 In der Literatur hat sich durch die Forschung von Karin Orth die Zahl von 46 SS-Führern etabliert, die zwischen 1933 und 1945 als Lagerkommandanten fungiert haben. Sie führt aber nur 45 auf, vgl. Orth, Konzentrationslager-SS, S. 78-86: Aumeier, Baer, Baranowski, Chmielewski, Deubel, Eicke, Eisfeld, Florstedt, Förschner, Gerlach, Gideon, Goecke (Göcke), Göth, Haas, Hartjenstein, Hassebroek, Helwig, Herbet, Hoppe, Höß, Hüttig, Kaindl, Koch, Koegel, Kramer, Künstler, Liebehenschel, Loritz, Pauly, Piorkowski, Pister, Reich, Reiner, Rödl, Sauer, Schitli, Schmidt, Schwarz, Suhren, Tamaschke, Weiseborn, Weiß, Weiter, Ziereis und Zill. Sie erwähnt nicht Adam Grünewald, Franz Stangl, Eduard Roschmann, Arnold Büscher, Hilmar Wäckerle und Michael Lippert.

6 Vgl. Tom Segev, The Commanders of Nazi Concentration Camps, Boston 1977, S. 135-139.

7 Vgl. Thread „Adolf Haas“, 2007, in: Axis History Forum, https://forum.axishistory.com//viewtopic.php?t=114538.

8 Michael Greve, Adolf Haas, Lagerkommandant des KZ Niederhagen, in: Juliane Kerzel (Hg.), Gedenkstättenarbeit und Erinnerungskultur in Ostwestfalen-Lippe – ein abschließender Projektbereich für die Planungswerkstatt Erinnerungskultur: Geschichte in Ostwestfalen-Lippe 1933-1945. Wege der Erinnerung, Paderborn 2002, S. 239-241, hier S. 240, auch online: https://www.lwl.org/westfaelische-geschichte/txt/normal/txt234.pdf.

9 Thread „Adolf Haas“. Die Info stammt vom Thread „Belsen Personnel“, 2002, in: Axis History Forum, https://forum.axishistory.com//viewtopic.php?t=3702.

10 Unter anderem, nach Erscheinung: Eberhard Kolb, Bergen-Belsen. Geschichte des „Aufenthaltslagers“ 1943-1945, Hannover 1962; Karl Hüser, Wewelsburg 1933 bis 1945, Kult- und Terrorstätte der SS. Eine Dokumentation, Paderborn 1982; Eberhard Kolb, Bergen-Belsen. Vom „Aufenthaltslager“ zum Konzentrationslager 1943-1945, Göttingen 2002; Uli Jungbluth, Nationalsozialistische Judenverfolgung im Westerwald, Koblenz 1989; Bruno Struif, Hachenburg – Zeitspuren einer Westerwälder Residenzstadt, Hachenburg 1999; Alexandra-Eileen Wenck, Zwischen Menschenhandel und „Endlösung“: Das Konzentrationslager Bergen-Belsen, Paderborn u. a. 2000; Karin Orth, Die Konzentrationslager-SS. Sozialstrukturelle Analysen und biographische Studien, Göttingen 2000; Kirsten John, „Mein Vater wird gesucht...“. Häftlinge des Konzentrationslagers in Wewelsburg, Essen

2001; Stefan Grathoff, Geschichte der Stadt Hachenburg, Hachenburg 2011; Jakob Saß, Aufstieg eines Mittelmäßigen. Die SS-Karriere von Adolf Haas, KZ-Kommandant in Wewelsburg und Bergen-Belsen, Hachenburg 2016.

11 Hüser, Wewelsburg, S. 90.

12 John, Vater, S. 114.

13 Kolb, Bergen-Belsen (2002), S. 23.

14 Wenck, Menschenhandel, S. 117.

15 Orth, Konzentrationslager-SS, S. 255.

16 Unter Haas' Kommandantur starben in Wewelsburg nachweislich mindestens 1281 und in Bergen-Belsen 1745 Menschen. Zur Todeszahl siehe auch Erläuterung im Epilog.

17 Auskunft Kirsten John-Stucke (KMW), E-Mail vom 6. und 17.11.2014.

18 Interview des Autors mit Gerhard Latsch, Hachenburg 23.2.2016.

19 Frank Bajohr, Neuere Täterforschung, Version: 1.0, in: Docupedia-Zeitgeschichte, 18.6.2013, http://docupedia.de/zg/Neuere_Taeterforschung?oldid=130224, S. 9. Bajohr bietet einen fundierten Überblick über Erkenntnisse und Literatur zur Täterforschung, vgl. auch leicht verändert in: Ders., Täterforschung: Ertrag, Probleme und Perspektiven, in: Ders./Andrea Löw (Hg.), Der Holocaust. Ergebnisse und neue Fragen der Forschung, Frankfurt a.M. 2015, S. 167-185.

20 Raul Hilberg, Die Vernichtung der europäischen Juden. Die Gesamtgeschichte des Holocaust, Bd. 3, Frankfurt a.M. 1990, S. 1080. Bevor er als Begründer der Holocaust-Forschung wahrgenommen und geehrt wurde, wurde sein Werk in Deutschland lange ignoriert und laut des Historikers Götz Aly sogar durch das Institut für Zeitgeschichte vom deutschen Buchmarkt ferngehalten, vgl. Götz Aly, Wie das Institut für Zeitgeschichte Raul Hilbergs großes Werk über den Holocaust blockierte, in: Hundertvierzehn, 2017, https://www.hundertvierzehn.de/artikel/wie-das-institut-f%C3%BCr-zeitgeschichte-raul-hilbergs-gro%C3%9Fes-werk-%C3%BCber-den-holocaust-blockierte?j=1685959&e=schlott@zzf-pdm.de&l=104_HTML&u=40519208&mid=6365937&jb=4&utm_medium=ET-E-Mail&utm_content=Artikel-Link&utm_campaign=November-15-2017_114_NL_%2384&utm_source=114_NL_%2384.

21 Vgl. der kommende Band zur Tagung: René Schlott (Hg.), Raul Hilberg und die Holocaust-Historiographie, i.E. Göttingen 2019.

22 Vgl. Christopher Browning, Ordinary Men: Reserve Police Battalion 101 and the Final Solution in Poland, New York 1992 (dt.: Ganz normale Männer: Das Reserve-Polizeibataillon 101 und die „Endlösung" in Polen, Hamburg 1993); Daniel J. Goldhagen, Hitler's Willing Executioners: Ordinary Germans and the Holocaust, New York 1996 (dt.: Hitlers willige Vollstrecker: Ganz gewöhnliche Deutsche und der Holocaust, Berlin 1996).

23 Auch im Kreis der Lagerkommandanten war Haas Durchschnitt, wie die Studie von Karin Orth zeigt: Was seine soziale Herkunft betrifft, sein Familienleben, seine militärische Ausbildung sowie die Teilnahme am Ersten Weltkrieg, seinen erlernten Beruf, seinen frühen Eintritt in NSDAP und SS und sogar seine mangelnde Bildung, so war er keine Ausnahme im Kreis der 15 Kommandanten, die zwischen 1939 und 1942 berufen wurden, und auch allgemein nicht. Vgl. Orth, Konzentrationslager-SS, S. 81-83.

24 Biografische Studien, die über Tom Segevs Forschungen hinausgehen, existieren zu den Kommandanten Rudolf Höß, Hans Loritz, Theodor Eicke, Amon Göth, Karl Otto Koch, Hermann Florstedt, Franz Stangl, Eduard Roschmann und Alexander Piorkowski.

25 Orth, Konzentrationslager-SS, S. 298f.

26 Zur Quellenlage vgl. Kolb, Bergen-Belsen (1962), S. 323f.; Wenck, Menschenhandel, S. 20-26; Andreas Neuwöhner, Radikalisierung und Expansion. Der Wandel der Häftlingsgesellschaft im Jahr 1942: Zwangsarbeit

aus Osteuropa als neue Häftlingsgruppe im KZ Niederhagen-Wewelsburg, in: Jan Erik Schulte (Hg.), Die SS, Himmler und die Wewelsburg, Paderborn 2009, S. 355-378, hier S. 355-360.

27 Orth, Konzentrationslager-SS, S. 297.

28 Personalakte A. Haas, 14.11.1893, in: BArch/L, R 9361-II/339594, R 9361-III/62742 und VBS286/6400014211. Die gesamte Personalakte setzt sich aus den drei ehemaligen Beständen „Parteikorrespondenz", „Rasse- und Siedlungshauptamt-SS" und „SS-Führerpersonalunterlagen" zusammen, die von der US-Administration nach Kriegsende beschlagnahmt wurden, und gelangten 1994 aus dem Berlin Document Center in das Bundesarchiv Lichterfelde, wo sie heute einzusehen sind.

29 Vgl. Saul Friedländer, Das Dritte Reich und die Juden. Die Jahre der Verfolgung 1933-1939, München 2000, S. 11; Vgl. ders., Eine integrierte Geschichte, in: Ders., Nachdenken über den Holocaust, München 2007, S. 154-167; Nikolaus Wachsmann, KL. Die Geschichte der nationalsozialistischen Konzentrationslager, Bonn 2016 (bpb-Lizenzausgabe), S. 25.

30 Vgl. Auskunft zu A. Haas, geb. 14.11.1893, Berlin 18.1.2017, in: WASt. Auch die Unterlagen des Staatsicherheitsdienstes der ehemaligen DDR und des Bundesnachrichtendienstes enthalten keine Hinweise zu Haas' Schicksal, vgl. Auskunft Bundesbeauftragter für die Unterlagen des Staatssicherheitsdienstes der ehem. DDR, Berlin 29.3.2018 und Auskunft, Archiv Bundesnachrichtendienst, Pullach 5.10.2017.

31 Thread „SS ID Quiz", in: Axis History Forum, 15.6.2018, https://forum.axishistory.com/viewtopic.php?f=38&t=121712&p=2143684&hilit=Haas#p2143684, S. 423.

32 Alexander Gauland in seiner Rede auf dem Bundeskongress der AfD-Parteijugend Junge Alternative, 2.6.2018.

33 Vgl. Geburtsurkunde A. Haas, Siegen 16.11.1893, in: StArchS, Nr. 590.

34 Vgl. Grathoff, Geschichte, S. 533f. Zur Geschichte auch mit historischen Bildern siehe die Website der heutigen Pizzeria „Westend", http://www.ristorante-westend.de/index.php?option=com_content&view=article&id=74&Itemid=466.

35 Vgl. Bruno Struif, Ergänzungen zur Biografie des NS-Verbrechers Adolf Haas (1), in: GWH-Info 34 (2016), S. 11-15, hier S. 12f., https://www.geschichtswerkstatt-hachenburg.de/attachments/110_GWH_Info34_Onlineversion.pdf. Für das Foto danke ich Bruno Struif.

36 Vgl. Lebenslauf A. Haas, Hachenburg 21.04.1933, in: BArch/L, VBS286/6400014211, Bl. 8f.

37 Struif, Ergänzungen (1), S. 14f.

38 Vgl. Yixu Lü, Tsingtau, in: Jürgen Zimmerer (Hg.), Kein Platz an der Sonne. Erinnerungsorte der deutschen Kolonialgeschichte, Frankfurt a.M./New York 2013, S. 208-227, hier S. 211.

39 Vgl. Liste mit Stammrollenauszügen der gedienten Artilleristen aus dem III. Sturmbann der 78. SS-Standarte, Marienburg 19.2.1935, in: HHStaW, 483/1816, Bl. 191-193.

40 Beurteilung der SS-Führerschule München-Dachau, 10.11.1937, in: BArch/L, VBS286/6400014211, Bl. 24-26; Beurteilung des Führers der 78. Standarte über A. Haas, Wiesbaden 4.10.1937, in: Ebd., Bl. 20.

41 Vgl. Ausreise von Cuxhaven nach Tsingtau, in: Tagebuch A. Haas, o. A.; Markus Müller, Der Erste Weltkrieg: „Urkatastrophe" in der Biografie des späteren SS-Schergen Adolf Haas aus Hachenburg?, in: Wäller Heimat (2014), S. 70-79, hier S. 71f.

42 Vgl. allgemein Lü, Tsingtau. Das TV-Drama „Die Männer der Emden" (2013) über die Besatzung des Kreuzers „SMS Emden" vermittelt einen kleinen szenischen Einblick in Tsingtau, lässt aber auch durchblicken, dass das scheinbar kultivierte, sorglose Leben nur auf Kosten der ausgebeuteten einheimischen Bevölkerung möglich war.

43 Vgl. Klaus Mühlhahn, China, in: Gerhard Hirschfeld/Gerd Krumeich/Irina Renz (Hg.), Enzyklopädie Erster Weltkrieg, Paderborn 2004, S. 412-416; Lü, Tsingtau, S. 215.

44 Die Kämpfe um Tsingtau, in: Tagebuch A. Haas, o. A.

45 Vgl. Jürgen Zimmerer, Tsingtau, in: Hirschfeld u. a. (Hg.), Enzyklopädie, S. 930f.

46 Die Kämpfe um Tsingtau, in: Tagebuch A. Haas, o. A.

47 Vgl. Oliver Janz, 14. Der grosse Krieg, Frankfurt a.M. 2013, S. 142.

48 Auch folgende Zitate: Die Kämpfe um Tsingtau, 3.-7.11.1914, in: Tagebuch A. Haas, o. A.

49 Lü, Tsingtau, S. 223.

50 Tsingtau gefallen, in: Hachenburger Tageblatt, 9.11.1914, zit. nach: Struif, Ergänzungen (1), S. 14.

51 Vgl. Gerhard Krebs, Von Tsingtau nach Bando. Das Schicksal der Gefangenen in einem japanischen Lager des Ersten Weltkriegs, in: Heike Düselder (Hg.), Begegnungen hinter Stacheldraht. Deutsche Kriegsgefangene im Lager Bandō in Japan, 1917-1920, Lüneburg 2017, S. 10-25, hier S. 11.

52 Tagebuch A. Haas, S. 71.

53 Vgl. Kurzbiografie A. Haas, in: Hans-Joachim Schmidt, Die Verteidiger von Tsingtau und ihre Gefangenschaft in Japan (1914 bis 1920). Historisch-biographisches Projekt von Hans-Joachim Schmidt (seit 2002), http://www.tsingtau.info/index.html?namen/h.htm.

54 Tagebuch A. Haas, S. 79.

55 Jessica Leffers, Begegnungen hinter Stacheldraht, in: Düselder (Hg.), Begegnungen, S. 26-137, hier S. 116f.

56 Tagebuch A. Haas, S. 79.

57 Schmidt, Verteidiger, http://www.tsingtau.info/.

58 Thomas Weber, Hitlers erster Krieg: der Gefreite Hitler im Weltkrieg – Mythos und Wahrheit, Berlin 2012, S. 467. Webers These entspricht auch dem aktuellen Konsens in der neueren Täterforschung, vgl. Bajohr, Täterforschung, S. 174.

59 Tagebuch A. Haas, 6.11.1914, o. A. und 16.3.1915, S. 18f.

60 Müller, Weltkrieg, S. 77.

61 Vgl. Leffers, Begegnungen, S. 114.

62 Vgl. Adressbuch des Lagers Bandō 1917/18, in: DIJ, Sign. B 12, S. 29, 66; Müller, Weltkrieg, S. 76;

63 Müller, Weltkrieg, S. 76.

64 Tagebuch A. Haas, S. 82.

65 Vgl. Hans-Joachim Schmidt, Beethovens „Neunte" in Bando, in: Ders., Verteidiger, 16.1.2019, http://www.tsingtau.info/index.html?lager/ban-neunte.htm; Leffers, Begegnungen, S. 85, 92f., 106-109, 132.

66 Leider ist eine deutsche DVD von „Ode an die Freude" bisher nicht erschienen.

67 Vgl. Leffers, Begegnungen, S. 23, 77, 122.

68 Postkarte A. Haas an Gertrud Stahl in Hachenburg, Lager Bandō 8.7.1919. Für die Zusendung danke ich Hans-Joachim Schmidt, für die Transkription Bruno Struif von der GeschichtsWerkstatt Hachenburg. Vgl. Bruno Struif, Ergänzungen zur Biografie des NS-Verbrechers Adolf Haas (4), in: GWH-Info 37 (2017), S. 11-15, hier S. 13f., https://www.geschichtswerkstatt-hachenburg.de/attachments/113_GWH_Info37_Onlineversion.pdf. Einen weiteren Brief schickte Haas am 27.2.1917.

69 Vgl. Leffers, Begegnungen, S. 25, 124.

70 Personenbeschreibung von Adolf Haas, Landgerichtsgefängnis Mainz, 19.7.1934, in: LASP, J 85/3614.

71 Schmidt, Transportschiffe 1920, in: Schmidt, Verteidiger, www.tsingtau.info; Lebenslauf A. Haas, Hachenburg 21.04.1933, in: BArch/L, VBS286/6400014211, Bl. 8f.

72 Grathoff, Geschichte, S. 92.

73 Vgl. Leffers, Begegnungen, S. 126; Rainer Pöppinghege, „Kriegsteilnehmer zweiter Klasse"? Die Reichsvereinigung ehemaliger Kriegsgefangener 1919-1933, in: Militärgeschichtliche Zeitschrift 64.2 (2005), S. 391-424.

74 Vgl. Beförderungsvorschlag zum SS-OStu-

baf., Wiesbaden 1943, in: BArch/L, VBS286/6400014211, Bl. 14 u. 17; Angaben zu A. Haas, Bergen-Belsen 28.08.1943, in: Ebd., Bl. 108; Fragebogen zur Ergänzung bzw. Berichtigung der Führerkartei und der Dienstaltersliste, 14.8.1937, in: Ebd., Bl. 56f.

75 Lebenslauf A. Haas, Hachenburg 21.4.1933, in: Ebd., Bl. 9.

76 Vgl. Unbekannt, Westerwald Adressbuch. Führer mit Branchen- und Telefon-Verzeichnis für Ober- und Unterwesterwaldkreis und den Kreis Westerburg sowie für die Stadt Altenkirchen und die Bürgermeistereien Dierdorf und Puderbach, Marienberg 1922, S. 51.

77 Vgl. Ahnentafel von A. Haas, 4.2.1936, in: BArch/L, R 9361-III/62742, Bl. 11-13.

78 Vgl. Müller, Weltkrieg, S. 76., Unbekannt, Der Oberwesterwaldkreis Abschnitt B. Einwohner-Verzeichnis der Stadt Hachenburg und der Gemeinde Marienberg sowie die Handel- und Gewerbetreibenden der übrigen Landgemeinden (= Einwohnerbuch für den Westerwald. Ober- und Unterwesterwaldkreis, Kreis Westerburg, Bürgermeisterei Altenkirchen, Bd. 1), Hachenburg 1926, S. 13, 15, 17.

79 Ebd., S. 13.

80 Vgl. Ian Kershaw, Hitler. 1889-1945, München 2009, S. 211.

81 Vgl. Lebenslauf A. Haas, Hachenburg 21.4.1933, in: BArch/L, VBS286/6400014211, Bl. 9.

82 Vgl. Grathoff, Geschichte, S. 97.

83 Lebenslauf A. Haas, Hachenburg 21.04.1933, in: BArch/L, VBS286/6400014211, Bl. 9.

84 Ermittlungsbericht LKA-RP, Koblenz 4.4.1960, in: HHStaW, 461/34559, Bl. 297.

85 Vgl. Weber, Krieg, S. 332, 339f.; ausführlicher ders., Wie Adolf Hitler zum Nazi wurde. Vom unpolitischen Soldaten zum Autor von „Mein Kampf", Berlin 2016.

86 Leicht sprachlich verändert: Brief an den Autor von Heinrich Schönker, Tel Aviv 20.11.2017.

87 Kristine Khachatryan, Junge Kämpfer, alte Opportunisten und gar nicht so wenig Frauen: Eine Typologie der NSDAP-Mitglieder, in: Jürgen W. Falter (Hg.), Junge Kämpfer, alte Opportunisten. Die Mitglieder der NSDAP 1919-1945, Frankfurt a.M./New York 2016, S. 197-216, hier S. 203.

88 Telegramm A. Hitler, 30.8.1933, in: Stadtarchiv Lübeck, Reichsvereinigung ehemaliger Kriegsgefangener, Ortsgruppe Brambauer, Nr. 23, zit. nach: Pöppinghege, Kriegsteilnehmer, S. 420.

89 Vgl. Bastian Hein, Himmlers Orden. Das Auslese-und Beitrittsverfahren der Allgemeinen SS, in: Vierteljahrshefte für Zeitgeschichte 59,2 (2011), S. 263-280, hier S. 266f. Ausführlicher noch bei: Ders., Elite für Volk und Führer. Die Allgemeine SS und ihre Mitglieder 1925-1945, München 2012, S. 39-46; ders, Die SS. Geschichte und Verbrechen, München 2015, S. 7-14.

90 Vgl. Hein, Elite, S. 47; ders., SS, S. 25.

91 Vgl. Hein, Elite, S. 47; ders., Orden, S. 270-277.

92 Vgl. Dienstlaufbahn, SS-Führerschule München-Dachau, o. A., in: BArch/L, VBS286/6400014211, Bl. 2.

93 Hein, SS, S. 28.

94 Vgl. Grathoff, Geschichte, S. 121.

95 Ebd., S. 97f.

96 Vgl. Kershaw, Hitler, S. 277.

97 Vgl. Grathoff, Geschichte, S. 261.

98 Vgl. ebd., S. 95.

99 Vgl. Westerwälder Zeitung, 13.3.1933; Bruno Struif, Ergänzungen zur Biografie des NS-Verbrechers Adolf Haas (8), in: GWH Info 41 (2018), S. 8.

100 Zit. nach: Grathoff, Geschichte, S. 96.

101 Vgl. ebd., S. 142.

102 Vgl. Uli Jungbluth, Zur Nazifizierung der Deutschen. Machtergreifung im Westerwald, Höhr-Grenzhausen 1993, S. 291-293.

103 Vgl. Grathoff, Geschichte, S. 96-97, 142-143.

104 Zit. nach ebd., S. 106.

105 Regierungsrat Dr. Meerwald i.A. Hitler an Hachenburg, Berlin 8.6.1933, in: StArchH, Abt. B-05, Nr. 1, zit. nach: Grathoff, Ge-

schichte, S. 107.

106 Vgl. ebd., S. 97, 106-107, 143. Alle umbenannten Straßen außer dem Dehlinger Weg bekamen nach dem Krieg wieder ihre alten Namen.

107 Ebd., S. 96. Der Regisseur Thomas Sonnenschein verarbeitete Haas' Beteiligung an den Verfolgungen in Hachenburg in dem Schülerfilm „Die Mittelschorle" (2008) und später in dem regionalen Kinofilm „Hagenberg. Die Geschichte der Stadt Hachenburg" (2014). In beiden Filmen tritt Haas als Symbol für das NS-Regime auf.

108 Vgl. Grathoff, Geschichte, S. 97.

109 Vgl. ebd., S. 534.

110 Vgl. Hein, Elite, S. 66, 305.

111 Vgl. Hein, Orden, S. 265; Hein, Elite, S. 306.

112 Lebensbrief, Oranienburg 1940, in: BArch/L, VBS286/6400014211, Bl. 11f.

113 Der Kreisleiter vom Oberwesterwald vermerkte damals auf einer Liste nur zwei SS-Führer, Adolf Haas und Otto Dorfheimer. Beiden bescheinigte er, sie seien „fähig u. sehr diensteifrig", vgl. Verzeichnis der Amtswalter des Kreises Oberwesterwald, o. A., in: BArch/L, R 9361-II/339594, Bl. 4f.

114 Vgl. Abraham Frank/Werner A. Güth/Johannes Kempf, Ein Buch des Gedenkens. Zur Erinnerung an die jüdische Gemeinde Hachenburg, Hachenburg 2002, S. 101f.

115 Vgl. Lebensbrief, Oranienburg 1940, in: BArch/L, VBS286/6400014211, Bl. 11f.

116 Vgl. Grathoff, Geschichte, S. 97.

117 Kommunistische Wühlarbeit, Westerburg 19.12.1936, in: HHStaW, 483/2055, Bl. 342.

118 Ermittlungsbericht LKA-RP, Koblenz 4.4.1960, in: Ebd., 461/34559, Bl. 295-298.

119 Vgl. Strafsache, 1949-1955, in: LHAK 584,1/1352, Bl. 3, 28, 86f. Siehe dazu Kapitel 7 „Der Gesuchte".

120 Ermittlungsbericht zu A. Haas, Gendarmerie-Posten Hachenburg, 20.6.1948, in: Ebd., 584,1/1279, Bl. 51.

121 Vgl. Dienstlaufbahn, SS-Führerschule München-Dachau, o. A., in: BArch/L, VBS286/6400014211, Bl. 2.

122 Prüfungsergebnis im Zuge von Haas' Beförderung zum SS-Stuf., 1934, in: Ebd., Bl. 54f.

123 Vgl. Lebensbrief, Oranienburg 1940, in: Ebd., Bl. 11f.

124 Vgl. Bernd Bahro, Der SS-Sport: Organisation – Funktion – Bedeutung, Paderborn/München 2013, S. 63f.

125 Vgl. Hein, SS, S. 22f.; ders., Orden, S. 274.

126 Vgl. Wolfgang Kemp, Dokumentation Oppenheimer und Niersteiner Juden 1933-1945, Alzey 2009, S. 172; Treue zum Ort der Kindheit, in: Allgemeine Zeitung, 26.6.2014.

127 Vgl. Grathoff, Geschichte, S. 268; Vom Berliner Kaufhaus in Hachenburg zum Kaufhaus Fröhlich, in: http://www.regionalgeschichte.net/westerwald/staedte-doerfer/orte-h/hachenburg/einzelaspekte/infos-zur-stadtgeschichte/wirtschaft/themenbereiche/firmen-von-a-z-226/berliner-kaufhaus-741.html.

128 Vgl. Gustav Seekatz, Inhaber des Kaufhauses „Seekatz" in Westerburg, http://westerburginfo.de/index2.html, https://www.modeundaccessoires.de/mode-modehaus-gustav-seekatz-gmbh-und-co-kg-in-westerburg-21487.

129 Vgl. Haftbefehl, Mainz 16.7.1934, in: LASP, J 85/3614, Bl. 6; Sozialgesetzbuch, Sechstes Buch, Anlage 1, http://www.gesetze-im-internet.de/sgb_6/anlage_1.html.

130 Haftbefehl, Mainz 16.7.1934, in: LASP, J 85/3614, Bl. 6.

131 Ebd.

132 Brief Philipp S. an Frau S., Mainz 20.7.1934, in: LASP, J 85/3957.

133 Brief Paula Fröhlich an Rechtsanwalt Dr. Protzmann (Limburg), Mainz 20.7.1934, in: Ebd., J 85/118.

134 Kemp, Dokumentation, S. 172; Treue zum Ort der Kindheit, in: Allgemeine Zeitung, 26.6.2014.

135 Personal-Bericht, o. A., 22.6.1936, in: BArch/L, VBS286/6400014211, Bl. 69f.

136 Beförderungsvorschlag zum SS-OStuf., Wiesbaden 25.3.1935, in: BArch/L, VBS286/6400014211, Bl. 74.

137 Lebenslauf, Hachenburg 21.4.1933, in: Ebd.,

Bl. 8f.

138 Personal-Bericht, Wiesbaden 25.3.1935, in: Ebd., Bl. 71.

139 Personal-Bericht und Beurteilung, o. A., 04.12.1935, in: Ebd., Bl. 78.

140 Sven Felix Kellerhoff, NSDAP. Eine Partei und ihre Mitglieder, Stuttgart 2017, S. 180.

141 Vgl. Frank u. a., Zachor, S. 335.

142 Vgl. Hein, Elite, 213f.

143 Vgl. Lebensbrief, Oranienburg 1940, in: BArch/L, VBS286/6400014211, Bl. 11f; Personal-Bericht, Wiesbaden 25.03.1935, in: Ebd., Bl. 095.

144 Vgl. Sozialgesetzbuch, Sechstes Buch, Anlage 1, http://www.gesetze-im-internet.de/sgb_6/anlage_1.html; Hein, Elite, S. 306.

145 Vgl. Bürgersteuersoll 1938 und 1939, Besoldungsakte A. Haas Adolf Haas, in: HHStaW, 483/2573.

146 Personal-Bericht und Beurteilung, o. A., 4.12.1935, in: BArch/L, VBS286/6400014211, Bl. 77.

147 Zit. nach Grathoff, Geschichte, S. 102f.

148 Vgl. Gabriele von Glasenapp, Von der Endlösung der Judenfrage zum Holocaust. Über den sprachlichen Umgang mit der deutschen Vergangenheit, in: Ekkehard Felder (Hg.), Semantische Kämpfe. Macht und Sprache in den Wissenschaften, Berlin/New York 2006, S. 127-155, hier S. 127-130.

149 Vgl. Hein, Orden, S. 279. So traten u. a. 1937 10.735 und 1938 7536 Männer aus der SS aus.

150 Vgl. Stellenbesetzung, Wiesbaden 11.4.1936, in: BArch/L, VBS286/6400014211, Bl. 46; Beförderungsvorschlag, Wiesbaden 10.6.1936, in: Ebd., Bl. 44; Birgit Emnet, Wiesbaden: Jahrelang leer stehende Villa Walkmühlstraße 31 wird zu Wohndomizil ausgebaut, in: Wiesbadener Tagblatt, 2016, https://www.wiesbadener-tagblatt.de/lokales/wiesbaden/nachrichten-wiesbaden/wiesbaden-jahrelang-leer-stehende-villa-walkmuhlstrasse-31-wird-zu-wohndomizil-ausgebaut_17406898.

151 Alle Zitate aus: Personal-Bericht, Wiesbaden 22.6.1936, in: BArch/L, VBS286/6400014211, Bl. 69f.

152 Beförderungsvorschlag zum Stubaf., Wiesbaden 10.06.1936, in: Ebd., Bl. 45. Von 15.4.1936 bis zum 9.3.1937 war Haas SS-Führer beim I/78 in Wiesbaden, vgl. Besoldungsakte A. Haas Adolf Haas, in: HHStaW, 483/2573.

153 Versetzung zum Sturmbann III/78. SS-Standarte, Wiesbaden 5.3.1937, in: BArch/L, VBS286/6400014211, Bl. 15. Der Sturmbann hatte später auch eine Dienststelle in Hachenburg mit der Adresse Friedrichstraße 1, vgl. Polizeiverstärkung Sturmbann III/78. SS-Standarte, Hachenburg 16.9.1938, in: HHStaW, 483/1810, Bl. 137.

154 Teilnahme an kirchlichen Veranstaltungen, Hachenburg 28.6-8.7.1937, in: HHStaW, 483/2055, Bl. 327-339.

155 Fragebogen zur Ergänzung bzw. Berichtigung der Führerkartei und der Dienstaltersliste, 14.8.1937, in: BArch/L, VBS286/6400014211, Bl. 56.

156 Vgl. Personal-Bericht, Oranienburg 1940, in: Ebd., Bl. 65f.; Fragebogen Lina Haas, Hachenburg ca. 4.1949, in: LHAK, 856/231511; Segev, Commanders, S. 138.

157 Vgl. Lebensbrief, Oranienburg 1940, BArch/L, VBS286/6400014211, Bl. 11f.; Haas hatte die Anforderungen offenbar schon 1936 bewältigt und sogar das SA-Sportabzeichen in Silber erhalten, musste aber 1937 die Bescheinigung erneut bestätigen, vgl. Fragebogen, Hachenburg 16.11.1936, in: Ebd., Bl. 19. Vgl. zu den Sportprüfungen in der SS: Hein, Elite, S. 217-223.

158 Beurteilung der SS-Führerschule München-Dachau, 10.11.1937, in: BArch/L, VBS286/6400014211, Bl. 25.

159 SS-Oberabschnitt Rhein zur Erziehung des Führerkorps, Wiesbaden 12.2.1935, in: HHStaW, 483/2055.

160 Hans-Christian Harten, Himmlers Lehrer. Die Weltanschauliche Schulung in der SS 1933-1945, Paderborn 2014, S. 9.

161 Vgl. Wachsmann, KL, S. 67-76.

162 In der Forschungsliteratur zu den SS-Führerlehrgängen in München-Dachau besteht bislang ein auffälliges Desiderat, womöglich aufgrund eines Mangels an zusammenhängenden Quellen, da die jeweiligen Beurteilungen und Aufsätze wie bei Haas zu den Personalakten genommen wurden und andere Dokumente nicht zentral, sondern in regionalen Archiven verteilt sind. Grundlegendes zu den Lehrgängen, sogar mit Erwähnung von Haas' Aufsätzen, findet sich nur bei Harten, Lehrer, S. 343f.

163 SS-Personalkanzlei an SS-Oberabschnitte, Berlin 15.9.1937, in: Staatsarchiv Darmstadt Bestand G 12, Nr. 57, Transkription über Forum der Wehrmacht, Thread „SS-Führerschule in Dachau 1937", http://www.forum-der-wehrmacht.de/index.php/Thread/46201-SS-F%C3%BChrerschule-in-Dachau-1937/.

164 Beurteilung des Führers der 78. Standarte über A. Haas, Wiesbaden 4.10.1937, in: BArch/L, VBS286/6400014211, Bl. 20.

165 Vgl. ebd., Bl. 20f.

166 Aufsatz, SS-Führerschule München-Dachau 17.10.1937, in: Ebd., Bl. 86f.

167 SS-Personalkanzlei an SS-Oberabschnitte, Berlin 15.9.1937, in: Staatsarchiv Darmstadt Bestand G 12 Nr. 57, Transkription über Forum der Wehrmacht, Thread „SS-Führerschule in Dachau 1937", http://www.forum-der-wehrmacht.de/index.php/Thread/46201-SS-F%C3%BChrerschule-in-Dachau-1937

168 Alle Zitate aus: Beurteilung der SS-Führerschule München-Dachau, 10.11.1937, in: BArch/L, VBS286/6400014211, Bl. 24-26.

169 Aufsatz, SS-Führerschule München-Dachau 28.10.1937, in: BArch/L, VBS286/6400014211, Bl. 96f.

170 Beurteilung der SS-Führerschule München-Dachau, 10.11.1937, in: Ebd., Bl. 24-26.

171 Vgl. Harten, Lehrer, S. 421-432.

172 Aufsatz, SS-Führerschule München-Dachau 17.10.1937, in: BArch/L, VBS286/6400014211, Bl. 98f.

173 Vgl. Peter Longerich, Heinrich Himmler. Biographie, München 2008, S. 279-181.

174 Rede des Reichsführers-SS im Dom zu Quedlinburg, 2.7.1936, zit. nach: Frank Helzel, Himmlers und Hitlers Symbolpolitik mit mittelalterlichen Herrschern. König Heinrich I. (919-936) und Kaiser Otto I. (936-973) in ihren nationalgeschichtlichen Rollen im Schlussteil des „Zweiten Dreißigjährigen Kriegs" 1914-1945, Bad Widungen 2011, http://www.himmlers-heinrich.de/heinrich_I.pdf. Dazu auch vgl. Longerich, Himmler, S. 281-283.

175 Aufsatz, SS-Führerschule München-Dachau 22.10.1937, in: BArch/L, VBS286/6400014211, Bl. 101.

176 Beurteilung der SS-Führerschule München-Dachau, 10.11.1937, in: Ebd., Bl. 24-26.

177 Ebd.

178 Aufsatz, SS-Führerschule München-Dachau 8.11.1937, in: Ebd., Bl. 100.

179 Alle Zitate aus: Beurteilung der SS-Führerschule München-Dachau, 10.11.1937, in: Ebd., Bl. 24-26.

180 Vgl. Bürgersteuersoll 1938 und 1939, Besoldungsakte A. Haas Adolf Haas, in: HHStaW, 483/2573. Das Durchschnittsentgeld betrug 1938 1.947 RM (jährlich), vgl. Sozialgesetzbuch, Sechstes Buch, Anlage 1, http://www.gesetze-im-internet.de/sgb_6/anlage_1.html.

181 LKA-Bericht, Hachenburg 14.7.1970, in: LAV NRW R, Rep. 118/921, o. A.; Besoldungsakte A. Haas Adolf Haas, in: HHStaW, 483/2573; Ermittlungsbericht LKA-RP, Koblenz 4.4.1960, in: Ebd., 461/34559, Bl. 297. Ein SS-Angehörige aus dem Westerwald erinnerte sich an die Parallelstraße Ziegelhütter Weg, vgl. Aussage A.P., Bad Marienburg 13.7.1970, in: LAV NRW R, Rep. 118/922.

182 Vgl. Harten, Lehrer, S. 344.

183 Vgl. Liste von SS-Führern des ersten Lehrgangs, in: Staatsarchiv Darmstadt Bestand G 12, Nr. 57, Kopie aus Forum der Wehrmacht, Thread „SS-Führerschule in Dachau 1937",

http://www.forum-der-wehrmacht.de/index.php/Thread/46201-SS-F%C3%BChrerschule-in-Dachau-1937/.

184 Vgl. Kershaw, Hitler, S. 450; Timothy Snyder, Black Earth. Der Holocaust und warum er sich wiederholen kann, München 2015, S. 107.

185 Vgl. Hein, Elite, S. 272.

186 Vgl. Deutsches Soldatenhandbuch, München 1999, S. 339. Eine Reihe deutscher Journalisten, welche die Propagandameldungen der Regierung veröffentlicht hatten, bekamen die Auszeichnung ebenso Wissenschaftler und Juristen, vgl. verschiedene Biografien: Hans Hertel, Generation im Aufbruch: Im Herzen das Vaterland, Preuss 1977, S. 211; zur Ehrung von Gerhard Eis und seiner sudetendeutschen „Volkstumsforschung": Steffen Höhne/Ludger Udolph, Deutsche, Tschechen, Böhmen: Kulturelle Integration und Desintegration im 20. Jahrhundert, Köln/Weimar 2010, S. 252; Heinz-Ewo von Brand (Hg.), Ein begehrenswerter Mann? Gefährlich verschlungene Wege zum Glück. Leben und Überleben des überaus charmanten Dr. Carl Victor von Chasseur in einer sehr schlimmen Zeit, Selbstverlag 2015, S. 73f.

187 Beförderungsvorschlag zum Stubaf. der Waffen-SS d. Res., Bergen-Belsen 28.8.1943 bzw. Oranienburg 15.09.1943, in: BArch/L, VBS286/6400014211, Bl. 108.

188 Vgl. Erik Lommatzsch, Hans Globke (1898-1973): Beamter im Dritten Reich und Staatssekretär Adenauers, Frankfurt a.M./New York 2009, S. 47, 52.

189 Vgl. Hein, Elite, S. 272f.

190 Verstärkung der SS-Totenkopfverbände (Polizeiverstärkung), Wiesbaden 12.3.1938, in: HHStaW, 483/1810a, Bl. 38.

191 Vgl. Verstärkung der SS-Totenkopfverbände (Polizeiverstärkung), Hachenburg 23.3.1938, in: Ebd., Bl. 34.

192 Vgl. Hein, Elite, S. 272f.

193 Gerätemeldung von Haas, Hachenburg 1.9.1939, in: HHStaW, 483/1810a, Bl. 138f.

194 Stäbe für den A-Fall, Meldung Sturmbann III/78. SS-Standarte, Hachenburg 19.9.1938, in: Ebd., Bl. 109f.

195 Führer des SS-Oberabschnitts Rhein an Haas, betr. Polizeiverstärkungen, Wiesbaden 21.9.1938, in: Ebd., Bl. 57.

196 Haas an SS-Oberabschnitt Rhein, betr. Verstärkung der SS-Totenkopfverbände, Hachenburg 25./26.6.1939, in: Ebd., 483/1816, Bl. 12f.

197 Haas an seine SS-Stürme zur Einberufung der Verstärkung der SS-Totenkopfverbände, Hachenburg 29.8.1939, in: HHStaW, 483/1810b, Bl. 227.

198 Mobilmachungs-Kalender für den Sturmbann III/78. SS-Standarte, ca. September 1938, in: Ebd., Bl. 76.

199 Vgl. Aussage W. H., Kornwestheim 9.9.1947, in: LHAK, 584,1/1279, Bl. 26.

200 Vgl. Kershaw, Hitler, S. 493f.

201 Zit. nach: 9. November 1938, in: Bundeszentrale für Politische Bildung, http://www.bpb.de/politik/hintergrund-aktuell/68670/9-november-1938-08-11-2011.

202 Aussage W. H., Kornwestheim 9.9.1947, in: LHAK, 584,1/1279, Bl. 26.

203 Aussage H. S., Mogendorf 30.8.1949, in: Ebd., Bl. 139.

204 Vgl. Aussage W. H., Kornwestheim 9.9.1947, in: Ebd., Bl. 26.

205 Aussage H. S., Mogendorf 30.8.1949, in: Ebd., Bl. 136.

206 Vgl. Uli Jungbluth, Zur Synagoge und den Juden von Mogendorf, in: Joachim Jösch u. a. (Hg.), Juden im Westerwald. Leben, Leiden und Gedenken. Ein Wegweiser zur Spurensuche, Montabaur 1998, S. 100-110, hier S. 106; Arbeitsgemeinschaft für die Erforschung der Geschichte der Juden im süddeutschen und angrenzenden Raum, Mogendorf (VG Wirges, Westerwaldkreis), in: Alemannia Judaica, 2001, http://www.alemannia-judaica.de/mogendorf_synagoge.htm.

207 Vgl. Grathoff, Geschichte, S. 264.

208 Zit. nach Wachsmann, KL, S. 203.

209 Vgl. ebd., S. 215-219.

210 Ebd., S. 219.
211 Vgl. Frank u. a., Zachor, S. 132-137; Grathoff, Geschichte, S. 273.
212 Snyder, Earth, S. 106.
213 Schreiben von Kreiskriegerführer an Haas, Niederhattert 2.10.1939, in: HHStaW, 483/1810, Bl. 269.
214 SS-Aufnahme- und Verpflichtungsschein für K. L., Hachenburg 1.10.1939, in: Ebd., Bl. 272.
215 Vgl. Wachsmann, KL, S. 235; zur gebildeten und fanatischen RSHA-Führungselite siehe: Michael Wildt, Generation des Unbedingten. Das Führungskorps des Reichssicherheitshauptamtes, Hamburg 2003.
216 Vgl. Wachsmann, KL, S. 235-238.
217 Rede Himmlers bei der SS-Gruppenführerbesprechung, 8.11.1938, in: BArch/L, NS 19/4004, zit. nach Wachsmann, KL, S. 186. Vgl. ebd., S. 235.
218 Schreiben von Kreiskriegerführer an Haas, Niederhattert 10.10.1939, in: HHStaW, 483/1810, Bl. 295.
219 Vgl. Wachsmann, KL, S. 233.
220 Führer der 78. SS-Standarte an die Sturmbanne I, II und III/78., Wiesbaden 30.11.1939, in: HHStaW, 483/1816, Bl. 291.
221 Führer der 78. SS-Standarte an SS-Sturmbann III/78., Wiesbaden 1.12.1939, in: Ebd., Bl. 334.
222 Vgl. Mobilmachungs-Kalender für den Sturmbann III/78. SS-Standarte, ca. 9.1938, in: Ebd., 483/1810b, Bl. 76; Hein, Elite, S. 273.
223 Liste von SS-Männern des III/78. SS-Standarte, 18.3.1946, in: HHStaW, 483/1810a, Bl. 1.
224 Kommandierung zur probeweisen Dienstleistung zum IKL, SS-Personalhauptamt, 20.2.1940, in: BArch/L, VBS286/6400014211, Bl. 41.
225 Vgl. Wachsmann, KL, S. 11, 235-238, 242.
226 Vgl. Historisches Wetter 1.3.1940, in: chroniknet, https://chroniknet.de/extra/historisches-wetter/?wetter-datum=1.3.1940.
227 Vgl. Frank u. a., Zachor, S. 220.
228 Vgl. Totenbuch KZ Sachsenhausen 1936-1945, http://www.stiftung-bg.de/totenbuch/main.php.
229 Konzentrationslager Dachau/Kommandantur: Disziplinar- und Strafordnung für das Gefangenenlager v. 1.10.1933, in: Intern. Militärgerichtshof Nürnberg, Bd. 26, Nürnberg 1947, S. 292, zit. nach: Karin Orth, Egon Zill. Ein typischer Vertreter der Konzentrationslager-SS, in: Klaus-Michael Mallmann/Gerhard Paul (Hg.), Karrieren der Gewalt. Nationalsozialistische Täterbiographien, Darmstadt 2004, S. 264-273, hier S. 266.
230 Kommandanturbefehl Eicke, KZ Lichtenberg 2.6.1934, in: BArch/L, SSO 181 Eicke (Mikrofilm), Bl. 62, zit. nach: Niels Weise, Eicke. Eine SS-Karriere zwischen Nervenklinik, KZ-System und Waffen-SS, Paderborn/München/Wien/Zürich 2013, S. 236. Vgl. auch Wachsmann, KL, S. 228.
231 Vgl. Wachsmann, KL, S. 228.
232 Vgl. Weise, Eicke, S. 236; Orth, Konzentrationslager-SS, S. 130.
233 Vgl. Orth, Zill, S. 266.
234 Vgl. Wachsmann, KL, S. 233.
235 Vgl. Orth, Konzentrationslager-SS, S. 63, Fn. 18.
236 Vgl. Broszat (Hg.), Kommandant, S. 138; Pierre Petit, Schutzhäftling Nr. 2201. Das war Bergen-Belsen, in: Rappel 10 (1965), S. 505-535, hier S. 507; Die Gedenkstätte Sachsenhausen bietet auf ihrer Website eine interaktive Karte des Lagers an, http://www.stiftung-bg.de/gums/de/lageplan/lageplan_fr.html.
237 Vgl. Günter Morsch, Die Konzentrationslager-SS 1936-1945: Exzess- und Direkttäter im KZ Sachsenhausen. Eine Ausstellung am historischen Ort, Berlin 2016, S. 234.
238 Ermittlung gegen Haas wegen Mordes durch die Staatsanwaltschaft Köln, 1962-1963, in: LAV NRW R, Rep. 118/315, Bl. 1.
239 Vernehmung von Gustav Sorge durch das Landgericht Bonn, 27.4.1957, in: LAV NRW R, Rep. 529/30, S. 31, zit. aus Kopie in: AS.
240 Vgl. Andrea Riedle, Die Angehörigen des Kommandanturstabs im KZ Sachsenhausen:

Sozialstruktur, Dienstwege und biografische Studien, Berlin 2011, S. 56; Stefan Hördler, Ordnung und Inferno: Das KZ-System im letzten Kriegsjahr, Göttingen 2015, S. 166f.
241 Vgl. Orth, Konzentrationslager-SS, S. 131.
242 Vgl. Riedle, Kommandanturstab, S. 134.
243 Beförderungsvorschlag zum OStuf. der Waffen-SS d. Res., Oranienburg 1.6.1940, in: BArch/L, VBS286/6400014211, Bl. 10.
244 Broszat (Hg.), Kommandant, S. 210f.
245 Vgl. Wachsmann, KL, S. 233.
246 Stefanie Endlich, Kunst im KZ, in: Wolfgang Benz/Barbara Distel (Hg.), Der Ort des Terrors. Geschichte der nationalsozialistischen Konzentrationslager, Bd. 1, München 2005, S. 274-295, hier S. 275.
247 Vgl. ebd., S. 279.
248 Vgl. Wachsmann, KL, S. 141; Hördler, Ordnung, S. 68.
249 Personal-Bericht, Oranienburg 1940, in: BArch/L, VBS286/6400014211, Bl. 65f.
250 Broszat (Hg.), Kommandant, S. 133.
251 Vgl. Dirk Riedel, Ordnungshüter und Massenmörder im Dienst der „Volksgemeinschaft“: Der KZ-Kommandant Hans Loritz, Berlin 2009, S. 273-296, 348.
252 Vgl. ebd., S. 277-282.
253 Aussage R. W. vor dem Krim. Dezernat AK 5 zum Prozess gegen Suhren und Pflaum, Schwerin 5.7.1949, in: AS, D 30 A/8/2 A, S. 13.
254 Vgl. Riedel, Ordnungshüter, S. 283f.; Harry Naujoks, Mein Leben im KZ Sachsenhausen 1936-1942. Erinnerungen des ehemaligen Lagerältesten, Köln 1987, S. 224-229.
255 Aussage R. W. vor dem Krim. Dezernat AK 5 zum Prozess gegen Suhren und Pflaum, Schwerin 5.7.1949, in: AS, D 30 A/8/2 A, S. 13.
256 K. Wendland an Gestapo, April 1942, in: BArch/L, NS 4/Sa 2, Bl. 23, zit. nach: Wachsmann, KL, S. 444.
257 Naujoks, Leben, S. 225 sowie 226.
258 RSHA an Haas, Berlin 18.6.1940, in: BArch/L, VBS286/6400014211, Bl. 40.
259 Vgl. Hüser, Wewelsburg, S. 75.
260 Besoldungsakte A. Haas Adolf Haas, in: HHStaW, 483/2573, unpaginiert.
261 Vgl. Jan Erik Schulte, Himmlers Wewelsburg: eine historische Ortsbestimmung, in: Ders. (Hg.), SS, S. 3-22, hier S. 7-9; Kirsten John-Stucke, Niederhagen/Wewelsburg – Stammlager, in: Wolfgang Benz/Barbara Distel (Hg.), Der Ort des Terrors. Geschichte der nationalsozialistischen Konzentrationslager, Bd. 7, München 2008, S. 17-29, hier S. 17.
262 Vgl. John-Stucke, Niederhagen/Wewelsburg, S. 17.
263 Vgl. Hüser, Wewelsburg, S. 13-25; John, Vater, S. 1,22; John-Stucke, Niederhagen/Wewelsburg, S. 17.
264 Vgl. Kirsten John-Stucke, Die Zeugen Jehovas im Konzentrationslager in Wewelsburg und ihre Geheimdruckerei, in: Schulte (Hg.), SS, S. 337-354, hier S. 337-339.
265 Vgl. ebd., S. 342-344.
266 Vgl. ebd, S. 338f.
267 Broszat (Hg.), Kommandant, S. 136.
268 Schreiben der IKL an das Kommandoamt der Waffen-SS wegen „Beurlaubung der in der Waffen-SS dienenden Führer der Allg.-SS, Oranienburg 10.2.1941, in: BArch/L, VBS286/6400014211, Bl. 23.
269 Vgl. Riedel, Ordnungshüter, S. 242.
270 Vgl. ebd., S. 234, 243.
271 Vgl. Hüser, Wewelsburg, S. 75; Wenck, Menschenhandel, S. 105; John, Vater, S. 47; zu den Bauplänen: Interview Herbert Schmidt, Wewelsburg 16.5.1992, in: AGBB, BZ-666, S. 4.
272 Paul Buder, O Wewelsburg, ich kann dich nicht vergessen. Unveröffentlichtes Manuskript, Lipperode 1976, S. 34f.
273 Ebd.
274 Ebd., S. 21.
275 Vgl. ebd., S. 49.
276 Vgl. Hüser, Wewelsburg, S. 75-78; John, Vater, S. 47-49.
277 Paul Buder erinnert sich an einen Wettbewerb, den Haas vorschlug. Er wollte schauen, ob die Zeugen Jehovas oder die „Kriminel-

len" schneller bzw. besser Baracken bauen konnten. Vgl. Buder, Wewelsburg, S. 39f. Der Wahrheitsgehalt ist allerdings nicht belegt.

278 Vgl. John-Stucke, Zeugen, S. 338.

279 Beide Zitate aus: Schreiben der IKL an das Kommandoamt der Waffen-SS wegen „Beurlaubung der in der Waffen-SS dienenden Führer der Allg.-SS, Oranienburg 10.2.1941, in: BArch/L, VBS286/6400014211, Bl. 23.

280 Vgl. John, Vater, S. 57.

281 Vgl. Beförderungsvorschlag, Oranienburg 20.2.1941, in: BArch/L, VBS286/6400014211, Bl. 102.

282 Alle Zitate aus: Personal-Bericht, 27.2.1941, in: Ebd., Bl. 36f.

283 Buder, Wewelsburg, S. 21.

284 Vgl. John-Stucke, Zeugen, S. 339.

285 Vgl. John-Stucke, Niederhagen/Wewelsburg, S. 17, 19. Dennoch wird in der Personalakte von A. Haas des Öfteren die heute gängige, weniger verschleiernde Bezeichnung „KL Niederhagen – Wewelsburg" verwendet. S. u. a. Meldung zur Verleihung des Kriegsverdienstkreuzes II. Klasse mit Schwertern, Wiesbaden 15.10.1942, in: BArch/L, VBS286/6400014211, Bl. 33.

286 Vgl. Schulte, Wewelsburg, S. 7. Danach war das KZ Arbeitsdorf beim Volkswagenwerk in Fallersleben das kleinste Hauptlager.

287 Interview Otto Preuss vom 20.3.1996, zit. nach: John, Vater, S. 57.

288 Nicht umsonst gab Karl Hüser der ersten Gesamtdarstellung zum KZ Niederhagen/Wewelsburg den Titel „Kult- und Terrorstätten der SS" (1982).

289 Interview John-Stucke mit W. P., 1.4.2003, Transkript in: AKMW.

290 Vgl. John-Stucke, Niederhagen/Wewelsburg, S. 19; John, Vater, S. 57. Neben ihrer ausführlichen Monografie bzw. ihrem kompakten Aufsatz über das KZ Niederhagen/Wewelsburg liegt der Verdienst von Kirsten John-Stucke besonders im Zusammentragen von Zeitzeugenberichten. Diejenigen, die Haas erwähnen, tragen einen erheblichen Teil dazu bei, die biografische Rekonstruktion aus den Bundesarchiv-Akten mit wertvollen Details zu ergänzen.

291 Interview Otto Preuss vom 20.03.1996, zit. nach: John, Vater, S. 57.

292 Aussage J. G., 6.3.1965, in: LAV NRW R, Rep. 118/921, Bl. 40f.

293 Aussage E. N., Wewelsburg 11.3.1965, in: LAV NRW R, Rep. 118/922, Bl. 75, S. 2.

294 Vgl. John-Stucke, Niederhagen/Wewelsburg, S. 24.

295 Bernhard Rammerstorfer, Ungebrochener Wille. Der außergewöhnliche Mut eines einfachen Mannes. Leopold Engleitner, geb. 1905, Herzogsdorf 2008, S. 226.

296 Zit. nach: John-Stucke, Niederhagen/Wewelsburg, S. 21.

297 Vgl. Aussage H. S., Hachenburg 27.11.1969, in: LAV NRW R, Rep. 118/918, Bl. 3.

298 Max Hollweg, „Es ist unmöglich, von dem zu schweigen, was ich erlebt habe." Zivilcourage im Dritten Reich, Bielefeld 2000, S. 128.

299 Vgl. Ausstellung, KMW.

300 Buder, Wewelsburg, S. 30.

301 Es handelt sich um Friedrich Ekrutt, ebenfalls ein Zeuge Jehovas, vgl. Neuwöhner, Radikalisierung, S. 377.

302 Buder, Wewelsburg, S. 23.

303 Vgl. ebd., S. 53; John-Stucke, Zeugen, S. 343.

304 Aussage H. K., Bad Marienburg 24.7.1969, in: LAV NRW R, Rep. 118/921, S. 13.

305 Buder, Wewelsburg, S. 55.

306 Aussage Ludwig Rehn im Prozess gegen ihn und andere, Strafsache wegen Mordes und versuchten Mordes, in: Gerichtsentscheidungen Landgericht Paderborn 5.2.1971, in: Christiaan F. Rüter u. a. (Hg.), Justiz und NS-Verbrechen. Sammlung deutscher Strafurteile wegen nationalsozialistischer Tötungsverbrechen 1945-1999, Bd. XXXV, Amsterdam/München 2005, Lfd. Nr. 747, S. 20.

307 Auf den wohl falsch übernommenen Begriff für eine Kategorie von KZ-Häftlingen, die im Lagerjargon „BV-ler" oder „Berufsverbrecher" genannt wurden, verweist Julia Hörath, „Asoziale" und „Berufsverbrecher"

in den Konzentrationslagern 1933 bis 1938, Göttingen 2017.
308 Buder, Wewelsburg, S. 56.
309 Rüter u. a. (Hg.), Justiz, Lfd. Nr. 747, S. 21.
310 Georg Klohe, Lebensbericht, 14.9.1956, S. 10f., in: Jehovas Zeugen, Geschichtsarchiv.
311 Buder, Wewelsburg, S. 55-57.
312 Ebd., Nachtrag.
313 Ebd., S. 53 und 97.
314 Ebd., S. 53.
315 Vgl. John-Stucke, Zeugen, S. 346.
316 Rüter u. a. (Hg.), Justiz, Lfd. Nr. 747, S. 24.
317 Hüser, Wewelsburg, S. 89.
318 Aussage H. K., Landgericht Paderborn, 25.11.1970, in: LAV NRW R, Rep. 118/898, Bl. 160.
319 Aussage J. F., Bous 5.5.1965, in: LAV NRW R, Rep. 118/921, Bl. 208.
320 Vgl. John, Vater, S. 85f.
321 Aussage G. K., Lahr 18.3.1965, in: LAV NRW R, Rep. 118/921, Bl. 81/54.
322 Buder, Wewelsburg, S. 38.
323 Ebd., S. 67.
324 Rammerstorfer, Wille, S. 247.
325 Buder, Wewelsburg, S. 46.
326 Ebd., S. 34.
327 Ebd., S. 41.
328 Rüter u. a. (Hg.), Justiz, Lfd. Nr. 747, S. 13.
329 Vgl. John, Vater, S. 87f.
330 Vgl. John-Stucke, Zeugen, S. 341.
331 Vgl. John-Stucke, Zeugen, S. 339.
332 John-Stucke, Niederhagen/Wewelsburg, S. 22.
333 Der Begriff „Vernichtung durch Arbeit" taucht allerdings im Protokoll der Wannseekonferenz selbst nicht auf.
334 Vgl. Wachsmann, KL, S. 346.
335 Vgl. ebd., S. 191-194.
336 Vgl. ebd., S. 454f.
337 WVHA, Befehl Nr. 10, 13.3.1942, zit. nach: ebd., S. 455.
338 Himmler an Pohl, 29.5.1942, zit. nach: ebd., S. 460.
339 R. Höß über Oswald Pohl, Nov. 1946, in: IfZ, F 13/6, Bl. 343-354, hier Bl. 353, zit. nach: Wachsmann, KL, S. 462.
340 Pohl an Lagerkommandanten u. a., 30.4.1942, zit. nach: Wachsmann, KL, S. 453.
341 Vgl. Wachsmann, KL, S. 453, 462f.
342 Ebd., S. 465.
343 Vgl. Hermann Kaienburg, Der Militär- und Wirtschaftskomplex der SS im KZ-Standort Sachsenhausen Oranienburg. Schnittpunkt von KZ-System, Waffen-SS und Judenmord, Berlin 2015, S. 351.
344 Vgl. Riedel, Ordnungshüter, S. 284-289; Wachsmann, KL, S. 444f.
345 Meldung Haas, 18.6.1942, GPDD 13/28.6.1942, HW 16/19, Nr. 6/7, in: National Archives, zit. nach: Jan Erik Schulte, Stärkemeldungen des Konzentrationslagers Niederhagen 1942/43. Ein Quellenfund aus dem britischen Nationalarchiv in Kew, in: Ders. (Hg.), SS, S. 513-531, S. 514.
346 Vgl. Guido Fackler, Lied und Gesang im KZ, in: Max Matter/Nils Grosch (Hg.), Lied und populäre Kultur, Münster u. a. 2001, S. 141-198, hier S. 190.
347 Liedtext überliefert in: Buder, Wewelsburg, S. 85f., auch zit. nach: John, Vater, S. 85.
348 Vgl. John-Stucke, Niederhagen/Wewelsburg, S. 24f. Von „couragierten Einzelpersonen" erzählt detailliert u. a. Leopold Engleitner, vgl.: Rammerstorfer, Wille, S. 222f.
349 Buder, Wewelsburg, S. 58f.
350 Aussage E. N., Wewelsburg 11.3.1965, in: LAV NRW R, Rep. 118/922, Bl. 75, S. 2.
351 Buder, Wewelsburg, S. 58f.
352 Ebd. Mit ähnlichem Wortlaut auch Bericht Müller Wettin, 4.5.1945, in: Internet-Portal „Westfälische Geschichte", https://www.lwl.org/westfaelische-geschichte/portal/Internet/finde/langDatensatz.php?urlID=1037&url_tabelle=tab_quelle.
353 Buder, Wewelsburg, S. 44f.
354 Vgl. Neuwöhner, Radikalisierung, S. 360-366.
355 Aussage Dr. Franz Metzger, in: LAV NRW R, Rep. 118/855-935, zit. nach: Neuwöhner, Radikalisierung, S. 370.
356 Vgl. Neuwöhner, Radikalisierung, S. 369-

371; Aussage M. H., Wewelsburg 7.8.1947, in: WL, Doc. No. 82147113.

357 Aussage M. H., Wewelsburg 7.8.1947, in: WL, Doc. No. 82147113.

358 Vgl. John, Vater, S. 87f.

359 Aussage Dr. Franz Metzger, in: LAV NRW R, Rep. 118/855-935, zit. nach: Neuwöhner, Radikalisierung, S. 373.

360 Vgl. Buder, Wewelsburg, S. 34.

361 Vgl. Neuwöhner, Radikalisierung, S. 374.

362 Brief von Friedrich Klingenberg an Kirsten John-Stucke vom 28.6.1992, zit. nach: John, Vater, S. 90.

363 John-Stucke, Niederhagen/Wewelsburg, S. 22.

364 Buder, Wewelsburg, S. 20. Buder gibt 1940 als Zeitpunkt des Brennnesselkommandos an.

365 Vgl. John-Stucke, Niederhagen/Wewelsburg, S. 22; John, Vater, S. 89f.

366 Vgl. John-Stucke, Niederhagen/Wewelsburg, S. 22; John, Vater, S. 90f.

367 Buder, Wewelsburg, S. 35.

368 Aussage E. W., Neuß 28.7.1970, in: LAV NRW R, Rep. 118/921, S. 3.

369 Buder, Wewelsburg, S. 37f.

370 Vgl. Hermann Kaienburg, Vernichtung durch Arbeit. Der Fall Neuengamme. Die Wirtschaftsbestrebungen der SS und ihre Auswirkungen auf die Existenzbedingungen der KZ-Gefangenen, Bonn 1991, S. 320-323.

371 Vgl. Aussage M. H., Schlangen 9.4.1965, in: LAV NRW R, Rep. 118/921, Bl. 183; Aussage A. P., Bonn 6.5.1965, in: Ebd., Rep. 118/922, Bl. 87.

372 Aussage G. S., Biedenkopf/Lahn 27.3.1965, in: LAV NRW R, Rep. 118/918, Bl. 2.

373 Aussage E. W., Coburg 8. und 10.9.1965, in: LAV NRW R, Rep. 118/919, Bl. 3. Das Pfahlhängen als Bestrafung für W. bestätigt auch A. W., Dieburg 18.8.1970, in: LAV NRW R, Rep. 118/919, Bl. 6.

374 Vgl. John-Stucke, Niederhagen/Wewelsburg, S. 23; John, Vater, S. 106f.; Georg Klohe, Lebensbericht, 14.9.1956, S. 10f., in: Jehovas Zeugen, Geschichtsarchiv.

375 Aussage O. P., LAV NRW R, Rep. 118/855-935, zit. nach: Neuwöhner, Radikalisierung, S. 376.

376 Buder, Wewelsburg, S. 34f., 50.

377 Aussage H. S., Dachau 25.2.1947, in: WL, Doc. No. 82147158, S. 2.

378 Buder, Wewelsburg, S. 50.

379 Ebd, S. 33.

380 Aussage A. W., Dieburg 18.8.1970, in: LAV NRW R, Rep. 118/919, Bl. 4f.

381 Ebd., Aussage H. Z., Stuttgart 11.6.1970, in: LAV NRW R, Rep. 118/919, Bl. 3.

382 Vgl. John-Stucke, Niederhagen/Wewelsburg, S. 24.

383 Vgl. Aussage J. G., 6.3.1965, in: LAV NRW R, Rep. 118/921, Bl. 40f.

384 Vgl. Aussage W. K., Wewelsburg 7.8.1947, in: WL, Doc. No. 82147115.

385 Buder, Wewelsburg, S. 59f.

386 Vgl. Wachsmann, KL, S. 294.

387 Vgl. John-Stucke, Niederhagen/Wewelsburg, S. 23.

388 Buder, Wewelsburg, S. 57f.

389 Ebd.

390 Ebd.

391 Vgl. John-Stucke, Niederhagen/Wewelsburg, S. 23; John, Vater, S. 106f.

392 Vgl. Wachsmann, KL, S. 266.

393 Vgl. John-Stucke, Zeugen, S. 341.

394 Vgl. Buder, Wewelsburg, S. 75f. Sie ließen ihn in Ruhe, als er drohte, ihnen den Kopf einzuschlagen.

395 Karl Hüser/Wulff E. Brebeck, Wewelsburg 1933-1945. Das Konzentrationslager, in: Westfalen im Bild, 2002, https://www.lwl.org/westfaelische-geschichte/portal/Internet/input_felder/seite1_westf_bild.php?urlID=332#uFN21/5. Dazu vgl. auch Hüser, Wewelsburg, S. 98.

396 Vgl. Wachsmann, KL, S. 266; Hüser/Brebeck, Wewelsburg 1933-1945.

397 Landrat des Kreises Büren an Stadt- u. Amtsbürgermeister Büren, Büren 31.10.1942, in: WL, Doc. No. 3664213. Siehe auch: Landrat des Kreises Büren an Stadt- u. Amtsbürgermeister Büren, Büren 5.9.1942, in: Ebd., Doc. No. 3664205f.

398 Vgl. John, Vater, S. 69.
399 Vgl. Hüser, Wewelsburg, S. 90-92; John-Stucke, Niederhagen/Wewelsburg, S. 24, John-Stucke: Zeugen, S. 341. Die Zahl der Toten entstammt aus: Sterbeurkunden, Todesanzeigen Wewelsburg/Niederhagen 1940-1943, in: Standesamt Büren.
400 Dieter Pohl, Orden für Massenmord, in: Zeit Online, 8.6.2008, http://www.zeit.de/2008/24/Eisernes-Kreuz.
401 Vgl. Wachsmann, KL, S. 320f.; Orth, Konzentrationslager-SS, S. 299.
402 Vgl. Meldung zur Verleihung des Kriegsverdienstkreuzes II. Klasse mit Schwertern an SS-Personalkartei, Wiesbaden 15.10.1942, in: BArch/L, VBS286/6400014211, Bl. 33.
403 Vgl. Beförderungsvorschlag für A. Haas durch den Führer des SS-Oberabschnitts Rhein-Westmark, Wiesbaden 12.11.1942, in: BArch/L, VBS286/6400014211, Bl. 32.
404 Personal-Bericht, 26.11.1942, nicht mehr vorhanden in den Bundesarchiv-Akten daher zit. nach: John, Vater, S. 57.
405 Vgl. Besoldungsakte A. Haas, in: HHStaW, 483/2573.
406 Vgl. Besoldungsfestsetzung durch das SS-WVHA, Berlin 8.3.1943, in: BArch/L, VBS286/6400014211, Bl. 106; Nachzahlung für Haas, Meldung durch Oberabschnitt Rhein, Wiesbaden März 1943, in: Besoldungsakte A. Haas, HHStaW, 483/2573.
407 Aussage J. K., Cuxhaven 23.9.1969, in: LAV NRW R, Rep. 118/921.
408 Vgl. Interview Herbert Schmidt, Wewelsburg 16.5.1992, in: AGBB, BZ-666, S. 14
409 Buder, Wewelsburg, S. 60f.
410 Vgl. Rammerstorfer, Wille, S. 228.
411 Buder, Wewelsburg, S. 51.
412 Ebd., S. 61.
413 Ebd.
414 Ebd., S. 63f.
415 Ebd., S. 64f.
416 Ebd., S. 68f.
417 Ebd., S. 69.
418 Rammerstorfer, Wille, S. 227.
419 Buder, Wewelsburg, S. 70f.
420 Aussage G. K., Lahr 18.3.1965, in: LAV NRW R, Rep. 118/921, Bl. 80/54. Vgl. auch Lebensbericht Georg Klohe, Lebensbericht, S. 14., in: Jehovas Zeugen, Geschichtsarchiv, zit. auch bei: John, Vater, S. 117.
421 Auskunft Tilmann Taube, E-Mail vom 15.12.2017. Vgl. zu seinem Großvater: Tilman Taube, Der Großvater in Auschwitz – Zur Geschichte einer Fotoserie im Höcker-Album, in: Christophe Busch/Stefan Hördler/Robert Jan van Pelt (Hg.), Das Höcker-Album. Auschwitz durch die Linse der SS, Darmstadt 2016, S. 172-187.
422 Brief Heinz Baumkötter an seine Verlobte, 8.2. und 10.2.1943, in: Privatbesitz, Tilman Taube.
423 Vgl. Auskunft Tilmann Taube, E-Mail vom 15. und 19.12.2017.
424 Buder, Wewelsburg, S. 71.
425 Aussage O. P. zum 2. Wewelsburgprozess, 6.5.1970, in: LAV NRW R, Rep. 118/922; LKA-Bericht, Hachenburg 14.7.1970, in: Ebd., Rep. 118/921.
426 Interview Herbert Schmidt, Wewelsburg 16.5.1992, in: AGBB, BZ-666, S. 10.
427 Buder, Wewelsburg, S. 64.
428 Interview Josef Rehwald, Berlin 10.7.1997, in: VHA, Interview Code 32323, Min. 7:04.
429 Buder, Wewelsburg, S. 63.
430 Auch folgende Zitate aus: Ebd., S. 65.
431 Ebd., S. 77.
432 Ebd.
433 Ebd., S. 97.
434 Vgl. John-Stucke, Zeugen, S. 345; Neuwöhner, Radikalisierung, S. 369.
435 Rammerstorfer, Wille, S. 247f.
436 Buder, Wewelsburg, S. 80f.
437 Ebd., S. 81.
438 Ebd., S. 80.
439 Fragebogen vom 14.08.1937, in: BArch/L, VBS286/6400014211, Bl. 56f.
440 Väter von vier ehelichen oder unehelichen Kindern wurden zudem vom Lebensborn-Mitgliedsbeitrag befreit. Adolf Haas hatte bereits drei eheliche Kinder. Ob er mit der blonden 25-jährigen Frau in Wewelsburg

ein viertes uneheliches Kind zeugte, ist nicht bekannt. Vgl. zum Lebensborn e. V. allgemein: Georg Lilienthal, Der „Lebensborn e. V.“ Ein Instrument nationalsozialistischer Rassenpolitik, Frankfurt a.M. 2003; Volker Koop, Dem Führer ein Kind schenken. Die SS-Organisation „Lebensborn“ e. V., Köln 2007.

441 Ermittlungsbericht LKA-NRW, Neuß 1.9.1970, in: LAV NRW R, Rep. 118/933. U. a. bestätigt der ehemalige SS-Mann E. W. das Verhältnis, vgl. Aussage ders., Neuß 28.7.1970, in: Ebd., Rep. 118/921, S. 5.

442 Aussage E. N. in Ermittlungsbericht LKA-NRW, Neuß 1.9.1970, in: Ebd., Rep. 118/933, S. 2.

443 Hollweg, Zivilcourage, S. 129f.

444 Ermittlungsbericht LKA-NRW, Neuß 1.9.1970, in: LAV NRW R, Rep. 118/933.

445 Vgl. Personalakte Adolf Lehmann, geb. 26.7.1899, in: BArch/L, R 9361-III/539814.

446 John-Stucke, Zeugen, S. 341; Hüser, Wewelsburg, S. 97f.

447 Interview C. B. mit Herrn R., 16.5.1992, Transkript in: AKMW, S. 30.

448 Buder, Wewelsburg, S. 82f. Buder behauptet, Haas habe diese letzten Worte genau an seinem Geburtstag, am 19. Mai 1943, an ihn gerichtet. Das Datum stimmt nicht, da Haas am 7. Mai Wewelsburg verließ.

449 Vgl. Thomas Rahe, Zeugen Jehovas im Konzentrationslager Bergen-Belsen, in: Herbert Diercks (Hg.), Abgeleitete Macht – Funktionshäftlinge zwischen Widerstand und Kollaboration, Bremen 1998, S. 106-116, hier S. 106.

450 Erlass Himmlers an SS-Gruppenführer Müller (RSHA), Dez. 1942, in: ZStL, I/507, zit. nach: Kolb, Bergen-Belsen (2002), S. 20.

451 Vgl. Wenck, Menschenhandel, S. 33-93.

452 Schreiben RSHA an Befehlshaber der Sicherheitspolizei Den Haag, 31.8.1943, in: RvO, ohne Signatur, zit. nach: Rolf Keller u. a. (Hg.), Konzentrationslager Bergen-Belsen. Berichte und Dokumente, Göttingen 1995, S. 36. Vgl. auch: Stellungnahme der Rechtsabteilung des AA zu einem Erlaßentwurf des RSHA, 4.2.1943, zit. nach: Kolb, Bergen-Belsen (1962), S. 204.

453 Vgl. Wachsmann, KL, S. 390.

454 Schnellbrief Auswärtiges Amt (gez. Bergmann) an RSHA (z. Hd. Eichmann), 2.3.1943, in: Politisches Archiv Bonn, Gruppe Inland IIg 177, zit. nach: Kolb, Bergen-Belsen (2002), S. 20.

455 Wachsmann, KL, S. 392.

456 Vgl. Kolb, Bergen-Belsen (2002), S. 21f.; Wachsmann, KL, S. 390.

457 Wenck, Menschenhandel, S. 106.

458 Vgl. ebd., S. 106-108.

459 Zit. nach: Thomas Ammann/Stefan Aust, Hitlers Menschenhändler: das Schicksal der „Austauschjuden“, Berlin 2013, S. 25.

460 Kolb, Bergen-Belsen (1962), S. 42.

461 Kolb, Bergen-Belsen (2002), S. 23. Leider geht Wenck in ihrer jüngeren Monografie nicht explizit auf die Umstände der Stellenbesetzung ein.

462 Vgl. Wenck, Menschenhandel, S. 107.

463 Pierre Petit, Schutzhäftling Nr. 2201. Das war Bergen-Belsen, in: Rappel 7/8 (1965), S. 379-404, hier S. 382.

464 Runderlaß WVHA D I, Berlin 29.06.1943, in: WL, Doc. No. 82351186#1; auch zit. bei: Kolb, Bergen-Belsen (1962), S. 22.

465 Vgl. Simon Heinrich Herrmann, Austauschlager Bergen-Belsen. Geschichte eines Austauschtransports, Tel Aviv 1944, S. 34; Kolb, Bergen-Belsen (1962), S. 39-43; Wenck, Menschenhandel, S. 119-121.

466 Vgl. Kolb, Bergen-Belsen (1962), S. 43.

467 Alle Zitate auf den folgenden Seiten aus: Bericht Eberhard von Thadden, Berlin 6.8.1943, in: WL, Doc. No. 82351166-82351169; ebenfalls abgedruckt und ausführlich kommentiert in: Sebastian Weitkamp, Der Besuch des Judenreferenten. Die Besichtigung des Lagers Bergen-Belsen durch den Diplomaten Eberhard von Thadden im Juli 1943, in: Herbert Diercks (Hg.), Hilfe oder Handel? Rettungsbemühungen für NS-Verfolgte, Bremen 2007, S. 50-67.

468 Vgl. Weitkamp, Besuch, S. 63.
469 Vgl. Weitkamp, Besuch, S. 61.
470 Bericht Von Thadden, AA an Eichmann, 12.8.1943, in: Police d'Israel, Nr. 1418, zit. nach: Wenck, Menschenhandel, S. 109.
471 Aktennotiz König, 24.10.1944, in: Schweizerisches Bundesarchiv Bern, E 2200.56-/3, Bd. 1, zit. nach: Weitkamp, Besuch, S. 60.
472 Vgl. Wenck, Menschenhandel, S. 391.
473 Broszat (Hg.), Kommandant, S. 210.
474 Ebd. Höß spricht allerdings noch von der alten Bezeichnung „Inspektion der KL" für die Amtsgruppe D.
475 Vgl. Volker Koop, Rudolf Höß. Der Kommandant von Auschwitz. Eine Biographie, Köln u. a. 2014, S. 237.
476 Broszat (Hg.), Kommandant, S. 210.
477 Aktenvermerk des BdS, Den Haag IV B 5, 20.9.1943, in: RvO, 172 a, Bl. 144, 153a, zit. nach: Kolb, Bergen-Belsen (1962), S. 40; vgl. Wenck, Menschenhandel, S. 110.
478 Beförderungsvorschlag zum Stubaf d. Waffen-SS d. Res., Oranienburg 15.9.1943, in: BArch/L, VBS286/6400014211, Bl. 6. Vgl. Hördler, Ordnung, S. 50, Fn. 100.
479 S. Schreiben Himmlers an Haas wegen Beförderung zum SS-Stubaf. d. Waffen-SS d. Res, München, 7.11.1943, in: BArch/L, VBS286/6400014211, Bl. 31.
480 Schreiben des WVHA an Haas wegen Weihnachtszuwendung, 8.12.1943 und 31.12.1943, in: Ebd., Bl. 88, 107; Schreiben WVHA an Haas wegen Besoldungsfestsetzung, Berlin 8.3.1943, in: Ebd., Bl. 106; siehe auch: Gleiches Schreiben von Pohl an Heinrich Schwarz, Kommandant von KL Auschwitz III, 8.12.1943, in: BArch/L, R 9361-III/555943, Bl. 340.
481 Richtlinien zur technischen Durchführung der Verlegung von Juden ins Aufenthaltslager Bergen-Belsen, Den Haag 31.8.1943, in: RvO, ohne Signatur, zit. nach: Keller u. a. (Hg.): Konzentrationslager, S. 37.
482 In den wenigen erhaltenen Aktenstücken aus Bergen-Belsen wird von der SS tatsächlich zwischen „Insassen" aus dem „Aufenthaltslager" und Häftlingen aus dem restlichen Lager unterschieden, vgl. Anmerkung Thomas Rahe.
483 Vgl. Wenck, Menschenhandel, S. 155-157.
484 Vgl. Wenck, Menschenhandel, S. 138. Zu den Teillagern siehe ebd., S.138-163, 163-200, 200-272, 272-337 (der Reihenfolge nach).
485 Heinrich Schönker, Ich war acht und wollte leben. Eine Kindheit im Zeichen der Shoah, Düsseldorf 2008, S. 162. Seine Lebensgeschichte erzählt Schönker eindrücklich im Film „Vom Wunder des Überlebens" (The Touch of an Angel, Dotknięcie anioła, 2015) von Marek Tomasz Pawłowski, https://vimeo.com/152570697.
486 Vgl. Wenck, Menschenhandel, S. 158.
487 Hilde Huppert, Hand in Hand mit Tommy: ein autobiographischer Bericht, 1939-1945, St. Ingbert 1997, S. 89.
488 Vgl. Kolb, Bergen-Belsen (2002), S. 29, Wenck, Menschenhandel, S. 163-200. Zu den Austauschverhandlungen mit Argentinien vgl. Uki Goñi, Odessa. Die wahre Geschichte. Flucht für NS-Kriegsverbrecher, Berlin/Hamburg 2006, S. 61-63.
489 Rudolf Levy, Das Neutralenlager Bergen-Belsen, Istanbul 1945, in: WL, Doc. No. 82351057#1, S. 15f.
490 Vgl. Wenck, Menschenhandel, S. 200f., 218-220; Kolb, Bergen-Belsen (1962), S. 63f.
491 Renata Laqueur, Bergen-Belsen Tagebuch 1944/1945, Hannover 1995, 14.7.1944, S. 73.
492 Herrmann, Austauschlager, S. 34; So auch bei Petit, Schutzhäftling, in: Rappel 10 (1965), S. 517.
493 Vgl. Kolb, Bergen-Belsen (1962), S. 83f.; Herrmann, Austauschlager, S. 41f.
494 Laqueur, Tagebuch, 15.6.1944, S. 64.
495 Michaël Bochow/Andreas Pretzel (Hg.), Ich wollte es so normal wie andere auch. Walter Guttmann erzählt sein Leben, Hamburg 2011, S. 45.
496 Auch die folgenden Zitate: Bericht J. G., o. A., in: WL, Doc. No. 82351106#1.
497 Ebd.
498 Vgl. Wenck, Menschenhandel, S. 255;

Bochow/Pretzel (Hg.), Guttmann, S. 45; allgemein zum Häftlingseinsatz in der Schuhindustrie: Anne Sudrow, Der Schuh im Nationalsozialismus. Eine Produktgeschichte im deutsch-britisch-amerikanischen Vergleich, Göttingen 2013.

499 Felix Hermann Oestreicher, Ein jüdischer Arzt-Kalender: durch Westerbork und Bergen-Belsen nach Tröbitz, Konzentrationslager-Tagebuch 1943-1945, Konstanz 2000, 17.6.1944, S. 82.

500 Petit, Schutzhäftling, in: Rappel 10 (1965), S. 518.

501 Laqueur, Tagebuch, 22.4.1944, S. 33.

502 Vgl. Wenck, Menschenhandel, S. 253.

503 Zit. nach: Hans-Dieter Arntz, Der letzte Judenälteste von Bergen-Belsen. Josef Weiss – würdig in einer unwürdigen Umgebung, Aachen 2012, S. 76, sowie nach: Kolb, Bergen-Belsen (1962), S. 84.

504 Zit. nach: Arntz, Judenälteste, S. 277.

505 Aufzeichnungen von Weiß, 30.9.1945, in: RvO c (II), zit. nach: Kolb, Bergen-Belsen (1962), S. 84.

506 Laqueur, Tagebuch, 19.3.1944, S. 14. Vgl. auch: Arieh Koretz, Bergen-Belsen: Tagebuch eines Jugendlichen 11.7.1944-30.3.1945, Göttingen 2011, 14.7.1944, S. 27.

507 Petit, Schutzhäftling, in: Rappel 10 (1965), S. 519.

508 Bericht J. G., o. A., in: WL, Doc. No. 82351106 und -7#1.

509 Mirjam Bolle, „Ich weiß, dieser Brief wird Dich nie erreichen": Tagebuchbriefe aus Amsterdam, Westerbork und Bergen-Belsen, Frankfurt a. M. 2006, 12.2.1944, S. 250.

510 Loden Vogel, Tagebuch aus einem Lager, Göttingen 2002, 18.7.1944, S. 40.

511 Herrmann, Austauschlager, S. 40f.

512 Vgl. Kolb, Bergen-Belsen (1962), S. 82.

513 Herrmann, Austauschlager, S. 47.

514 Bolle, Brief, 12.2.1944, S. 250.

515 Siehe dazu auch die Überlegungen im Epilog.

516 Hella Rufeisen-Schüpper, Abschied von Mila 18: als Ghettokurierin zwischen Krakau und Warschau, Köln 1998, S. 209.

517 Huppert, Hand (dt.), S. 91.

518 Shmuel Thomas Huppert, Habe ich Anne Frank gesehen?, Gerlingen 1999, S. 184f.; Interview Shmuel Thomas Huppert, in: AGBB, BV 280, Kassette 2, Min. 0:02:00.

519 Huppert, Hand (dt.), S. 93.

520 Ebd.

521 Brief an den Autor von Heinrich Schönker, Tel Aviv 20.11.2017.

522 Schönker, Kindheit, S. 171.

523 Ebd., S. 174; vgl. auch Informationen aus der Datenbank der Gedenkstätte Bergen-Belsen.

524 Vgl. Wenck, Menschenhandel, S. 147-155; Rufeisen-Schüpper, Abschied, S. 206f.

525 Interview Heinrich Schönker, in: AGBB, BV 221, Kassette 5, Min. 0:46:00.

526 Interview Shmuel Huppert, in: Ebd., BV 280, Kassette 2, Min. 0:00:50.

527 Brief an den Autor von Heinrich Schönker, Tel Aviv 20.11.2017 (leicht sprachlich verändert).

528 Huppert, Anne Frank, S. 185; Brief an den Autor von Heinrich Schönker, Tel Aviv 20.11.2017 (leicht sprachlich verändert). An seine „(angebliche) Gefrässigkeit" und seinen „Alkoholbedarf" erinnerte sich auch der Überlebende Manfred Rosenbaum, vgl. Auskunft ders., E-Mail vom 7.5.2018.

529 Huppert, Anne Frank, S. 185.

530 Vgl. Interview Wenck mit M. Sch. v. 16.1.1995, zit. nach: Wenck, Menschenhandel, S. 115; Steffen Meyer, Ein Kriegsgefangenen- und Konzentrationslager in seinem Umfeld: Bergen-Belsen von außen und von innen 1941-1950, Stuttgart 2003, S. 71f.

531 Interview Friedrich Hemme, GBB 21.1.1991, zit. nach: Meyer, Umfeld, S. 71.

532 Interview Modrow, 7.8.1947, in: Sammlung Hanna Fueß, Wardböhmen 299/21, zit. nach: Meyer, Umfeld, S. 72.

533 Vgl. Aussage Dr. Ernst von Briesen, 16.2.1948, in: Rainer Schulze (Hg.), Unruhige Zeiten. Erlebnisberichte aus dem Landkreis Celle 1945-1949, München 1990, Dokument 52, S. 289-292.

534 Interview Herr G., 25.7.1947, in: Sammlung

Hanna Fueß, Winsen 299/15, zit. nach: Meyer, Umfeld, S. 72.

535 Interview A. und C. R., Abcoude 15.8.1991, Transkript in: AGBB, BT 571-574, S. 3f.

536 Zeitzeugenbericht M. G., undatiert, in: Ebd., BZ 919, S. 10.

537 Pierre Petit, Schutzhäftling Nr. 2201. Das war Bergen-Belsen, in: Rappel 11/12 (1965), S. 577-590, hier S. 584.

538 Vgl. Thomas Rahe, Häftlingszeichnungen aus dem Konzentrationslager Bergen-Belsen, Hannover 1993.

539 Schönker, Kindheit, S. 168.

540 Vgl. ebd., S. 168f.

541 Brief an den Autor von Heinrich Schönker, Tel Aviv 20.11.2017 (leicht sprachlich verändert).

542 Schönker, Kindheit, S. 169f.

543 Ebd., S. 170.

544 Heinrich Schönker, Die Berührung eines Engels. Manuskript, 2005, in: AGBB, S. 213f.

545 Ebd.

546 Siehe das Kapitel 4.2 „Der Sklaventreiber".

547 Vgl. Glücks an Schmidt-Klevenow, Betr. SS-Stubaf. Haas, Oranienburg 18.1.1944, in: BArch/L, VBS286/6400014211, Bl. 109.

548 Vgl. Personalakte Kurt Riedl, 21.5.1914, in: BArch/L, R 9361-III/163677; Datenbank der Gedenkstätte Bergen-Belsen und Buchenwald; Hördler, Ordnung, S. 242f.

549 Alle folgenden Zitate aus: Vernehmungsniederschrift Stubaf. A. Haas, Berlin, 25.1.1944, in: BArch/L, VBS286/6400014211, Bl. 115f.

550 Broszat (Hg.), Kommandant, S. 210f.

551 Vgl. Wachsmann, KL, S. 456f.; Koop, Rudolf Höß, S. 237-240.

552 Pierre Petit, Schutzhäftling Nr. 2201. Das war Bergen-Belsen, in: Rappel 9 (1965), S. 457-483, hier S. 480.

553 Vernehmungsniederschrift Stubaf. A. Haas, Berlin, 25.1.1944, in: BArch/L, VBS286/6400014211, Bl. 116.

554 Aussage Albert Petry, Bad Marienburg 13.7.1970, in: LAV NRW R, Rep. 118/922. In Bergen-Belsen arbeitete A.P. im SS-Bekleidungslager, vgl. Wenck, Menschenhandel, S. 123.

555 Brief an den Autor von Heinrich Schönker, Tel Aviv 20.11.2017 (leicht sprachlich verändert).

556 Vgl. Lebenslauf R. Riedl, in: Personalakte Kurt Riedl, 21.5.1914, in: BArch/L, R 9361-III/163677.

557 Rundschreiben Schmidt-Klevenow, Betr. Ehebruch mit Soldatenfrauen, Berlin 28.1.1944, in: BArch/L, NS 3/424.

558 Neben Haas werden erwähnt: SS-OStubaf. Dr. Hermann Fischer (Lagerarzt, Abt. V), SS-HStuf. Dr. Siegfried Seidl (Leiter der Polit. Abt., Abt. II), SS-OStuf. Hermann Campe (Schutzhaftlagerführer), SS-OStuf. Friedrich Küster (Leiter der Verwaltungsabteilung, Abt. IV), SS-UStuf. Gustav Strese (Führer der Wachkompanie).

559 Schreiben des Führers der 7. SS-Standarte an den Führer des SS-Abschnittes II, Tannenbergsthal, 19.2.1944, in: BArch/L, VBS286/6400014211, Bl. 117.

560 Vgl. Schreiben des SS-Führungshauptamtes Amt V Abtl. III/C an WVHA, Berlin, 20.3.1944, in: Ebd., Bl. 113.

561 Schreiben von SS-OGruf. Oswald Pohl an Haas, Berlin 30.3.1944, in: Ebd., Bl. 118.

562 Schreiben von Haas an SS-OGruf. O. Pohl, Bergen-Belsen 24.04.1944, in: Ebd., Bl. 67.

563 Jerzy Rawicz, Vorwort, in: Jadwiga Bezwińska/Danuta Czech u. a. (Hg.), KL Auschwitz in den Augen der SS, Katowice 1981, S. 20, zit. nach: Gudrun Schwarz, Eine Frau an seiner Seite. Ehefrauen in der „SS-Sippengemeinschaft", Hamburg 1997, S. 131. Vgl. auch Koop, Rudolf Höß, S. 106f.

564 Vgl. Endlich, Kunst, S. 279; Jürgen Kaumkötter, Der Tod hat nicht das letzte Wort. Kunst in der Katastrophe 1933–1945, Berlin 2015, S. 54-103; Die Gesichter von Auschwitz, in: Cicero, o. A., http://cicero.de/innenpolitik/die-gesichter-von-auschwitz/36916.

565 Wachsmann, KL, S. 451. Vgl. zu den Korruptionsuntersuchungen: Ders., S. 444-448.

566 Stanislav Zámečník (Hg.), Die Aufzeichnungen von Karel Kašák, in: Dachauer Hefte 11 (1995), S. 167-251, hier S. 240, zit. nach Wachsmann, KL, S. 452.

567 Das WVHA versetzte am 25.3.1944 SS-OStuf. Hermann Campe ins KZ Buchenwald, und am 20.4. SS-OStubaf. Dr. Hermann Fischer in das KZ Vught. Das RSHA unterstellte SS-HStuf. Dr. Siegfried Seidl am 18.3.1944 Eichmanns neu gebildetem Sondereinsatzkommando für die Durchführung der „Endlösung" in Ungarn. SS-OStuf. Friedrich Küster erkrankte im Sommer 1944 und wurde im Dezember 1944 endgültig ersetzt. SS-UStuf. Gustav Strese wurde am 17.12.1944 ins KZ Buchenwald versetzt. Vgl. SS-Personalakte Hermann Campe, geb. 8.11.1910, in: BArch/L, R 9361-III/26088 und /565760; SS-Personalakte Hermann Fischer, geb. 22.3.1883, in: Ebd., R 9361-II/239206 und R 9361-III/524272; SS-Personalakte Siegfried Seidl, geb. 24.8.1911, in: Ebd., R 9361-III/191843 und /556369; SS-Personalakte Gustav Strese, geb. 29.11.1893, in: Ebd., R 9361-III/558842 und /994060 sowie Eintrag G. Strese, in: AGBB, Datenbank; zu F. Küster vgl. Wenck, Menschenhandel, S. 123, 131.

568 Kolb, Bergen-Belsen (1962), S. 123.

569 Arthur Liebehenschel wechselte im Mai 1944 von Auschwitz I (Stammlager) nach Majdanek. Dort löste er Martin Gottfried Weiß ab, der im November 1944 zum Dachauer Außenkommando Mühldorf delegiert wurde. Hans Aumeier war nach der Evakuierung des KZ Vaivara im Sommer 1944 für die Landsberger Arbeitslager, Außenstelle des KZ Dachau, zuständig. Hans Hüttig versetze man im September von Herzogenbusch nach Natzweiler-Struthof.

570 Nikolaus Herbet, Kommandant im KZ Warschau, verlor im Frühjahr 1944 wegen Korruption seine Position. Amon Göth, Kommandant im KZ Plaszow, wurde im September 1944 wegen seiner Schwarzmarktgeschäfte verhaftet. Eduard Roschmann, Ghettokommandant von Riga-Kaiserwald, setzte sich im Oktober 1944 ab.

571 Nach der Auflösung des KZ Kauen (Kaunas) im Sommer 1944 wurde Wilhelm Göcke dem Höheren SS- und Polizeiführer in der „Operationszone Adriatisches Küstenland", Odilo Globocnik, unterstellt und im Kampf gegen Partisanen im Oktober 1944 getötet.

572 Vgl. Kolb, Bergen-Belsen (1962), S. 309.

573 Vgl. Wenck, Menschenhandel, S. 338-343; Wachsmann, KL, S. 524.

574 Vgl. Kolb, Bergen-Belsen (2002), S. 31f.

575 Petit, Schutzhäftling, in: Rappel 9 (1965), S. 470.

576 Vgl. Wachsmann, KL, S. 524.

577 Vgl. Kolb, Bergen-Belsen (2002), S. 32.

578 Andreas Pflock, „Lebens"-bedingungen im Konzentrationslager. Unterbringung und Ernährung, Kleidung und Hygiene, in: Claus Füllberg-Stolberg u. a. (Hg.), Frauen in Konzentrationslagern. Bergen-Belsen. Ravensbruck, Bremen 1994, S. 43-54, hier S. 43; John Cramer, Belsen Trial 1945. Der Lüneburger Prozess gegen Wachpersonal der Konzentrationslager Auschwitz und Bergen-Belsen, Göttingen 2011, S. 12.

579 Pierre Petit, Schutzhäftling Nr. 2201. Das war Bergen-Belsen, in: Rappel 2 (1966), S. 81-93, hier S. 90.

580 Ders., Schutzhäftling, in: Rappel 10 (1965), S. 517.

581 Ders., Schutzhäftling, in: Rappel 9 (1965), S. 470.

582 Vgl. ders., Schutzhäftling Nr. 2201. Das war Bergen-Belsen, in: Rappel 1 (1966), S. 39-41, hier S. 39.

583 Ders., Schutzhäftling, in: Rappel 10 (1965), S. 518.

584 Ders., Schutzhäftling, in: Rappel 9 (1965), S. 481f.

585 Vgl. Wachsmann, KL, S. 524; Wenck, Menschenhandel, S. 343; Pierre Petit, Schutzhäftling Nr. 2201. Das war Bergen-Belsen, in: Rappel 4 (1966), S. 187-198, hier S. 195.

586 Vgl. Petit, Schutzhäftling, in: Rappel 2 (1966), S. 91f.; ders., Schutzhäftling Nr. 2201. Das war Bergen-Belsen, in: 6 (1967), S

377-384, hier S. 377.

587 Vgl. ders., Schutzhäftling, in: Rappel 10 (1965), S. 511f.

588 Brief an den Autor von Heinrich Schönker, Tel Aviv 20.11.2017 (leicht sprachlich verändert).

589 Vgl. Wenck, Menschenhandel, S. 342; Petit, Schutzhäftling, in: Rappel 9 (1965), S. 480f.

590 Petit, Schutzhäftling, in: Rappel 10 (1965), S. 513.

591 Bolle, Brief, 14.4.1944, S. 272 und 28.5.1944, S. 274.

592 Vgl. Arntz, Judenälteste, S. 322f. Eine interaktive Karte zum Verlauf des Luftkrieges bietet Spiegel Online: http://www.spiegel.de/einestages/luftangriffe-auf-deutsche-staedte-interaktive-karte-a-1030568.html.

593 Vgl. Wenck, Menschenhandel, S. 272-274; Ammann/Aust, Menschenhändler, 10-15, S. 25.

594 Zeitzeugenbericht Hermann Adler, Celle 26.3.1992, in: AGBB, BT-5, S. 4.

595 Interview Hermann Adler, 9.6.1992 und 26.3.1992, zit. nach: Wenck, Menschenhändler, S. 330; vgl. auch zu Istvan Irsai: Rahe, Häftlingszeichnungen, S. 28-33.

596 Ladislaus Löb, Dealing with Satan. Reszo Kasztners' Daring Resque Mission. A Survivor's Tale, London 2008, S. 188, 195.

597 Vgl. Stefanie Plattner, Die Frauenlager im Konzentrationslager Bergen-Belsen, in: Füllberg-Stolberg u. a. (Hg.), Frauen, S. 27-42; Wenck, Menschenhandel, S. 343-347.

598 Petit, Schutzhäftling, in: Rappel 4 (1966), S. 221f.

599 Vgl. Wenck, Menschenhandel, S. 346; Laqueur, Tagebuch, 13.11.1944, S. 84.

600 Aus dem Niederländischen von: Mirjam Blits, Auschwitz 13917, Hoe Ik De Duitse Concentratiekampen Overleefde, Amsterdam/Brüssel 2001, S. 247f.

601 Pierre Petit, Schutzhäftling Nr. 2201. Das war Bergen-Belsen, in: Rappel 5 (1966), S. 219-235, hier S. 230.

602 Blits, Auschwitz, S. 250. Vgl. auch Wenck, Menschenhandel, S. 346; Petit, Schutzhäftling, in: Rappel 3 (1966), S. 228f.

603 Jaldati, Lin/Eberhard Rebling: Sag nie, du gehst den letzten Weg. Erinnerungen, Berlin 1986, S. 447.

604 Vgl. Kolb, Bergen-Belsen (1962), S. 83.

605 Petit, Schutzhäftling, in: Rappel 3 (1966), S. 229.

606 Kolb, Bergen-Belsen (1962), S. 85f.

607 Vgl. Thomas Rahe, Bergen-Belsen – Stammlager, in: Benz u. a. (Hg.), Ort, S. 187-218, hier S. 193.

608 Petit, Schutzhäftling, in: Rappel 3 (1966), S. 222.

609 Ders., Schutzhäftling, in: Rappel 2 (1966), S. 92.

610 Oestreicher, Kalender, 8.4.1944, S. 57.

611 Yaffa Eliach, Träume vom Überleben: Chassidische Geschichten aus dem 20. Jahrhundert, Freiburg 1997, S. 36f.; vgl. Józef Gitler, Leben am seidenen Faden: Tagebuch aus dem Austauschlager Bergen-Belsen, Göttingen 2015, 1. und 5.4.1944, S. 54.

612 Laqueur, Tagebuch, 15.6.1944, S. 64f.; Oestreicher, Kalender, 15.6.1944, S. 81.

613 Vgl. Osher M. Lehmann, Faith at the Brink: An Autobiography of the Formative Years. Including: The Epochal Holocaust Period and Historical Perspectives, New York 1996, S. 122f., 135; Wenck, Menschenhandel, S. 264-267.

614 Koretz, Tagebuch, 15.7.44, S. 27f.

615 Vogel, Tagebuch, 18.7.1944, S. 40.

616 Koretz, Tagebuch, 28.7.1944, S. 34f.; Vogel, Tagebuch, 29.7.1944, S. 52. Vgl. auch Laqueur, Tagebuch, 30.7.1944, S. 77.

617 Koretz, Tagebuch, 15.9.1944, S. 65, und 24.9.1944, S. 74.

618 Abel Jacob Herzberg, Under the linden, in: Ders., Amor Fati. Seven Essays on Bergen-Belsen, Göttingen 2016, S. 43-58, hier S. 47.

619 Huppert, Hand (dt.), S. 95.

620 Abel Jacob Herzberg, Zweistromland: Tagebuch aus Bergen-Belsen, Wittingen 1997, 7.9.1944, S. 84, und 12.9.1944, S. 106.

621 Pierre Petit, Schutzhäftling Nr. 2201. Das

war Bergen-Belsen, in: Rappel 5 (1967), S. 295-300, hier S. 298f.
622 Herzberg, Zweistromland, 19.9.1944, S. 120.
623 Gitler, Leben, 15.10.1944, S. 79.
624 Pohl an die Kommandanten, 7.11.1944, zit. nach: Kolb, Bergen-Belsen (1962), S. 140, Fn. 71.
625 Petit, Schutzhäftling, in: Rappel 10 (1965), S. 506.
626 Koretz, Tagebuch, 14.11.1944, zit. nach: Arntz, Judenälteste, S. 323.
627 Petit, Schutzhäftling, in: Rappel 2 (1966), S. 81f.
628 Aus dem Englischen: Hilde Huppert, Hand in Hand with Tommy. A Testimony, 1939-1945, Jerusalem 2004, S. 91. Vgl. Huppert, Hand (dt.), S. 97f.
629 Ebd.
630 Herzberg, Zweistromland, 24.8.1944, S. 33.
631 Ebd., 30.11.1944, S. 194.
632 Vgl. Wachsmann, KL, S. 528-532.
633 Raymond Phillips (Hg.), Trial of Josef Kramer and Forty-Four Others (The Belsen Trial), London 1949, S. 160; Arthur R. Butz, Der Jahrhundertbetrug, Richmond 1977, S. 341f.
634 Vgl. ebd.
635 Butz, Jahrhundertbetrug, S. 343.
636 Herzberg, Zweistromland, 2.12.1944, S. 194.
637 Vgl. Übergabe-Verhandlung, Bergen-Belsen 5.12.1944, in: Dokument 120 aus Bergen-Belsen-Prozess 1945, http://www.bergenbelsen.co.uk/pages/Database/Document.asp?DocumentID=10; Wenck, Menschenhandel, S. 129.
638 Broszat (Hg.), Kommandant, S. 210f.
639 Kolb, Bergen-Belsen (1962), S. 121.
640 Zum Beispiel im Fall von Günther Tamaschke oder Arthur Liebehenschel, vgl. Hördler, Ordnung, S. 78f.
641 Kolb, Bergen-Belsen (2002), S. 37.
642 Wenck, Menschenhandel, S. 129. Ähnlich auch bei Orth, Konzentrationslager-SS, S. 256.
643 Aussage Albert Petry, Bad Marienburg 13.7.1970, in: LAV NRW R, Rep. 118/922.
644 Schönker, Kindheit, S. 182.
645 Vgl. Wenck, Menschenhandel, S. 243; SS-Personalakte Ernst Moes, 31.1.1898, in: BArch-Licht., R 9361-III/543925.
646 Laqueur, Tagebuch, 18.4.1944, S. 31.
647 Vgl. Gitler, Leben, 12.11.1944, S. 81f.; Laqueur, Tagebuch, S. 18.11.1944, S. 85; Koretz, Tagebuch, 11.12.1944, S. 123.
648 Schönker, Kindheit, S. 182.
649 Interview Heinrich Schönker, in: AGBB, BV 221, Kassette 7, Min. 0:05: 55.
650 Hördler, Ordnung, S. 10f.
651 Ebd., S. 471.
652 Ebd., S. 63.
653 Vgl. ebd., S. 63-82.
654 Ebd., S. 80. Thomas Harding schreibt in seiner Biografie zu seinem Großonkel, dem Nazijäger Hanns Alexander, Höß habe im Herbst 1944 Bergen-Belsen besucht und nach seiner Rückkehr Glücks überredet, „den Kommandanten in Belsen abzusetzen und an dessen Stelle" Kramer einzusetzen. Leider gibt er keine Quellen an. Harding nimmt die Rechtfertigungen von Höß ernst, er habe damals gehofft, dass sich mit Kramer „die Zustände im Lager durch eine neue Führung verbessern würden". Vgl. Thomas Harding, Hanns und Rudolf. Der deutsche Jude und die Jagd nach dem Kommandanten von Auschwitz, München 2014, S. 197.
655 Hilde Huppert/Arnold Zweig, Engpass zur Freiheit. Aufzeichnungen der Frau Hilde Huppert über ihre Erlebnisse im Nazi-Todesland und ihre wundersame Errettung aus Bergen-Belsen, Berlin 1990, S. 82.
656 Huppert, Hand (dt.), S. 98.
657 Eike Geisel (Hg.), Vielleicht war das alles erst der Anfang. Hanna Lévy-Hass. Tagebuch aus dem KZ Bergen-Belsen 1944 – 1945, Berlin 1979, S. 43.
658 Vgl. Wenck, Menschenhandel, S. 130.
659 Laqueur, Tagebuch, S. 96; vgl. Wenck, Menschenhandel, S. 127; Kolb, Bergen-Belsen (1962), S. 147.
660 Vgl. Kolb, Bergen-Belsen (2002), S. 39-44.
661 Jaldati/Rebling, Weg, S. 453.

662 Vgl. Wachsmann, KL, S. 650.
663 Vgl. ebd., S. 646.
664 Ebd., S. 653.
665 Kramer an Glücks, 1.3.1945, zit. nach: Wenck, Menschenhandel, S. 355-357, hier S. 357.
666 Orth, Konzentrationslager-SS, S. 269.
667 Wachsmann, KL, S. 653, 883 Fn. 131.
668 Broszat (Hg.), Kommandant, S. 211.
669 Vgl. Informationen zur Familie Gletzer aus: GBB, Datenbank.
670 Schönker, Kindheit, S. 186f.
671 Vgl. Kolb, Bergen-Belsen, S. 323; Wenck, Menschenhandel, S. 20f.
672 Vgl. Wenck, Menschenhandel, S. 374-382; Wachsmann, KL, S. 668f.
673 Zit. nach: Kolb, Bergen-Belsen (2002), S. 52.
674 Kolb, Bergen-Belsen (2002), S. 52.
675 Vgl. Konzentrationslager Bergen-Belsen (1943-1945), in: Gedenkstätte Bergen-Belsen, https://bergen-belsen.stiftung-ng.de/de/geschichte/konzentrationslager-1943-1945/; Rainer Schulze, „Rettungsbemühungen". Anmerkungen zu einem schwierigen Thema der Zeitgeschichte, in: Diercks (Hg.), Hilfe, S. 11-22, hier S. 14.
676 Yehuda Bauer, Freikauf von Juden? Verhandlungen zwischen dem nationalsozialistischen Deutschland und jüdischen Repräsentanten von 1933 bis 1945, Frankfurt a. M. 1996, S. 192. Vgl. auch Wenck, Menschenhandel, S. 395-397.
677 Vgl. Kolb, Bergen-Belsen (1962), S. 309. Tom Segev schreibt in seiner Dissertation, dass Haas 1944 mindestens einen Häftling selbst erschossen habe, vgl. Segev, Commanders, S. 138. Als Quelle gibt er an: Aussage am 2.2.1962 in den Akten der Staatsanwaltschaft beim Landgericht Lüneburg, 2 Js 63/62 (heute: 2a Js 266/62, Ermittlungsverfahren gegen Unbekannt wegen Verbrechens gegen die Menschlichkeit – Mord an Häftlingen im Konzentrationslager Bergen-Belsen, 1961-1967), in: Niedersächsisches Landesarchiv, Nds. 721 Lüneburg Acc. 42/88 Nr. 17/1, Nr. 17/2 und Nr. 17/3; sowie Israelischen Polizeibericht, 12.6.1962, in: Yad Vashem War Criminals Index, Jerusalem. Die Feststellung von Segev beruht höchstwahrscheinlich auf einer Fehlinterpretation der Aussage von Josef Weiss, die er 1962 vor der israelischen Polizei abgegeben hat und dann als Kopie im Lüneburger Prozess aufgenommen wurde, vgl. Aussage Thomas Rahe.
678 Vgl. John Zimmermann, Die deutsche militärische Kriegführung im Westen 1944/1945, in: Rolf-Dieter Müller (Hg.), Der Zusammenbruch des Deutschen Reiches 1945 (= Das Deutsche Reich und der Zweite Weltkrieg, Bd. 10, 1. Hbd.), München 2008, S. 277-490, hier S. 345-368.
679 Vgl. SS-Panzergrenadier-Ersatz-Bataillon 18, SS-Panzergrenadier-Ausbildungs-Bataillon 18 und SS-Panzer-Grenadier-Ausbildungs- und Ersatz-Bataillon 35, in: BArch/F, N 756/340b; Wolfgang Vopersal, Die SS-Ersatzbataillone in Breslau und das SS-Ersatzbataillon Ost, in: Der Freiwillige 3 (1973), S. 22f. und 4 (1973), S. 18-21; Alfred Hofmann/Wilhelm Tieke, Das SS-Panzergrenadier-Ausbildungs- und Ersatz-Bataillon 18, in: Ebd. 10 (1992), S. 15f. und 11 (1992), S. 25f.; Dies., Das SS-Panzergrenadier-Ausbildungs- und Ersatz-Bataillon 18 im letzten Aufgebot 1945, Gummersbach 1993. Wolfgang Vopersal hatte selbst der 3. SS-Panzer-Division „Totenkopf" angehört, einer der berüchtigtsten Truppenteile der deutschen Militärgeschichte, aufgebaut vom Lager-Veteran Theodor Eicke, vielfach rekrutiert aus KZ-Wachmannschaften und beteiligt an zahlreichen Kriegsverbrechen. Nach dem Krieg war Vopersal bis zu seinem Tod Dokumentar und Archivar der HIAG. Seit den frühen 1960er-Jahren sammelte Vopersal mithilfe alter Kameraden für eine geplante Publikationsreihe zu allen 38 Waffen-SS-Divisionen Informationen. Zu Vopersal und seiner Arbeit bei der HIAG vgl. Franziska A. Zaugg, Albanische Muslime in der Waffen-SS: Von „Großalbanien" zur Division „Skanderbeg", Paderborn 2016, S.

25; Bestandsbeschreibung Wolfgang Vopersal, Deutsche Digitale Bibliothek, https://www.deutsche-digitale-bibliothek.de/item/NQNWFFKZDQKPFEWUSHVXKU2DCV4I56DE.

680 Zur HIAG vgl. Karsten Wilke, Die „Hilfsgemeinschaft auf Gegenseitigkeit" (HIAG) 1950-1990: Veteranen der Waffen-SS in der Bundesrepublik, Paderborn u. a. 2011; ders., Geistige Regeneration der Schutzstaffel in der frühen Bundesrepublik? Die „Hilfsgemeinschaft auf Gegenseitigkeit der Angehörigen der ehemaligen Waffen-SS" (HIAG), in: Schulte (Hg.), SS, S. 433-448.

681 Stefan Hördler, KZ-System und Waffen-SS. Genese, Interdependenzen und Verbrechen, in: Jan Erik Schulte/Peter Lieb/Bernd Wegner (Hg.), Die Waffen-SS. Neue Forschungen, Paderborn 2014, S. 80-98, hier S. 97f.

682 Vgl. ebd. Hördler nennt weiterhin Wilhelm Schitli, Gruppenleiter D (Konzentrationslager) beim SS-Wirtschafter des Höheren SS- und Polizeiführers „Ostland" und zuvor Kommandant des KZ Arbeitsdorf, Eugen Illig, Adjutant des KZ Dachau, Heinrich Forster, Standortführer des Dachauer Außenlagerkomplexes Kaufering, sowie Gustav Wegner, Führer des SS-Totenkopf-Wachbataillons Sachsenhausen.

683 Vgl. wenn auch mit bedürftigem Lektorat und z.T. zweifelhafter Sachlichkeit: Stuart B. T. Emmett, Strafvollzugslager der SS- Und Polizei: Himmler's Wartime Institutions for the Detention of Waffen-SS and Polizei Criminals, Stroud 2017, S. 417-421.

684 SS-Personalakte Adam Grünewald, 20.10.1902, in: BArch/L, R 9361-III/527726; Ders., Feldurteil 6.3.1944, in: Ebd., NS 7/1155; vgl. auch Wachsmann, KL, S. 834, Fn. 178.

685 Vgl. Wachsmann, KL, S. 545; Ernst Klee, Karl Fritzsch, in: Ders., Auschwitz – Täter Gehilfen, Opfer und was aus ihnen wurde: Ein Personenlexikon, Frankfurt a.M. 2013.

686 Personalverfügung, Berlin 22.12.1944, in: BArch/L, VBS286/6400014211, Bl. 30.

687 Das Schreibfeld „unter gleichzeitiger Kommandierung zum..." auf dem Formblatt hat, obwohl es leer gelassen wurde, in der Literatur – und zunächst auch bei meinen Recherchen – mitunter zu dieser falschen Annahme geführt, Haas habe das Bataillon „kommandiert". So etwa bei Hüser, Wewelsburg, S. 76; John, Vater, S. 57; Struif, Hachenburg, S. 226 und Saß, Aufstieg, S. 47.

688 Alexandra-Eileen Wenck, Verbrechen als „Pflichterfüllung?" Die Strafverfolgung nationalsozialistischer Gewaltverbrechen am Beispiel des Konzentrationslagers Bergen-Belsen, in: Kurt Buck (Hg.), Die frühen Nachkriegsprozesse, Beiträge zur Geschichte der nationalsozialistischen Verfolgung in Norddeutschland, Bd. 3, Bremen 1997, S. 38-55, hier S. 39.

689 Vgl. Thread „78. SS-Standarte", in: Forum der Wehrmacht, http://www.forum-der-wehrmacht.de/index.php/Thread/34232 78 SS Standarte/.

690 Schreiben von Stab W – WV-An/Kü. an die Buchhaltung im Hause (WVHA), Berlin, 15.1.1945, in: BArch/L, VBS286/6400014211, Bl. 27.

691 Aussage Albert Petry, Bad Marienburg 13.7.1970, in: LAV NRW R, Rep. 118/922.

692 Vgl. LKA-Bericht, Hachenburg 14.7.1970, in: LAV NRW R, Rep. 118/921.

693 Grathoff, Geschichte, S. 113. Vgl. ebd., S. 110-115.

694 Brief an den Autor von Eberhard Mauer, Hachenburg 21.3.2016; Eberhard Mauer, Erinnerungsbericht, Hachenburg 11.4.2015, in: GWH, Archiv.

695 Interview des Autors mit Gerhard Latsch, Hachenburg 23.2.2016.

696 LKA-Bericht, Hachenburg 14.7.1970, in: LAV NRW R, Rep. 118/921.

697 Vgl. Vopersal, SS-Ersatzbataillone, S. 19; Hofmann/Tieke, SS-Panzergrenadier-Ausbildungs- und Ersatz-Bataillon 18 (DF 10), S. 15.

698 Vgl. Grathoff, Geschichte, S. 117; Mauer, Erinnerungsbericht.

699 Interview des Autors mit Gerhard Latsch, Hachenburg 23.2.2016.

700 Pierre Petit, Schutzhäftling Nr. 2201. Das war Bergen-Belsen, in: Rappel 1-3 (1985), S. 57-79, hier S. 61. Der Bericht vom 17. April 1945 ist womöglich im Nachlass von Petit im Luxemburger Nationalarchiv enthalten, vermutlich aber verloren gegangen. Da Haas in Petits Veröffentlichungen eine große Rolle spielt, hat er ihn mit Sicherheit auch im Bericht erwähnt.

701 Interview des Autors mit Gerhard Latsch, Hachenburg 23.2.2016.

702 Vgl. Vopersal, SS-Ersatzbataillone, S. 19; Hofmann/ Tieke, SS-Panzergrenadier-Ausbildungs- und Ersatz-Bataillon 18 (DF 10), S. 15.

703 Vgl. Holger Piening, Westküste 1945: Nordfriesland und Dithmarschen am Ende des Zweiten Weltkrieges, Heide 2000, S. 66, 74.

704 Zit. nach: Hofmann/Tieke, SS-Panzergrenadier-Ausbildungs- und Ersatz-Bataillon 18 (DF 10), S. 16.

705 Hofmann/Tieke, SS-Panzergrenadier-Ausbildungs- und Ersatz-Bataillon 18 (DF 11), S. 26.

706 Herbert Schwarzwälder, Der britische Vorstoß an die Weser (= Bremen und Nordwestdeutschland am Kriegsende 1945, Bd. 2), Bremen 1973, S. 110. Vgl. auch zum Bataillon S. 161 und 164.

707 Vgl. die Biografie Tino Jacobs, Himmlers Mann in Hamburg – Georg Henning Graf von Bassewitz-Behr als Höherer SS- und Polizeiführer im Wehrkreis X 1943 – 1945, Hamburg 2001.

708 Vgl. Longerich, Himmler, S. 501f., Jacobs, Bassewitz-Behr, S. 101f.

709 Vgl. Lebenslauf T. Breuing, verfasst von seinem Bruder, Recklinghausen 18.7.1949, in: StAH, 213-12_0111, Bl. 119. Vgl. auch Orth, Konzentrationslager-SS, S. 260f.

710 Aussage E. D., Wobü 12.8.1949, in: StAH, 213-12_0111, Bd. 1, Bl. 122.

711 Aussage C. K., Watenstedt 18.8.2949, in: Ebd., Bl. 125.

712 Vgl. Marc Buggeln, Arbeit & Gewalt: das Außenlagersystem des KZ Neuengamme, Göttingen 2009, S. 642-646. Zum Bombenangriff und dem anschließenden Massaker in Celle vgl.: Bernhard Strebel, Celle April 1945 Revisited: Ein amerikanischer Bombenangriff, deutsche Massaker an KZ-Häftlingen und ein britisches Gerichtsverfahren, Bielefeld 2008.

713 Aussage K. T., Hamburg 5.4.1948, in: StAH, 213-12_0111, Bl. 43.

714 Vgl. Jacobs, Bassewitz-Behr, S. 104.

715 Aussage K. K., Hamburg, 26.5.1948, in: StAH, 213-12_0111, Bd. 1, Bl. 67.

716 Aussage O. T., Hamburg 26.5.1948, in: Ebd., Bl. 67.

717 Verfügung Himmler, 3.4.1944, in: BArch/L, NS 7/39-2, Bl. 13, zit. nach Bianca Vieregge, Die Gerichtsbarkeit einer „Elite“: Nationalsozialistische Rechtsprechung am Beispiel der SS- und Polizei-Gerichtsbarkeit, Berlin 2002, S. 167f.

718 Aussage K. K., Hamburg, 26.5.1948, in: StAH, 213-12_0111, Bd. 1, Bl. 68.

719 Vgl. Vieregge, Gerichtsbarkeit, S. 169-171.

720 Aussage H. Wendt, Hamburg-Neuengamme 20.3.1948, in: StAH, 213-12_0111, Bl. 40.

721 Aussage K. S., Hamburg 9.11.1961, in: Ebd., Bl. 269f.

722 Vgl. Buggeln, Arbeit, S. 644.

723 Vgl. Aussage H. Wendt, Hamburg-Neuengamme 20.3.1948, in: StAH, 213-12_0111, Bd. 1, Bl. 40. Siehe auch die Aussage seines Verteidigers, 22.3.1948, in: Ebd., Bl. 47; Vgl. auch Jacobs, Bassewitz-Behr, S. 105; Ort, Konzentrationslager-SS, S. 260f.

724 Vermerk der Kriminalpolizei Hamburg, 26.5.1948, in: StAH, 213-12_0111, Bd. 1, Bl. 68.

725 Bericht Polizei Werl, 8.4.1950, in: Ebd., Bl. 177.

726 Aussage K. S., Hamburg 9.11.1961, in: Ebd., Bl. 266.

727 Vgl. Volker Koop, Himmlers letztes Aufgebot: Die NS-Organisation „Werwolf“, Köln 2008, S. 176.

728 Vgl. ebd., S. 162f.

729 Arbeit und Leben DGB/VHS Hamburg e. V. (Hg.), Umkämpfte Räume. (Extrem)Rechte Strukturen in Hamburg und das zivilgesellschaftliche Engagement gegen sie. Eine Bestandsaufnahme, Hamburg 2013, https://hamburg.arbeitundleben.de/img/daten/D225585330.pdf; Antifa Lübeck, „Werwolf Kommando" & „WWT", 18.7.2013, https://luebeck.systemausfall.org/werwolf-kommando-weisse-wolfe-terrorcrew/.

730 Vgl. Biografie G. Seifert, in: Gedenkstätte Neuengamme.

731 Vgl. in Kürze: Detlef Garbe, Neuengamme im System der Konzentrationslager. Studien zur Ereignis- und Rezeptionsgeschichte, Berlin 2015, S. 116-119; ausführlich: Wilhelm Lange, Cap Arcona. Das tragische Ende einiger Konzentrationslager-Evakuierungstransporte im Raum der Stadt Neustadt in Holstein am 3. Mai 1945, Eutin 2014.

732 Vgl. Biografie K. Klebeck, in: Gedenkstätte Neuengamme, http://media.offenes-archiv.de/kurtklebeck.pdf.

733 Stephan Linck, „Rattenlinie Nord". Kriegsverbrecher in Flensburg und Umgebung im Mai 1945, in: Gerhard Paul (Hg.), Mai '45: Kriegsende in Flensburg, Flensburg 2015, S. 20-31, hier S. 22f.

734 Broszat (Hg.), Kommandant, S. 223.

735 Vgl. Linck, Rattenlinie, S. 30.

736 Linck, Rattenlinie, S. 30.

737 Vgl. Broszat (Hg.), Kommandant, S. 224f; Wachsmann, KL, S. 679.

738 Zit. nach: Guido Knopp, Die SS. Eine Warnung der Geschichte, München 2002, S. 343.

739 Siehe Bajohr, Täterforschung, S. 169; Sven Felix Kellerhoff, Wie sich heutige Deutsche die NS-Zeit schönlügen, in: Welt.de, 23.2.2018, https://www.welt.de/geschichte/article173890821/Geschichtsbewusstsein-Wie-sich-heutige-Deutsche-die-NS-Zeit-schoenluegen.html.

740 Vgl. Wachsmann, KL, S. 699.

741 John Cramer, Der Terror erhält ein Gesicht. Vorbereitung, Verlauf und Rezeption des „First Belsen Trial" 1945, in: Habbo Knoch/Thomas Rahe (Hg.), Bergen-Belsen. Neue Forschungen, Göttingen 2014, S. 290-305, hier S. 290. Vgl. ausführlicher Ders., Belsen Trial.

742 Vgl. Kolb, Bergen-Belsen (2002), S. 60.

743 Vgl. Wenck, Verbrechen, S. 42.

744 Jan Goderie, De Berechting van Oorlogsmisdadigers, Gouda 1946, S. 80, zit. nach Kolb, Bergen-Belsen (2002), S. 57.

745 Cramer, Terror, S. 293.

746 Kolb, Bergen-Belsen (2002), S. 57f.

747 Interview des Autors mit Gerhard Latsch, Hachenburg 23.2.2016.

748 Petit, Schutzhäftling, in: Rappel 1-3 (1985), S. 70.

749 Vgl. Cramer, Terror, S. 294.

750 Ebd., S. 301.

751 Karl Jaspers, Die Schuldfrage, Heidelberg 1946, S. 19, zit. nach: Ebd., S. 302f.

752 Vgl. ebd., S. 297; Wenck, Verbrechen, S. 42.

753 Cramer, Terror, S. 304.

754 Vgl. Wenck, Verbrechen, S. 43.

755 Vgl. A. Haas, File No. 2629, in: Datenbank UNWCC, Zugang über Wiener Library (London).

756 Vgl. Christopher Simpson, Blowback – The First Full Account of America's Recruitment of Nazis, and its Disastrous Effect on our Domestic and Foreign Policy, New York 1989, S. 66-79.

757 The Central Registry of War Criminals and Security Suspects (Hg.), Consolidated Wanted List (1947), Uckfield 2005, S. 140, C.R. File Number 139791.

758 Vgl. Manfred Görtemaker, Geschichte der Bundesrepublik Deutschland. Von der Gründung bis zur Gegenwart, München 1999, S. 27.

759 Vgl. Linck, Rattenlinie, S. 30.

760 Vgl. allgemein: Goñi, Odessa; Gerald Steinacher, Nazis auf der Flucht. Wie Kriegsverbrecher über Italien nach Übersee entkamen, Innsbruck 2008; Donald M. McKale, Nazis after Hitler. How Perpetrators of the Holocaust Cheated Justice and Truth, Lanham 2014; Rena Giefer/Thomas Giefer, Die Rattenlinie. Fluchtwege der Nazis. Eine

Dokumentation, Weinheim 1995.

761 Interview des Autors mit Gerhard Latsch, Hachenburg 23.2.2016.

762 Vgl. Andreas Eichmüller, Die Strafverfolgung von NS-Verbrechen durch westdeutsche Justizbehörden seit 1945. Eine Zahlenbilanz, in: Vierteljahrshefte für Zeitgeschichte 4 (2008), S. 621-640, hier S. 625-629, http://www.ifz-muenchen.de/heftarchiv/2008_4_4_eichmueller.pdf (abgerufen 5.10.2018).

763 Vgl. Grathoff, Geschichte, S. 230.

764 OStA Koblenz an Gendarmerie Montabaur, 13.4.1948, in: LHAK, 584,1/1279, Bl. 44 bzw. besser lesbar Bl. 50.

765 Gendarmerie-Kreischef des Oberwesterwaldkreises an Gendarmerie Hachenburg, Westerburg 25.5.1948, in: Ebd., Bl. 48.

766 Korrespondenz OStA-Polizeidirektion Ludwigsburg, 21.4.1949-27.4.1949 in: Ebd., Bl. 92; Verfügung OStA Koblenz, 12.8.1949, in: Ebd., Bl. 125.

767 Ermittlungsbericht zu Adolf Haas, Hachenburg, 20.6.1948, in: LHAK 584,1/1279, Bl. 51.

768 Ermittlungsbericht u. a. zu Adolf Haas, Hachenburg, 14.9.1949, in: Ebd., Bl. 173.

769 Verfügung OStA Koblenz, 13.10.1949, in: Ebd., Bl. 175; Haftbefehl gegen A. Haas, Amtsgericht Selters, 31.10.1949, in: Ebd., Bl. 179.

770 Verfügung OStA Koblenz, 31.12.1949, in: Ebd., Bl. 205.

771 Alle Zitate: Urteil Landgericht Koblenz gegen Kunz u. a., 12.10.1950, in: LHAK, 584,1/1280, Bl. 350-360.

772 Grathoff, Geschichte, S. 118f-121.

773 Regierungserklärung BK Adenauer vor dem Dt. Bundestag, 20.9.1949, https://www.konrad-adenauer.de/dokumente/erklaerungen/1949-09-20-regierungserklaerung. Vgl. Corinna Franz, Prinzipien und Pragmatismus. Konrad Adenauers Umgang mit der NS-Vergangenheit, in: Stefan Kreuzberger/Dominik Geppert (Hg.), Die Ämter und ihre Vergangenheit: Ministerien und Behörden im geteilten Deutschland 1949-1972, Paderborn 2018, S. 17-46, hier S. 27; allgemein Torben Fischer, II.C1 Amnestien, in: Ders. u. a. (Hg.), Lexikon der „Vergangenheitsbewältigung“ in Deutschland: Debatten- und Diskursgeschichte des Nationalsozialismus nach 1945, Bielefeld 2007, S. 92-94. Zu den Studien siehe als Überblick: Kreuzberger/Geppert (Hg.), Ämter; Christian Mentel/Niels Weise, Die zentralen deutschen Behörden und der Nationalsozialismus. Stand und Perspektive der Forschung, München/Potsdam 2016, auch online: https://www.ifz-muenchen.de/fileadmin/user_upload/Neuigkeiten%202016/2016_02_13_ZZF_IfZ_PM_BKM-Studie_FINAL_Neu.pdf.

774 Andreas Eichmüller, Keine Generalamnestie. Die strafrechtliche Verfolgung von NS-Verbrechen in der frühen Bundesrepublik, München 2012, S. 421, 426f.

775 Vgl. zu SS-Ehefrauen: Gudrun Schwarz, Eine Frau an seiner Seite. Ehefrauen in der „SS-Sippengemeinschaft“, Hamburg 1997.

776 Vgl. Fragebogen L. H., Hachenburg ca. 4.1949, in: LHAK, 856/231511.

777 Vgl. Besoldungsakte A. Haas, in: HHStaW, 483/2573.

778 Vgl. LKA-Bericht, Hachenburg 14.7.1970, in: LAV NRW R, 118/921; Aussage Albert Petry, Bad Marienburg 13.7.1970, in: LAV NRW R, Rep. 118/922; Besoldungsakte A. Haas, in: HHStaW, 483/2573; Korrespondenzakte A. Haas, in: WL, T/D - 1 624 224.

779 Sterbeurkunde, A. H., Hachenburg 25.1.1946, in: Standesamt Hachenburg. Für die Zusendung danke ich Bruno Struif von der GeschichtsWerkstatt Hachenburg.

780 Interview des Autors mit Gerhard Latsch, Hachenburg 23.2.2016.

781 Antrag auf Todeserklärung von A. Haas durch Ehefrau L. Haas, Amtsgericht Hachenburg, 2.1.1950, in: LHAK, 856/116901.

782 Vgl. Bruno Struif, Ergänzungen 7, in: GWH-Info Nr. 40 (2018), https://www.geschichtswerkstatt-hachenburg.de/attachments/116_GWH_Info40_Onlineversion.pdf.

783 Zentral-Justizamt für die britische Zone in Hamburg (Hg.), Verschollenheitsliste Nr. 29, Hamburg 17.2.1950, in: Staatsbibliothek Hamburg. Für die Zusendung danke ich Bruno Struif von der GeschichtsWerkstatt Hachenburg. Zum Aufbau und zur Tätigkeit des Zentral-Justizamts vgl. Edith Raim, Justiz zwischen Diktatur und Demokratie. Wiederaufbau und Ahndung von NS-Verbrechen in Westdeutschland 1945-1949, München 2013, S. 129-136.

784 Beschluss zur Todeserklärung von A. Haas, Az. II 1/50, Amtsgericht Hachenburg, 17.8.1950, in: LHAK, 856/116901, Bl. 12.

785 Vgl. Bürgermeister an Amt für kontrollierte Vermögen Montabaur, Hachenburg 20.9.1950, in: LHAK, 856/280781; Einstellungsbeschluss, Koblenz 16. und 23.1.1951, in: Ebd., 856/116901.

786 Kripo Siegen an Kripo Hamburg, Siegen 11.12.1961, in: StAH, 213-12_0111, Bd. 1, S. 387.

787 Vgl. Bruno Struif, Ergänzung 10, in: GWH-Info 44 (2019).

788 BKA Hamburg an StA Koblenz, Hamburg 1.2.1952, in: LHAK, 584,1/1280, Bl. 393.

789 Vgl. Eichmüller, Strafverfolgung, S. 627.

790 Dominik Rigoll, Staatsschutz in Westdeutschland. Von der Entnazifizierung zur Extremistenabwehr, Göttingen 2013, S. 15.

791 In dieser Zeit arbeitete in gewisser Weise tatsächlich „Der Staat gegen Fritz Bauer“, so der Titel des gelungenen, vielfach ausgezeichneten Filmporträts von Lars Kraume (2015).

792 Vgl. Werner Renz, Einführung zu den Krumey-Hunsche-Prozessen. 1962, 1964/1965, 1968/1969, in: Katharina Rauschenberger/ders. (Hg.), Henry Ormond – Anwalt der Opfer. Plädoyers in NS-Prozessen, Frankfurt a.M. 2015, S. 137-149, hier S. 137f.

793 Steckbrief A. Haas, StA Wien 18.6.1946, in: HHStaW, 461/34558, Bl. 158.

794 Personenbeschreibung A. Haas durch S. Seidl, ca. 1946, in: Ebd., o. A. Vgl. auch Aussage Seidl, Wien 9.9.1945, in: Ebd., o. A.

795 Aussage J. B., Salzburg 25.6.1947, in: HHStaW, 461/34558, Bl. 106f. Der Wahrheitsgehalt ist zweifelhaft, da J. B. auch der Überzeugung war, dass Bergen-Belsen ein Vernichtungslager und Haas von Beruf Förster gewesen sei, vgl. Aussage J. B., Salzburg 11.1.1947, in: Ebd., Bl. 99.

796 Sachverhaltsdarstellung der StA Wien, 11.5.1956, in: Ebd., o. A.

797 Fritz Bauer, Im Namen des Volkes, Die Strafrechtliche Bewältigung der Vergangenheit, in: Helmut Hammerschmidt (Hg.), Zwanzig Jahre danach: Eine Deutsche Bilanz 1945-1965, München u. a. 1965, S. 81, zit. nach: Irmtrud Wojak, Fritz Bauer. 1903-1968. Eine Biographie, München 2009, S. 286f.

798 Bundesjustizminister an Bundesgerichtshof, Bonn 6.10.1956, in: HHStaW, 461/34558, Bl. 2.

799 Vgl. Imanuel Baumann u. a., Schatten der Vergangenheit. Das BKA und seine Gründungsgeneration in der frühen Bundesrepublik, Köln 2011, S. 2, auch online: https://www.bka.de/SharedDocs/Downloads/DE/Publikationen/Publikationsreihen/PolizeiUndForschung/Sonderband2011SchattenDerVergangenheit.pdf?__blob=publicationFile&v=2.

800 OStA Frankfurt a.M. an BDC, 16.1.1957, in: HHStaW, 461/34558, Bl. 175. Zur Verzögerung der Übergabe des NS-Aktenbestandes an die Bundesrepublik, vgl. Malte Herwig, Die Flakhelfer. Wie aus Hitlers jüngsten Parteimitgliedern Deutschlands führende Demokraten wurden, München 2013.

801 H. B. an OStA Frankfurt, München 30.1.1957, in: HHStaW, 461/34558, Bl. 178f. Zum Einfluss von B.s späteren Gutachten im Auschwitz-Prozess vgl. Wojak, Bauer, S. 329-331.

802 Teufelskreis aus Blut und Tinte, in: Der Spiegel, 10.2.1965, http://www.spiegel.de/spiegel/print/d-46169395.html; Wojak, Bauer, S. 404f.

803 Lothar Hermann kam aus Quirnbach, das nur 17 Kilometer südlich von Hachenburg lag und dessen jüdische Bewohner der

Gemeinde in Mogendorf angehörten – ihre Synagoge hatte Adolf Haas am 10. November 1938 mit seinen SS-Männern demoliert und geplündert. Zu der Zeit war Hermann allerdings bereits in die Niederlande emigriert. Kurz nach dem Pogrom zog er nach Uruguay und dann nach Argentinien. Er trug maßgeblich zur Enttarnung von Eichmann bei. Vgl. Jüdische Gemeinde in Mogendorf, in: Alemannia Judaica. Arbeitsgemeinschaft für die Erforschung der Geschichte der Juden im süddeutschen und angrenzenden Raum, http://www.alemannia-judaica.de/mogendorf_synagoge.htm (letzter Aufruf: 7.9.2018); Wojak, Bauer, 292-299.

804 Dieter Schenk, Die Post von Danzig. Geschichte eines deutschen Justizmordes, Reinbek 1995, S. 218f.

805 Dieter Schenk, Fritz Bauer und der Staatsanwalt aus Danzig, Vortrag, Bremen 4.8.2016, http://upgr.bv-opfer-ns-militaerjustiz.de/uploads/Dateien/Stellungnahmen/Bauer-Wolf-DS-Vortrag20160804.pdf.

806 Verfügung OStA H. Wolf (i.A. StA A. S.), Frankfurt a.M. 2.3.1960, in: HHStaW, 461/34559, Bl. 256; Auskunft zu A. Haas, geb. 14.11.1893, Berlin 18.1.2017, in: WASt.

807 Entwurf OStA H. Wolf an LKA-RP, in: Verfügung OStA H. Wolf (i.A. StA A. S.), Frankfurt a.M. 2.3.1960, in: HHStaW, 461/34559, Bl. 257.

808 Ermittlungsbericht LKA-RP, Koblenz 4.4.1960, in: Ebd., Bl. 295-298.

809 Auskunft Dieter Schenk, E-Mail vom 18.11.2018. Der bisherige Präsident des LKA-RP Georg Heuser war 1960 nach nur einem Jahr im Amt im Juli 1959 verhaftet worden. Mitarbeiter der neuen Zentralen Stelle der Landesjustizverwaltungen zur Aufklärung nationalsozialistischer Verbrechen in Ludwigsburg hatten herausgefunden, dass Heuser unter anderem für die Ermordung von mindestens 30.000 Menschen mitverantwortlich war. 1963 sollte er zu 15 Jahren Haft verurteilt werden. Viele seiner Kollegen hielten weiterhin zu ihm. Vgl. Baumann u. a., Schatten, S. 125; Jürgen Matthäus, Georg Heuser – Routinier des sicherheitspolitischen Osteinsatzes, in: Mallmann/Paul (Hg.), Karrieren, S. 115-125; Dieter Schenk, Auf dem rechten Auge blind. Die braunen Wurzeln des BKA, Köln 2001, S. 178-180.

810 Vermerk OStA H. Wolf, Frankfurt a.M. 22.4.1960, in: HHStaW, 461/34569, Bl. 12.

811 Vgl. Ernst Moes, in: Gedenkstätte Yad Vashem, http://db.yadvashem.org/deportation/supervisorsDetails.html?language=de&itemId=7452913.

812 Heinz Wolf wechselte 1962 – ein Jahr vor Beginn des Auschwitz-Prozesses – als CDU-Abgeordneter in den Hessischen Landtag bzw. „flüchtete", wie es in der Presse hieß. Als justizpolitischer Sprecher der Fraktion half Wolf schon bald, Generalstaatsanwalt Fritz Bauer und seinen Feldzug für die NS-Strafverfolgung zu diskreditieren. Vgl. Dieter Schenk, Bauer.

813 Vgl. Hessisches Landesarchiv, Der 1. Frankfurter Auschwitz-Prozess, http://www.auschwitz-trial-frankfurt.hessen.de/05_Der_erste_frankfurter_Auschwitz_prozess.html.

814 StA A. S. an LKA-H, Frankfurt a.M. 25.10.1961, in: HHStaW, 461/34562, Bl. 1033.

815 Vermerk LKA-H, Wiesbaden 10.11.1961, in: Ebd., 461/34563, Bl. 1132.

816 Vermerk LKA-H, Wiesbaden 3.1.1962, in: Ebd., Bl. 1133.

817 Brief an den Autor von Wolfgang Wörner, Wiesbaden 16.12.2018.

818 Vgl. allgemein Baumann u. a., Schatten.

819 Vgl. Adressbuch der Landeshauptstadt Wiesbaden.

820 Vgl. Auskunft Stadtarchiv Wiesbaden, 10.9.2018.

821 Vgl. Sven Felix Kellerhoff, Als ein NS-Funktionär Bundestagsabgeordneter wurde, in: Welt.de, 20.2.2012, https://www.welt.de/kultur/history/article13871943/Als-ein-NS-Funktionaer-Bundestagsabgeordneter-wurde.html.

822 Vgl. Karla Müller-Tupath, Verschollen in

Deutschland. Das heimliche Leben des Anton Burger, Lagerkommandant in Theresienstadt, Berlin 2000.

823 Vgl. Wilke, Hilfsgemeinschaft; Oliver Schröm/Andrea Röpke, Stille Hilfe für braune Kameraden. Das geheime Netzwerk der Alt- und Neonazis, Berlin 2006. Der Star des Vereins „Stille Hilfe" und der Veteranentreffen war später Himmlers Tochter Gudrun Burwitz, die von 1961 bis 1963 unter falschem Namen als Sekretärin beim BND arbeitete, einen NPD-Funktionär heiratete und sich bis zu ihrem Tod im Mai 2018 nie von ihrem Vater distanzieren sollte.

824 Vgl. Schenk, Auge, S. 253-260.

825 Auskunft Dieter Schenk, E-Mail vom 18.11.2018.

826 Vgl. OStA Hamburg an OStA Frankfurt a.M., 2.4.1962, in: HHStaW, 461/34563, Bl. 1172.

827 OStA Frankfurt an OStA Hamburg, 12.4.1962, in: Ebd., Bl. 1173.

828 Vermerk LKA-H, Wiesbaden 6.11.1961, in: Ebd., Bl. 1130.

829 OStA Frankfurt an StA Lüneburg, 12.7.1962, in: Ebd., Bl. 1245.

830 Vgl. Detlef Siegfried, Zwischen Aufarbeitung und Schlußstrich. Der Umgang mit der NS-Vergangenheit in den beiden deutschen Staaten 1958 bis 1969, in: Axel Schildt (Hg.), Dynamische Zeiten: Die 60er Jahre in den beiden deutschen Gesellschaften, Hamburg 2000, S. 77-113, hier S. 94.

831 OStA Frankfurt a.M. an OSta Köln, 15.5.1962, in: HHStaW, 461/34563, Bl. 1176 und ebenso LAV NRW R Rep. 118/315, Bl. 34.

832 StA Lüneburg an OStA Köln, 25.5.1962, in: LAV NRW R Rep. 118/315, Bl. 45a und b; vgl. auch StA Lüneburg an StA Frankfurt a.M., 6.7.1962, in: HHStaW, 461/34563, Bl. 1207.

833 Aussage E. S., 14.10.1964, in: LAV NRW R Rep. 118/315, Bl. 64-68, hier S. 65.

834 Petit, Schutzhäftling, in: Rappel 10 (1965), S. 513.

835 Vgl. Auskunft Thomas Rahe, E-Mail vom 21.3.2018.

836 Brief Pierre Petit an Eberhard Kolb, Luxemburg 10.1.1967, in: ANLux, CDRR-192 (Fonds Pierre Petit).

837 Vgl. Aussage G. K., Lahr 18.3.1965, in: LAV NRW R, Rep. 118/921, Bl. 81/54.

838 Aussage A. P., Bonn 6.5.1965, in: LAV NRW R, Rep. 118/922, Bl. 87.

839 Aussage O. P. im 2. Wewelsburg-Prozess, 6.5.1970, in: LAV NRW R, Rep. 118/922. Vgl. John, Vater, S. 116.

840 Mäuse fraßen die Beweise. Wie aus der Mord-Anklage wieder Freispruch wurde, in: Die Tat 13 (1971), 27.3.1971. Vgl. Neuwöhner, Radikalisierung, S. 355; John, Vater, S. 8.

841 LKA-Bericht, Hachenburg 14.7.1970, in: LAV NRW R, Rep. 118/921.

842 Ermittlungsbericht LKA-NRW, Neuß 1.9.1970, in: LAV NRW R, Rep. 118/933.

843 LWL-Medienzentrum für Westfalen/Kreismuseum Wewelsburg (Hg.), Wewelsburg. Ideologie und Terror der SS. Begleitheft zur DVD, Münster 2011, S. 15f., https://www.lwl.org/lmz-download/medienproduktion/begleitmaterialien/booklet_wewelsburg_shop.pdf.

844 Vgl. Marc von Miquel, Ahnden oder amnestieren? Westdeutsche Justiz und Vergangenheitspolitik in den sechziger Jahren, Göttingen 2004; Manfred Görtemaker/Christoph Safferling, Die Akte Rosenburg. Das Bundesministerium der Justiz und die NS-Zeit, München 2016; Sven Felix Kellerhoff, Warum die Aufarbeitung des Holocaust scheiterte, in: Die WELT, 6.5.2016, https://www.welt.de/geschichte/zweiter-weltkrieg/article155102433/Warum-die-Aufarbeitung-des-Holocaust-scheiterte.html; Anschaulich verarbeitet auch im Roman von Ferdinand von Schirach „Der Fall Collini" (2011) und in der Dokumentation „Akte D: Das Versagen der Nachkriegsjustiz (2018), http://www.3sat.de/mediathek/?mode=play&obj=75315.

845 Vgl. Eichmüller, Strafverfolgung, S. 639.

846 Brief an den Autor von Wolfgang Wörner, Wiesbaden 16.12.2018.

847 Vgl. John, Vater, S. 116, Fn. 401.

848 Vgl. eigene Recherchen. Aus Quellen- und Datenschutzgründen mache ich hier keine Angabe.

849 Korrespondenzakte zur Anfrage nach A. Haas beim ITS Bad Arolsen, 1993-1997, in: WL, TD-1624224.

850 Vgl. John, Vater, S. 116, Fn. 401.

851 Auskunft Kirsten John-Stucke (KMW), E-Mail vom 17.11.2014.

852 Auskunft Hans-Joachim Schmidt, E-Mail vom, 27.10.2017.

853 Vgl. Georg Etscheit, Sammelobjekte, gefertigt von KZ-Häftlingen, in: Süddeutsche Zeitung, 26.7.2018, https://www.sueddeutsche.de/muenchen/nazi-nippes-sammelobjekte-gefertigt-von-kz-haeftlingen-1.4069509; Hermann Unterstöger, 3000 Euro für Görings Unterhose, in: Süddeutsche Zeitung, 19.6.2016, https://www.sueddeutsche.de/muenchen/auktion-in-muenchen-euro-fuer-goerings-unterhose-1.3041970; https://motherboard.vice.com/de/article/8q54na/us-buerger-ueberhaeufen-holocaust-museum-mit-nazi-devotionalien; Ben Phelan, Understanding the Market in Nazi Memorabilia, in: PBS, 12.9.2013, http://www.pbs.org/wgbh/roadshow/stories/articles/2013/12/9/understanding-market-nazi-memorabilia/.

854 Antifaschistische Linke Celle u. a., Offener Brief zum Vortrag über den KZ-Kommandanten Adolf Haas und der Berichterstattung in der Celleschen Zeitung vom 15. November, in: bunteshaus.de, 20.11.2016, https://www.bunteshaus.de/index.php/news/467-der-kz-kommandant-adolf-haas-war-ein-ns-moerder. Auf der Seite ist der gesamte Verlauf der öffentlichen Diskussion dokumentiert.

855 Kundgebung gegen Nazitreffen, Eschede 29.9.2018, in: Celler Forum gegen Gewalt und Rechtsextremismus, 18.9.2018, http://www.cellerforum.de/beitraege/120-kundgebung-gegen-nazitreffen-eschede-29092018.html.

856 Für die Stiftung niedersächsischer Gedenkstätten antwortete der Geschäftsführer Jens-Christian Wagner. Die Cellesche Zeitung fasste unsere Antworten am 14. Dezember 2016 zusammen, ohne eine eigene Stellungnahme hinzuzufügen. Alle Texte in: bunteshaus.de, https://www.bunteshaus.de/index.php/news/467-der-kz-kommandant-adolf-haas-war-ein-ns-moerder.

857 Siehe Kapitel 4.3 „Der Massenmörder“ und 5.6 „Der Abgeschobene“.

858 Vgl. Herbert Jäger, Verbrechen unter totalitärer Herrschaft. Studien zur nationalsozialistischen Gewaltkriminalität, Frankfurt a.M. 1982 [1967], S. 159; Kurt Hinrichsen, Befehlsnotstand, in: Adalbert Rückerl (Hg.), NS-Prozesse. Nach 25 Jahren Strafverfolgung. Möglichkeiten – Grenzen – Ergebnisse, 2. ergänzte Auflage, Karlsruhe 1972, S. 131-161; Zum Umgang mit dem „Befehlsnotstand“ in der NS-Strafjustiz vgl. Eichmüller, Generalamnestie, S. 421, 426f.

859 Petit, Schutzhäftling, in: Rappel 10 (1965), S. 505, 513.

860 Vgl. Bajohr, Täterforschung.

861 Broszat (Hg.), Kommandant, S. 235.

862 Harald Welzer, Täter. Wie aus ganz normalen Menschen Massenmörder werden, Frankfurt a.M. 2016, S. 246f.

863 Vgl. ebd., S. 247.

864 Ebd., S. 250. Welzer bezieht den Ausschluss nur auf Jüdinnen und Juden, aber im weiteren Sinne könnte man auch alle anderen Verfolgtengruppen miteinbeziehen.

865 Harald Welzer, Wer waren die Täter? Anmerkungen zur Täterforschung aus sozialpsychologischer Sicht, in: Gerhard Paul (Hg.), Die Täter der Shoah. Fanatische Nationalsozialisten oder ganz normale Deutsche?, Göttingen 2003, S. 237-254, hier S. 238.

866 Ebd.

867 Mark Roseman, Lebensfälle: Biographische Annäherungen an NS-Täter, in: Bajohr/Löw (Hg.), Holocaust, S. 186-212, S. 205f.

868 Vgl. Segev, Soldaten, S. 261. Zur heutigen Sicht der Täterforschung auf Segevs Buch:

Gerhard Paul, Die Täter der Shoah im Spiegel der Forschung, in: Ders. (Hg.), Täter, S. 13-92, hier S. 34f.; Orth, Konzentrationslager-SS, S. 11.

869 Vgl. Antwort von Jens-Christian Wagner auf den Offenen Brief, in: bunteshaus.de, https://www.bunteshaus.de/index.php/news/467-der-kz-kommandant-adolf-haas-war-ein-ns-moerder.

870 Vgl. Browning, Men; Goldhagen, Executioners.

871 Vgl. Stefan Kühl, Ganz normale Organisationen. Zur Soziologie des Holocaust, Berlin 2014, S. 100-119.

872 Ebd., S. 33f.

873 Ebd., S. 118; Zur „antislawischen Konsensfiktion" vgl. Martin Weißmann, Organisierte Entmenschlichung. Zur Produktion, Funktion und Ersetzbarkeit sozialer und psychischer Dehumanisierung in Genoziden, in: Alexander Gruber (Hg.), Soziologische Analysen des Holocaust. Jenseits der Debatte über „ganz normale Männer" und „ganz normale Deutsche", Wiesbaden 2015, S. 79-128.

874 Vgl. Kühl, Organisationen, S. 37-45; vgl. Armin Nolzen: Rezension zu: Kühl, Stefan: Ganz normale Organisationen. Zur Soziologie des Holocaust. Frankfurt am Main 2014, in: H-Soz-Kult, 4.8.2016, www.hsozkult.de/publicationreview/id/rezbuecher-23885.

875 Hein, Orden, S. 280.

876 Andreas Ruppert/Wulff E. Brebeck, Wewelsburg, in: Joachim Meynert/Arno Klönne (Hg.), Verdrängte Geschichte. Verfolgung und Vernichtung in Ostwestfalen 1933-1945, Bielefeld 1986, S. 323-372, hier S. 366.

877 Welzer, Täter, S. 267.

878 Ebd., S. 268.

879 Welzer macht die „Entscheidung gegen das Töten" unter anderem an der sozialen Nähe fest, vgl. Welzer, Täter, S. 261f.

880 Vgl. Katrin Himmler/Michael Wildt, Himmler privat: Briefe eines Massenmörders, München 2014; Heinrich Himmlers Briefe – Die Handschrift des Massenmörders, in: Die WELT, 2014, http://www.welt.de/himmler/.

881 Leicht sprachlich verändert: Brief an den Autor von Heinrich Schönker, Tel Aviv 20.11.2017.

882 Morten Moshagen u. a., The Dark Core of Personality, in: Psychological Review 125.5 (2018), S. 656-688; Zusammenfassung in: Mirko Smiljanic, Der dunkle Faktor der Persönlichkeit, in: Deutschlandfunk, 20.12.2018, https://www.deutschlandfunk.de/essenz-des-boesen-der-dunkle-faktor-der-persoenlichkeit.1148.de.html?dram:article_id=436398.

883 Verband der Historiker und Historikerinnen Deutschlands, Resolution des Verbandes der Historiker und Historikerinnen Deutschlands zu gegenwärtigen Gefährdungen der Demokratie, Münster 27.9.2018, in: VHD, https://www.historikerverband.de/verband/stellungnahmen/resolution-zu-gegenwaertigen-gefaehrdungen-der-demokratie.html.

884 Zur Übersicht siehe: Thomas Sandkühler, Historiker*innen und Politik. Streit um eine aktuelle VHD-Resolution, in: Public History Weekly 6 (2018), https://public-history-weekly.degruyter.com/6-2018-31/vhd-resolution/.

885 Bernd Hüppauf, Was treibt den Täter? Täterforschung: Ein neues Wort und das Erkenntnisinteresse, das es ausspricht, in: Frankfurter Allgemeine Zeitung, 23.7.2001, zit. nach Gerhard Paul/Klaus-Michael Mallmann, Sozialisation, Milieu und Gewalt. Fortschritte und Probleme der neueren Täterforschung, in: Dies. (Hg.), Karrieren der Gewalt. Nationalsozialistische Täterbiographien, Darmstadt 2004, S. 1-32, hier S. 2.

886 Welzer, Täter, S. 257.

887 Knopp, SS, S. 15.

888 Vgl. Eichmüller, Strafverfolgung, S. 639. Gut zusammengefasst auch in der Dokumentation „Akte D: Das Versagen der Nachkriegsjustiz (Dokumentation, 2018).

889 Vgl. Efraim Zuroff, Beruf: Nazijäger. Die Suche mit dem langen Atem: Die Jagd nach den Tätern des Völkermordes, Freiburg 1996, S. 21.

890 Vgl. Toralf Staud, Straf- und Gewalttaten von rechts: Was sagen die offiziellen Statistiken?, in: Bundeszentrale für politische Bildung, 6.2.2018, http://www.bpb.de/politik/extremismus/rechtsextremismus/264178/pmk-statistiken; Bundesministerium des Innern, für Bau und Heimat, Politisch Motivierte Kriminalität im Jahr 2017. Bundesweite Fallzahlen, Berlin 2018, https://www.bmi.bund.de/SharedDocs/downloads/DE/veroeffentlichungen/2018/pmk-2017.pdf?__blob=publicationFile&v=4.

891 Frank Jansen u. a., Todesopfer rechter Gewalt in Deutschland seit der Wiedervereinigung, in: Tagesspiegel, 27.9.2018, https://www.tagesspiegel.de/politik/interaktive-karte-todesopfer-rechter-gewalt-in-deutschland-seit-der-wiedervereinigung/23117414.html; Frank Jansen, Mehr Tote durch rechte Gewalt seit 1990 als bekannt, in: Tagesspiegel, 18.6.2018, https://www.tagesspiegel.de/politik/bundesregierung-korrigiert-zahlen-mehr-tote-durch-rechte-gewalt-seit-1990-als-bekannt/22700008.html.

892 Veranstaltungsbeschreibung Kampf der Nibelungen, 2018, http://www.kampf-der-nibelungen.com/. Für einen Überblick: Die Story im Ersten: Rechtsrockland, in: Das Erste, 2018, https://www.daserste.de/information/reportage-dokumentation/dokus/sendung/rechtsrockland-100.html.

893 Vgl. Robert Claus, Hooligans. Eine Welt zwischen Fußball, Gewalt und Politik, Göttingen 2017; Deutsche heuern bei rechtsextremem ukrainischen Bataillon an, in: Der Spiegel, 11.11.2017, http://www.spiegel.de/panorama/justiz/ukraine-deutsche-soeldner-heuern-bei-rechtsextremem-freiwilligen-bataillon-an-a-1177400.html.

894 Hannibals Schattenarmee, in: taz, 16.11.2018, http://www.taz.de/!5548926/; Rechtsextreme Soldaten unterm Radar, in: taz, 26.11.2018, http://www.taz.de/!5553291/.

895 Vgl. Daniela Siepe, Die Rolle der Wewelsburg in der phantastischen Literatur, in Esoterik und Rechtsextremismus nach 1945, in: Schulte (Hg.), SS, S. 488-512.

896 Holger Kulick/Andrés Nader, Engagement – lohnt das denn?, in: bpb, 3.8.2007, http://www.bpb.de/politik/extremismus/rechtsextremismus/41596/engagement-lohnt-das-denn?p=all.

897 Michael Kohlstruck, Rechte Gewalt in Ost und West. Wie lassen sich die höheren Zahlen in den neuen Bundesländern erklären?, in: bpb, 18.6.2018, http://www.bpb.de/geschichte/zeitgeschichte/deutschlandarchiv/270811/rechte-gewalt-in-ost-und-west.

898 Welzer, Täter, S. 268.

899 Harald Welzer schlägt angesichts dessen – unabhängig von seiner Täterforschung – das Bedingungslose Grundeinkommen als neues gesellschaftliches Konzept vor, das in den letzten Jahren viel Aufmerksamkeit bekommen hat. Vgl. aktuell in: Ders., Alles könnte anders sein: Eine Gesellschaftsutopie für freie Menschen, Frankfurt a.M. 2019.

900 Zuroff, Beruf, S. 67. Dennoch gäbe es zentrale Unterschiede in der Herangehensweise, betont Zuroff.

901 Zit. nach: Susanne Balthasar, Die Unerbittlichkeit des Nazi-Jägers, in: Die WELT, 9.10.1999, https://www.welt.de/print-welt/article586940/Die-Unerbittlichkeit-des-Nazi-Jaegers.html.

902 Zuroff, Beruf, S. 67.

903 Saß, Aufstieg.

Quellen- und Literaturverzeichnis

ARCHIVALIEN

Bundesarchiv Berlin-Lichterfelde (BArch/L)

- NS 3: SS-Wirtschafts- und Verwaltungshauptamt
  - 424: Disziplinar- und Gerichtsangelegenheiten insbes. Anwendung der SS- und Polizeigerichtsbarkeit; Befehle und Verordnungen
- NS 7: SS- und Polizeigerichtsbarkeit
  - 1155: Adam Grünewald, 20.10.1902, darin Feldurteil 6.3.1944
- R 9361-II: Personenbezogene Unterlagen der NSDAP / Parteikorrespondenz
  - 239206: SS-Personalakte Hermann Fischer, 22.3.1883
  - 339594: SS-Personalakte Adolf Haas, 14.11.1893
- R 9361-III: Rasse- und Siedlungshauptamt
  - 62742: SS-Personalakte Adolf Haas, 14.11.1893
  - 26088 und 565760: SS-Personalakte Hermann Campe, 8.11.1910
  - 163677: SS-Personalakte Kurt Riedl, 21.5.1914
  - 191843 und 556369: SS-Personalakte Siegfried Seidl, 24.8.1911
  - 527726: SS-Personalakte Adam Grünewald, 20.10.1902
  - 543925: SS-Personalakte Ernst Moes, 31.1.1898
  - 558842 und 994060: SS-Personalakte Gustav Strese, 29.11.1893
- VBS286: SS-Führerpersonalunterlagen
  - 6400014211: SS-Personalakte Adolf Haas, 14.11.1893

Bundesarchiv Freiburg (BArch/F)

- N 756: Nachlass Wolfgang Vopersal
  - 340b: SS-Panzergrenadier-Ersatz-Bataillon 18, SS-Panzergrenadier-Ausbildungs-Bataillon 18 und SS-Panzer-Grenadier-Ausbildungs- und Ersatz-Bataillon 35

Luxemburger Nationalarchiv (ANLux)

- CDRR-192: Nachlass Pierre Petit (Fonds Pierre Petit)

Landeshauptarchiv Koblenz (LHAK)

- Bestand 584,1: Staatsanwaltschaft Koblenz
  - Nr. 1279-1281: Prozess zum Novemberpogrom in Mogendorf, Az. 9/3 Js 123/47, 1950
  - Nr. 1352: Razzia der SS in Welschneudorf unter Leitung von u. a. Adolf Haas am 28.5.1933, Az. 9/3 Js 1763/48, 1949-1951
- Bestand 856: Landeskommissar für die politischen Säuberungen in Rheinland-Pfalz (Entnazifizierung)
  - Nr. 116901, 231511, 280781: Adolf und Lina Haas, darin auch Todeserklärung von A. Haas (Az. II 1/50)

Landesarchiv Speyer (LASP)

- Bestand J 85: Justizvollzugsanstalt Mainz
  - 118: Gefangenenpersonalakte Paula Fröhlich, 1934
  - 3614: Gefangenenpersonalakte A. Haas, 1934
  - 3957: Gefangenenpersonalakte Philipp Schwarz, 1934

Hessisches Hauptstaatsarchiv, Wiesbaden (HHStaW)

- Bestand 483: NSDAP, Gau Hessen-Nassau und Gau Kurhessen
  - Nr. 1810 a und b: SS-Sturmbann III/78., Schriftwechsel und Personalmeldungen
  - Nr. 1816: SS-Sturmbann I und III/78., Allgemeine Dienstangelegenheiten
  - Nr. 2055: SS-Sturmbann III/78., Verstärkung der SS-Totenkopfverbände, Aufstellung einer politischen Bereitschaft im Bereich des SS-Oberabschnitts Rhein
  - Nr. 2573: Personalakte A. Haas, darin u. a. Besoldungsakte
- Bestand 461: Staatsanwaltschaft bei dem Landgericht Frankfurt a.M.
  - Nr. 34558-34569: Ermittlungsverfahren gegen

Adolf Eichmann, Hans Günther, Adolf Haas u. a., Az. 4 Js 1145/63 (früher 4 Js 1018/59)

Landesarchiv Nordrhein-Westfalen, Abteilung Rheinland, Duisburg (LAV NRW R)
- Rep. 118: Staatsanwaltschaft Köln
  - Nr. 315 und 316: Ermittlungssache-Voruntersuchung gegen Haas wegen Mordes, Az. 24 Js 100/62 (Z), 1962-1963
  - Nr. 855-935: Zweiter Wewelsburg-Prozess
- Rep. 529: Staatsanwaltschaft Bonn
  - Nr. 30: Vernehmung des Beschuldigten Gustav Sorge, Az. 8 Ks 1/58, 1957

Staatsarchiv Hamburg (StAH)
- 213-12_0111: Staatsanwaltschaft Landgericht – NSG; Strafsache: Wendt, Hans Fritz Georg, Dr. iur., u. a., wegen des Todesurteils des SS- u. Polizeigerichts XX Hamburg gegen Theodor Breuing vom 14.4.1945, StA Hamburg 141 Js 80

Archiv der Gedenkstätte Bergen-Belsen (GBB)
- BT-5: Zeitzeugenbericht Hermann Adler, Celle 26.3.1992
- BT 571-574: Abraham und Clara Rijxman, Abcoude 15.8.1991
- BV 221: Interview Heinrich Schönker, Video
- BV 280: Interview Shmuel Thomas Huppert, Video
- BZ-666: Interview Herbert Schmidt, Wewelsburg 16.5.1992
- BZ 919: Zeitzeugenbericht Maria Gniatcyk, undatiert
- Schönker, Heinrich: Die Berührung eines Engels. Manuskript, 2005

Archiv des Kreismuseums Wewelsburg (AKW)
- Interview John-Stucke mit W. P., 1.4.2003
- Interview C. B. mit Herrn R., 16.5.1992

Archiv der Gedenkstätte Sachsenhausen (AS)
- D 30 A/8/2 A: Prozess gegen Fritz Suhren und Hans Pflaum

Archiv der GeschichtsWerkstatt Hachenburg (GWH)
- Eberhard Mauer, Erinnerungsbericht, Hachenburg 11.4.2015

Stadtarchiv Siegen (StArch Siegen)
- 590: Geburtsurkunde A. Haas, Siegen 16.11.1893

Deutsches Institut für Japanstudien (DIJ)
- B 12: Adressbuch des Lagers Bandō 1917/18

Geschichtsarchiv von Jehovas Zeugen
- Klohe, Georg: Lebensbericht, 14.9.1956

Visual History Archive, USC Shoah Foundation (VHA)
- Interview Code 32323: Interview Josef Rehwald, Berlin 10.7.1997

Wiener Library, London (WL)
- ITS Archives
  - Doc. No. 3664205f. und 3664213: Landrat des Kreises Büren an Stadt- u. Amtsbürgermeister Büren, Büren 5.9.1942 und 31.10.1942
  - Doc. No. 82147113: Aussage M. H., Wewelsburg 7.8.1947
  - Doc. No. 82147115: Aussage W. K., Wewelsburg 7.8.1947
  - Doc. No. 82147158: Aussage H. S., Dachau 25.2.1947
  - Doc. No. 82351166-82351169: Bericht Eberhard von Thadden, Berlin 6.8.1943
  - Doc. No. 82351057#1: Levy, Rudolf: Das Neutralenlager Bergen-Belsen, Istanbul 1945
  - Doc. No. 82351106-82351107: Bericht J. G., o. A.
  - Doc. No. 82351186#1: Runderlaß WVHA D I, Berlin 29.6.1943

LITERATUR

Ammann, Thomas/Stefan Aust: Hitlers Menschenhändler: das Schicksal der „Austauschjuden“, Berlin 2013.

Arntz, Hans-Dieter: Der letzte Judenälteste von Bergen-Belsen. Josef Weiss – würdig in einer unwürdigen Umgebung, Aachen 2012.

Bahro, Bernd: Der SS-Sport: Organisation – Funktion – Bedeutung, Paderborn/München 2013.

Bajohr, Frank, Täterforschung: Ertrag, Probleme und Perspektiven, in: Ders./Löw (Hg.): Holocaust, S. 167-185.

– /Andrea Löw (Hg.): Der Holocaust. Ergebnisse und neue Fragen der Forschung, Frankfurt a.M. 2015.

Bauer, Yehuda: Freikauf von Juden? Verhandlungen zwischen dem nationalsozialistischen Deutschland und jüdischen Repräsentanten von 1933 bis 1945, Frankfurt a.M. 1996.

Baumann, Imanuel u. a.: Schatten der Vergangenheit. Das BKA und seine Gründungsgeneration in der frühen Bundesrepublik, Köln 2011, auch online: https://www.bka.de/SharedDocs/Downloads/DE/Publikationen/Publikationsreihen/PolizeiUndForschung/Sonderband-2011SchattenDerVergangenheit.pdf?__blob=-publicationFile&v=2.

Blits, Mirjam: Auschwitz 13917, Hoe Ik De Duitse Concentratiekampen Overleefde, Amsterdam/Brüssel 2001.

Bochow, Michael/Andreas Pretzel (Hg.): Ich wollte es so normal wie andere auch. Walter Guttmann erzählt sein Leben, Hamburg 2011.

Bolle, Mirjam: „Ich weiß, dieser Brief wird Dich nie erreichen“: Tagebuchbriefe aus Amsterdam, Westerbork und Bergen-Belsen, Frankfurt a.M. 2006.

Brand, Heinz-Ewo von (Hg.): Ein begehrenswerter Mann? Gefährlich verschlungene Wege zum Glück. Leben und Überleben des überaus charmanten Dr. Carl Victor von Chasseur in einer sehr schlimmen Zeit, Selbstverlag 2015.

Broszat, Martin (Hg.): Kommandant in Auschwitz. Autobiographische Aufzeichnungen des Rudolf Höß, 27. Aufl., München 2017.

Browning, Christopher: Ordinary Men: Reserve Police Battalion 101 and the Final Solution in Poland, New York 1992 (dt.: Ganz normale Männer: Das Reserve-Polizeibataillon 101 und die „Endlösung“ in Polen, Hamburg 1993).

Buggeln, Marc: Arbeit & Gewalt: das Außenlagersystem des KZ Neuengamme, Göttingen 2009.

Butz, Arthur R.: Der Jahrhundertbetrug, Richmond 1977.

Claus, Robert: Hooligans. Eine Welt zwischen Fußball, Gewalt und Politik, Göttingen 2017.

Cramer, John: Belsen Trial 1945. Der Lüneburger Prozess gegen Wachpersonal der Konzentrationslager Auschwitz und Bergen-Belsen, Göttingen 2011.

– Der Terror erhält ein Gesicht. Vorbereitung, Verlauf und Rezeption des „First Belsen Trial“ 1945, in: Knoch, Habbo/Thomas Rahe (Hg.): Bergen-Belsen. Neue Forschungen, Göttingen 2014, S. 290-305

Diercks, Herbert (Hg.): Hilfe oder Handel? Rettungsbemühungen für NS-Verfolgte, Bremen 2007.

Düselder, Heike (Hg.): Begegnungen hinter Stacheldraht. Deutsche Kriegsgefangene im Lager Bandō in Japan, 1917-1920, Lüneburg 2017.

Eichmüller, Andreas: Die Strafverfolgung von NS-Verbrechen durch westdeutsche Justizbehörden seit 1945. Eine Zahlenbilanz, in: Vierteljahrshefte für Zeitgeschichte 4 (2008), S. 621-640.

– Keine Generalamnestie. Die strafrechtliche Verfolgung von NS-Verbrechen in der frühen Bundesrepublik, München 2012.

Eliach, Yaffa: Träume vom Überleben: Chassidische Geschichten aus dem 20. Jahrhundert, Freiburg 1997.

Emmett, Stuart B. T.: Strafvollzugslager der SS-Und Polizei: Himmler's Wartime Institutions for the Detention of Waffen-SS and Polizei Criminals, Stroud 2017.

Endlich, Stefanie: Kunst im KZ, in: Benz, Wolfgang/Barbara Distel (Hg.): Der Ort des Terrors. Geschichte der nationalsozialistischen Konzentrationslager, Bd. 1, München 2005, S. 274-295.

Fackler, Guido: Lied und Gesang im KZ, in: Matter, Max/Nils Grosch (Hg.): Lied und populäre

Kultur, Münster u. a. 2001, S. 141-198.

Fischer, Torben u. a. (Hg.): Lexikon der „Vergangenheitsbewältigung" in Deutschland: Debatten- und Diskursgeschichte des Nationalsozialismus nach 1945, Bielefeld 2007.

Frank, Abraham/Werner A. Güth/Johannes Kempf: Zachor. Ein Buch des Gedenkens. Zur Erinnerung an die jüdische Gemeinde Hachenburg, Hachenburg 2002.

Friedländer, Saul: Das Dritte Reich und die Juden. Die Jahre der Verfolgung 1933-1939, München 2000.

– Eine integrierte Geschichte, in: Ders., Nachdenken über den Holocaust, München 2007, S. 154-167.

Füllberg-Stolberg, Claus u. a. (Hg.): Frauen in Konzentrationslagern. Bergen-Belsen. Ravensbrück, Bremen 1994.

Garbe, Detlef: Neuengamme im System der Konzentrationslager. Studien zur Ereignis- und Rezeptionsgeschichte, Berlin 2015.

Geisel, Eike (Hg.): Vielleicht war das alles erst der Anfang. Hanna Lévy-Hass. Tagebuch aus dem KZ Bergen-Belsen 1944-1945, Berlin 1979.

Giefer, Rena/Thomas Giefer: Die Rattenlinie. Fluchtwege der Nazis. Eine Dokumentation, Weinheim 1995.

Gitler, Józef: Leben am seidenen Faden: Tagebuch aus dem Austauschlager Bergen-Belsen, Göttingen 2015.

Glasenapp, Gabriele von: Von der Endlösung der Judenfrage zum Holocaust. Über den sprachlichen Umgang mit der deutschen Vergangenheit, in: Felder, Ekkehard (Hg.): Semantische Kämpfe. Macht und Sprache in den Wissenschaften, Berlin/New York 2006, S. 127-155.

Goldhagen, Daniel J.: Hitler's Willing Executioners: Ordinary Germans and the Holocaust, New York 1996 (dt.: Hitlers willige Vollstrecker: Ganz gewöhnliche Deutsche und der Holocaust, Berlin 1996).

Goñi, Uki: Odessa. Die wahre Geschichte. Flucht für NS-Kriegsverbrecher, Berlin/Hamburg 2006.

Görtemaker, Manfred/Christoph Safferling: Die Akte Rosenburg. Das Bundesministerium der Justiz und die NS-Zeit, München 2016.

– Geschichte der Bundesrepublik Deutschland. Von der Gründung bis zur Gegenwart, München 1999.

Grathoff, Stefan: Geschichte der Stadt Hachenburg, Hachenburg 2011.

Harding, Thomas: Hanns und Rudolf. Der deutsche Jude und die Jagd nach dem Kommandanten von Auschwitz, München 2014.

Harten, Hans-Christian: Himmlers Lehrer. Die Weltanschauliche Schulung in der SS 1933-1945, Paderborn 2014.

Hein, Bastian: Die SS. Geschichte und Verbrechen, München 2015.

– Elite für Volk und Führer. Die Allgemeine SS und ihre Mitglieder 1925-1945, München 2012.

– Himmlers Orden. Das Auslese-und Beitrittsverfahren der Allgemeinen SS, in: Vierteljahrshefte für Zeitgeschichte 59,2 (2011), S. 263-280.

Herrmann, Simon Heinrich: Austauschlager Bergen-Belsen. Geschichte eines Austauschtransports, Tel Aviv 1944.

Hertel, Hans: Generation im Aufbruch: Im Herzen das Vaterland, Preuss 1977.

Herwig, Malte: Die Flakhelfer. Wie aus Hitlers jüngsten Parteimitgliedern Deutschlands führende Demokraten wurden, München 2013.

Herzberg, Abel Jacob: Amor Fati. Seven Essays on Bergen-Belsen, Göttingen 2016.

– Zweistromland: Tagebuch aus Bergen-Belsen, Wittingen 1997.

Hilberg, Raul: Die Vernichtung der europäischen Juden. Die Gesamtgeschichte des Holocaust, 3 Bde., Frankfurt a.M. 1990 [1961].

Himmler, Katrin/Michael Wildt: Himmler privat: Briefe eines Massenmörders, München 2014.

Hinrichsen, Kurt: Befehlsnotstand, in: Rückerl, Adalbert (Hg.): NS-Prozesse. Nach 25 Jahren Strafverfolgung. Möglichkeiten – Grenzen – Ergebnisse, 2. ergänzte Aufl., Karlsruhe 1972, S. 131-161.

Hirschfeld, Gerhard/Gerd Krumeich/Irina Renz (Hg.): Enzyklopädie Erster Weltkrieg, Paderborn 2004.

Hofmann, Alfred/Wilhelm Tieke: Das SS-Panzergrenadier-Ausbildungs- und Ersatz-Bataillon 18, in: Der Freiwillige 10 (1992), 15f. und 11

(1992), S. 25f.
– Das SS-Panzergrenadier-Ausbildungs- und Ersatz-Bataillon 18 im letzten Aufgebot 1945, Gummersbach 1993.

Höhne, Steffen/Ludger Udolph: Deutsche, Tschechen, Böhmen: Kulturelle Integration und Desintegration im 20. Jahrhundert, Köln/Weimar 2010.

Hollweg, Max: „Es ist unmöglich, von dem zu schweigen, was ich erlebt habe." Zivilcourage im Dritten Reich, Bielefeld 2000.

Hörath, Julia: „Asoziale" und „Berufsverbrecher" in den Konzentrationslagern 1933 bis 1938, Göttingen 2017.

Hördler, Stefan: KZ-System und Waffen-SS. Genese, Interdependenzen und Verbrechen, in: Schulte, Jan Erik/Peter Lieb/Bernd Wegner (Hg.): Die Waffen-SS. Neue Forschungen, Paderborn 2014, S. 80-98.
– Ordnung und Inferno: Das KZ-System im letzten Kriegsjahr, Göttingen 2015.

Huppert, Hilde/Arnold Zweig: Engpass zur Freiheit. Aufzeichnungen der Frau Hilde Huppert über ihre Erlebnisse im Nazi-Todesland und ihre wundersame Errettung aus Bergen-Belsen, Berlin 1990.

Huppert, Hilde: Hand in Hand mit Tommy: ein autobiographischer Bericht, 1939-1945, St. Ingbert 1997.
– Hand in Hand with Tommy. A Testimony, 1939-1945, Jerusalem 2004.

Huppert, Shmuel Thomas: Habe ich Anne Frank gesehen?, Gerlingen 1999

Hüser, Karl: Wewelsburg 1933 bis 1945, Kult- und Terrorstätte der SS. Eine Dokumentation, Paderborn 1982.

Jacobs, Tino: Himmlers Mann in Hamburg – Georg Henning Graf von Bassewitz-Behr als Höherer SS- und Polizeiführer im Wehrkreis X 1943-1945, Hamburg 2001.

Jäger, Herbert: Verbrechen unter totalitärer Herrschaft. Studien zur nationalsozialistischen Gewaltkriminalität, Frankfurt a.M. 1982 [1967].

Jaldati, Lin/Eberhard Rebling: Sag nie, du gehst den letzten Weg. Erinnerungen, Berlin 1986.

Janz, Oliver: 14. Der grosse Krieg, Frankfurt a.M. 2013.

John, Kirsten: „Mein Vater wird gesucht...". Häftlinge des Konzentrationslagers in Wewelsburg, Essen 2001.

John-Stucke, Kirsten: Niederhagen/Wewelsburg – Stammlager, in: Benz, Wolfgang/Barbara Distel (Hg.): Der Ort des Terrors. Geschichte der nationalsozialistischen Konzentrationslager, Bd. 7, München 2008, S. 17-29.

Jungbluth, Uli: Nationalsozialistische Judenverfolgung im Westerwald, Koblenz 1994 [1989].
– Zur Nazifizierung der Deutschen. Machtergreifung im Westerwald, Höhr-Grenzhausen 1993.
– Zur Synagoge und den Juden von Mogendorf, in: Jösch, Joachim u. a. (Hg.): Juden im Westerwald. Leben, Leiden und Gedenken. Ein Wegweiser zur Spurensuche, Montabaur 1998, S. 100-110.

Kaienburg, Hermann: Der Militär- und Wirtschaftskomplex der SS im KZ-Standort Sachsenhausen Oranienburg. Schnittpunkt von KZ-System, Waffen-SS und Judenmord, Berlin 2015.
– Vernichtung durch Arbeit. Der Fall Neuengamme. Die Wirtschaftsbestrebungen der SS und ihre Auswirkungen auf die Existenzbedingungen der KZ-Gefangenen, Bonn 1991.

Kaumkötter, Jürgen: Der Tod hat nicht das letzte Wort. Kunst in der Katastrophe 1933-1945, Berlin 2015.

Keller, Rolf u. a. (Hg.): Konzentrationslager Bergen-Belsen. Berichte und Dokumente, Göttingen 1995.

Kellerhoff, Sven Felix: NSDAP. Eine Partei und ihre Mitglieder, Stuttgart 2017.

Kemp, Wolfgang: Dokumentation Oppenheimer und Niersteiner Juden 1933-1945, Alzey 2009.

Kershaw, Ian: Hitler. 1889-1945, München 2009.

Khachatryan, Kristine: Junge Kämpfer, alte Opportunisten und gar nicht so wenig Frauen: Eine Typologie der NSDAP-Mitglieder, in: Falter, Jürgen W. (Hg.): Junge Kämpfer, alte Opportunisten. Die Mitglieder der NSDAP 1919-1945, Frankfurt a.M./New York 2016, S. 197-216.

Klee, Ernst: Auschwitz – Täter Gehilfen, Opfer und was aus ihnen wurde: Ein Personenlexikon, Frankfurt a.M. 2013.

Knopp, Guido: Die SS. Eine Warnung der Ge-

schichte, München 2002.
Kolb, Eberhard: Bergen-Belsen. Geschichte des „Aufenthaltslagers“ 1943-1945, Hannover 1962.
– Bergen-Belsen. Vom „Aufenthaltslager“ zum Konzentrationslager 1943-1945, Göttingen 2002.
Koop, Volker: Dem Führer ein Kind schenken. Die SS-Organisation „Lebensborn“ e. V., Köln 2007.
– Himmlers letztes Aufgebot: Die NS-Organisation „Werwolf“, Köln 2008.
– Rudolf Höß. Der Kommandant von Auschwitz. Eine Biographie, Köln u. a. 2014.
Krebs, Gerhard: Von Tsingtau nach Bandō. Das Schicksal der Gefangenen in einem japanischen Lager des Ersten Weltkriegs, in: Düselder (Hg.): Begegnungen, S. 10-25.
Kreuzberger, Stefan/Dominik Geppert (Hg.): Die Ämter und ihre Vergangenheit: Ministerien und Behörden im geteilten Deutschland 1949-1972, Paderborn 2018.
Kühl, Stefan: Ganz normale Organisationen. Zur Soziologie des Holocaust, Berlin 2014.
Lange, Wilhelm: Cap Arcona. Das tragische Ende einiger Konzentrationslager-Evakuierungstransporte im Raum der Stadt Neustadt in Holstein am 3. Mai 1945, Eutin 2014.
Laqueur, Renata: Bergen-Belsen Tagebuch 1944/1945, Hannover 1995.
Leffers, Jessica: Begegnungen hinter Stacheldraht, in: Düselder (Hg.), Begegnungen, S. 26-137.
Lehmann, Osher M.: Faith at the Brink: An Autobiography of the Formative Years. Including: The Epochal Holocaust Period and Historical Perspectives, New York 1996.
Lilienthal, Georg: Der „Lebensborn e. V.“ Ein Instrument nationalsozialistischer Rassenpolitik, Frankfurt a.M. 2003.
Linck, Stephan: „Rattenlinie Nord“. Kriegsverbrecher in Flensburg und Umgebung im Mai 1945, in: Paul, Gerhard (Hg.): Mai ‘45: Kriegsende in Flensburg, Flensburg 2015, S. 20-31.
Löb, Ladislaus: Dealing with Satan. Reszo Kasztners‘ Daring Resque Mission. A Survivor‘s Tale, London 2008.
Lommatzsch, Erik: Hans Globke (1898-1973): Beamter im Dritten Reich und Staatssekretär Adenauers, Frankfurt a.M./New York 2009.
Longerich, Peter: Heinrich Himmler. Biographie, München 2008.
Lü, Yixu: Tsingtau, in: Zimmerer, Jürgen (Hg.): Kein Platz an der Sonne. Erinnerungsorte der deutschen Kolonialgeschichte, Frankfurt a.M./New York 2013, S. 208-227.
Mallmann, Klaus-Michael/Gerhard Paul (Hg.): Karrieren der Gewalt. Nationalsozialistische Täterbiographien, Darmstadt 2004.
McKale, Donald M.: Nazis after Hitler. How Perpetrators of the Holocaust Cheated Justice and Truth, Lanham 2014.
Mentel, Christian/Niels Weise: Die zentralen deutschen Behörden und der Nationalsozialismus. Stand und Perspektive der Forschung, München/Potsdam 2016, auch online: https://www.ifz-muenchen.de/fileadmin/user_upload/Neuigkeiten%202016/2016_02_13_ZZF_IfZ_PM_BKM-Studie_FINAL_Neu.pdf.
Meyer, Steffen: Ein Kriegsgefangenen- und Konzentrationslager in seinem Umfeld: Bergen-Belsen von außen und von innen 1941-1950, Stuttgart 2003.
Miquel, Marc von: Ahnden oder amnestieren? Westdeutsche Justiz und Vergangenheitspolitik in den sechziger Jahren, Göttingen 2004.
Morsch, Günter: Die Konzentrationslager-SS 1936-1945: Exzess- und Direkttäter im KZ Sachsenhausen. Eine Ausstellung am historischen Ort, Berlin 2016.
Moshagen, Morten u. a.: The Dark Core of Personality, in: Psychological Review 125.5 (2018), S. 656-688.
Mühlhahn, Klaus: China, in: Hirschfeld u. a. (Hg.): Enzyklopädie, S. 412-416.
Müller, Markus: Der Erste Weltkrieg: „Urkatastrophe“ in der Biografie des späteren SS-Schergen Adolf Haas aus Hachenburg?, in: Kreisverwaltung des Westerwaldkreises (Hg.): Wäller Heimat. Jahrbuch des Westerwaldkreises 2014, Montabaur 2013, S. 70-79.
Müller-Tupath, Karla: Verschollen in Deutschland. Das heimliche Leben des Anton Burger, Lagerkommandant in Theresienstadt, Berlin 2000.
Naujoks, Harry: Mein Leben im KZ Sachsenhausen

1936-1942. Erinnerungen des ehemaligen Lagerältesten, Köln 1987.

Oestreicher, Felix Hermann: Ein jüdischer Arzt-Kalender: durch Westerbork und Bergen-Belsen nach Tröbitz, Konzentrationslager-Tagebuch 1943-1945, Konstanz 2000.

Orth, Karin: Das System der nationalsozialistischen Konzentrationslager. Eine politische Organisationsgeschichte, Hamburg 1999.

– Die Konzentrationslager-SS. Sozialstrukturelle Analysen und biographische Studien, Göttingen 2000.

Paul, Gerhard (Hg.): Die Täter der Shoah. Fanatische Nationalsozialisten oder ganz normale Deutsche?, Göttingen 2003.

– Die Täter der Shoah im Spiegel der Forschung, in: Ders. (Hg.): Täter, S. 13-92.

– /Klaus-Michael Mallmann: Sozialisation, Milieu und Gewalt. Fortschritte und Probleme der neueren Täterforschung, in: Dies. (Hg.): Karrieren der Gewalt. Nationalsozialistische Täterbiographien, Darmstadt 2004, S. 1-32.

Petit, Pierre: Schutzhäftling Nr. 2201. Das war Bergen-Belsen (mehrteilige Serie), in: Rappel. Organe de la Ligue Luxembourgeoise des Prisonniers et Déportés politiques 3/4 (1965) bis 1-3 (1985).

Phillips, Raymond (Hg.): Trial of Josef Kramer and Forty-Four Others (The Belsen Trial), London 1949.

Piening, Holger: Westküste 1945: Nordfriesland und Dithmarschen am Ende des Zweiten Weltkrieges, Heide 2000.

Pöppinghege, Rainer: „Kriegsteilnehmer zweiter Klasse"? Die Reichsvereinigung ehemaliger Kriegsgefangener 1919-1933, in: Militärgeschichtliche Zeitschrift 64.2 (2005), S. 391-424.

Precht, Richard David: Anna, die Schule und der liebe Gott: Der Verrat des Bildungssystems an unseren Kindern, 4. Aufl., München 2015.

Rahe, Thomas: Häftlingszeichnungen aus dem Konzentrationslager Bergen-Belsen, Hannover 1993.

– Konzentrationslager Bergen-Belsen – Stammlager, in: Benz, Wolfgang/Barbara Distel (Hg.): Der Ort des Terrors. Geschichte der nationalsozialistischen Konzentrationslager, Bd. 7, München 2008, S. 185-218.

– Zeugen Jehovas im Konzentrationslager Bergen-Belsen, in: Diercks, Herbert (Hg.): Abgeleitete Macht – Funktionshäftlinge zwischen Widerstand und Kollaboration, Bremen 1998, S. 106-116.

Raim, Edith: Justiz zwischen Diktatur und Demokratie. Wiederaufbau und Ahndung von NS-Verbrechen in Westdeutschland 1945-1949, München 2013.

Rammerstorfer, Bernhard: Ungebrochener Wille. Der außergewöhnliche Mut eines einfachen Mannes. Leopold Engleitner, geb. 1905, Herzogsdorf 2008.

Renz, Werner: Einführung zu den Krumey-Hunsche-Prozessen. 1962, 1964/1965, 1968/1969, in: Rauschenberger, Katharina/ders. (Hg.): Henry Ormond – Anwalt der Opfer. Plädoyers in NS-Prozessen, Frankfurt a.M. 2015, S. 137-149.

Riedel, Dirk: Ordnungshüter und Massenmörder im Dienst der „Volksgemeinschaft": Der KZ-Kommandant Hans Loritz, Berlin 2009.

Riedle, Andrea: Die Angehörigen des Kommandanturstabs im KZ Sachsenhausen: Sozialstruktur, Dienstwege und biografische Studien, Berlin 2011.

Rigoll, Dominik: Staatsschutz in Westdeutschland. Von der Entnazifizierung zur Extremistenabwehr, Göttingen 2013.

Roseman, Mark: Lebensfälle: Biographische Annäherungen an NS-Täter, in: Bajohr/Löw (Hg.): Holocaust, S. 186-212.

Rufeisen-Schüpper, Hella: Abschied von Mila 18: als Ghettokurierin zwischen Krakau und Warschau, Köln 1998.

Ruppert Andreas/Wulff E. Brebeck: Wewelsburg, in: Meynert, Joachim/Arno Klönne (Hg.): Verdrängte Geschichte. Verfolgung und Vernichtung in Ostwestfalen 1933-1945, Bielefeld 1986, S. 323-372.

Rüter, Christiaan F. u. a. (Hg.): Justiz und NS-Verbrechen. Sammlung deutscher Strafurteile wegen nationalsozialistischer Tötungsverbrechen 1945-1999, Bd. XXXV, Amsterdam/München 2005.

Saß, Jakob: Aufstieg eines Mittelmäßigen. Die SS-Karriere von Adolf Haas, KZ-Kommandant in Wewelsburg und Bergen-Belsen, Hachenburg 2016.

Schenk, Dieter: Auf dem rechten Auge blind. Die braunen Wurzeln des BKA, Köln 2001.

– Die Post von Danzig. Geschichte eines deutschen Justizmordes, Reinbek 1995.

Schlott, René (Hg.): Raul Hilberg und die Holocaust-Historiographie, i.E. Göttingen 2019.

Schönker, Heinrich: Ich war acht und wollte leben. Eine Kindheit im Zeichen der Shoah, Düsseldorf 2008.

Schröm, Oliver/Andrea Röpke: Stille Hilfe für braune Kameraden. Das geheime Netzwerk der Alt- und Neonazis, Berlin 2006.

Schulte, Jan Erik (Hg.): Die SS, Himmler und die Wewelsburg, Paderborn 2009.

Schulze, Rainer (Hg.): Unruhige Zeiten. Erlebnisberichte aus dem Landkreis Celle 1945-1949, München 1990.

Schwarz, Gudrun: Eine Frau an seiner Seite. Ehefrauen in der „SS-Sippengemeinschaft", Hamburg 1997.

Schwarzwälder, Herbert: Der britische Vorstoß an die Weser (= Bremen und Nordwestdeutschland am Kriegsende 1945, Bd. 2), Bremen 1973.

Segev, Tom: Soldaten des Bösen, Zur Geschichte der KZ-Kommandanten, Hamburg 1992.

Segev, Tom: The Commanders of Nazi Concentration Camps, Boston 1977.

Simpson, Christopher: Blowback – The First Full Account of America's Recruitment of Nazis, and its Disastrous Effect on our Domestic and Foreign Policy, New York 1989.

Snyder, Timothy: Black Earth. Der Holocaust und warum er sich wiederholen kann, München 2015.

Steinacher, Gerald: Nazis auf der Flucht. Wie Kriegsverbrecher über Italien nach Übersee entkamen, Innsbruck 2008.

Strebel, Bernhard: Celle April 1945 Revisited: Ein amerikanischer Bombenangriff, deutsche Massaker an KZ-Häftlingen und ein britisches Gerichtsverfahren, Bielefeld 2008.

Struif, Bruno: Ergänzungen zur Biografie des NS-Verbrechers Adolf Haas (mehrteilige Serie), in: GWH-Info fortlaufend seit 34 (2016), Online-Versionen unter: https://www.geschichtswerkstatt-hachenburg.de/gwh-infos.html.

– Hachenburg – Zeitspuren einer Westerwälder Residenzstadt, Hachenburg 1999.

Sudrow, Anne: Der Schuh im Nationalsozialismus. Eine Produktgeschichte im deutsch-britisch-amerikanischen Vergleich, Göttingen 2013.

Taube, Tilman: Der Großvater in Auschwitz – Zur Geschichte einer Fotoserie im Höcker-Album, in: Busch, Christophe/Stefan Hördler/Robert Jan van Pelt (Hg.): Das Höcker-Album. Auschwitz durch die Linse der SS, Darmstadt 2016, S. 172-187.

The Central Registry of War Criminals and Security Suspects (Hg.): Consolidated Wanted List (1947), Uckfield 2005.

Unbekannt, Westerwald Adressbuch. Führer mit Branchen- und Telefon-Verzeichnis für Ober- und Unterwesterwaldkreis und den Kreis Westerburg sowie für die Stadt Altenkirchen und die Bürgermeistereien Dierdorf und Puderbach, Marienberg 1922.

– Der Oberwesterwaldkreis Abschnitt B. Einwohner-Verzeichnis der Stadt Hachenburg und der Gemeinde Marienberg sowie die Handel- und Gewerbetreibenden der übrigen Landgemeinden (= Einwohnerbuch für den Westerwald. Ober- und Unterwesterwaldkreis, Kreis Westerburg, Bürgermeisterei Altenkirchen, Bd. 1), Hachenburg 1926.

Vieregge, Bianca: Die Gerichtsbarkeit einer „Elite": Nationalsozialistische Rechtsprechung am Beispiel der SS- und Polizei-Gerichtsbarkeit, Berlin 2002.

Vogel, Loden: Tagebuch aus einem Lager, Göttingen 2002.

Vopersal, Wolfgang: Die SS-Ersatzbataillone in Breslau und das SS-Ersatzbataillon Ost, in: Der Freiwillige 3 (1973), S. 22f. und 4 (1973), S. 18-21.

Wachsmann, Nikolaus: KL. Die Geschichte der nationalsozialistischen Konzentrationslager, Bonn 2016 (bpb-Lizenzausgabe).

Weber, Thomas: Hitlers erster Krieg: der Gefreite

Hitler im Weltkrieg – Mythos und Wahrheit, Berlin 2012.

Weber, Thomas: Wie Adolf Hitler zum Nazi wurde. Vom unpolitischen Soldaten zum Autor von „Mein Kampf", Berlin 2016.

Weise, Niels: Eicke. Eine SS-Karriere zwischen Nervenklinik, KZ-System und Waffen-SS, Paderborn u. a. 2013.

Weißmann, Martin: Organisierte Entmenschlichung. Zur Produktion, Funktion und Ersetzbarkeit sozialer und psychischer Dehumanisierung in Genoziden, in: Gruber, Alexander (Hg.): Soziologische Analysen des Holocaust. Jenseits der Debatte über „ganz normale Männer" und „ganz normale Deutsche", Wiesbaden 2015, S. 79-128.

Welzer, Harald: Alles könnte anders sein: Eine Gesellschaftsutopie für freie Menschen, Frankfurt a.M. 2019.

– Täter. Wie aus ganz normalen Menschen Massenmörder werden, Frankfurt a.M. 2016.

– Wer waren die Täter? Anmerkungen zur Täterforschung aus sozialpsychologischer Sicht, in: Paul (Hg.): Täter, S. 237-254.

Wenck, Alexandra-Eileen: Verbrechen als „Pflichterfüllung?" Die Strafverfolgung nationalsozialistischer Gewaltverbrechen am Beispiel des Konzentrationslagers Bergen-Belsen, in: Buck, Kurt (Hg.): Die frühen Nachkriegsprozesse, Beiträge zur Geschichte der nationalsozialistischen Verfolgung in Norddeutschland, Bd. 3, Bremen 1997, S. 38-55.

– Zwischen Menschenhandel und „Endlösung": Das Konzentrationslager Bergen-Belsen, Paderborn u. a. 2000.

Wildt, Michael: Generation des Unbedingten. Das Führungskorps des Reichssicherheitshauptamtes, Hamburg 2003.

Wilke, Karsten: Die „Hilfsgemeinschaft auf Gegenseitigkeit" (HIAG) 1950-1990: Veteranen der Waffen-SS in der Bundesrepublik, Paderborn u. a. 2011.

Wojak, Irmtrud: Fritz Bauer. 1903-1968. Eine Biographie, München 2009.

Zaugg, Franziska A.: Albanische Muslime in der Waffen-SS: Von „Großalbanien" zur Division „Skanderbeg", Paderborn 2016.

Zimmerer, Jürgen: Tsingtau, in: Hirschfeld u. a. (Hg.): Enzyklopädie, S. 930f.

Zimmermann, John: Die deutsche militärische Kriegführung im Westen 1944/1945, in: Müller, Rolf-Dieter (Hg.): Der Zusammenbruch des Deutschen Reiches 1945 (= Das Deutsche Reich und der Zweite Weltkrieg, Bd. 10, 1. Hbd.), München 2008, S. 277-490.

Zuroff, Efraim: Beruf: Nazijäger. Die Suche mit dem langen Atem: Die Jagd nach den Tätern des Völkermordes, Freiburg 1996.

INTERNETQUELLEN (AUSWAHL)

Aly, Götz: Wie das Institut für Zeitgeschichte Raul Hilbergs großes Werk über den Holocaust blockierte, in: Hundertvierzehn, 2017, https://www.hundertvierzehn.de/artikel/wie-das-institut-f%C3%BCr-zeitgeschichte-raul-hilbergs-gro%C3%9Fes-werk-%C3%BCber-den-holocaust-blockierte?J=1685959&e=-schlott@zzf-pdm.de&l=104_HTML&u=40519208&mid=6365937&jb=4&utm_medium=ET-E-Mail&utm_content=Artikel-Link&utm_campaign=November-15-2017_114_NL_%2384&utm_source=114_NL_%2384.

Arbeitsgemeinschaft für die Erforschung der Geschichte der Juden im süddeutschen und angrenzenden Raum, Alemannia Judaica, 2001, http://www.alemannia-judaica.de .

Axis History Forum, https://forum.axishistory.com.

Bajohr, Frank: Neuere Täterforschung, Version: 1.0, in: Docupedia-Zeitgeschichte, 18.6.2013, http://docupedia.de/zg/Neuere_Taeterforschung?oldid=130224.

Bundesministerium des Innern, für Bau und Heimat: Politisch Motivierte Kriminalität im Jahr 2017. Bundesweite Fallzahlen, Berlin 2018, https://www.bmi.bund.de/SharedDocs/downloads/DE/veroeffentlichungen/2018/pmk-2017.pdf?__blob=publicationFile&v=4.

Bunteshaus Celle: Offener Brief zum Vortrag über den KZ-Kommandanten Adolf Haas und der Berichterstattung in der Celleschen Zeitung vom 15. November [2016], Celle 20.11.2016, https://

www.bunteshaus.de/index.php/news/467-der-kz-kommandant-adolf-haas-war-ein-ns-moerder.

Celler Forum gegen Gewalt und Rechtsextremismus, http://www.cellerforum.de.

Die WELT: Heinrich Himmlers Briefe – Die Handschrift des Massenmörders, 2014, http://www.welt.de/himmler/.

Gedenkstätte Neuengamme: Offenes Archiv, http://www.offenes-archiv.de/de/startseite.xml.

Gedenkstätte Sachsenhausen: Interaktive Karte des Lagers, http://www.stiftung-bg.de/gums/de/lageplan/lageplan_fr.html.

Gedenkstätte Yad Vashem: Eintrag zu Enrst Moes, http://db.yadvashem.org/deportation/supervisorsDetails.html?language=de&itemId=7452913.

Hessisches Landesarchiv: Der 1. Frankfurter Auschwitz-Prozess, http://www.auschwitz-trial-frankfurt.hessen.de/05_Der_erste_frankfurter_Auschwitz_prozess.html.

Hüser, Karl/Wulff E. Brebeck: Wewelsburg 1933-1945. Das Konzentrationslager, in: Westfalen im Bild, 2002, https://www.lwl.org/westfaelische-geschichte/portal/Internet/input_felder/seite1_westf_bild.php?urlID=332#uFN21/5.

Kohlstruck, Michael: Rechte Gewalt in Ost und West. Wie lassen sich die höheren Zahlen in den neuen Bundesländern erklären?, in: bpb, 18.6.2018, http://www.bpb.de/geschichte/zeitgeschichte/deutschlandarchiv/270811/rechte-gewalt-in-ost-und-west.

Kulick, Holger/Andrés Nader: Engagement – lohnt das denn?, in: bpb, 3.8.2007, http://www.bpb.de/politik/extremismus/rechtsextremismus/41596/engagement-lohnt-das-denn?p=all.

LWL-Medienzentrum für Westfalen/Kreismuseum Wewelsburg (Hg.): Wewelsburg. Ideologie und Terror der SS. Begleitheft zur DVD, Münster 2011, https://www.lwl.org/lmz-download/medienproduktion/begleitmaterialien/booklet_wewelsburg_shop.pdf.

Sandkühler, Thomas: Historiker*innen und Politik. Streit um eine aktuelle VHD-Resolution, in: Public History Weekly 6 (2018), https://public-history-weekly.degruyter.com/6-2018-31/vhd-resolution/.

Schenk, Dieter: Fritz Bauer und der Staatsanwalt aus Danzig, Vortrag, Bremen 4.8.2016, http://upgr.bv-opfer-ns-militaerjustiz.de/uploads/Dateien/Stellungnahmen/Bauer-Wolf-DS-Vortrag20160804.pdf.

Schmidt, Hans-Joachim: Die Verteidiger von Tsingtau und ihre Gefangenschaft in Japan (1914 bis 1920). Historisch-biographisches Projekt von Hans-Joachim Schmidt (seit 2002), http://www.tsingtau.info/.

Spiegel Online: Interaktive Karte zum Verlauf des Luftkrieges, 25.4.2015, http://www.spiegel.de/einestages/luftangriffe-auf-deutsche-staedte-interaktive-karte-a-1030568.html.

Staud, Toralf: Straf- und Gewalttaten von rechts: Was sagen die offiziellen Statistiken?, in: bpb, 6.2.2018, http://www.bpb.de/politik/extremismus/rechtsextremismus/264178/pmk-statistiken.

Totenbuch KZ Sachsenhausen 1936-1945, http://www.stiftung-bg.de/totenbuch/main.php.

Verband der Historiker und Historikerinnen Deutschlands: Resolution des Verbandes der Historiker und Historikerinnen Deutschlands zu gegenwärtigen Gefährdungen der Demokratie, Münster 27.9.2018, https://www.historikerverband.de/verband/stellungnahmen/resolution-zu-gegenwaertigen-gefaehrdungen-der-demokratie.html.

UNVERÖFFENTLICHTE QUELLEN

Auskunft Bundesbeauftrage für die Unterlagen des Staatssicherheitsdienstes der ehem. DDR, Berlin 29.3.2018.

Auskunft Dieter Schenk, E-Mail vom 18.11.2018.

Auskunft Kirsten John-Stucke (Kreismuseum Wewelsburg), E-Mail vom 6. und 17.11.2014.

Auskunft Manfred Rosenbaum, E-Mail vom 7.5.2018.

Auskunft Thomas Rahe, E-Mail vom 21.3.2018.

Auskunft Tilmann Taube, E-Mail vom 15. und 19.12.2017.

Auskunft WASt zu A. Haas, geb. 14.11.1893, Berlin 18.1.2017.

Auskunft, Archiv Bundesnachrichtendienst, Pullach 5.10.2017.

Brief an den Autor von Eberhard Mauer, Hachenburg 21.3.2016.

Brief an den Autor von Heinrich Schönker, Tel Aviv 20.11.2017.

Brief an den Autor von Wolfgang Worner, Wiesbaden 16.12.2018.

Brief Heinz Baumkötter an seine Verlobte, 8.2. und 10.2.1943, in: Privatbesitz, Tilman Taube.

Buder, Paul: O Wewelsburg, ich kann dich nicht vergessen. Unveröffentlichtes Manuskript, Lipperode 1976.

Interview des Autors mit Gerhard Latsch, Hachenburg 23.2.2016.

Tagebuch von Adolf Haas, 1915-1916 (mit Rückblicken auf 1914).

FILMQUELLEN

Akte D: Das Versagen der Nachkriegsjustiz (Dokumentation, 2018), http://www.3sat.de/mediathek/?mode=play&obj=75315.

Die Männer der Emden (Spielfilm, 2013).

Die Story im Ersten: Rechtsrockland (Dokumentation, 2018), https://www.daserste.de/information/reportage-dokumentation/dokus/sendung/rechtsrockland-100.html.

Hagenberg. Die Geschichte der Stadt Hachenburg (Dokumentation, 2014).

Ode an die Freude (Baruto no gakuen, Spielfilm, 2006).

Vom Wunder des Überlebens (The Touch of an Angel, Dotknięcie anioła, Dokumentation 2015), https://vimeo.com/152570697.

Register

Dienstgrade in der SS und Laufbahn von Adolf Haas

Dienstgrad	**Abk.**	**Erreicht von Adolf Haas**	
		Allgemeine SS	**Reserve der Waffen-SS**
Reichsführer-SS und Chef der deutschen Polizei			
SS-Oberstgruppenführer	Oberstgruf.		
SS-Obergruppenführer	OGruf.		
SS-Gruppenführer	Gruf.,		
SS-Brigadeführer	Brif.		
SS-Oberführer	Oberf.		
SS-Standartenführer	Staf.		
SS-Obersturmbannführer	OStubaf.	30.1.1943	
SS-Sturmbannführer	Stubaf.	13.9.1936	9.11.1943
SS-Hauptsturmführer	HStuf.	15.9.1935	20.4.1941
SS-Obersturmführer	OStuf.	20.4.1935	1.6.1940
SS-Untersturmführer	UStuf.	30.1.1934 (noch als SS-Sturmführer)	
SS-Obertruppführer	OTrFü	30.10.1933	
SS-Truppführer	TrFü	15.3.1933	
SS-Scharführer	Scha	15.11.1932	
SS-Mann		8.4.1932	

Kurzer Lebenslauf von Adolf Haas

14.11.1893: Geburt in Siegen.

1894–1908: Kindheit und Schulzeit (acht Jahre Volks- und Realschule) in Hachenburg.

ca. 1908–1913: dreijährige Ausbildung zum Konditor in Wiesbaden, danach Arbeit in Barmen, Bad Kreuznach und Mannheim.

ca. 10.1913–12.1.1914: Ausbildung zum Matrosenartilleristen in der „Stammabteilung der Marineartillerie-Abteilung Kiautschou" in Cuxhaven.

22.2.1914–7.11.1914: als Teil der Besatzung in Tsingtau (dt. Kolonie Kiautschou, China), Teilnahme an der Belagerung von Tsingtau durch britische und japanische Einheiten im Ersten Weltkrieg.

bis 12.1919: Kriegsgefangener in Japan.

ab 1920: Rückkehr nach und Leben in Hachenburg.

11.3.1922: Heirat mit Lina Haas, geb. Müller.

1.4.1929: Pacht einer Backstube in der Perlengasse 2 in Hachenburg.

1.12.1931: Eintritt in die NSDAP (Nr. 760.610).

8.4.1932: Eintritt in die SS (Nr. 28.943), danach rascher Aufstieg in der Allgemeinen SS (zu seinen Beförderungen siehe Übersicht „Dienstgrade in der SS und Laufbahn von Adolf Haas").

1933: Stadtverordneter der NSDAP in Hachenburg.

18.–27.7.1934: Untersuchungshaft im Hessischen Landgerichtsgefängnis Mainz wegen „räuberischer Erpressung" des jüdischen Kaufmanns Karl Grünebaum (28.9.1933).

Mitte 1935: Aufgabe der Bäckerei, nun tätig als hauptamtlicher SS-Führer.

10.10.–10.11.1937: Lehrgang in der „SS-Führerschule Dachau für Führer von Sturmbannen und Standarten".

10.11.1938: Beteiligung am Novemberpogrom (Zerstörung von Synagogen u. a. in Mogendorf).

1.3.1940–1.6.1940: Ausbildung zum Schutzhaftlagerführer im KZ Sachsenhausen, Übernahme in die Reserve der Waffen-SS.

ab 17.6.1940: Lagerführer und später Kommandant von Niederhagen/Wewelsburg.

7.5.1943–2.12.1944: Kommandant von Bergen-Belsen.

20.12.1944: Versetzung zum SS-Panzergrenadier-Ersatz-Bataillon 18.

3.1945: auf Fronturlaub in Hachenburg.

15.3.1945: Abschied von der Familie, Fahrt nach Hamburg-Langenhorn zum SS-Panzergrenadier-Ersatz-Bataillon 18.

14.4.1945: Gerichtsbeisitzer eines SS- und Polizeigerichtes im KZ Neuengamme (letzter bekannter Aufenthaltsort), seitdem verschollen.

17.8.1950: Todeserklärung durch das Amtsgericht Hachenburg, das den Zeitpunkt des Todes auf den 31.3.1945 24 Uhr festlegte.

BILDNACHWEIS

Bundesarchiv: S. 69 (Bild 183-78612-0002; Lizenz: CC-BY-SA 3.0)
FM-Zeitschrift: Monatsschrift der Reichsführung-SS für fördernde Mitglieder (1938): S. 55
Gedenkstätte Bergen-Belsen/Weidner Händle Atelier: S. 136
GeschichtsWerkstatt Hachenburg: S. 24
Ghetto Fighters' House Museum (Beit Lohamei Hagetaot), Israel (Photo Archive): S. 161 (Catalog No. 9669)
Hans-Joachim Schmidt: S. 26
Heinrich Schönker: S. 149
Imperial War Museum, London: S. 177 (No. BU 3805, Foto: No 5 Army Film & Photographic Unit – Morris (Sgt))
Jakob Saß: S. 35
Jennifer Leibersperger: Autorenbild, Umschlag
Kreismuseum Wewelsburg (Fotoarchiv): Titelbild, S. 31, 80 (oben), 80 (unten, Foto: AirRotorMedia, SDIM7800), 83, 85 (Originalplan Kesselhaus 1943 – BürA 1447), 86, 92, 120 (Foto: J. Büttner 1994), 134
Server für digitale historische Karten am Leibniz-Institut für europäische Geschichte - Mainz (IEG-MAPS), www.ieg-maps.uni-mainz.de: S. 8
Stadtarchiv Hachenburg (Bildarchiv): S. 40, 45
Tilman Taube: S. 119
United States Holocaust Memorial Museum, Washington (Photo Archive): S. 173 (No. 34755, Courtesy of Anonymous Donor)
Wikimedia Commons: S. 74

Sollte trotz sorgfältiger Bemühungen um korrekte Urheberangaben ein Irrtum unterlaufen sein, so bittet der Verlag, sich zwecks Behebung mit ihm in Verbindung zu setzen.